感谢我的父亲：

不管是以前还是现在，他一直坚决反对采取“教育”的方式对待孩子，而更愿意尽量“陪伴”孩子，因为他儿时受到的粗暴严厉的对待让他至今记忆犹新。虽然他没有每时每刻都陪伴在孩子身边，但他所做的一切都是为孩子着想。他爱我，尊重我，把我当作一个独立的个体，他给了我他自己都没有得到过的东西。

感谢玛戈和阿德里安：

是你们让我摇身一变成了妈妈。

感谢助产士苏鸥斯·泊姆、产科医生乐普尔·碧兹奥和高琳娜·德雷希尔·扎尼格：

是你们陪伴我度过了我人生中最艰难的时刻。

感谢国际母乳协会及其会长克洛德·迪迪埃让·菊沃：

是你们在我哺乳期间为我提供帮助，把我领进了一个奇妙无比的甜蜜世界。

AU COEUR DES
EMOTIONS DE L'ENFANT

理解孩子的语言

〔法〕伊莎贝拉·费利奥沙◎著　黄君艳◎译

北京科学技术出版社

著作权合同登记号 图字：01-2012-7996

图书在版编目（CIP）数据

理解孩子的语言 /（法）伊莎贝拉·费利奥沙著；黄君艳译 . —北京：北京科学技术出版社，2021.3

ISBN 978-7-5714-1307-1

Ⅰ. ①理… Ⅱ. ①伊… ②黄… Ⅲ. ①家庭教育 Ⅳ. ① G78

中国版本图书馆 CIP 数据核字（2021）第 004414 号

策划编辑：李心悦
责任编辑：代 艳
责任校对：贾 蓉
图文制作：天露霖
责任印制：李 茗
出 版 人：曾庆宇
出版发行：北京科学技术出版社
社 址：北京西直门南大街16号
邮政编码：100035
ISBN 978-7-5714-1307-1

电 话：0086-10-66135495（总编室）
0086-10-66113227（发行部）
网 址：www.bkydw.cn
印 刷：三河市国新印装有限公司
开 本：720mm × 1000mm 1/16
字 数：200千字
印 张：17
版 次：2021年3月第1版
印 次：2021年3月第1次印刷

定 价：58.00元

感谢为这本书提供帮助的人，感谢让我迸发灵感、向我提问并促使我思考的人，感谢向我讲述自己生活点滴的父母们，感谢向我坦诚说出自己故事的孩子们。书中的事例都来源于我的工作、我自己和我的朋友们的家庭生活。

感谢玛丽安娜·勒孔特，是她给予我信心，发掘出使我能够成为作家的潜质，而这也是她未曾预料到的。

感谢帕特里斯勒彭，是他支持我、信任我并以高标准要求我。

感谢让·贝尔纳、玛戈和阿德里安，感谢他们给我的爱。

目录

你说，

总是和孩子在一起很累。

你说得对。

你还说，

那是因为你得和孩子站在同一高度，

放低自己、俯下身来、跪在地上、让自己变小。

这么说，你就错了。

这并不是最累的。

最累的是，你必须在情感上达到孩子的高度，

你必须拉扯自己、伸展自己、踮着脚站立，

这样才不会伤害他们。

——雅努什·科扎克

绪言

成熟的心智，是一种懂得爱他人、理解他人，知道如何表达自己的意愿，能够适应各种环境，能够调整情绪积极应对各种境遇的能力。例如，在与他人发生冲突、遭遇失败、与亲人分离、亲人离世或者接受考验时，当然，也包括面对成功、重逢以及各种程度的胜利时，能够应对自如。简而言之，这是一种不任由自己被坏情绪所控制、能够感知幸福的能力，是一种能够自主选择生活、与他人建立和谐关系的能力。作为父母，谁不希望自己的孩子拥有这种能力呢？

那么，是什么制约了我们的生命，让我们无法幸福呢？是什么让我们的内心变得不堪一击呢？是我们记忆中儿时的痛苦（往往是无意识的）以及由此衍生的恐惧，如害怕被批评、被伤害、被侮辱或者被忽视；害怕失败——因为失败让我们对自己的行为能力产生质疑；害怕被拒绝——因为遭到拒绝意味着在别人心中没有属于自己的位置；还有，对他人的恐惧、对死亡的恐惧……

正是恐惧、痛苦和被抑制的愤怒，而不是身体上的缺陷，导致一个人无法呈现真实的自我，无法与他人维持正常的关系——因为恐惧或痛苦控制了他。这与大脑机能是否健全没有任何关系。如果我们不伤害孩子，而让孩子满怀信心，就可以达到帮助孩子的目的。

当今社会与往日不再一样，往日的教育信条已无法适应现在的形势。

无论在当今社会，还是在将来，只有自信、自立、能自如地处理人际关系的人才能走向成功。与他人沟通和控制情绪的能力在重要性上丝毫不亚于个人的专业技术能力。若要在个人生活和职场中获得成功，拥有成熟的心智非常关键和重要。因此，**仅仅提高孩子的智商还远远不够，我们还应该注重他们的情商。**别忘了，许多智力问题和学习问题都是由情绪压抑造成的。

没有父母愿意看到孩子整日坐在电视机前一动不动或和游戏机形影不离。如何帮助我们的孩子抵挡电视的诱惑，抵挡游戏机、录像、电脑给他们带来的负面影响呢？如何帮助他们免受电子游戏、光盘、广告、电影和热播电视节目（甚至某些动画片中出现的暴力画面）的误导呢？

当孩子沉溺于暴力、酒精或毒品时，任何父母都无法泰然处之。当暴力出现在学校，当酗酒或吸毒的情况出现在越来越小的孩子身上时，如何让孩子拥有足够的自控力去抵制这些诱惑呢？

任何父母都不希望自己的孩子成为离经叛道的人，也不希望他们毫无主见、盲目从众。那么，如何让孩子拥有足够的自信、安全感和自控力，在面对诱惑时不为所动呢？

行为粗暴、依赖他人、迷恋电视、嗜赌成瘾或滥用药物，这些其实都是无法控制自己情绪的表现。**这些行为的根源可以追溯到这些人的童年时期，反映了他们的某种缺失、受到的某种伤害以及在人际交往中遭遇的失败。**

胆怯、自卑或自卑的对立面——自大——都有其根源：或许是因为感情受到了伤害，或许是因为愿望没有实现，或许是因为行为被误解……这些痛苦的经历在父母与孩子的沟通过程中并不少见。

孩子是一个独立的个体，而情绪是独立个体的关键部分，是对自我存在的表达。懂得倾听并尊重他人的情绪，便是懂得倾听并尊重一个人。在孩子复杂多变的情绪面前，父母总是一筹莫展。他们竭尽全力让孩子安静下来，不让他叫喊、流泪，不让他有躁动不安的表现。**然而，情绪有特定的内涵，它表达了某种愿望，能起到治愈的作用。**宣泄情绪，能够帮助我们从痛苦经历导致的负面影响中脱离出来。相反，正如我在《青年情商养护基本方案》[1]一书中提到的，压抑情绪是有害的，会让我们启动自己的心理防御机制，让我们反复体验苦痛并让我们的身体出现一些病征。

为了孩子的幸福，我们要学会积极地对情绪进行辨识、归类、理解、疏导和利用——这一点刻不容缓，否则我们就会沦为情绪的奴隶。

现在大家都知道，人的情商形成于6岁之前。那么，究竟什么该做，什么不该做？父母们（应该说“有责任心的”父母们）会提出很多问题。

女性一旦怀孕，各种各样的建议便会蜂拥而至，如怎么给孩子喂奶，怎

1. 菲丽奥莎 . 青年情商养护基本方案 [M]. 关虹，罗治荣，李宣，等译 . 湖南：湖南文艺出版社，2002.

么哄孩子睡觉以及如何“让孩子适应环境”等。对于这些问题，大家都各执己见。等孩子再大一些，父母又会听到关于如何树立权威、是否要打屁股或惩罚孩子等方面的建议——“尤其不能让孩子和你们睡在一张床上”“得和他们划清界限”“孩子得多睡觉”“男孩子可不能玩毛绒娃娃”“孩子摔倒时别去安慰他，否则长大后他会变成眼泪汪汪的可怜虫”“如果孩子想做什么就让他做什么，那你们可能会养出个小罪犯”“得这么做，不能那么做”……而这些，仅仅只是“我们应该怎么做”这张冗长清单的开头。所有父母都会被铺天盖地的、非常具有指向性的建议和一些所谓的关于如何“教育”孩子的沉重问题所淹没。

积极的建议各式各样，消极的建议也层出不穷，父母们被各种建议包围了、吞没了。尽管建议的数量众多，其中所含的有效信息却相当有限。因为，如果每个人都各执己见并对自己的观点深信不疑，那就没有客观的信息。过去的很多教育观点如今都遭到了猛烈的甚至是过激的批判，尤其是当某些观点并非建立在理性思考和谨慎研究的基础之上时，这类批判就更加不留情面。

父母们为了从众多不同的理念中挑选出适合自己的理念而忧虑重重，很快便晕头转向、不知所措。有些人的观点往往暗含着某种威胁或指责的意味，如“正是因为你们没有意识到这一点，他们才会吸毒”；有些人的观点会让你产生负罪感，如“这要看母亲是什么样的人”或者“那是因为父母离婚了”等。

所以，我不会向父母们推荐任何提供建议的书。父母和孩子朝夕相处，比任何“专家”都更了解自己的孩子——不管这位专家是名声在外的儿科医生还是精神分析师。而我们无法建立一段和谐的关系，无法得到一种真正的理解，往往是因某些障碍和误解而导致的。如果说某位“专家”能帮助你们，那他就要为你们扫除这些障碍和误解。

我撰写本书的目的就是点亮一盏灯，让父母们找到一条更适合自己的育儿之路，能够解开一些症结，越过一些障碍。**作为年轻的母亲和年轻的父亲，你们需要更明确的方向，而不是建议。你们需要学着让自己树立信心，也要尽可能地对孩子有信心。**

本书有两个主导思想：

1. 只要我们稍微懂得倾听孩子的心声并理解他的语言，**他就会在他发展的每个阶段把他的任何需要都告诉我们。**

2. **父母有能力理解自己的孩子**，也可以采取正确的态度回应孩子——只要父母不机械地遵从教育原则，不盲目地听从专家的评判，不把自己局限在自己曾经接受过的严格的教育框架中，不让自己一直深陷过往所受的伤害中而无法自拔。

我们在谈论孩子的教育时，能够闭口不谈自己曾经受过的教育吗？我们受过的教育对我们的影响——无论是有意识的还是无意识的——到底有多大？当孩子的状态和态度让我们火冒三丈，甚至让我们想动手时，很显然，我们需要从自身的经历中抽离出来，了解眼前的事实和形势，不把自己的过去投射到孩子身上，而要采取更正确、更有效的行为和方式来对待孩子。如果我们和孩子的关系非常紧张，我们很可能是受到了我们自己的情绪和经历的干扰，而一种非常有效的解决方式就是寻求心理医生的帮助。

我们能否帮助孩子提高情商？怎样才能坚信自己拥有做父母的能力？本书第一章将主要探讨这两个问题。

谈到教育，并没有放之四海而皆准的真理。父母想了解一些孩子的发展规律，毫无疑问，这是非常有益的，但没有什么规律“**应该**”去了解，没有任何方法一定能把孩子塑造成未来的“成功”人士。所谓的方法，也许此时有用，过段时间就不再有效了。**与其寻找现成的答案，采用“万无一失”的秘方，倒不如由我们自己——也为我们自己——来思考和决策。**在第二章中，我将向读者提出 7 个问题，请读者根据自身情况作答。

建立自我认同感的前提是：意识到自我，感知到自己的情绪。我们将在第三章中共同探索情绪的世界：情绪是什么？它有什么作用？如何应对不同的情绪？我们是应该鼓励孩子为了做一个“强者”而压抑自己的情绪，还是在他们害怕、哭泣或发怒时给予关注？如何帮助孩子变得既勇敢又机敏？

在后面 4 章中，我们将逐一分析恐惧、愤怒、快乐和悲伤这几种情绪。

如果孩子的情绪没有得到关注，他可能会将自己的内心封闭起来，变得郁郁寡欢。我们将在第八章中解开这些症状的症结。

孩子一生中可能会经历一些悲惨的事情和痛苦的考验。在第九章中，我们将谈谈如何帮助孩子坦然面对亲人离世或者暂时离开，帮助他安然通过这些考验。

在本书的最后一章，即第十章中，我们将提出一些建议，希望能为父母和孩子在一起的美好时光增添更多的欢笑与快乐。

在开始探索情绪世界之前，我想最后提醒一次：我们的孩子其实并不期待我们完美无瑕，他只希望我们能够尊重他。人无完人，在成长的过程中，孩子犯错误是难免的。**不要只顾着强迫自己去做一个“好妈妈”或者“好爸爸”，你应该更多地关注孩子的需要。**

本书中的某些段落可能会让你感到震惊，某些论断可能会让你感觉不习惯，不过，请花点儿时间思考一下，听听来自你内心的共鸣。已经有很多家长出于对我的信任来听我的讲座和参加我的培训班，而我所讲述的一切没有任何特别之处，都是显而易见的事实，只是你可能没有从我采用的角度来考虑问题罢了。

当父母总是担心自己的行为会给孩子带来某种影响时，我往往会对他们说“你的顾虑太多了”。这些问题之所以会困扰父母，是因为它们的答案通常都被预先设定了，并且丝毫没有考虑到父母与孩子之间的亲情关系。谁能把任何事情都做得完美无瑕？向自己提问，这是人类的本性。

你是否觉得自己做什么都笨手笨脚的？你期盼自己能学会尊重孩子、尊重自己，学会倾听自己的内心感受、倾听孩子的感受吗？不要担心，这本书会帮助你。

让我们回忆一下过去吧！从前，我们可能会鞭打孩子，或者把他关进小黑屋，让他在里面待好几个小时，狠心得连眼睛都不眨一下。没有人认为威胁孩子、鞭打孩子、与孩子在感情上保持距离有任何不妥。大家认为，应该“驯服”这些小魔鬼，把孩子教育成讲礼貌、懂规矩的人。任何体罚孩子的行为都是被认同的。对此，孩子不能有任何异议，因为家长这么做是“为他好”。从前的两代人之间，孩子只有义务，权利则都被父母霸占了（婚姻权、出生权甚至死亡权）。我们现在做得比我们的上一代好，而我们的孩子会比我们更加优秀。这就是进化的意义。

你会因为自己对孩子态度不好而有罪恶感吗？想想你自己从何而来，想想你自己在童年时代所受的待遇！这样能帮助你进行比较。你的愧疚感对你的孩子没有任何好处。作为父母，更有意义的做法是让自己拥有一份责任感！当父母其实并不容易，尤其是从弗洛伊德的观点来看，身为父母，我们要直面自己的缺点和自己尚未愈合的伤口，我们的很多方面都难逃孩子的指责（因为他需要通过这种方式让自己成长，来感知他与我们的不同，来和我们顺利分离）。所以，要当好父母就更难了。

另外，当你倾向于把自己归为不称职的父母时，请想一想，你在履行父母的职责时获得了多少帮助和支持？你们家是不是至少有两个人在照顾这个哭泣的小天使？有没有足够多的人，比如祖父母、叔叔、姑姑、奶妈、保姆、钟点工、互惠学生[1]、教父教母或朋友来照顾和帮助你的孩子？照顾婴儿时需要日日夜夜守在他身旁，一个人是不可能应付得了的。如果没有人提供帮助，当所有的责任和压力都压在父母中的某一方身上时，特别是当这一方性格内向时，你却期待他/她能满足婴儿大量的需求，这肯定是不现实的。

因此，不要把标准定得太高，要宽容地对待自己，尤其要学会**表达你自己的情绪和需求。**

倾听孩子的心声，允许他缓解自身的压力，为他提供宣泄情绪的空间，他必定能够冲破生活中的重重困难而获得成长。

我希望你能在这本书中找到让家庭生活更幸福的动力和源泉——这也是促使我完成本书的动力和目标。

请开始你的阅读之旅吧！

1. 互惠学生，指父母找来的年轻学生，在自己家免费吃住，但空闲时要帮助照顾孩子。——译者注

第一章

我们能帮助孩子提高情商吗?

当我怀第一个孩子时，我期望他不卑不亢、内心坚定、能与他人和睦相处、不自以为是；我期望他勇敢、有魄力、不自高自大或玩世不恭；我期望他无论是独处时还是与他人在一起时都能感到幸福；我期望他拥有成熟的心智。

1

成熟的心智

成熟的心智是一种能够解决生活中各种问题的能力。这些问题可能源于他人，可能源于突如其来的考验、始料不及的痛苦或疾病，也可能源于某人的离世。拥有成熟的心智，就是能够对日常生活中不断出现的各种情绪（如恐惧、愤怒或悲伤）进行恰如其分的掌控。

拥有成熟的心智，我们就敢于面对生活中的所有问题，能够在人生的道路上勇往直前，找到生命的意义，缓和与他人的紧张关系，在日常生活中的各种困难面前充满勇气和智慧；拥有成熟的心智，我们就能够坚持自己的计划，找到一条属于自己的路，实现自我价值。无论是面对日常生活中的点滴琐事，还是处于人生大波动时期，成熟的心智对我们来说都无比重要。

处理人际关系的能力和情商有十分密切的联系，但我会将它们分开探讨。关于如何培养与他人建立并保持关系、爱他人、团结他人、理解他人以及解决争端的能力，我将在另一本书中进行探讨。在本书中，我将主要探讨情商。

尊重孩子的感受，就是给予孩子体验自我的机会，让他感知此时此刻的自我。尊重孩子的感受，就是在处理事情时考虑孩子的想法，容许他表现出与我们不同的一面，并把他当作有思想的人而不是物体来看待。只有这样，他才有可能用自己极其独特的方式来回答“我是谁？”这个问题。尊重孩子的感受，就是帮助他意识到自我的存在，让他觉察到“昨天”“今天”与“明天”之间的关联，让他意识到自己的才能，了解自己的缺点并感受到自己的力量，从而在前进的道路上——一条真正属于他自己的道路上——感知自我、完善自我。

孩子的主要学习对象是父母。父母对孩子的教育态度决定了孩子情商的发展状态。孩子以父母的形象来塑造自我，他的行为方式更多的是在效仿自己的父母，而不是单纯地遵从父母提出的建议。

相对于有意识的行为和说教，父母无意识的行为所传达的信息能够达到同样甚至更好的效果。

要帮助我们的孩子提高情商，就要同时提高我们自己的情商。帮助孩子成长，就是在帮助我们自己成长。我们的孩子就像镜子一样反射出真实的我们，让我们不得不去面对自己的一些缺点并学会如何去爱。只要我们懂得倾听孩子的感受，他就是我们最好的精神向导。

拥有成熟的心智，我们就会懂得如何去爱，并在人生道路上的各种考验中更好地塑造自我。

2

相信自己

我的女儿玛戈14个月左右时，每晚都要哭好几次。于是，疲惫不堪的我到一位儿科医生那里咨询儿童精神病学的相关专业知识。几分钟后，她就做出了让我备感唐突的诊断："你女儿晚上哭是因为她吃着母乳入睡。"在她看来，问题的根源就在于此。但对于我、我的女儿以及我的丈夫的其他情况，她完全没有问及。她认为夜间哺乳就是最根本的原因！她的推理无懈可击：我的女儿吃着母乳入睡，睡着后就会被我放回小床，当她醒来发现找不到妈妈的乳房时，就会大哭。

那位儿科医生的解决方案非常简单（不用多解释，大家就会明白），那就是夜间不再哺乳，因为玛戈应该"独自"入睡。毫无疑问她会大哭，那就让她哭。医生宽慰我说："三天，最多四天，她就不会哭了……"

对不起！玛戈，请你原谅我。我多么后悔当初听从了那位儿科医生的建议。正是因为听从了她的建议，我才任由你大哭。第一天晚上，你独自在你的小房间里哭了整整40分钟，最后你在爸爸的臂弯里睡着了。

第二天晚上，你每两个小时就醒一次，每次都大哭一场。哦，天哪，因为听从了那位儿科医生的建议，我感到无比愧疚。第三天情况依旧如此。四天后，为了得到夜晚这顿母乳，你仍然不停大哭。而且，不用说，你哭的次数比以前更多了。于是，我把专家的建议抛到脑后，选择听从你的呼唤。我要给你你想要的，满足你的需求，抚摸你，哺喂你，陪你入睡——我在大床旁边加了一张小床，让你吃着母乳甜蜜地进入梦乡。无比满足的你，睡得比以前好多了。

后来，我通过阅读大量书籍和寻求一位儿童精神病学专家的帮助终于弄明白：玛戈没有任何睡眠问题。睡觉的时候，她会突然翻动身体，但这时她根本没有醒，只是在尝试着寻找那个能让她感到安全的地方，那个属于她的位置，还有我的体味和乳房。当她感觉不到我在身边时，才会真正醒来并且哭泣。那位儿科医生的推断没有错，我的女儿是在找乳房，错的是她的解决方法。我要做的不过是把女儿放在一张靠近我的小床上，在她身边陪伴着她！

其实，很多父母都会让婴儿和自己一起睡，但他们不敢声张此事，甚至会产生一种罪恶感。他们的脑海里深深地烙印着这样一个观点：这样做不好。他们担心这样做会影响孩子的性别取向，会这样或那样地影响他的正常成长。

在世界上的大部分国家，“孩子应该独自入睡”这种说法并不存在。婴儿在哺乳期大都和自己的妈妈睡在一起，直到两岁甚至三岁。有些专家声称，床是夫妻亲密的场所。有点儿创意好不好？不是只有在床上才能做爱！

毫无疑问，和孩子睡在一张床上并不会导致父母疏远——一个睡在床上的婴儿可没有这样的能力！如果父母因为孩子的存在而变得疏远，责任肯定不在孩子。如果一位母亲以孩子睡在一旁为由拒绝做爱，那绝对是在找借口；就算孩子不在身旁，她也能找到其他理由。

以身旁的孩子为理由来冷落自己的伴侣，或者借孩子来解决夫妻间的情感问题，都是不理智的行为。这对孩子和伴侣都没有好处。

一个婴儿躺在父母的床上的确会占一些空间。为了让父母和孩子都睡得舒服，可以在父母的大床旁加一张小床，这样问题就解决了。

强迫一个婴儿在没有父母的呼吸声、没有妈妈的味道的地方睡觉，其实是以培养孩子的独立能力为由，对孩子施加的一种冷暴力。父母过早地让孩子一个人睡，并不能使他独立，反而会让他产生被遗弃的恐惧感和对亲人的依赖感。只有拥有足够的安全感，孩子才能走向独立。难道我们不该扪心自问，在当今社会，担心自己被遗弃而产生恐惧感的人还不够多吗？

有时候，儿科专家并不比妈妈更了解孩子的情况。专家学的是理论，但孩子不是一个抽象的物体，不能被理论化，因为他是真实存在的。如果理论真的能帮助父母，那也是因为父母能用它更好地理解孩子，而不是让孩子闭嘴或服从。

如果某位医生、心理学家、资深专家或者你的婆婆因为孩子的事情责备你，你不必为此感到愧疚，而只需听取那些能够帮助你理解孩子的建议。

如果说我要强调什么，那就是——母亲们都很脆弱，尤其是在面对她们的第一个孩子时。不过，随后出生的孩子也不会让她们觉得轻松，因为任何孩子都不是另一个孩子的复制品。大多数母亲都尽可能地对孩子好，因为她们认为既然是自己把这个小生命带到世界上，就对他有着不可推卸的责任。面对新生儿带来的一个又一个问题，她们很容易手忙脚乱。她们面对的是一份新责任、一项新事业，但她们之前接受的教育并没有为她们提供任何与之相关的有用信息。所以，她们轻而易举地成为各种爱教训他人的人眼中的“猎物”。教育是个非常敏感的话题，人们总是喜欢凭自己的想法去教育别人，所以有关教育问题的各种论战随时都会爆发并愈演愈烈，不同家庭也会因为教育观念不同而各执己见、争论不休甚至拉帮结派。

重要的一点在于，我们不仅要考虑到母亲比较脆弱的特性，也要考虑到有关教育问题的辩论数不胜数。所以，我们要在孩子出生前就把母亲们引领到对她们有积极影响的人身边，让她们与愿意倾听、乐于助人的人相处，因为只有这样的人才能给她们提供更实际的帮助，而这样做比围绕一些对抽象的理论高谈阔论的人要有用得多。

当一个人因为屈服于其他人的某个观点而做某件事时，他就很可能犯错误。试着学学加拿大人扪心自问的方式吧——**我这样做可行还是不可行？**如果可行，那就做；如果不可行，那就别做！

相信自己，听听自己内心的声音，并且相信自己的孩子，尝试着从他的喊叫声中听出他真正想说什么，从他的行为、态度甚至他制造的麻烦中判断出他真正想要什么。孩子不知道如何通过语言来表达的一切会通过以上方式表达出来。不用紧张，这也是一种语言，一种说给你——孩子的母亲或父亲——听的语言。你应该学会如何与孩子交流。

的确，孩子的语言并不那么容易理解。如果孩子的哭泣和其他情绪的背后隐藏着某种真切的悲伤，那么理解起来就更困难了。这种悲伤可能源自孩子自身的经历，也可能源自长辈们表露的情感。事实上，孩子就像一面镜子，往往可以反射出父母（或祖辈）无意识的思想行为。要想更好地理解他，就很有必要求助于心理医生。心理医生的任务就是让你的内在力量运转起来，为你指出前行的道路，找到问题的根源，帮助你把自己的经历清清楚楚地表述出来，解开你与亲人的情感症结，这对你自己或孩子无意识的思想行为都有积极的影响。他会倾听你的一切，为你照亮前行的道路，可最终找到问题答案的人还是你自己。

寻求调解者而非提议者的帮助吧。不要理会那些贸然提出的建议和晦涩难懂的理论，因为别人确信无疑的东西，对你却不一定有帮助。**你只有通过与孩子的交流和沟通，通过自己的摸索和实践，才能找到适合自己的解决方案**。每段亲子关系都是一次独一无二的创新！

第二章

七个几乎可以涵盖所有困境的问题

一位记者曾问著名教育专家弗朗索瓦兹·多尔多[1]："您在教育自己孩子的过程中也遇到过困难吗？"

"当然，每个孩子要想理解身边发生的一切都很困难，因为孩子诠释世界的方式非常奇特。在（我的孩子们）5岁之前，我每天的必修课就是努力地理解孩子们的脑子里究竟在想些什么。"[2]

这位伟大女性的回答真让我们无地自容！她曾经倾听、引导并帮助过成千上万的孩子和他们的父母。她有着非凡的直觉和智

1. Françoise Dolto（1908~1988），法国著名儿科医生、儿童精神分析学家，著有多本关于儿童心理分析的著作。——编者注

2. Dolto Françoise. Les Chemins de l'éducation. Paris：Gallimard, 1994：26.

慧，对人类的身体机能了解透彻，但在面对自己的孩子时，她的问题远远多于答案。每个孩子都是独一无二的个体，都在用自己独特的方式向我们提问。根据既定的教育原则来施行已成体系的解决方案，这其实是在否认个体的主体性。在孩子面前向自己提出问题就是表明自己有和孩子交流的意愿。

不过，这些问题究竟是什么呢？

1

他有过什么经历？

一个孩子就是一个人。他有自己的思想、自己的情绪、自己的幻想和自己的精神追求。

父母面对一个孩子——一个犹如花瓣般柔弱敏感的孩子——和他那无穷无尽的情感需求时，有可能黔驴技穷。父母似乎还没对他怎么样（在成年人看来），他就可能瞬间脸色由晴转阴，甚至大哭起来。哪怕是最不起眼的小打击都可能惹得他愤怒无比。

孩子的大脑还处于逐渐成熟的过程中，他还未拥有强有力的精神武器来控制自己。因为太小，他并不知道怎样假设还没有发生的事情；不懂得如何进行逻辑推理；不知道怎样从自己的想法中抽离，与其保持一定的距离或将其投射到未来。他会停留在当时的境况中，按照自己的逻辑思考问题，以自我为中心，一意孤行。孩子的这种思维方式被称为“前逻辑思维”[1]。

1. 前逻辑思维是指人类在获得逻辑思维和概念思维之前，未受到文化浸染的一种思维方式，法国人类学家布雷有相关论述。——编者注

孩子不懂得对事情进行全盘的综合考虑，也不知道要将事情按照重要性进行排序。他不会深思熟虑，一旦有了情绪反应，就会立即受情绪控制而无法逃脱。他很容易受到情感问题的干扰，所以需要我们成年人来帮助他找到出路。

从另一方面来说，孩子倾向于赋予自己所经历的一切一定的意义，这是天性使然。他会利用身边一切可用的资源来达到自己的目的。此外，**他会用自己的方式来整合和诠释自己所感知的一切，**其依据就是自己拥有的那一点点信息，而这些信息往往是残缺不全甚至是扭曲变形的。因此在父母看来，孩子的情绪实在让人难以理解。

阿诺喜欢攻击他人，而且总是为了一点儿“芝麻小事”大发脾气。他的父母已经离异。他在心里对自己说：“爸爸走了，也就是说，他不爱我，因为我是坏孩子。”

贝内迪克特不爱去上课，不和其他孩子一起玩耍。对她来说，想要找到一个属于自己的位置很困难，无论在哪里她都会觉得自己是多余的。她对自己说：“爸爸妈妈因为我才发脾气。如果没有我，他们就不会吵架了。这都是我的错。”

卡米耶也有类似的想法：“我的爸爸妈妈是因为我而分开的。我出生之前，他们深爱着对方。我要是死了就好了。”结果他患上了非常严重的急性白血病。这样一来，他的父母就一起围在他的床头，齐心协力来照顾他了！

德尼很怕陌生人。他的父母从来不邀请其他人到家中做客，也很少拜访别人，总是待在家里，谈论的话题也都是家里的事情。耳濡目染之下，德尼得出了这样一个结论：“外面的世界很危险，外面那些人都是坏人。”

从孩子的这些想法便可以看出孩子对自己、对父母、对生活是否信任。而这种信任，对孩子的行为往往具有一定的导向作用。孩子看到的、听到的和感受到的会在他的头脑中打出各种如神谕般神圣的结。这些结或多或少会让他受到伤害，甚至会让他在某一特定领域停滞不前。

孩子通过自己的眼睛来观察世界。我们要小心谨慎，不要对他的举动妄下结论。首先，我们需要倾听他的心声。我们要努力弄清楚他经历了什么，他如何建立物体之间的联系，我们要明白他的感受，了解他心里在想些什么。

孩子害怕蜗牛？蜗牛在他心里是否代表着其他什么东西？

我的一位客户索菲在一次培训课程中学会了倾听孩子心声的方法，后来向我转述了她和小儿子艾蒂安的一次交流。艾蒂安手中的气球爆炸了，于是他大哭起来。索菲根据自己所学的方法，没有立刻安慰他，说诸如“这没什么大不了的，我再给你买一个”之类的话，而是弯下腰来问他：“你觉得，这个气球是什么？”

艾蒂安万分惊讶，抬头望着索菲，哭着说出了心里话：“都没有了！爷爷上个星期去世了。”

我们成年人会认为，破了一个气球不至于这么伤心！我们会尽力淡化事情的严重性，对它轻描淡写，就像我们常常做的那样，根本不做更多思考。索菲差点儿与如此巨大的悲痛擦肩而过。但是，因为她选择了倾听，艾蒂安的悲伤便得以诉说并被人倾听。

当然，并不是所有孩子在气球爆炸后哭泣的原因都是不久前爷爷去世了。我们应该懂得如何去探求深层次的原因。父母看到的只是一个气球，想到的只是这个气球并不值几个钱。可是，孩子手中的气球突然爆炸了，剩下的只有手里捏着的一小块橡胶皮！这种变化足以让孩子目瞪口呆！这种变化还会让孩子认为是自己用力过猛造成的，并且可能让他产生一种罪恶感，尤其当父母还加上“你看看，我不是跟你说过要小心嘛！”之类的话时。

我们虽然无法猜出孩子的脑子里究竟在想些什么，但可以做到不忽视孩子的感受。要知道，我们错过的任何一个我们觉得无关紧要的细节，在孩子的眼里都可能重要无比。

那么，如何倾听孩子的需要并帮助他解开感情的症结呢？

要让他有机会表达自己的情绪，有机会通过哭泣、喊叫、颤抖的方式来发泄内心的情感，而不是想着让他安静下来。**哭泣、喊叫、颤抖都是表达痛苦、缓解压力和重新获得内在力量的方式**。要对孩子的能力有信心，他知道这样做对自己有好处。如果孩子哭泣时你与他在一起，静静地倾听和陪伴，那么在情绪得到宣泄之后，他就会马上变得放松和自信，感到无比自在。

一个新生儿哭泣是因为他有需要，有话要说。所以，你首先要确认他的需求是否得到了满足。如果他啼哭不止，那他所需要的就只是你的倾听：他是在向你倾诉他的紧张。他想说的或许只是“我在出生的时候是多么害怕；我喝奶时你不在身边，我是多么生气”，或许是“爸爸不接纳我，我是多么伤心”，又或许是“爷爷去世，我察觉到了家里弥漫的那种难以言喻的悲伤气氛”。他能体会到很多情感，而为了把某些不良情绪排出体外，他需要放声大哭。

当孩子再大一些，学会说话后，我们首先要倾听他的感受，并且**慎重对待这些情绪**。不要问他“为什么”哭泣，因为他可能会给你一个在你看来合情合理的答案，而这个答案往往和他遇到的真实困难相去甚远。你要做的应该是陪着他表达自己的情绪，问他“发生什么事了”或者“什么事让你这么伤心”。你甚至可以问：“你在害怕什么呢？”

孩子的思维方式对成年人来说可能缺乏逻辑性，事实上，他的思维属于前逻辑思维，但他对自己的想法深信不疑。我们只有陪着他进行深入、全面的思考，才能真正帮助他，为他提供他所缺乏的信息，用一种与他不一样的视角将他的处境解释清楚。

朱丽叶在幼儿园与班上的其他同学格格不入，同学们都不喜欢她，甚至经常取笑她。到底发生了什么事情，让同学们对她如此无礼、如此不满？尽管想尽了一切办法，她始终无法让同学们友好地对待自己。一种行为就是一种症状，必定有其缘由。我们就来探寻一下吧。

老师开始注意班上孩子们的言行，结果经常听到孩子们这样侮辱朱丽叶：“你连爸爸都没有！”

这样的话对朱丽叶来说实在是太残忍了，因为她爸爸去世才半年！这时，老师想到了朱丽叶第一天上学做自我介绍时的情景。这个小女孩开门见山地向其他同学这么介绍自己：“我叫朱丽叶，我爸爸死了。”

“不会吧！”马蒂厄立刻对她的自我介绍做出这样的回应。

对马蒂厄以及其他孩子来说，爸爸是不会死的。想想看，如果他们相信这是真的，那就意味着他们的爸爸也可能会死。这简直难以想象！那么，这个肆无忌惮地说出这么恐怖的事情的女孩，她是从哪里来的？这个告诉他们这种荒唐事的坏女孩到底是谁？他们要惩罚她、教训她，甚至要摧毁她。

老师鼓励孩子们说出自己的想法，于是发现孩子们的想法错综复杂。最后，老师向孩子们澄清了几点相关情况：朱丽叶的爸爸去世的真正原因是什么，他身患什么疾病，什么是传染病等等。这些孩子需要得到确切的答案，那就是和朱丽叶一起玩并不会让自己的爸爸也患病死去，爸爸去世这种事并不会传染！这就是他们惴惴不安并极力排挤朱丽叶的真正原因。

在孩子形形色色的情绪表现面前，你感到惊讶并无力应对吗？你不明白到底是什么让他有这些表现吗？你不知道如何帮助他顺利通过生活的考验吗？请倾听他的心声，站在他的角度去思考，用他的眼睛去观察，用他的耳朵去聆听，并对自己提出这个问题：

他有过什么经历？

2

他想表达的到底是什么？

弗雷德里克遭到男老师长达4个月的性侵犯后，他的老师才因为性侵犯未成年人被监禁。他的妈妈很惊讶，因为他对此只字未提。可是，在心理分析师的引导下，她才回忆起来："嗯，是真的，他说过'我肚子疼，我不想去学校'，当时我觉得他纯属无理取闹，因为不想去上学就装病。而且他的老师又是个那么好的人。"

哦，是的，那些恋童癖们往往看起来都很友善！弗雷德里克没法告诉妈妈，因为妈妈根本不听他说的。他拒绝上学，妈妈不放在心上，还说他在演戏，甚至还说老师很好，这让他产生了内疚感！他的妈妈没有仔细探究他不愿意上学的真正原因，也没有理会孩子的真正需求。

在那些父母称为"无理取闹"的行为背后，在孩子奇怪的、不得体的、极端的或者仅仅是与平常不一样的行为背后，隐藏着我们应该仔细观察的情绪。我们要设法发现他的需求，因为他一定在传达着某种信息。

如果孩子不愿意去上学，一定有原因。也许他的老师并不是个恋童癖，但也许是因为他的某位同学不理他了，也许是因为他担心高年级的一个男生会在课间休息的时候来找他，也许是因为他害怕老师要他交作业，也许是因为他不想穿着那条滑稽的运动短裤出现在同学们面前，也许是因为他听不懂老师讲课，或者很简单，他厌烦上学了……他需要你，需要你的倾听，需要你关注他的情感，也许他还需要你的保护，或者需要你帮助他解决某个问题。

任何看似夸张的行为（尤其是当它经常发生时）都可能具有攻击性或者极端消极，也可能表现为对母亲非常依恋、过度地嫉妒别人、无法集中注意力或者经常与父母对着干……所有这些都是有原因的——要么是因为孩子的某种情绪没有得到释放，要么是因为孩子的某种需求被掩盖了。

我再强调一遍，不要问一个孩子做这样或那样的事情到底是“为什么”，因为他往往不知道原因，他的某些行为的深层动机极有可能是无意识的。如果你非要问他为什么，那么他可能会认为自己必须为此找到一个答案，于是给你一个看似无懈可击的答案。他很可能会找到一个答案，但这个答案在大多数情况下都是不真实的。

婴儿不会用语言来表达自己，他使用的第一种语言就是喊叫。慢慢地，他会学着说话，但是**对不知道如何用语言来表达的事情，他还是会通过喊叫、发怒、大哭以及让人受不了或拒绝合作的行为来表达。**要组织好合适的语言来表达发生在自己身上的事情对孩子来说并不那么容易，因为他不一定明白到底发生了什么。他可能认为不可以说出这件事情，担心父母可能会有的反应，害怕父母生气，担心给父母带来麻烦。

父母随随便便地把孩子的哭喊定义为“无理取闹”或“演戏”，那是因为他们不懂得解读孩子哭喊的行为。如果一个孩子的心声没有人倾听，如果他的需求被父母贬得一文不值，后果将非常可怕。没有什么

“无理取闹”，哭喊是一种语言，是一条信息，等待着父母去解读。

的确，要理解一个思维方式和我们不一样的孩子，和他进行沟通，并不总是那么容易。但在我看来，我们自己曾经也都是孩子，稍微努力一下，我们应该可以回想起自己儿时的感受以及我们当时表达感受的方式。

不听孩子的喊叫，不理会孩子的不合作行为，不把它们当作一种语言来认真对待，不努力理解它们的含义，拒绝理解它们或者不把它们当回事儿，认为“他总是在这个时候哭闹”“他就是这样，真不懂事”等等，这些处理方式都会让孩子关上自己的心扉。他在提出要求、寻求帮助以及表达自己的需求，如果没有被人理解，他就会借助一些病态的表象来让自己的需求得到重视。

反复发作的耳炎、湿疹、过敏、不肯吃饭、尿床等症状以及之后出现的学习障碍和攻击他人的行为，都在传达一些信息。孩子随时准备牺牲自己发育的最佳时机，牺牲自己的身体健康和心理健康，以获得最终的理解。

这么说，并不意味着孩子的所有行为都隐含着某种特定的意义。不要紧张，不用事事都去解读，也不要每时每刻都去探寻孩子每种行为背后所隐含的意义。要小心过犹不及。

怎样才能透过孩子的态度、疾病、突发状况以及学习障碍等领悟到他到底要说什么呢？——请认真倾听。

如果孩子的某种行为反复出现或者经过治疗后某种症状或行为仍然持续，那你应该可以确定，这其中一定有什么信息是你没有捕捉到的。

不要因为没有理解孩子传达的信息而让自己产生挫败感。只要问题没有解决，它就会不断重复，而且问题的紧张程度不同，出现的形式也多种多样。直至找到一种有效的解决方案，问题才会消失。

假如孩子的某种行为让你感到惊讶、焦虑不安、心生疑问，假如孩子的情绪在你看来不合常理，假如孩子总是与你作对或者总有这样那样的症状，在这些行为或症状真正变得令你惊慌失措之前，请你问自己这个问题：

他想表达的到底是什么？

3

我想向他传达什么信息？

要当心，不要把任何行为都当作孩子潜意识里要传达的信息！在墙上写字，在你的日程安排表上涂颜色，为了做一件婚纱而把窗帘剪成很多条，或者在卧室的新地毯上画一个足球场，这些不一定都有特定的含义，因为它们都是非常原始和自然的探索行为。有时孩子会毁坏家里的地面和父母的财物，但这不一定是他的本意。这与孩子的年龄有关。

你3岁的女儿有没有拿剪刀剪断你的项链？你8岁的女儿也这样做过吗？很显然，这两件事的意义是不一样的。3岁的孩子想试试新剪刀能剪什么东西，她还没有真正意识到这样的行为一旦发生便不可逆转，而且她觉得这样做没关系，反正“爸爸能修好”。而8岁的孩子这样做就很可能是一种惩罚性的行为。她可能是在表达自己的愤怒，这种愤怒可能指向你、你的伴侣、她的兄弟姐妹或者老师。不过，如果她剪坏了窗帘却裁出了一条长裙，那你可千万不要扼杀她那将要迸发出来的天赋！她很可能是未来的时装大师！日本有位亿万富翁，她的高尔夫球是专门定制的，球的颜色是她喜欢的玫瑰色，她所有的车和她身边的所有物品都被涂成了玫瑰色。而最初开启她的时装生涯的事情就是：用家里的窗帘布为自己缝制了第一条裙子！

尤里斯在一张全新的、十分漂亮的绿色地毯上画了一个足球场，而且画得非常逼真！当时他并不知道不能这么做，因为那张地毯在他自己的卧室里。他的妈妈懂得适时地肯定他的天赋并赞美他的创造力，他的爸爸却朝他怒吼，并且要求他立刻把所有痕迹都清理干净。实际上，如果这位爸爸想买一张印着足球场的地毯，可能要花一大笔钱，可他无法忍受在地毯上画足球场图案的是他自己的儿子！对他来说，儿子的行为毁了地毯。他甚至一刻都没有想过这么做客观上会产生什么样的效果。

我们面对孩子作品的反应会影响孩子的自信心。你想向他传达什么信息呢？

“你很有创造力！你的想法非常奇特！我得帮你找一块合适的材料让你自由发挥才好。”

还是说：

“你疯了！你没脑子吗？弄得到处都乱七八糟的！”

得到第一种回应的孩子会对自己的能力充满信心，会继续寻找载体来展示自己的创造力。而得到第二种回应的孩子，要么在自我贬低的过程中变得一蹶不振，要么继续做一个疯子、一个没脑子的孩子，并且会产生报复的念头，而且报复的对象或许不只是地毯，所以你得当心储藏柜里那些珍贵的古玩和易碎的纪念品！

你希望通过你的屡次教导让孩子懂得爱惜物品？那你首先要尊重他表达自我的需要。

当我在书房墙壁上看到画笔留下的痕迹时，我本能地感到很生气，然后再次重申了不允许孩子们做的事情：“可以画画的地方是画纸，而不是墙壁！”可是孩子们的涂鸦行为还在继续。后来，我为他们提供了一块墙壁，让每个孩子为上面的一幅简笔画填色。他们都全神贯注地在各自30厘米宽的墙壁上自由发挥。渐渐地，这个角落变得色彩斑斓，而家中其他地方再也没有出现杂乱无序的涂鸦了。

对我来说，禁止他们在墙壁上画画非常困难。我的妹妹是一位画家，她就在楼梯旁边的墙壁上完成了一些华丽宏大的画作。为什么她有权利绘画，而孩子们就不可以呢？对他们来说，这太不公平了。给他们一块属于他们的小天地，会让他们感到自己备受重视并获得满足感，他们也就不需要在墙壁上乱画了。

我们每次回应孩子时都需要考虑一下：是说“我爱你”“你真棒”来传递爱意，还是说“你真笨”“你真是没用”而让孩子产生挫败感呢？

统一战线？

孩子有母亲和父亲，所以从理论上来说，他有两次接受正面信息的机会。唉！可惜的是，父母往往决定达成一致意见，一条心对孩子进行最残酷的镇压。很多父母认为应该在孩子面前形成“统一战线”。“战线”？用这个词的时候，我们已经在努力计划如何与孩子对抗，和孩子较量谁强谁弱了。不，孩子并不想在父母之间寻找漏洞并加以利用。他寻求的是事情的真相、是幸福、是快乐。他不一定会利用父母的分歧。他期望的是，当父母中的一方传递给他负面信息时，另一方能够进行弥补。孩子知道哪一方是公正的，而哪一方不是。如果父母中的一方习惯放弃自己的价值观来听从另一方的意见，在孩子面前就会表现出很多言行不一致的地方。

你的伴侣侮辱并伤害了你的孩子吗？要敢于说出你的想法，说出你的感受，要敢于站在孩子这一边，为他的苦痛作证，为他进行辩护。这样他就会知道，你是他可以信赖的对象。相反，如果你一言不发或者支持伴侣的言行，那你就是在背叛孩子，而他将不再信任你。

同样，如果是你做得过分了，也要接受你的伴侣对你提出的反对意见。人无完人，谁都有犯错的时候。我们有时会不假思索地随口说出一些不该说的话，有时会因为疲惫、生气或者再次回想起小时候不愉快的经历而大脑短路。孩子不会因此认为你的形象受损，因为他不是在期待一个好形象，而是需要一个真实的人站在他面前。你接纳了自己的错误，就是在教孩子学着接纳自己。

父母也是人，不一定事事都意见一致；对孩子而言，要适应这一点非常重要。为什么要在孩子面前营造没有差异的世界和生活呢？能看到不一样的观点共存一处，这对丰富他的视野是多么好啊！这样，大家才可以一起讨论、交流和解决分歧。

所以，父母不要统一什么“战线”了，不要为了争当更好的父母而在孩子面前竞争，也不要把其他领域的分歧带到教育领域来！

父母在表达不同意见时要充分尊重对方，这样才能让孩子明白：即使人们所想的会有不同，也还是可以和谐并且相亲相爱地生活在一起。

孩子会倾听我们的语言、观察我们的行为

父母所有的行为，不仅仅是针对孩子的行为，还包括在任何情况下针对其他人的行为，都在向孩子传递某种信息。

看看你的生活和你的生活方式。你希望用什么样的方式来教育孩子？你会不会撒谎，掩盖或歪曲事实来为自己开脱？你有没有遵纪守法？你有没有开车闯红灯或者将车开到人行道上？

让我们说得更宽泛一些。你在生活中表露出来的快乐、爱和幸福多吗？你所在的公司、从事的职业、你的婚姻，对你来说合适吗？对于工作、自由、生活、自我价值的实现以及爱，你的态度向孩子传递了什么样的信息？

在生活中进行选择和选择在孩子面前采取什么样的态度，两者的本质其实是一样的。如果希望在这方面得到启示，你可以对自己提出这个问题：

我想向他传达什么信息？

4

我为什么要对孩子说这些话?

“玛戈，阿德里安，咱们走！”我站在车边，孩子们在路边捡栗子。他们就像没听到我说话似的，还在继续寻觅着。

“那儿，看那儿。那个，我先看到的！”

“给你，我放一个在你口袋里。”

我内心开始涌动一股烦躁感，然后我问自己：“鬼知道我要他们立刻上车到底是为了什么。”是因为我自己这么决定的吗？我做这个决定有什么理由？今天是周末，我一个人陪着他们，我决定为他们贡献属于自己的完美一天。现在是中午，不错，可是他们似乎并不饿，那我为什么要这么匆忙呢？让他们在这里捡栗子和去广场玩耍或者坐旋转木马，对他们来说有什么不一样吗？为什么就不能让他们在这里尽情玩耍呢？况且，这不花分文啊！最后，我们在那里待了20多分钟，捡到了不少又圆又大、看起来很漂亮的栗子。

我相信，你肯定也遇到过类似的情况。对此，我们的反应往往都是机械的，所以我们最好对自己提这个问题：

“孩子提要求时，我回答是或否究竟是因为什么？是什么决定了我的态度？”

当玛戈第一次要求在饭前吃冰激凌时，我听到自己的回答是：“不行，冰激凌是甜点，要在饭后吃。”这个答案出现得如此自然，让我自己都感到害怕。我问自己：“我为什么这么说？”我理性地思考这个问题，想到了营养学，然后想到了胃的工作方式——糖分会刺激胰岛素的分泌，为消化做准备。我们在饭后吃甜点，那只是因为我们其实还想吃东西，可是又不饿，于是为了再往嘴里填点儿东西而欺骗我们的内脏器官。这是一种社会习俗，而大多数人都有这个让自己很惬意的习惯。但是，思考过后，我的结论是，这种习俗并不合理。因此，我把冰激凌给了女儿，后来她也非常听话地吃完了饭。从那以后，她会时不时地在吃正餐之前吃点儿水果、冰激凌或者蛋糕，但后来这种情况越来越少，因为她慢慢长大了，就会很自然地和周围的人保持同样的饮食习惯。她以前还边吃饭边吃甜点，或者吃一口菜配一口蛋糕或小柑橘。既然她吃完了正餐，为什么还要禁止她吃甜点呢？况且就饮食平衡来说，她这么做也没错（不过柑橘是酸的，和其他菜配着吃不是很合适）。

我的态度是否受到了健康观念和社会习俗的支配？作为母亲，我要对孩子的健康负责，也要帮助他们适应社会。我们可以向孩子解释说，这就是一种社会习俗、一种文化习惯，但重要的是，我们不能混淆观念，比如对孩子强调说饭前吃甜点有害健康。

毫无疑问，孩子只吃冰激凌对健康是不利的。如果冰激凌吃得太多，孩子就会没胃口吃蔬菜。你可别认为我是在建议你让孩子在饭前吃甜点！

父母在同意了孩子提出的与平时不太一样的要求之后，经常会担心他以后也会这样“无理取闹”。其实，**孩子的无理取闹都是父母自己造成的：只有当父母大张旗鼓地和孩子较量时，孩子才会无理取闹。**玛戈要求在饭前吃冰激凌并不是在无理取闹，而是在探索。我原本可能抱着对抗的情绪和她较量一番，她也可能会坚持己见，毫不动摇地与我作对。我认为，这种较量是父母先挑起的，而不是孩子。如果你需要证明，下面这句话就最好不过了：人们总说，如果你任由孩子做决定，那么孩子很可能让你难以掌控；但是，如果他完全依附于你，那么他肯定不会有思考的能力。

你的行为是由你的教育背景还是由连你自己都不知道怎么产生的条件反射来决定的呢？你是觉得问题显而易见、无须多想，还是经过了理性思考呢？我在这里所说的理性思考，不是指你的父母或者家庭医生的已有成见，而是你自己对真实可靠的信息进行的思考、推理和判断。

的确，我们得从广告所提供的铺天盖地的错误信息中，开辟出一条正确的道路。

一位妈妈曾经对我说，为了让儿子同意每天喝酸奶，她得使出浑身解数与他斗智斗勇。受到广告的误导，她坚定地认为酸奶好，酸奶是孩子成长的必需品，他必须每天吃奶制品！食品业的广告宣传如此声势浩大，以至于她无法理解自己儿子的抵制行为。在了解了更加中立和客观的说法后，她修正了自己的错误观念。实际上，每天喝酸奶会增加孩子的胃酸，而且奶制品也不如孩子喜爱的杏仁和榛子的钙含量高。一句话，她所认为的健康食品其实并不像她想象的那么好！

我们家最近一次度假时，旅馆中发生的一幕让我目瞪口呆。当时我们在吃自助餐，大家都可以选择自己喜欢的东西。那天餐台上摆放着法兰克福红肠和上等肉片。一个女孩坚持要吃红肠，而她的爸爸拒绝了她的要求，反而要她吃上等肉片，并且提出了一个观点：“你妈妈说过，上等的永远都是最好的。”的确，红肠不是很有营养的食品，但上等肉片也只是用一片鸡肉（有时会有好几片）、一块火腿、一些奶酪以及一层面包粉做成的，有人喜欢，也有人不喜欢。不过，三层蛋白质叠加在一起，就算从营养学的角度来看，说它“上等”也是站不住脚的。这个女孩想要的只是一根红肠，没什么大不了的，为什么不让她吃呢？在如此荒谬无理的事情面前，人们却无动于衷。这个女孩很快就接受了自己的命运，可她已经十几岁了，而她的父母对她的生活进行如此严格的控制，显然从来没有反省过：自己强迫孩子接受的那些事情到底有什么意义？

我们无法做到无所不知，但当孩子向我们提出要求时，我们为什么不能听进去，为什么不能问问自己：

我为什么要对孩子说这些话？

5

我的需求和孩子的需求有冲突吗？

我们希望孩子不会因为一点儿“芝麻小事”而哭闹，不会因为我们拒绝了他的某些要求或者我们在建议他更换沉甸甸的纸尿裤时语气不当而愤怒地喊叫；

我们希望孩子能更合作一些，希望他在我们的要求下自己穿衣，希望他能开开心心地上床睡觉，希望他能自己整理房间，按照大人的期望把外套挂在挂衣钩上，并把鞋子整齐地放进鞋柜里；

我们希望他安静又乖巧，希望他不要尖叫着到处乱跑，希望他能安安静静地坐在自己的餐椅上吃饭，希望他能快速地把碗里的食物吃干净，希望他不会在喝水时打翻杯子，希望他不要在餐桌上把饮料倒来倒去地做容积守恒的物理实验……

我们希望我们的孩子不是孩子！

问题是，**孩子就是孩子！当他把所有玩具都陈列出来时，当他在地砖上赤脚走来走去时，当他大清早醒来为的就是玩时，当他气喘吁吁地宣告着自己的惊人发现时，当他在衣橱里玩捉迷藏时，当他在客厅里跑**

来跑去时，甚至当他穿着沾满了泥巴的靴子把厨房踩得一片狼藉时，他扮演的正是孩子的角色。

坦白地说，如果孩子时时刻刻都像个迷你型的成年人，衣着整洁，举止得体，我们不会感觉有些不自在吗？前几分钟我们可能会用欣赏的眼光看待这个孩子——因为那是我们内心所一直渴望的——但马上就会因为他那不太自然的状态而感到惊慌失措。

可以肯定地说，父母的需求和孩子的需求是完全相悖的。大部分父母都喜欢家里干净整齐、安安静静，希望孩子说话有分寸，希望自己能够享受宁静的时光或者睡个懒觉；可是绝大多数孩子在一片乱糟糟的环境里都泰然自若，非常喜欢大喊大叫，喜欢大清早就起床，尤其是在周末和假期时。而在平时，这样做就更让父母难以忍受！

我们要承认一点，即父母和孩子的需求肯定是有冲突的，而且这种冲突让亲子关系变得错综复杂。如果我们没有考虑到父母和孩子的需求之间的错位，亲子间的较量就很可能升级到无以复加的地步。**在一场较量中，有人获胜，有人失败**。但是说实话，在亲子关系的领域，这种较量**只会造成两败俱伤的后果**。一个人怎么可能从心底感受到那个否认自己需求的人对自己的欣赏呢？

简而言之，父母要做到这一点：在某段时间内把自己的需求抛在一旁，去满足那些脆弱的小人儿的需求。但这么做一点儿也不容易。一位年轻的妈妈曾经向我倾诉，说她总有一种极度失落的感觉，甚至有拍桌子的冲动。她对孩子的表现感到惊讶，也绝对没有料到事情会变成这样。在生育之前，她一直认为孩子是神奇美妙、完美无瑕、让人赞不绝口的存在；但后来，她完全被孩子的举动吓到，并对他们避之不及。

是的，孩子常常让我们火冒三丈，所有父母都因孩子而叫苦不迭，除非，父母让孩子吃点儿苦头。

在不同年龄段，孩子在晚上的表现也不同：有的要吃奶，有的会尿床，还有的会做噩梦。白天，年龄小的婴儿会要求父母给予持续不断的关注，而年龄大的孩子会打闹不休。作为父母，我们根本没有办法安安静静地享受阅读小说的乐趣，不能和闺密煲电话粥或者早晨赖赖床，甚至不能不受打扰地上厕所。和孩子生活在一起，真的是件非常恐怖的事情。如果我们不承认这一点，就难免会产生积怨，即使孩子犯了一点儿小过错，也会不停指责："特里斯坦，你真让人讨厌！"更过分的父母还可能会说："我到底造了什么孽，让我生了这样不省心的孩子！"

做父母是一项全职工作，需要24小时守候在孩子身旁。一些父母需要外出工作8～10小时，回家后依然要担负起父母的职责。去办公室是个让人享受安宁的好机会：在办公室里，我们被人肯定和尊重，我们身处成人的世界——那里没有喊叫声，没有哭泣声，不会有打架的事情需要我们处理——我们可以稍微喘口气。而全职妈妈就没有这样的空间让自己暂时躲避并重获生命的能量。是的，工作往往能让人的精神和身体都得到恢复，除非这份工作并非你所渴望的。在工作中，我们往往能了解自己的能力，感受到自己的价值。我们和同事讨论工作问题时，难道不是这样的吗？在工作中，我们重获能量，变得更加自信。即使工作本身并不太让我们感兴趣，它还是为我们提供了与他人交流和接触的机会。

如果我们不认同自己的需求，对自身的成长历程感到失望，那么我们很可能无法顺利地给予我们的孩子他所需要的东西。**因此，父母的职责就在于理解和认同自己的需求**，并且想办法尽可能地满足自己的需求。

如果孩子的需求和父母的需求产生了冲突，双方进行对抗并不是唯一的选择。**从长远来说，合作才是更加有效的方式**。合作需要双方都表达自己真实的需求，需要双方互相尊重、认同对方的需求并且肯定自己的需求。

当孩子还小的时候，我们理所当然要将他的需求放在首位，但等孩子长大一些后，就要和他商量！**最好让孩子知道，至少他的需求和父母的需求是同时存在的。**

相比“闭嘴，你真让人受不了！”而言，“我想安安静静地吃饭，你怎么做才能让我好好享受我的晚餐时间呢？”这种说法会更有效。

孩子不想睡觉吗？不管怎样，要让他知道，现在是爸爸妈妈相处的时间，你不能再陪伴他。威胁、溺爱或者惩罚都是没有用的，你只需要尽力去维护你自己的需求。

重要的是，我们不能整日奔波，而要**好好休整**，重获生命本有的力量，这样才有精力和伴侣一起**平等地分配父母应该履行的职责**，才不会埋下连自己都**没有意识到的怨恨的种子**，才能在伴侣无法履行应尽的职责时（有时对方的确在外有应酬，有时对方不愿履行职责而直接拒绝，有时则是对方有离婚的想法）承认自己内心的挫败感和愤怒的情绪。

假如没有意识到自己的情绪，那么我们最有可能做的举动就是把这种情绪转移到孩子身上，这样就让孩子承担了原本与他无关的压力。

帕特里西亚独自抚养两个孩子。孩子没有父亲，这让她非常担忧，所以她希望能为孩子弥补这种缺失，于是给予孩子双倍的关爱。可是，一旦她对现存的问题稍做思考，就会了解一个事实：她需要一个男人。她曾经在很长一段时间内都拒绝承认自己有这种需要，并把这种缺失转移到两个儿子身上，以给予他们更多的关爱来进行补偿。结果，她发现儿子们难以自理自立，因为他们缺乏自信心，对她非常依赖。

一位母亲即使再有决心，也无法取代父亲的地位，因为那根本不是母亲应该扮演的角色。孩子并不期待母亲去弥补这种缺失，而是希望她能够理解他的情感——孩子并不希望自己的母亲对自己的情感需求不闻不问！在对自己的需求给予关注后，帕特里西亚开始让孩子更加自由地成长。也许她会遇到一个男人，重新开始婚姻生活并组建一个新家庭。这个男人将扮演父亲的角色，而这种雄性元素才是她的两个儿子所需要的，才可以让她的家庭达到平衡状态。

关注自己内心的需求并不是自私的行为，而是在对大局进行审视之后努力做出适当回应的行为。总而言之，关注自己内心的需求才能让大家都得到自己需要的东西。

父母的影响有时会阻碍我们抚养孩子

在日常生活中，我们常常会感到担忧和困扰，但对于我们中的大多数人而言，最迫切、最渴望的需求并非源于眼前的生活。**那些最难掌控的需求往往可以追溯到我们的童年时代**。那些需求不仅在我们的童年时代没有得到满足，而且通常不被认为是必须满足的，所以它们一直处于缺失状态。这样未得到满足的需求哪怕只有很少一点儿，都会和我们孩子的需求相抵触，让我们无法察觉和理解孩子的需求，也让我们无法采取恰当的方式对待孩子的需求。

“她总是哭哭啼啼的，快烦死我了！”玛丽斯无法温柔地对待自己的女儿艾芙，因为她自己的父母就从来没有给过她温暖的拥抱。尽管她有这种明显的渴望，但是心理障碍的力量太强大，以至于她难以突破障碍。当艾芙走近她，想和她亲近时，她会把女儿推开。要让她学会爱抚孩子，或许应该让她看到艾芙被人爱抚的样子，使她的脑海里形成一幅她作为小女孩得到父母爱抚的画面——但她可能难以做到这一点。她曾经因为得不到父母的爱抚而难过，现在她根本不想唤醒这种缺失带给自己的痛苦。她更愿意否认自己有这种需求——“我没有得到过，也没有因此而死掉”——随后也否认自己的女儿有这种需求，想以这种方式来掩盖一切。因为，如果她认同艾芙有这种需求，从逻辑上来讲，她会想到自己作为小女孩时的需求，也就是说想到自己还是个孩子的时候……

假如我们自己在童年时代的情感受到压抑，我们就会无法察觉自己的孩子有需求这个事实，因为我们可能将自己长时间以来没有实现的巨大需求转移给他人，也可能否认自己的需求以免触动内心的伤痛。

当我发现这一点时，我对自己提出了一个问题：“我真的想和自己的孩子较量吗？”

纳塔莉在生产15天后就去参加冬季运动会，而将半个月大的女儿交给自己的母亲看管！她高声为自己申辩，说自己需要休息，说经过这次考验后她还会回到孩子身边。她没有想过自己的女儿对此有何体会。经过调查，我发现，她在很小的时候曾经与母亲分离。她把这种痛苦、愤怒和恐惧埋藏在心底，并强迫自己这么小的女儿也遭受同样的待遇，似乎这样做就可以向她母亲表明：“你是对的。你看，我没有因此而受苦，我对自己的孩子也如此。”

伊雷娜要去美国工作两个月，于是将三个月大的儿子汤姆留在法国，让一位有资质但从未与汤姆接触过的奶妈抚养。回国后，伊雷娜不理解自己的儿子为什么会如此虚弱。他拒绝进食，而且睡眠质量很差。可以说，他抑制了自己的生长。尽管出现了这些问题，伊雷娜依然没有思考过自己去美国意味着什么。她被困在自己儿时的记忆里，因为她在和汤姆一样大时也被自己的母亲“抛弃”过。

克莱尔是三个孩子的母亲，伊夫也有两个孩子。他们总是很晚才下班回家，而且都很干脆地承认，他们以工作为借口，其实是因为不愿意面对孩子，不愿意面对孩子的需求和各种情绪。比较而言，工作问题要简单得多。虽然他们的孩子也可以在游戏和电视的陪伴下成长，但他们逃避孩子，其实是因为他们害怕重新面对自己童年时曾经有过的不良感觉。

婴儿不能自己满足自己的需求，如果抚养婴儿的成年人沉溺于童年时期的痛苦而无法自拔，不能回应他的需求，那么婴儿必定处于极度的慌乱中。为了维持生存、让自己被接受、为自己争取到爱，婴儿能在非常短的时间内心甘情愿地屈服于自己的抚养人。他学会了即使没人看管也不哭，而当他观察到自己喝奶的速度让妈妈担心时，甚至会加快速度。他压抑自己的需求和情绪，变得非常“乖”，让父母为自己感到自豪。但是，在这样做的同时，他掩盖了自己的情绪，并由此得出不能相信他人的结论，而且会先入为主地认为外面的世界充满了敌意。

相反，如果父母关注自己的真实需求，关注夫妻间的关系，过去的伤口也得以愈合，他们就能认识到并满足孩子的需求。

没有一本书，也没有一位专家能够给出一个放之四海而皆准的答案。每个孩子都是一个人，都是区别于地球上其他任何一个孩子的人。孩子还会发生变化。他在成长，不会一生只穿一个号码的鞋，他的需求也不会总是一成不变。他可能两岁时喜欢大葱，三岁时却对其深恶痛绝。没有什么可以让我们不假思索地始终依靠，也没有什么系统的方法可以让我们一用到底，所以我们永远都要根据变化进行调整。可如果我们忘记自己有过的童年，就不那么容易做到这一点。

要想幸福地生活在一起，我们就要在可以承受的范围内容忍孩子的

放纵行为，要学着更加包容。我们要记住，孩子依赖我们，我们是他坚实的靠山。我们要治愈自己有过的伤痛，这样才能让孩子以自己特有的节奏成长。而我们，则会因此获得舒心和愉悦的生活。

当孩子“太乖”或者太不听话，而我们因此对孩子过度保护或者大发雷霆，对孩子的需求无法做出回应时，我们可以对自己提出这个问题：

我的需求和孩子的需求有冲突吗？

6

对我来说，什么才是最珍贵的？

两岁的贝亚正在十分难过地大哭，因为他没有拿稳杯子，把它给打碎了，而他的妈妈刚刚朝他大吼了一番。可是，贝亚不是故意的！

不久后，贝亚躲在自己的房间里，尽可能地不发出一点儿声音，因为他一想到爸爸发现办公桌上的纸黏在一起时可能有的反应就十分害怕。但这不是他的错，他本来只想把自己踩坏的玩具重新粘好。要知道，如果他把踩坏玩具这件事告诉爸爸，就又要被教训一番："如果你把东西收好，就不会发生这种事了！"所以，他情愿自己尝试着把玩具修好。可是悲剧就此发生了——当他把卡车碎片拼在一块儿时，家里的猫突然跳到桌上，碰翻了胶水瓶，于是胶水全部洒到了纸上！

父母对孩子的此类行为最普遍的反应是：就像要投入战斗似的摩拳擦掌，凶神恶煞般地对待孩子，忘记了到底什么才是最珍贵的。就因为花瓶被打碎了、杯子摔在地上、衣服在客厅里被拖来拽去、玩具丢了，我们大声喊叫、暴跳如雷，甚至不惜伤害自己的孩子。我们把花儿、客厅的沙发或祖辈留下的花瓶看得比孩子还重要。

“对我来说，什么才是最珍贵的？”这是我们在对孩子采取行动前要问自己的第一个问题。父母都是成年人，拥有成熟的大脑，能够控制自己不做出条件反射般的反应，能够根据自己的价值观和目标来选择行为方式。而孩子的大脑无法做到这些。

如果我的回答是“对我来说，最珍贵的就是孩子的爱，是孩子的自信，或者换句话说，是在他面前永远不面红耳赤地生气”，那么我就会保护这份爱，保护这份自信。

如果我的回答是“对我来说，最重要的就是我婆婆会怎么看我，厨房里的东西是否完好无损，还有我自己能否得到一份安宁”，那么我就不会像刚才那样，而会尽力保全自己作为好妈妈、好主妇的形象，或者尽力让自己不被打扰。

当然，第二种选择很少能被父母真正地意识到，但它有着巨大的影响力。**你的孩子能感觉到你潜意识里的想法！对他来说，你的行为比你的语言更有意义。**如果你因为孩子打碎杯子、弄脏衬衣而气势汹汹地羞辱他、伤害他，他就会认为杯子或衬衣比他更重要；而在另外一个场合或另外一个时间，你又对他轻言细语地说“我爱你，我的小可爱”，他就会将你的行为所传达的信息理解为“我对妈妈来说一点儿也不重要”或者“我只有表现完美，只有当我不是我自己的时候，妈妈才会爱我”。

所以，我们要有意识地注意自己对待孩子的方式，这样才能从根本上改变我们的行为。

泰奥多拉和母亲的关系非常糟糕，因为她在童年时代一直被母亲羞辱和贬低。现在，泰奥多拉也有了孩子，而她的母亲依然用一种让人无法容忍的方式对待外孙。她对大外孙不管不顾，却旁若无人地表达对小外孙的疼爱，比如给小外孙买礼物或者带他去动物园、电影院。泰奥多拉在母亲面前就像一块石头一样，完全不去思考，也没有提出任何反对意见。在对自己提出“**对我来说，什么才是最珍贵的？**”这个问题后，她意识到自己的行为是在袒护自己的母亲，更确切地说，是希望母亲最后能够爱自己，可这样做伤害了自己的孩子。有这种觉醒对泰奥多拉来说已经足够——相较于服从自己的母亲，孩子的幸福更重要。泰奥多拉非常明确地向母亲表明了自己的立场，而她的母亲也在女儿的决定面前很快停止了她那极度伤害孩子的行为。

孩子肯定会打破父母制定好的秩序，这再正常不过。如果父母不让孩子打破秩序，还“像以前一样生活”，也就是说，好像孩子不存在一样，既没有改变父母的生活方式，也没有对他们的工作节奏和出行频率产生任何影响，那么孩子便会得出一个结论，那就是——自己根本不重要，甚至没有存在的权利。此外，他还可能产生一种愧疚感（我打扰父母了）或者自卑感（我没有达到父母要求的标准）。

可作为孩子，他需要感到自己是珍贵的，有自己存在的价值。他的需求和他的存在一样，都需要被重视，这一点很重要。

“对我来说，什么才是最珍贵的？”

当我每天晚上被吵醒好几次时，当我种在花园里的牡丹被两只无法停下来的小脚踩踏时，当我刚在电脑上编辑好的工作资料不幸被两岁孩子的小手删除时，或者当我满身疲惫却发现还得弯腰去吸干地板上的水时，这个问题给了我很大的帮助。

显然，这个问题的答案毋庸置疑，对我来说最重要的就是孩子的爱以及孩子对自己的信心。我也希望他们能对我有信心，所以我的想法很清晰：永远不要伤害他们，不要对他们撒谎，不要侮辱他们，不要背叛他们，不要恐吓他们；无论在什么情况下，我都要表现得诚实坦白，把我的感受表达出来，倾听他们的感受，帮助他们爱自己，帮助他们提升自己的能力，让他们不带丝毫愧疚感地承担起自己的责任。

当我们的孩子把家里折腾得一片狼藉时，当我们不知道如何应对时，当我们感觉自己没有按照孩子的实际情况做出反应，而是像我们的父母对待我们那样做出机械的反应时，或者更常见的，当我们以他人的眼光来决定自己的行为时，让我们问问自己：

对我来说，什么才是最珍贵的？

7

我的目标是什么?

一般来说，道路没有好坏之分，差别在于有些道路引领我到达目的地，而有些道路带着我偏离目的地。如果我的目的地是西班牙而不是德国，那么我要走的道路肯定不同。不过，有些道路多少会更直接、更便捷一些。

让孩子自己选择早上想穿的衣服是“好”还是“坏”？

同意孩子的要求是“好”还是“坏”？

让孩子哭是“好”还是“坏”？

让孩子8点上床睡觉是“好”还是“坏”？

事实上，这些做法既不好也不坏，它们要么让你更接近目标，要么让你更偏离目标。某一天你可能觉得某些做法是对的，而另一天你可能就觉得不对，这都取决于孩子的发展状况、他有什么需求以及你有什么目标。在亲子关系中，与其听从外界给予的这样“好”、那样“不好”的建议，父母倒不如先了解自己的目的地在哪里：“在和孩子的关系中，我要达到什么目标？”

卡琳娜刚收到的生日礼物是一双四轮旱冰鞋。她8岁的姐姐吉拉娜也想要一双，而且马上就想要。妈妈苏珊拒绝了她的要求，说会在吉拉娜生日的那一天，也就是两个月后，再买来当作生日礼物送给她。不过，假期马上就要到了，如果姐妹俩可以一起穿着旱冰鞋去玩，那该有多好！可如果现在就送的话，卡琳娜又会觉得不公平。一个孩子想要旱冰鞋，而另一个孩子不同意，这让苏珊难以定夺，于是她来征求我的意见。我建议她考虑一下自己和吉拉娜的关系，与此同时问问自己这个问题："我的目标是什么？"

苏珊和大女儿的关系很紧张，因为吉拉娜非常嫉妒自己的妹妹——这是理所当然的事情，苏珊也这么承认。而她和卡琳娜相处起来就很容易——很正常，因为卡琳娜是她的第二个孩子。苏珊向我讲述了她生第一个孩子难产的情况，还讲了关于两个孩子的一些事情。她很难过，因为她没能也不知道如何像对待卡琳娜一样给予吉拉娜同样多的爱。那么，她的目标是什么？——是修复自己和大女儿的感情，是对吉拉娜说自己多么爱她，在自己眼里她有多么重要。但是她该怎样做呢？我没有提出任何建议。苏珊当天晚上就买了旱冰鞋送给大女儿，并向她解释自己爱她，自己的行动就是证明。这是在对过去的裂痕进行修补。苏珊表达了自己的内心情感，吉拉娜也接收到了妈妈传达的这个信息。这个时刻对这对母女来说意义重大。

如果是另一种情况、另一个目标，那就一定会有另一种表现形式。**没有万能的答案，一个答案只能对应一个特定的孩子、一对特定的父母、一个特定的时刻，而找到答案的基础就是他们共同的经历。**

事实上，我们的每种行为背后都有目标，它多多少少都能被我们意识到。但也有可能出现这种情况，那就是我们的实际行动和我们有意识的目标背道而驰。比如，帕梅拉宣称自己希望孩子能够健康成长、有自己的思想，可她每天晚上都为孩子准备好他们第二天要穿的衣服。

我们的目标决定了我们的行为，并因此决定了我们和孩子的关系，尤其是当这些目标存在于我们的潜意识中时，它们发挥的功效会更大。我们要注意自己的潜意识，这样才能选择并创造我们希望拥有的关系。

如果我的目标是“拥有一个无可挑剔的厨房”，那我的行为就会和我把目标定成“无论在任何情况下我都要让孩子学会建立自信心”时不同。

如果我的目标是“让孩子学会自立和独立思考”，那我的行为就会和我把目标定成“希望孩子听话顺从”时不同。

如果我的目标是“让孩子毫不怀疑我对他的爱”，那我就不会用目标为“帮助他成长，帮助他度过心理低谷期”时采用的方式对待他。

如果我的目标是“向我的丈夫证明我是一个完美无缺、无可指摘的妻子”，那我的表现就和目标为“关注孩子所有的需求”时不同。

我们越是在意别人的想法——不管那是真实存在的还是自己想象的——就越不能集中精力去关注孩子的真实需求。

我们要看重孩子的需求，把孩子放在首位，尊重孩子，但这并不意味着我们要“听之任之”或者“在他损坏或者摔碎某样东西时什么都不说”。我们要做的是，在表达自己的情感的同时，也继续深爱他并向他表达自己的爱。

我曾经有一个特别喜欢的纯手工吹制的漂亮玻璃杯，这个杯子是一个朋友送给我的，其表面装饰着一条蓝色的蛇，所以我一直都不允许孩子们碰这个杯子。但有一天，就在一瞬间，两岁的阿德里安抓住这只杯子，然后松了手。当杯子在厨房的地板上变成碎片的时候，我不禁哭了起来。我多么喜欢这个杯子啊！可是我一直清醒地意识到，把爱传达给孩子才是我的目标，我要传递给他的信息是“我的爱是无条件的，你可以完全信任我”。所以，我只是向他解释自己很生气，却没有责怪他——我含泪的双眼看到这个小人儿已经被玻璃碎片给吓呆了。我必须安抚他，向他表示我依然爱他，但我也需要哭出来，因为杯子碎了让我很伤心。**我在讲述我自己的感受，而没有责怪他**；我表达了自己的情感，而没有对他的行为做出评判。

此后，他好几次都反复提到这件事：“有一次，我打碎了你的杯子，你哭了，我也哭了。”他反复提到这件事，是因为他需要重现当时的情景来让自己理解这件事。

每次我都这么回答他：“是的，我哭了，因为我非常喜欢那个杯子，可它被打碎了，我再也不能用它来喝水了。一个人失去自己喜欢的东西时哭泣，这是很正常的。”

几个月之后，有一次阿德里安小心翼翼地将一个大杯子放在桌上，说：“妈妈你看，我没有打碎杯子。上次我打碎了你的杯子，你哭了，我不喜欢你哭。我也哭了，因为我打碎了你的杯子。你哭了，我也哭了。”

现在，阿德里安在对待自己触碰的东西时更加小心了。他的内心在进行主动的建构，他开始意识到有些东西在别人看来有着特别的意义，比如对我而言，那个杯子碎了就意味着我失去了一件珍贵的东西。他也感到了愧疚，但那是一种健康的愧疚感，这种情感让他能够注意他人的感受，让他意识到自己的行为可能带来的结果并引导他树立一种责任感。

而如果我对他大加训斥，责怪他冒失大意，对他大吼大叫，结果可能使他感觉非常糟糕。他可能会产生对他身心不利的羞耻感或罪恶感，而由此导致的非常自然的结果就是——他会被激发出一股怒火来抵消这种难以表述的耻辱感或罪恶感，毕竟“犯错”的是他。接下来，如果他就此认为自己“冒失莽撞”或者“总是粗心大意”，那他小心在意的对象将不是杯子或其他物品，而会是“不能再冒失莽撞”这件事。但由于他非常紧张，总是纠结于可能发生的事故，纠结于自己的粗心大意，而不会注意事情本身——比如拿杯子时要注意什么——他最终必将打碎其他东西。一旦此类事情再次发生，他就可能以此断定：自己的确很糟糕、很冒失。而当一个人认为自己很冒失时，他打碎东西的概率肯定比认为自己很谨慎时的概率更大。你的目的是让孩子觉得自己很谨慎还是很冒失呢？

事实上，如果你总是把孩子当作最重要和最珍贵的对象来保护的话，你家中哪怕最易碎的东西也会非常安全。**一个感受到他人重视的孩子会更关注他人，也会更加在意自己的行为可能造成的结果。**因为他不再担心自己会“犯错”，而会尊重他人的情感，也会产生一种责任感。现在，问一问你自己：

我的目标是什么？

8

七个需要牢记的问题

1.他有过什么经历?

2.他想表达的到底是什么?

3.我想向他传达什么信息?

4.我为什么要对孩子说这些话?

5.我的需求和孩子的需求有冲突吗?

6.对我来说，什么才是最珍贵的?

7.我的目标是什么?

第三章

生命是动态的

要倾听孩子发泄情绪并不容易。孩子的情绪会带动我们的情绪，会让我们觉得自己不是一个“好妈妈”或“好爸爸”；孩子的情绪会让我们惴惴不安，让我们反问自己“我该怎么做”；孩子的情绪会让我们这些保护者产生挫败感，让我们去衡量自己作为孩子的靠山是否尽到了责任。我们可以大胆地说，有时我们多么希望孩子不哭泣、不喊叫、不在地上打滚！我们多么希望他没有那么多情绪！

可事实就是如此。他的情绪对他来说最珍贵，因为他的情绪中包含着他对自己身份的认同以及他对自己真实存在的体验。

一个安静得像幅画似的孩子的确很乖，但他身体里的某个部分没有了生命。**生命，就是运动，**而画是静止不动的。想要让孩子像画一样安静，就得杀死他体内的运动元素。emotion（情绪）这个词，第一个字母e代表“exterior”，即“向外”；而motion代表“movement”，即“运动”——**“情绪”就是生命自身的运动**。这种运动来自身体内部，并在身体外部表现出来。生命的这种运动可以告诉我们以及我们周围的人，我们到底是谁。

恐惧能帮助我们做好保护自我的准备；悲伤总会在他人离世时显现；快乐会从内心流露，让我们充满活力；愤怒则界定了我们的界限、我们的权利和我们的完整性，往往是我们遭遇挫折后的产物；而爱，将我们和其他人联系在一起。

哭泣、喊叫、颤抖，这些都是缓解生命中的紧张和压力所必不可少的解药。一个生命在这个世界上存在，总要遭遇各种挫折、困惑、恐惧和愤怒。所有的孩子都有哭泣的需求，而且需要他人好好陪伴。发泄情绪能让孩子在受到伤害之后重建自我。一件伤人的事件、一次事故、一次考验或者一段不公正的经历一般不会对孩子造成精神上的创伤，除非我们不允许他自由地表达这些不愉快的经历给他带来的不良感受。如果孩子的情绪能够得到顺畅的宣泄，就能保障他有一个健康的身体。

我们在表达某种情绪时总是备受争议，但情绪对我们是有帮助的——情绪让我们感觉到了自己的存在。

1

我是谁？一个情绪的载体

能够打开自我意识大门的钥匙，就是情绪。

“你好啊，小不点儿！”

“我不是小不点儿，我叫阿德里安！”

阿德里安才两岁两个月（早熟吗？的确是！），但他不喜欢别人称呼他“小不点儿”。这些天以来，他都要求别人喊他的名字。有一次我想逗他，吃饭时把盘子推到他面前说：“先生，请用餐。”而他回答说：“我不是先生，我是阿德里安。”

阿德里安是一个存在的实体。他通过陈述自己想要的和不想要的来表达自己的感受和经历，来确认自己的身份、个体特性以及属于他自己的生活。

“**我**非常生气！我发火啦，因为我很生气！”

“**我**不想睡觉。”

“你走了**我**很伤心，我不想你走。”

“哦，妈妈，又看到你**我**好开心啊！”

“**我**把盐罐里的盐倒进嘴里后，感觉很不舒服，**我**哭了。”

当他说这些话的时候，我们一般会这样回答：

“就是这样的，很正常。”

或者，我们会教训他一番：

“如果你想明天上午精神好，现在就得睡觉。”

或者，我们会做出解释：

“你知道，我得上班……”

我们给了孩子一个答复，我们试图解决问题，但是我们没有理解孩子真正要表达的是什么。其实，孩子在说这些的时候，他没有向我们要求的意思。**他只是在表达自己的感受！**

他在表达自己的感受，他在构建自己所感受到的一切，他在展示自己的内心世界。他之所以自言自语或向我们表述，是想表明“我是谁”以及“我的感受是什么”。他正在体验为自己而存在的感受，可我们总是顾左右而言他。如果我们只是针对他说话的内容做出回应，对他的感受却置之不理，那我们就是在清楚地告诉他——“你的感受一点儿都不重要，你所谓的‘**我**’也毫无意义”。面对我们理性的解释，他能听懂的只有一点：他所感受到的一切都是错误的。

我们的表现如此麻木，这到底是为什么呢？我们把自己的感情隐藏得那么深，以至于我们自己都懒得去把它们找回来。我们不想任由自己被感动。我们不就是担心看到自己曾经深埋的情感再次浮现并把我们吞没吗？那么，我们自己和孩子一样大时，到底是什么状况呢？因为担心会回忆起可能令我们自己非常痛心的经历，我们竟然对孩子的哭喊不闻不问。这么做，我们就把孩子也关在我们曾经所处的“牢笼”里了。

那么，如果我们利用这个机会，沿着孩子指给我们的方向前进，走出禁锢我们的“牢笼”，给予他作为个体存在的自由，情况又会怎么样呢？

倾听、接受并且肯定孩子的情感，就是在帮助他作为一个人来进行自我构建，是在帮助他作为一个个体来感受自我的存在。

我是谁？

感知自我的存在，其前提是意识到自己的情绪。**“我”就是那个感觉到自己真实存在的个体。**

如果孩子没有权利表达自己的感受，如果没有人在他哭泣、发怒或者感到恐惧时安静地陪伴他，如果没有人肯定他的感受、告诉他这些感受是合理的而且他有权利体验他所感受到的，那么孩子就有可能抹掉自己要切实体验的意识。或许，他将不再有任何内在的感受；或许，他会体验到另一种“被许可的”情绪，而不是事实本身。

当一个孩子没有权利体验自己的感受时，他就成为父母所希望的孩子、老师所期待的学生或者其他人眼中认定的那个人。这些人告诉孩子他是谁，然后孩子就扮演这个角色。于是，他再也无法感受到自我的存在。

成年人总是不明白对一个孩子而言什么才是最重要的。对我们来说，碟子上画着的是巴巴尔大象还是长毛绒狗熊，有什么关系呢？但这对于一个三岁的孩子来说意义非凡。孩子可能会大发雷霆，因为他要的是画着巴巴尔大象的碟子、蓝色的杯子、玫瑰色的叉子、没有完全熔化的黄油、表面没有烤焦的比萨等。我们也可能十分恼火，因为我们在他这个年龄时可没有这么多选择，而多种选择竟让我们此刻的生活变得复杂无比。所有这些“细小琐事”在孩子的眼里都至关重要。在现实生活中，父母的倾听非常有效，能够帮助孩子培养自己的喜好。即使他处在某个必经阶段——某一天非常爱吃蘑菇，第二天就对其深恶痛绝的阶段——我们也要给予理解。

通过选择，孩子找寻着自我。他有自己的喜好，并且把它表达出来。他意识到自己和其他人不一样，并逐渐建立起对自己身份的认同感。如今，那么多成年人不知道如何做决定，在多条道路面前犹豫不决，不知道如何在比萨店和中国餐馆之间做出自己喜欢的选择，于是屈从于别人的选择。要清晰无误地认同自己的身份是多么的困难！

2

“应该对孩子百依百顺吗？”

可以说，这个简短的问题让我们之前的论证瞬间变得毫无意义。父母会提出这个问题，说明孩子的情绪和需求并没有被真正理解。不，尊重并倾听孩子发泄的情绪，并不意味着对孩子的需求无条件地全盘接受。

有一次，我带孩子们去看马戏表演。在入口处，很多人在兜售各式各样会闪光的头盔和荧光玩具。玛戈拉着我的胳膊，指着一个荧光棒对我说：

“妈妈，看，我想要一个这样的东西！”

“不，我不想买这个，这个太贵了！”我没有配合她的要求，就这么不知趣地回答她。

她十分不耐烦地回应我：

“我就知道你不会给我买，但我总有想得到它的权利吧！”

噢，是的，她有这个权利！是我自己启动了自动回应的陈旧程序。

与挫折有关的问题会在孩子的成长过程中不断地出现。有些父母是

“宽容派”，希望给孩子的挫折越少越好，有些父母则是“严厉派”，希望不断让孩子受挫。那么，孩子真正的需求到底是什么？

抵制诱惑

在《情商》这本书中，作者丹尼尔·戈尔曼提到了一项由心理学家瓦尔特·米歇尔组织的针对四岁孩子所做的实验。实验者对每个孩子提出了同样的建议：“我把你留在这个房间，在房间里的这个盒子里有一颗软糖。如果你现在吃，就只能吃这一颗，但是如果你有耐心等我回来，我就再去买一颗软糖给你。”

大约1/3的孩子等实验者一出门就一跃而起，奔向那个盒子，而2/3的孩子一直等到实验者回来，拿到了两颗软糖。这项实验是在斯坦福大学的附属幼儿园进行的，所以可以跟踪了解孩子们此后在学校里的情况。

12~14年以后，冲动的孩子和不冲动的孩子在心理层面和社会层面上的差异实在令人难以置信。那些抵制住了诱惑的孩子更加自信、更加坚定，做事更有效率，并且能够克服困难。他们在别人的怀疑面前、在恐惧和失败面前更加坚强，有更好的抗压能力，即便受到阻挠也依然能够坚持向自己的目标前进。

而那些马上就把软糖吃掉的孩子，他们的内心更加混乱，性格更加固执，也更加优柔寡断。他们不愿意与他人交往，当事情的进展和他们期望的不一样时，他们很容易恼怒，而且一旦面临困难就很容易放弃。

中学毕业时，那些抵制住了诱惑的孩子无一例外地成了最棒的学生。他们的考试分数比其他同学高出20%！懂得克制冲动、延迟对冲动的满足，这对孩子将来的发展非常重要。一个孩子在四岁时的表现就已经决定了他未来的能力。

而那些吸毒上瘾的人和轻罪犯，大多是不能承受挫折的人。他们在实现愿望的过程中只要遇到一点点阻碍，就会感觉如临大敌。

拥有处理挫折、克制欲望、将现在投射到未来等能力是获得幸福的基本要素，能促使我们在生活中实现自己的目标并与他人保持和谐的人际关系。

孩子如何学会坦然面对挫折?

故意让孩子受挫注定是个错误。任由一个婴儿哭泣而不把他抱在怀里安慰、剥夺年龄稍大的孩子和父母亲密的时刻或者拿走属于他的一份礼物，这些都是过去的父母为了“不惯坏孩子”、为了让孩子接受挫折教育而惯用的伎俩。这些方法都被证明是毫无效果的。

孩子面对挫折时会特别敏感。任何阻止他的欲望得到满足的延迟行为都会让他无法容忍，这种缺失让他焦虑不安，于是他可能会通过依赖某种东西（酒精、毒品、烟草、性和一些强迫性的行为）来控制自己的情绪。他也可能对这种缺失无动于衷，学会否认自己的需求。

有些人看到，只要孩子要求，我就会喂奶，而且我对孩子的需求尽量给予满足，绝对不让他独自在房间里哭泣。于是，他们都信誓旦旦地对我说，我会把孩子娇惯成无法坦然面对挫折的弱者。可事实上，我观察到我的两个孩子都能非常有效地处理挫折，甚至可以说，以他们的年龄能有那样的表现相当令人惊讶。

在瑞典，曾经有这样一项实验证明：设定“糖果日”对减少孩子的龋齿有显著的效果。也就是说，孩子只能在一周的某一天吃糖果，而其他6天绝对不允许吃。我觉得这个主意非常有意思，不仅因为它能减少孩子的龋齿，还因为这种做法是在设定一个和甜食相关却不常见的界限。于是，我向我四岁和两岁半的孩子提出了这个建议。

我们选择的日子是周六。所有家人都被告知只有这一天才是“糖果日”，而且无论奶奶还是舅舅都绝对不可以过分地引诱他们。如果他们某天得到一些糖果，我们就会建议他们把这些糖果保留到周六再吃。如果他们立刻吃掉的话，我也不会批评他们，而是让他们知道我会不高兴。一般来说，这就足以对他们的行为进行限制了。我只需要表示我不赞同就行了，既不会惩罚他们，也不会对他们怒吼。他们知道他们不需要“服从”我，因为我们之间达成了协议。

在大多数情况下，玛戈得到糖果时都会把糖果交给我保管，等到“糖果日”再享用。有时，我也看到她急匆匆地把糖果塞进嘴里，或者冲进她自己的房间，把糖果藏在一个不容易被发现的角落。偷吃一两颗糖果对他们学习克制欲望来说并没有多么不良的影响。然而，她应该感受到自己有选择吃或者保存起来的自由。否则，她会觉得这种剥夺是外界强加给她的！

连两岁半的阿德里安都小心翼翼地藏好了从保姆那里得到的三颗糖果，要等到周六再吃。还有一次，他把在餐馆收到的棒棒糖揣在怀里，回家后，他和姐姐一起把棒棒糖交给我保管。不过，周六（四天以后）一起床，他的第一句话就是：“我想要我的棒棒糖。”

需求和欲望

从弗朗索瓦兹·多尔多那里我们知道：挫折太多会让孩子的精神受创，但是，挫折是帮助孩子成长的必需品。我们知道，孩子会有需求和欲望，而这些与挫折不能相提并论。

孩子不一定真的需要红色的汽车或金发的洋娃娃，他只希望得到它们。并且，他绝对需要**在自己因为受挫而生气时得到尊重和理解**。显然，很重要的一点是，我们不能对所有事情都表示接受和赞同。但是，当我们（合情合理地）拒绝了一个要求却遭到孩子的抗议时，“如何审视自己”才是有建设意义的问题。

他因此而大怒，在地上打滚了吗？其实他真的不需要糖果，即使他表现得非常想要。**他有表达自己受挫情绪的需求。他在试探——如果自己生气的话，能否被父母理解**。对他来说，这很重要。因为他需要确定，你拒绝他是否意味着你们关系的破裂。你对他说“不行”，他就会认为你们的关系产生了问题，就会立刻被自己的强烈感受所淹没。虽然他在哭喊着，会试图来打你，但如果仔细观察你就会发现，他其实是在试探着和你进行身体接触。如果你避开他，那么他会去敲打墙壁、捶打某个物品或者在地上打滚，因为他需要修复你们的关系。所以，在他最需要的时候，你不要拒绝他对身体接触的需求。

在之前提到的那次马戏表演的中场休息期间，玛戈非常羡慕地看着卖气球的人拿着一大串气球在一排排座位间穿梭。

“妈妈，我要一只气球！”

我本来可以对她说“不行”或者进行一番思想教育：

“我不能总给你买东西。这些气球要花很多钱。”

或者，我可以撒谎：

“我没钱了。”

或者，我可以转移她的注意力：

“我们一起看看节目单吧。让我看看你认字认得有多好！”

可是，想到她在入口处表现出来的强烈愿望，再看看那些气球，连我自己都觉得它们很好看。我不禁赞叹起来：

“我喜欢那只画着鹦鹉的气球。哦，不，看，那上面还有辛巴和他的爸爸呢！”

她接着说：

“我嘛，喜欢有粉色美人鱼的那只！”

我们就这样讨论起自己喜欢的气球。旁边的一个小男孩也加入了我们的讨论：“那只气球上还有米奇呢！”我们就这样一起谈论、幻想，度过了非常愉快的时光，也不需要买气球了。愿望得以表达之后，得到一只气球的愿望在这个已经被满足的需求面前（感到自己和父母心连心，一起分享某个东西的需求）消失得无影无踪了。

希望我所表述的这些不会被理解成刻板或其他什么。通过给孩子糖果或礼物来满足他的愿望并不会毒害他。不过，借口说他并不需要而拒绝买任何东西给他，这就不公平。孩子有可能因此认为：他不被允许拥有这种快乐。这可能造成的后果是：无论现在还是未来，他都可能无法体会到生活中的快乐。我们最好回想一下，无论是发给孩子糖果还是拒绝给孩子买气球，都不仅仅是一颗糖果或其他小玩意儿的问题，而是一次学习处理亲子关系的机会。我们可不要让几颗糖果破坏了我们和孩子的关系！

孩子在生活中不可避免会遇到挫折，但过度增加孩子受挫的概率也毫无道理。总有一天，你可能会为了让孩子尊重你的需求、为了保护孩子或者为了孩子的健康而让孩子受挫。

所以，问题在于如何在孩子遭受挫折时陪伴他度过？——学着接受孩子愤怒的情绪吧。

3

错位传达的信息

玛戈和弟弟阿德里安吵了起来。他们本来正在一起用几个玩具小人和几匹玩具马玩打仗游戏。阿德里安建议她用栗色的那匹马作战，她却想要那匹黑色的马。阿德里安非常担心她会把黑色的马抢走，于是把它紧紧地抓在手里。游戏陷入了僵局。玛戈哭了起来，非要弟弟手中的那匹马不可。这到底是怎么回事呢？

我尝试着拓宽自己的思考范围，回想到了之前的一个场景：玛戈的教母坐在沙发上和玛戈的爸爸聊天。而我上楼给玛戈穿睡衣时，她对我说："我想好好地拥抱和亲吻我的教母，因为我不怎么有机会看到她。"等我们下楼的时候，她的教母还在兴致勃勃地聊天。玛戈不敢打扰她，于是就在不远的地方安静地玩。她一直在等着教母给她一个手势，她就可以过去拥抱教母，可是她一直都没有等到，所以有些受挫。如果她没有因为害怕被教母拒绝而去主动拥抱教母的话，我们就完全不可能知道她会因此受挫。接下来，她间接地表达了自己的挫败感，将情绪转嫁给那匹玩具马。她和自己的弟弟起了冲突，而不是和自己的教母，但她要传达的信息很清楚：“你没有给我我想要的。”

孩子表达了父母不想承认的事实

圣诞节假期结束后，露西尔哭着说：“我不想上学，我没有朋友。”她的妈妈马蒂娜完全摸不着头脑：“不会啊，你在胡说什么？你的朋友有那么多。亚历山·拉、克洛伊、莉亚、萨伊达、卡米耶，她们都是你的朋友啊，难道不是吗？”

“她们都不愿意跟我一起玩。”

“没有啊，上个星期三克洛伊还邀请你去她家玩了，而且下个星期你还要去卡米耶家玩。而且，每次我去学校接你时，都看到你和小朋友们在一起玩得很开心啊。”

露西尔忍住哭泣，服从妈妈去上学了。让我们再次拓宽自己的思考范围，看看整件事情的来龙去脉。

露西尔不是在说她自己没有朋友，因为她有朋友。那我们就要考虑一下，她说的可能不是她自己！她之所以会说“我”，那是因为当她对妈妈说“你”的时候，妈妈根本就不听。可是露西尔是对的，她的妈妈马蒂娜无法与别人建立很深的关系。虽然马蒂娜给人的第一印象是非常有社交能力的人，看起来很外向，但实际上她并不自信。和别人见第一面后，她往往就开始逃避，因为她担心别人会发现她的真实面目。也就是说，她担心别人发现她是自己认为的那个她：一个没有什么情趣，也没有什么谈资的人。

圣诞节假期时，马蒂娜和露西尔一起去度假了。在此期间，她们一起尽情欢笑，一起分享快乐。小女孩看到自己的妈妈玩得非常开心，终于从以前的忧郁和不自信中走了出来，所以她不希望因为开学又一次把妈妈一个人留下来，依旧形单影只、没有朋友。

露西尔曾经非常明确地对妈妈说："你应该交朋友，不管是男的还是女的……"但是马蒂娜避重就轻地回答说："我有过朋友，嗯，现在又没了。生活就是这样。"所以，当露西尔做了最后一次尝试——把问题推在自己身上——之后，她决定去上学，不再多说什么，她的妈妈却根本没有明白她想对自己表达的只是：希望妈妈也有朋友！

这再一次证明，孩子的无理取闹是不存在的。如果你不明白他要表达的是什么，那么请拓宽你的思考范围，尝试着思考一下他可能经历过什么，他正在表述的需求到底是什么。他是不是在说一些其实和他自己无关的事情？

倾听孩子的表述并拓宽自己的思路，这需要我们通观全局。孩子要传达的信息是针对谁的或是针对什么的？

我的孩子无缘无故地哭泣

哭泣总是和痛苦密切地联系在一起。阿尔黛·索尔特[1]博士兼研究员对这一点解释得非常到位：哭泣是机体在进行重新建构时所做的努力，它是进行自愈的一个程序。她告诉我们，**"哭泣是对自我进行修复的天然的工具"**。哭泣能够降低血压、排出毒素、缓解肌肉紧张、重新调整呼吸。哭泣过后——不过要真正酣畅淋漓地大哭——我们就会感到很放松、很轻快。

大部分精神疗法的主要工作就是让人把压抑已久的情绪释放出来，重获真实的自我。如果咨询者想到过去痛苦的回忆，我就会让他把那件令他难过的事情"哭出来"。和所有人一样，婴儿也需要把那些让自己

1. Aletha Solter（1945～　），瑞士和美国发展心理学家，致力于儿童心理学研究。——编者注

感到不舒服的事情哭出来。

哭泣并不总是意味着孩子的需求需要马上得到满足，因为他可能只是想把压抑已久的紧张和过去的不满表达出来。比如，如果孩子的出生过程非常艰难，那么孩子就可能需要表达自己的不满——他可能会在出生几个星期后还为自己曾经经历的恐惧和疼痛而哭泣。

婴儿需要我们给予他无限的温情，需要我们不断地触摸他或者把他抱在怀里，需要我们的气味和爱抚。如果一个婴儿连续好几个小时都被放在摇篮里，他就必定会不断地累积紧张感，并有“哭出来”的需要。

假如孩子因为疼痛、情感缺失、挫折而激起的情绪没有马上得到宣泄或者没有被理解，他就会把这些情绪累积在身体里。等他发现有机会释放这些压力的时候（比如妈妈晚上回来的时候），他就会抓住这个机会开始哭闹。他就是以这种方式来表达自己的需求的。这个时候，他需要陪伴，需要我们尊重他所经历的事情，需要我们触摸他，这样他就能接受处在这种情绪之中的自己，而不会觉得自己有被摧毁的威胁。千万不要试图让孩子停止哭泣，相反，请借助这个机会让孩子感到完全的释放。

美国著名儿科医生T.B.布拉泽尔腾的观点和阿尔黛·索尔特一致，他认为夜晚时孩子需要释放在白天累积的紧张感。他们都认为大部分婴儿每天至少需要哭泣一个小时。

我的孩子总为小事哭个不停

如果年龄大一点儿的孩子因为一些小事哭个不停，那他可能是在尝试着找到一个能让他大哭一场的机会，因为有些情绪被压抑了，他需要找个机会把它们释放出来。孩子在试探父母的态度，在寻找借口，好让那些泪水和怒气找到出口。不管是这些能用语言来表达情绪的年龄大一点儿的孩子，还是成年人，都有哭泣、喊叫和颤抖的需求，这样他们才能把一些强烈的情绪释放出来。

有些哭泣可以起到治疗的作用，但有些哭泣不能解决任何问题。那些从胸腔和喉咙发出的“只打雷不下雨”的哭泣就没有任何效果。这种替代方式只是在压抑情绪而不是宣泄情绪。真正能够释放自己的哭泣是伴随着抽泣和泪水的哭泣。

请你和你的孩子面对面，坚定并温柔地拉着他的手，直到他释放完内心被压抑的情绪。孩子在刚开始释放情绪时会表现为捶打挣扎，随后就会哭起来。

梦和噩梦

5岁的玛戈半夜时分来找我，说：“妈妈，我做了个噩梦，我想讲给你听。有只狼抓住了一只羊，把羊关进了笼子。我和小伙伴们想把羊放出来，但是我们非常害怕狼。最后我把笼子门打开了，羊逃走了，但狼跳到我身上，咬了我的手指。”

梦里的所有事物都代表着做梦者不同的情感和情绪。

就在前天晚上，我们俩发生了争执。她想让我用丝巾给她在头上扎出一朵花，可最后没有“和她的好朋友一样好看”，于是她马上怒气冲天，大喊大叫着在我身上捶打，甚至想要把我的东西都扔在地上……

让我们再回过头来想一想这个梦。我们可以把玛戈的一部分情绪（即这只羊）理解为被锁在笼子里了。她压抑了这部分情绪，可是这只羊（很可能就是她那被压抑的欲望的化身）非常固执和倔强，它知道它要什么。她最终把羊放了出来（梦里是在小伙伴们的帮助下，现实中是以丝巾为借口），但是她又害怕狼（狼象征着她的粗鲁行为）。她一把羊放出来，狼就跳到她身上来了，也就是说，她在宣泄情绪时被自己的粗鲁行为给压制了。她对自己的行为很担心，认为自己的粗鲁行为是不对的。所以，那只打过妈妈的手就被狼咬了！

玛戈三岁的时候，晚上很难入睡，有时夜里还会醒来，说她害怕狼。最后我们发现，每当她白天打过弟弟之后，晚上就会产生这种焦虑。

玛戈打弟弟的时候，她觉得自己很坏。她不想有这种感觉，所以就把这种坏的感觉从自己身上投射到自己身体以外的东西上。所以，理所当然的，坏的那个不是她，而是狼。但是，这只狼真可怕！它会“惩罚”使坏的小孩！

“我生气了，我没有权利这么做，我很坏。不，是狼很坏，狼会惩罚我，我很害怕。”

恐惧是从无名之火演变而来的，而且非常频繁。玛戈对自己的弟弟非常生气，毫无疑问，因为弟弟夺走了很多本来只属于她的东西，所以她需要得到父母的安抚。

狼、怪物、吃人恶魔等，这些都能帮助她把内心的怒火投射到身体之外，这样她才不会把我们折腾得筋疲力尽。当孩子从梦中醒来后，他可能会害怕床底下藏着一个吃人恶魔、害怕衣橱里有怪物或者害怕狼会吃掉他……他也有可能在梦中看到这些东西出现，那就是我们所说的噩梦。

所有这些噩梦，我们都要慎重对待。倾听孩子的感受，试着去理解孩子梦中的那些画面意味着什么。如果和孩子聊一聊怪物，这些怪物就没那么可怕了。

这些怪物可能是孩子在书中看到的，也可能是在电视上看到的；梦中的画面可能是他们不能理解或没有确切认定的东西，或者是他们因为害怕而想象出来的变了形的阴影，或者是他们潜意识里某些情绪的影射。所以在这个时候，我们要探寻孩子在日常生活中以及在家中发生过什么，而不仅仅是回忆最近发生了什么。如果噩梦发生的频率较高，那么我们还要想想早些时候发生过什么。

你的孩子在做噩梦的当天或者前几天经历过恐惧吗？他发怒是不是有什么诱因？是他想要的东西没有得到，还是有什么东西被拿走了？父母中的某一方不在吗？父母吵架了吗？他被别人打了吗？家里有什么秘密吗？有什么我们不想或者没有想到要跟他说的事情吗？他是不是有过什么痛苦的经历？比如丢了东西、受到挫折、遭到不公正的对待或者遭受了可能会给他造成伤害的打击（住院、搬家、交通事故）等等。

有些很早以前发生的事情会在几个月甚至几年之后被我们回忆起来。当时被压制的情绪会在某个时机被唤醒，它们也可能借助在梦里再次出现的方式来获得倾听和理解。

除了用语言来表达，画画也是一种很好的宣泄情绪的方式。向你的孩子提议把噩梦画出来吧，这样可以让他与噩梦保持一定的距离，让他产生一种可以控制噩梦的感觉。画画，就是将想象中的事物具体化，并且设定想象和现实的界限。在画画的过程中，孩子在和他认为弱小无力的感觉做斗争：我敢直接看着自己的噩梦，我把它关在一张纸里，我比它更厉害，我有抓住它的力气。

每天晚上，在睡觉前让孩子把所有的烦恼都画出来，这样烦恼就不会在晚上来打扰他了。注意，不要对他的画进行任何解释，也不要试图用心理学的方式去理解它——这是孩子和噩梦之间的事。不过，一幅反映噩梦的画的确会让你忍不住去探究噩梦出现的真正原因。这个技巧对于帮助孩子处理简单的问题很有效，但如果问题比较严重，要帮助孩子恢复积极健康的心理状态，画画这种方式的功效就不大了。被压抑的情绪要得到释放才行。

如果你的孩子不想画画，或者你想让解决问题的方法更加多样化，你可以建议他：想象自己的头脑里有一个烦恼箱，他可以在想象中把它装饰成他喜欢的样子；在睡觉之前，他可以把白天的所有烦恼都放在这个箱子里并把它紧紧锁住，直到第二天早晨再打开。

你还可以给他一个小娃娃或绒毛玩具来做他的“烦恼娃娃”。晚上，他可以把自己的烦恼告诉这个娃娃，并让它帮他保管这些烦恼。当然，还有一点非常重要，那就是在第二天，孩子需要再次打开箱子或者从娃娃那里取回烦恼。不过这些方法都不会长期有效，因为**孩子的烦恼需要得到倾听**，解决烦恼的方法也需要我们去仔细探索。

4

克制情绪的行为

“我，我不怕。”马克西姆这么说，因为他想在一个女孩面前显示自己很勇敢，但是他不敢靠近这个女孩手里拿着的蚯蚓。

“我不疼。”亚历山大对刚刚打他屁股的爸爸说。

“对不起。”科琳娜克制着内心的愤怒向弟弟道歉。几分钟后，她朝一张桌子撞了过去。

马克西姆、亚历山大和科琳娜都在否认自己的真实情绪。他们表现出来的那个人并不是他们自己。他们会在一生中都缺乏内在的安全感，因为他们无法相信自己内心的感受。就像科琳娜撞桌子那样，他们将来也会故意与生活中的某些事情发生冲突。

科琳娜为什么要撞桌子呢？这是一种会在我们的日常生活中频繁出现的潜意识的行为。科琳娜感到受到了伤害，又被迫把自己的真实情绪压抑在心底。为了从这种痛苦中把自己解救出来，她往往会将痛苦转移到另一个物体上，一个更加具体化、更加“客观”的物体， 一个可以帮她表达这种痛苦的“客观的物体”。当爸爸强迫她当面向弟弟道歉时，她没有得到将自己认为丢脸的事情给哭出来的权利，于是她让在撞桌子后感到疼痛的自己得到了哭泣的权利。哎，尽管如此，很可能还有人会加上这么一句："你就不能看着点儿吗？"

不管孩子的感受是否让人觉得舒服、想法是否让人感到愉悦、行为是否让人认为得体，我们都要接纳他的情绪，这样他才能接受真正的自己，才能树立起自信心。

自我意识是个人在生活中逐渐形成的，这种意识形成的前提是个人所有的情绪都被倾听、被允许和被表达。相反，如果周围的人（父母、老师）全面否定这些情绪、拒绝倾听这些情绪，甚至把孩子的情绪表达当作笑料，孩子便会认为他所体会到的、他所想的和他所做的并不符合父母（或老师）所期待的标准。

也许马克西姆、亚历山大和科琳娜的父母在看到自己的孩子勇敢、坚强和听话时会感到自豪，但他们没有意识到，他们为此要付出多么大的代价。

我们每个人都有情绪，而且我们会在相同的情况下产生相同的情绪。所有人的心理层面都很相似，每个人都会在某一天感到悲伤、厌烦、恐惧、愤怒、憎恨，会产生负罪感、耻辱感、被排挤的感觉，会感到嫉妒、羡慕、宽慰或幸福……但因为从来没有人谈及自己内心深处的感受，每个人都觉得只有自己在体会着这些感受，所以都感到非常孤单。每个人都觉得自己和别人不一样，因为每个人都认为自己体会到的东西是其他人体会不到的。有这种感觉会让我们觉得自己活得很糟糕，会觉得自己很没用、让人讨厌、让人难以忍受……我们会贬低自我，并且纠结于其他人是不是也和自己一样。最终，我们会将自己的情绪掩藏起来，戴上面具，让自己看起来和别人所期待的一样；我们会不停地担心别人发现我们其实并不是看上去的那个人，于是会花更多精力来掩饰自己。

我们所有人都会有“大逆不道”的幻想和“不纯洁”的念头，或者更准确地说，“大逆不道”和“不纯洁”这些词都是我们自己下的定义，因为我们的父母不愿意承认他们自己也有过同样的幻想和念头。

所有人都会有幻觉。幻觉是和某种欲望或某种情绪联系在一起的、在大脑里产生的画面。这种幻觉可能代表一种无穷的威力，比如我看到敌人被绑在柱子上，而我就这么盯着他，仰天大笑；它也可能代表内心的愤怒，比如我看到敌人受伤了、摔倒了、痛苦不堪；它可能代表一种爱慕，比如我看到自己喜欢的男孩朝我走来，带我骑上他那匹桀骜不驯的马儿肆意奔跑；它也可能代表一种恐惧，比如我看到一个怪物在我身后紧追不舍，要把我吃掉；它还可能代表一种蔑视，比如我会想象，当自己要发言时，其他人可能用一种轻蔑、高傲的眼光来审视我。

那么，谁会说出内心的恐惧、欲望和秘而不宣的梦境呢？谁会述说他的孤独、他的挫折、他的嫉妒，或者他的爱和他的快乐呢？我们往往简单地做出论断：自己身上发生的事情怪诞而不可信，最好不要说出来。

人们往往认为，克制冲动有利于集体生活；如果大家都“听从自己的内心”，那就没法在一起生活了。让我们来看看实际情况到底是怎样的。如今暴力事件频繁发生，这很清楚地向我们表明：压抑内心的情绪并不是个好办法。人的情绪得不到认同、关注和倾听，就相当于把坏情绪放进了高压锅；一旦阀门不够畅通，锅盖就会被顶开。

的确，每当我们内心有冲动想打人、想勒人脖子、想惩罚某人、想把某人抓起来严刑拷打时，每当我们产生这类幻觉时，生活就会变得无比艰难。其实，这种幻觉很快就会自动消失，因为我们自己会迅速消灭它。那么，不伤害他人的唯一办法就是压抑内心的愤怒吗？难道我们不能在沦为情绪的奴隶之前，学着对它的存在表示认同吗？

弗洛伊德早已证明，能意识到那些具有破坏性的冲动，就不会让自己受到伤害，也能让自己获得新的成长。消灭别人和让别人尝尝苦头的欲望并不是人类与生俱来的冲动，而是一种让自己不受情绪伤害的保护机制。为了让自己感觉不到“我”不痛快，“我”自然很容易把“我”的这种愤怒转移到他人身上。这种压抑了情绪而自己毫无意识的行为，有时会导致个人被情绪所控制并产生暴力行为。

如果承认自己的内心情绪，接受它并学着宽容地对待它，不担心自己会被它打败，用语言把它表达出来，我们就能感知一个完全的自我，而不会再付诸暴力了。

重要的是，要让孩子知道：承认并用语言表达自己最粗暴的幻想，并不会破坏自己和他人的关系，也不会让自己受到伤害。

“我知道你很生气，但我依然爱你。”

如果父母不允许孩子表达愤怒的情绪，孩子就会带着罪恶感和不安感把情绪压抑下去；如果妈妈悲伤流泪，孩子就会产生幻觉，认为可能是自己伤害了妈妈；孩子如果被痛打一顿，就有可能惊恐万分，产生自己会被毁灭的念头，尤其当他年龄还小、分不清自己和他人的时候，因为此时的他会认为父母的拳头就是在自己发怒后会自然出现的东西。

假如孩子必须将自己的愤怒压抑在心底，即使在他长大成人后，儿时没有排解的焦虑也可能让他担心内心的愤怒会摧毁自己。他坚定地把这种愤怒留存在心底，害怕发泄出来的愤怒可能会将自己炸成碎片！他担心自己因此再也感觉不到精神和肉体的存在。而实际上，只有适当地把愤怒发泄出来，他才能感觉到自我的存在，才能认同自己的身份。

如果父母在孩子的情绪面前无动于衷，把孩子关在房间里任由他哭泣或者让他“到别的地方撒气”，对孩子不管不顾，孩子就会绝望。孩子会因此明白，他的情绪会威胁到自己和父母的关系。他别无选择，不能允许自己切断与父母的关联，因为这关系到他的生存问题——是父母为他提供了栖身之处，是父母为他提供了食物……为了保持这种关系，为了生存，孩子不得不抹去自己的感受，让自己变得麻木和迟钝。

心理学家哈罗德·贝塞尔用一个非常生动形象的例子来解释这个问题：“当我们用手劳作时，手上会长茧。茧能起到保护手、防止手上起水泡的作用。当一个人的感情受到伤害时，就会有类似老茧的东西生长出来。这种东西可以保护他，不让即将喷发的怒火伤害到他。但很显然，就像手上长的老茧一样，这种东西既没有原来的皮肤那么敏感，也没有那么柔软。一个完全被感情的老茧所覆盖的人，无法全面、彻底和恰如其分地感知外部世界。”[1]

这是事实。我们在儿童时期就长了一层感情的老茧，它逐渐钝化了我们对世界的感知能力，给我们带来了许多问题。就是这些老茧让我们儿童时期的情绪无法得到宣泄。我们本可以敏锐地感知孩子所体会到的一切，这层老茧却让我们失去了这种能力。

成年人即便无法摆脱感情的老茧对自己的影响，但为了让孩子意识到自我，也要有意识地为了孩子而换位思考，不能让自己的经历先入为主；要体会孩子所有的感受，不要高高在上，不要妄加判断。

大哭、抽泣以及其他发泄情绪的方式都有治疗作用。问题的关键不在于永远不伤害孩子或者永远公正地对待孩子，**而在于让孩子“说话”，为他提供体验情感的空间，让他能在受伤和遭遇不公之后，有机**

1. Bessell Harold. Le Développement socio-affectif de l'enfant, éd. Québec：Actualisation, 1987.

会释放内心的压力。

我的孩子想要安抚奶嘴

安抚奶嘴和其他橡皮奶嘴一样，往往都是在孩子哭泣时用来安抚孩子的工具。它们其实是在压抑孩子的情绪。当孩子哭泣时，父母通常会说："他有安抚奶嘴才能睡着，才能安静下来。"其实，是父母自己不能忍受孩子的哭喊，所以希望孩子闭嘴。父母把安抚奶嘴塞进孩子的嘴里，不是让孩子把紧张的情绪宣泄出来，而是让他把情绪埋藏在内心深处的某一个地方。

事实上，你的小宝宝哭泣，那是因为他有某种感受、某种需求。他在尝试着和你交流，而你把他的需求理解为他需要吮吸，于是给他一个安抚奶嘴。这样，你教会孩子的是：当他有某种情绪时，就需要在嘴里放点儿东西。长此以往，当他情绪波动的时候，是不是就有可能啃指甲呢？

这个孩子真省心，总在睡觉

你从来没有听别人说过"很多孩子为了不哭闹而睡觉"这句话吗？当父母不允许孩子哭闹时，睡觉就成为孩子压抑感情需求的方式，一种与压力进行对抗的方式。

当我带着小宝宝去商场时，常常发现他一进去就沉睡不醒，我曾经多次对此感到非常诧异。事实是，我的宝宝在想"太吵了，太压抑了……我要逃避一下"。

睡眠相对较少的孩子，由于紧张而耗费的精力要少一些（因为哭泣让他们得到了放松），所以他们更感兴趣的是自己周围的人和事物。

孩子没有情绪!

马蒂厄从来都不哭，什么都不怕，能够一声不吭地接受所有的挫折，所以周围的人都说他很棒、很勇敢。他符合社会对男子气概所要求的理想标准，尤其是他不会打扰成年人！不过，不管怎么样，马蒂厄也是一个人，有着人类共有的情绪。如果他不把自己的情绪表露出来，只能说明他已经学会了压抑自己的情绪，把自己的感受埋藏在内心深处，给自己的内心上了锁。

也许他在模仿父母中的某一方，甚至可能在模仿父母双方；也许他曾经遭受过非常严重的不公正待遇；也许他曾经被留在一旁，无人看管；也许他曾经失去过什么却没能表达出来；也许他察觉到把自己的感受说出来可能会有某种危险；也许他在还是个婴儿时就一直在压抑自己的情绪；也许他难以忍受内心的痛苦，以至于情愿不去体会。总之，他需要他人帮助他从那个壳中走出来，勇敢地让自我得到重生。他越否认自己的痛苦，就越说明他内心的痛苦非常强烈。

朱利安很顺利地度过了弟弟诞生时的敏感期——至少他的父母非常肯定地这么认为。他从来没有对弟弟马克西姆表现出丝毫的嫉妒之情，而是快乐地迎接弟弟的到来，在弟弟身边忙前忙后。除此之外，他的行为没有任何变化。只是，他的父母没有看到的事实是：朱利安不允许自己去体会到底什么是嫉妒。他觉得自己没有权利这么做，这么做也没有任何意义。他扮演着大哥哥的角色，这样他才会被认同、被接受。

当妈妈向亚历山德拉宣布爸爸妈妈要离婚、爸爸要离开的消息时，亚历山德拉没有对此做任何评价。她走进自己的卧室，翻开一本书开始读起来。她的妈妈大大地松了一口气，觉得亚历山德拉坦然接受了这件事。但是，一个人能对父母离婚的消息无动于衷吗？如果父母双方中有一方行为很粗暴，或者双方总是吵个不停，那么孩子的确会希望他们离婚。但亚历山德拉的父母并非如此。他们尽管有分歧，但自始至终都在其他人面前表现得很恩爱。她的妈妈认为，亚历山德拉应该不知道自己与丈夫无法相处下去了。

这就是人们通称的“坦然接受”，也就是掩饰自己的情绪。这样掩饰情绪只会给人带来不良的影响。亚历山德拉给自己“注射了麻醉剂”。当妈妈告诉她爸爸要离开时，她没有任何反应，但她在心里发誓：永远不会爱别人，这样以后才不会受到伤害。

佩德罗动不动就取笑自己的女儿玛丽，但玛丽从来不回嘴。她不会生气，因为她知道如果自己生气了，爸爸就会取笑她太敏感。尽管她爸爸总是声称“我只是说说而已，这又不会有什么不良后果”，但她还是感觉不舒服。“蠢货”和其他贬义词会在她的脑海中不停地回响并打下深深的烙印，好像这就是对她的定义。

有情绪是健康的，而压抑情绪对人是有危害的。孩子可以掩饰自己的情绪，甚至可以让自己全副武装，不去触碰那些情绪，但这样做的代价就是——伤害他的情感和社交能力，并因此降低他的情商。

孩子想体验和表达各种情绪，需要得到父母的允许。父母既可以采取语言告知的方式，即直接告诉孩子他们认同他的情绪；也可以采取非语言的方式，即用实实在在的行为让孩子感觉到这种认同。特别需要注意的是，这种行为也能起到保护孩子的作用。没有人愿意冒着被取笑或被贬低的危险来表达自我。要让孩子信任父母，就必须让孩子确信：我的父母会保护我不受到任何嘲讽。

要让孩子百分之百地信任父母，还需要让孩子相信父母拥有强大的个人力量。这种力量既不是限制他人的力量，也不是用来控制他人或凌驾于他人之上的权力，而是一种内在的安全感以及一种可以亲身体验自己情绪的能力。如果父母看似强大，实际上却在孩子面前掩饰自己的恐惧和痛苦，就不能让孩子感到安心，反而会向他传递一个信息：在生活中，我们就应该这样。强大，并不是要表现得不敏感，而是要表现出自己并不害怕正在体验的情绪。

如果你发现自己的孩子在面对某件事情时没有表现出应该有的情绪，你就应该把事实告诉他。你要帮助他去认知他正在体验的感受：“孩子，你现在很生气，因为我没有按照你希望的那样做。”

父母惧怕孩子产生各种情绪吗？为了不让父母尴尬，孩子就不应该表露自己的情绪吗？如果是这样，我们就要帮助孩子卸下这个负担，告诉他：“你不用对父母负责，父母的情绪也和你没有关系。”或者告诉他：“你妈妈不把她自己的真实情绪表达出来，你害怕她的情绪，这我能理解。不过，别离她远远的，要帮她走出困境。勇敢点儿！”

孩子赌气了？

赌气是一种语言，表明赌气的人心存一种痛苦，而且这种痛苦没有被人理解，所以孩子干脆直接把自己封闭起来。

要当心，别让孩子难以从赌气的状态中走出来。比如，不要说“你又在赌气”或者“你什么时候不赌气，什么时候来吃饭”这类话，因为这等于是在强调他赌气的行为毫无意义。因为他赌气而对他说“我可不喜欢看到赌气的孩子”这样的话，等于是在告诉他“我对你的痛苦不感兴趣”。

你可以这样做：

★试着发现他在赌气背后隐藏着的真实情绪。你可以对孩子说“我明白，在我对朱莉说……的时候，你觉得受到了伤害”或者“我不给你冰激凌，你真的非常生气”等。

请帮助孩子说出他的感受，比如“你有权利说出让你不开心的事情，知道吗？”“的确，这不公平，你可以跟他说说这事！”“我不给你冰激凌，你真的很讨厌我！我能理解，知道吗？”等等。

★你要表现出自己不是特别在意，当然不是不在意孩子，而是不太在意他把自己封闭起来的行为。你可以装作什么事情都没有发生，该做什么就去做什么。这种不理会要做到干脆利落。绝对不要让孩子赌气好几分钟，否则这种状况会自动持续很长时间。赌气时间越长，孩子越难以安然无恙地从赌气的状态中走出来。所以，年龄较小的孩子赌气几分钟后，你可以走过去温柔地对他说：“好了，我的宝贝儿，你还不开心吗？”然后把他抱在怀里并亲吻他，接着很自然地带着他做别的事情。

如果年龄较大的孩子赌气，那就和他一起开展另一项他喜欢的活动，尽量别再提赌气这件事了。

永远不要忘记，应该让孩子找到一个积极的宣泄情绪的出口！不要逼迫孩子带着受辱的情绪从赌气的状态中走出来。羞辱对孩子的心理健康而言绝对是毒药。

孩子太乖了吗？

他把弟弟或妹妹照顾得非常周到，难道他从来没有对弟弟妹妹发过火吗？在你看来，他太乖了吗？其实，他很可能觉察到嫉妒是不被允许的或是有风险的情绪，所以正在与嫉妒进行对抗。这种行为实际上是在保护自己，心理学家称之为“反向形成”[1]。他表现出来的情感其实是他真实情感的对立面。他让自己表现得非常友善，是因为不希望自己看起来很“坏”。他无法认同自己内心攻击他人的念头和嫉妒他人的情绪，他会觉得自己不乖，这让他无法接受。他的友善使他无法触碰自己的怒火，并为他树立了“棒小伙”的形象。

要允许他嫉妒或者动怒。告诉他，他有这样的感觉再正常不过，因为这是人的天性。可能的话，请你回忆一下你自己小时候是怎么嫉妒别人的。

儿时的嫉妒情绪如果没有被接纳，就会导致孩子成年后无法与其他人正常相处。如果孩子被关注、被接纳，就能顺利地度过嫉妒的阶段并抛弃嫉妒的情绪，在心理上得到康复。

孩子把责任推到别人身上？

如果承认自己有过某种愚蠢的行为或者犯过某个错误，孩子就会觉得自己很坏。他不希望别人这么看自己。他是个好孩子，所以，坏的人是别人。孩子会把自己刚刚做的错事或自己不能承受的情绪转移到自己的兄弟、伙伴或者想象出来的朋友身上，甚至还会推到父母身上。

千万不能让孩子产生愧疚感，因为他的心理非常脆弱，不能容忍自己产生情绪。相反，父母要帮助他强化自己的形象，确切地告诉他：父母会无条件地爱他。也就是说，即使他做了错事（弄坏了玩具、打破了杯子、打了妹妹等），你也会爱他。你可以谴责他的行为，但你在情感上要依然爱他，他永远都是你的孩子。你要让他放心，告诉他任何人都会生气、嫉妒，有时甚至会大发雷霆。

1. 反向形成：是自我防御机制的一种，指意识层面产生某种与潜意识欲望完全相反的看法和行为，在心理学上称为“反向形成”“反向作用”或“反向行为”。——编者注很多3~5岁的孩子会臆想出一些朋友，并把自己所做的荒唐事推到他们身上。不要指责孩子撒谎，因为他其实是在尽可能地试着找到一个对自己而言意义重大的、可以排遣愧疚感的出口。要让他坚定地相信你爱他，你对他这个独立的人心怀尊重。不过，你可以（以尊重他的方式）要求他的“朋友”小心点儿，拜托他管好那个臆想中的“朋友”。不要担心，你的孩子知道他的“朋友”确实不存在，即便他坚定地表示这个“朋友”确实存在。而且，他心里非常清楚，你知道他明白这一点……

5

不要打压，要接受

真心关注孩子的情绪和想法，能够帮助孩子做真正的自己。陪伴孩子意识到自我，首先要真真正正地倾听，而不加任何评判、不提任何建议、不做主观引导，只是让他有机会把自己的感受用语言表达出来，帮助他认识自己，接受他，理解他身上发生的一切。

成年人的大脑已经完全发育成熟，因此有可能控制自己的情绪，而孩子的大脑还没有发育完善。大脑前额叶能帮助我们换位思考，大脑皮质能帮助我们将情绪放在第二位。也就是说，它能帮助我们对情绪进行解释。而对孩子来说，这个区域正在发育之中。大脑边缘系统下指令后，孩子会恐惧、大笑或者哭泣，而不会理性地控制自己。

所以，孩子需要成年人的陪伴，才能不被自己的情绪吞没或者让自己情绪泛滥。成年人不但可以帮助孩子为自己的情绪找到发泄的出口，用社会能够接受的方式来表达自己的需求，还可以帮助他明白一点：把自己的感受表达出来不会有任何危险的后果。所以，当孩子没有精神工具来有效控制自己的感受时，我们一定不要让他独自面对内心的躁动，否则他就会启动自我防御机制——否定情绪、删除情绪、隔离、将错误转嫁他人、反向形成等等。这些防御机制都可以迅速而有效地让孩子不再体会到不好的感觉（即前文提到的“感情的老茧”），但这么做的代价是，孩子今后面对现实的方式就是歪曲篡改。

我们不能让孩子独自一人被内心的“怪物”所控制，而应该陪伴着他。父母要为孩子建立安全感，这是父母的责任之一。

孩子一边在你身上捶打，一边说：“我再也不爱你了！”如果你觉得受到了伤害或者因为感到受伤而没有去理解孩子的感受，如果你回答他说“我也不再爱你了”或者“回你自己的房间，等你冷静下来再回来”，孩子就会觉得自己彻底被遗弃了。他需要你，但他表现的方式是捶打你，因为捶打的本质是在寻求身体上的接触；他对着你大喊大叫，实际上是在表达他对你的爱——而你，却把他弃之一旁、不管不顾。

孩子就是孩子，他还不知道如何表述事情的经过。父母的职责在于帮助他用恰当的词语进行表述，而不是和他进行情绪上的较量——成年人可以控制自己的冲动。相对于父母的感受，孩子的感受应该被放在第一位，这是天经地义的事情。

当然，随着孩子逐渐长大，父母也要慢慢抽身离开。但如果父母过早地放弃对孩子情绪的关注，而孩子还不具备学习的能力，他就会身处焦虑之中而束手无策，任由自己受到自我防御机制的摆布。

为了更好地理解上文，让我们想一想婴儿的情况。婴儿还太小，对自我还没有任何意识，因为他刚离开妈妈的身体成为一个独立的个体。成年人知道疼痛感，也就是说，成年人知道自己是独立于疼痛感之外而存在的。而对小婴儿来说，他感到的是：自己很痛。他会完全被绝望感吞噬，并且会非常强烈地需要妈妈的帮助。他需要妈妈陪伴在他身边，对他说话，他需要妈妈的爱，需要妈妈把他紧紧地抱着！他对自己的身体和心理的界限意识还很模糊，所以如果妈妈紧紧地抱着他，这种接触就会让他感受到被接纳并感到安心。

孩子总是处于他正在经历的那个时刻，还没有展望未来的能力。如果眼前正在经历的事情让他感到较大的压力，那么这件事对他来说就显得不可逾越。他不“明白”疼痛会过去、怒火会熄灭，自己还可以重新找回舒适的感觉，因为他还太小，容易被情绪淹没。我们成年人则知道眼前的一切都将烟消云散。

孩子产生某种情绪时需要感觉到父母是可靠的，还需要看到父母也会产生各种情绪，甚至会产生一些更加强烈的情绪，但这些情绪并没有将父母毁掉。

现在，你是怎么想的？在孩子哭泣的时候，你觉得是应该把他抱在怀里，还是不要冒把他“宠坏”的风险呢？

孩子哭了，我们应该赶紧去安慰吗？

一个新生儿哭了，因为他饿了。如果妈妈在90秒内做出回应，他就会在5秒内安静下来；如果妈妈在5分钟后再理会他，那么他需要50秒才能停止哭泣。

如果把妈妈回应的时间乘以2，那么孩子哭泣的时间就需要乘以10。

你让他等待的时间越长，他在内心进行重新建构就会变得越困难。

婴儿哭泣却没有人理会，会发生什么情况呢？他没有能力对自己说“一切都会过去的”，他只知道全身上下都不舒服；他没法告诉自己妈妈过会儿就会来，妈妈得洗碗、打电话，然后还要做别的事情，而他整个人都感觉很不舒服。可是，没有人理他，那个本应该解救他、保护他的妈妈并没有解救和保护他。所以，妈妈有着让他感觉不舒服的力量！婴儿可能认为妈妈比较危险，于是再也不会信任妈妈了。但是，这怎么可能？一个人怎么可能不信任自己的妈妈呢？妈妈难道不是自己赖以生存的人吗？所以，婴儿依然信任自己的妈妈，但他的内在感知变样了；他把自己的痛苦和各种情绪定位为无用的东西，他认为这些东西才是危险的！他对妈妈的依赖感会与日俱增，因为他已经遗失了自己内在的方向，妈妈才是知道他需要什么、什么时候有需求的那个人。

相反，如果父母向孩子表示，不管他产生什么样的情绪，父母都会爱他，那么孩子就会明白：情绪并不可怕。因为，他的父母无论何时都能理解自己，时刻准备着倾听自己的情绪，去了解这些情绪真正要表达的是什么。这样，孩子才能逐渐形成一种观念，那就是：自己永远都是自己；伤心也好、快乐也好、生气也好，他一直都是同一个小男孩或小女孩。

孩子产生情绪时，我们该怎么办？

当一个孩子产生某种情绪时，你可能会问：**“我怎么做才能帮助他意识到他究竟怎么了呢？”**

对于新生儿来说，你需要以最快的速度去解决问题，要尽快看看他需要什么并且满足他的需求。他比医生或钟表更清楚自己是不是饿了。请你陪着他把所有的情绪都表达出来。如果他的生理需求已经得到了满足，那么问题可能来自心理层面。请你用心去倾听，让他向你倾诉他的不满、表达他的抗议和绝望。

孩子年龄越大，掌控自己情绪的能力就越强。此时，在赶去解决问题之前，你可以稍等片刻，观察一下他如何面对自己正在经历的事情。

如果他没有向你寻求任何帮助，那就相信他有能力自己解决。

请给孩子一个发泄情绪的空间。大多数父母通常会先“安慰”孩子，但我会尽量克制自己。如果我的孩子哭了，我会在安慰他之前尽量关注他的情绪：“我发现了，你不舒服！”如果他真的很伤心，我甚至会鼓励他哭出来：“哭吧，我的宝贝，大声哭，握紧我的手。你觉得痛就哭吧！”

绝对要避免提“为什么”这样的问题。“你为什么哭？”这个问题可能会让孩子觉得提问的人是在指责或者贬低自己，让孩子认为这个问题隐含的意思是：你哭得毫无理由。况且，孩子需要针对这个问题进行思考，可他在那种状况下根本没有心思去思考。在用语言表达之前，他需要发泄情绪。而且我们知道，如果我们问“你为什么哭”，听起来就像在尽力为他解决问题并为他提出一些解决方案，而他其实并不需要解决方案。他很可能有能力独自面对问题，**只是需要别人理解自己的情绪罢了**。

不要问“为什么”，而要试着问“发生什么事情了”或者“你感觉怎么样”，这些问题才能触及孩子的内心。

共情式的倾听

所谓共情，就是把孩子刚刚告诉你的事情过滤一遍，同时要抓住事件中有意义的一些东西，比如情绪、情感或者欲望。问题的关键不仅仅是听孩子说了什么，也不仅仅是去理解他到底为什么说这些话，而是要关注孩子的内心活动。

不要将目光放在事件本身。请你陪着你的孩子，而不是追究一些表面的原因。

如果孩子说：“我不想睡觉！”

你就回答："你一点儿也不想睡觉！"

而不要说："如果你希望明天有精神，现在就得睡觉了。"

你可以接着这么说："你的确有权利不想睡觉，你可能还希望接着玩，我能理解。"但说话的同时，请继续帮助他躺下睡觉……

你不相信这么做可以奏效吗？那就试试吧。如果你和孩子已经习惯了相互较量的交流模式，那么在最开始的几天里，孩子很有可能产生抗拒心理。不过，睡得稍微晚一点儿就真的那么严重吗？要让孩子学会按照自己的节奏来生活，而入睡的时间稍微有些不规律有时具有非同寻常的意义。当他明白你尊重他的感觉、不跟他进行拉锯战时，他就会学着去感觉自己的疲惫，也会更容易在适合的时间上床睡觉。往往当我们信任自己的孩子时，才知道什么最适合孩子，除非我们非要跟他较量谁更厉害。

要注意，在你做自我调整时，你内心的姿态比你的外在语言更重要。你说的话即使从语法上看非常完美，从内容上看准确描述了孩子的亲身经历，也可能对孩子完全不起作用。问题的关键在于**共情**。你要表现出你在进行**共情式的倾听！**也就是说，对孩子表述的一切，你要在情感上与之产生共鸣，要在特定的时刻进行换位思考，去体会他的感受，去倾听他内心的声音。

"妈妈，我该去踢球，还是去学习呢？"

"你在犹豫。你觉得呢？"

"我不想去参加数学测验。"

"你很担心……"

换种方式对话，不妄下结论、不进行评价、不介入事件本身，你要做的只是认同孩子的情绪，这样孩子才会觉得自己被接纳和被重视。他因此得到的体会就是：他有权利通过自己进行体验和表达，他可以信任自己的感觉。

你可能想象不到这种态度会为你、为孩子、为你们的关系带来什么样的好处。

不过，你还要尊重孩子心中的秘密。不惜一切代价去了解孩子的秘密没有任何好处。不要逼孩子说出秘密，这一点非常重要。总而言之，过和不及，两者都不好。

时时刻刻、事无巨细地关注孩子也可能带来负面效应，会让孩子为了防止他人总是侵入自己的内心世界而变得有依赖性或者咄咄逼人。你要对自己的孩子有信心。你的任务不是帮他找到解决问题的方案或者扫除道路前方的障碍，而是为他提供资源或者帮助他树立信心，让他相信无论面对什么境况，自己都有能力找到解决问题的方案。

另外，我们也不要总强迫自己解读孩子的想法或者读懂孩子的言行，因为我们会启动具有攻击性的防御机制，会受到自己情绪的感染。有时，我们应该试图站在孩子的角度去思考问题。解读孩子情绪的前提就是尊重孩子的感受，允许他的感受与我们自己的感受有细微差别。根据自己的感受来诠释孩子的感受，有可能再一次把孩子圈在一个定义之中，而不是真正地理解他。

总之，陪着孩子体会各种感受和陪其他任何人并没有本质区别，你只需要表现出你和他拥有共同的情感，并且站在孩子的角度，设身处地地体会对方的感受。任何人性化的东西对人来说都不陌生。你自己曾经也是个孩子，所以你可以理解他身上所发生的一切。

要当心，不要把事情过度“心理学化”。并非所有的心理冲突都需要用语言表达出来，况且这么做也是远远不够的。与孩子进行身体接触、爱抚孩子、满足孩子的需求等回应方式才是根本和有效的。我们不需要时时刻刻都对孩子的行为做出解释，而是在他需要帮助的时候（当孩子需要我们帮助他从一个无路可走的境况里走出来或者当他面对一件痛苦的事情时）才这样做。

当孩子情绪激动时，陪伴孩子的步骤

★用眼神而不是用语言来接纳孩子。将自己的呼吸频率调整得和孩子的一样，调整自己的心态。

如有必要，把孩子抱在怀里。

★把孩子的感受描述出来：

“我看你很生气！”“哦，你很伤心！”“你被吓到了！”

★让孩子把情绪完全发泄出来。

★等孩子的呼吸重新恢复正常时，开始和他对话。

当然，这种共情式的倾听方式有可能让你直接触碰自己的情绪，唤起你自己曾经的缺失和悲痛。

当我们自己不懂得用正确的方式发泄怒气时，就很难尊重孩子的情绪。同样，如果我们曾经在绝望时没有得到父母的理解，那么当我们强烈地感受到孩子的悲痛时，也基本上不可能把他抱在怀里。

然而，如果你的孩子不能吐露真实的心声，他最终会转身离开，甚至切断和你之间的联系。除非经历了非常严重的伤痛，否则他和你将永远是两条不相交的平行线！

许多父母都不理解，为什么自己“为孩子奉献了一切”，孩子长大成人后却连多看他们一眼都不愿意。或许他们忘了，尊重孩子，首先就要尊重他们的情绪。

6

“他总是哭哭啼啼，我烦透了！”

有时，孩子的情绪波动会让你十分生气。这其中可能有几个原因：

因为你已经很疲惫了，孩子发泄情绪让你觉得很吵。

你也有情绪和需求，但你没有意识到这一点，于是觉得自己和孩子形成了对抗的态势。

孩子发泄情绪没有具体的原因，因为那只是一种表面的发泄，掩盖了他的真实情绪。

孩子发泄的情绪是你不允许自己产生的。

孩子发泄的情绪唤起了你儿时的某些回忆。

“受够了，我受够了！”

当孩子因为一点儿小事哭闹时，他很可能是累了。对成年人而言，情况也一样。如果父母因为一点儿小事就发火（成年人更愿意选择发火这种方式，而不是哭泣），他们也可能只是因为累了！

太多的父母拒绝承认自己很累。他们想付出更多：洗碗、洗衣服、给孩子读故事、陪孩子玩芭比娃娃、做“好父母”。这样一来，他们迟早会爆发，往往一个打碎的盘子或者一件拖在地上的小短裤就会让他们大发雷霆。

承认自己很疲惫并向孩子明确表达这一点，可以让孩子明白你发火的真正原因。**并不是孩子本身“让人无法忍受”，而是你的忍耐是有限度的。**你对吵闹声和混乱环境的忍耐度降低了。你需要安静一下，休息一下。

当一种情绪背后隐藏着另一种情绪时

当玛尔特因为身上的裙子把自己裹得严严实实而不停抽泣时，当奥利弗见到奶奶那并不凶悍的小狗而惊恐万分时，当皮埃尔为一个不值钱的小玩意儿对弟弟发火时，你是不是非常生气?

请听听你的直觉告诉了你什么。其实，你是因为孩子不合理的情绪才有这样的反应。玛尔特真正的感受是生气；奥利弗的恐惧背后隐藏着另一种恐惧，那就是他要离开妈妈去奶奶家住好几天，他一想到见不到妈妈就很难过，但又不敢对此表示反对；皮埃尔很担心自己的数学考试成绩。你的烦躁表明，表面的情绪背后其实隐藏着另一种情绪、另一种伤害、另一个问题和另一种缺失，等待着你去辨识。

当人们不能真实地表达自己的情绪时，就可能会把情绪转化成另一种样子，或者转移到替代品上（比如一只狗、一只蜗牛或数学考试等），而且各种情绪之间会进行互换。这样一来，真实情绪就会被掩盖，真实需求也因为无法表述清楚而不为人知了。

你从不流露感情吗？

如果你从来不允许自己对父亲说个“不”字，那你怎么能够忍受自己的女儿发脾气时大喊大叫呢？如果你从来没有痛快地流过眼泪，又怎么能够接受自己的儿子哭泣呢？

一位从来不流露感情的父亲，往往会希望儿子和自己一样“坚强”；一位从来不流露感情的母亲，面对自己女儿的哭喊时，会觉得非常难应付……

你是否禁止自己的孩子发泄他的某种情绪？这种情绪也正是你父母不允许你发泄的？或者说，因为这种情绪对你来说似乎会带来某种风险，因此你把它埋藏在心底了。接纳你的儿子或女儿，这和你儿时在潜意识里所做的决定是背道而驰的，因为这会逼迫你重新反思自己从父母那里受到的教育，即为了保护自己作为父母的形象而不去理解孩子。

孩子没有权利生气吗？

你的儿子本来希望在面条里加番茄酱，你却给了他黄油，于是他咆哮起来；你的儿子对自己的历史老师和地理老师满腹怨言，因为他们留的作业太多了；你的女儿朝哥哥大吼，因为他把音响声开到最大……平常你都很有耐心，但今天，情况变了：你暴跳如雷，你失去了理智。

因为某种原因，你生气了。你可能在内心抱怨自己的丈夫只顾悠闲地看着报纸，却把什么都丢给你来处理；你的妻子只做看起来正确的事情，这让你颇有怨言；你对公司老板、水管工、自己的母亲有意见……你的孩子就是点燃怒火的小火星，就是让花瓶里的水溢出来的最后一滴水——于是，你把怒火朝这个小罪人身上撒！

是面条让他不满意吗？你的动机可要比番茄酱、历史作业和地理作业以及音响之类的理由更能激起孩子的情绪！

我们会惊奇地发现，我们竟然没有发现属于我们自己的情绪。可是，就在我们无缘无故地对着孩子发怒的时候，这种情绪却被我们意识到了。应该说，在大多数情况下，是孩子激怒了我们。就在我们不想让人招惹的那一天，孩子却显得尤其惹人烦，这是否纯属巧合？他看起来就像在故意挑起事端。是的，孩子对父母的感受极其敏感。因为某种心灵感应，孩子能够捕捉到一些父母没有表现出来的情绪和压力。因为感觉不安，孩子会借机挑衅爸爸或妈妈，让他们把压力和怒火发泄出来，直到他们自己感觉被解放了为止。

“别人都会认为他们是在怂恿我朝他们大吼大叫！”瓦莱丽对这一点非常惊讶。

父母对自己情绪的意识程度越低，他们的孩子就越有可能把发泄情绪当作自己的责任；他会试着让自己把情绪发泄出来，或者借机让父母发泄出来。

你是否对孩子的某个愿望或某种行为感到非常恼火？你是否无法理解自己的孩子为何哭泣，无法理解大儿子为何发火或者大女儿为何失望？你是否在责骂他们的时候控制不住自己？

如果你有这些表现，请对自己提出以下几个问题：此刻我有什么理由生气？在我的生命中，是否有过缺失、受挫或者无能为力的感觉？我是否曾经受到过伤害？我是否有自己无法解决的问题？

“他这么做时，我就会变得很粗暴。”

“当保尔和阿莉亚唤起我儿时的回忆时，我控制自己的能力就会变差。”

“你把汤喝掉！”妈妈马蒂娜正在大发雷霆。雷米把碗一推，碗旋转着滑出了桌面。于是，汤洒得到处都是，而且溅到了正在发火的马蒂娜身上。她一把抓住雷米，在他屁股上打了一巴掌，完全把他当成一个“坏孩子”和“爱捣蛋的孩子”一样对待。

后来，马蒂娜对我说出了心里话：“我觉得是我母亲的暴力吞噬了我。”

这到底是怎么回事呢？雷米平时吃东西时表现得非常乖。而那天，当马蒂娜筋疲力尽时，雷米感觉到了她的紧张。于是，和所有孩子一样，他也被自己的情绪需要给调动了起来。接着，他给了妈妈一个机会，让她把内心的怒火发泄出来，让她得到了释放。

马蒂娜明显感到自己被一股怒火吞噬了。她又一次体会到了自己母亲的粗暴，但这一次，粗暴的不是别人，而是她自己。当她还是个孩子时，她是受害者；当她成为母亲之后，她却扮演了施暴者的角色，她的孩子雷米则变成了受害者。马蒂娜的母亲不能容忍自己的女儿不听从自己的命令，于是马蒂娜也变得脾气暴躁，还会打孩子。

宝拉有个两岁半的儿子。他们在公园广场玩了几分钟后，宝拉终于忍无可忍了。虽然她每个星期四都会陪儿子来这里，但她因为自己和儿子在一起时感到毫无乐趣而心生愧疚。她每个星期都会请一天假来陪伴儿子，并且把每个晚上和周末的时间都用来陪伴他。她越是因为和儿子在一起感到无聊而生自己的气，就越想多花点儿时间和儿子在一起。

她和儿子在一起为什么会感到无聊呢？有无聊这种感觉说明宝拉压抑了自己的情绪，她在自己的情绪箱上盖了一个盖子，让自己无法感受到这种无聊（请参看《青年情商养护基本方案》）。那么，这些被掩盖的情绪的本质是什么？它们来自哪里？

宝拉的父母从来没有陪她一起玩过。无论父亲还是母亲，她都想不起自己和他们有过快乐的亲密时光。而且，她还拒绝承认自己对此感到非常痛苦。她对自己说，事情本来就该这样。事实上，当她还是一个小女孩时的情绪被否定了之后，她就失去了她本来应该具有的、和自己的儿子一起玩耍和开心的能力。

为了补偿，宝拉为孩子做了很多事情，就想让他开心快乐。她带孩子去公园广场，带他去坐旋转木马……她把自己的情绪埋藏在心底，拒绝让自己曾经遭受的挫折感出现。可当她回到家，潜意识里的愤怒就会牵引着她做出某些具有破坏性的事情。比如，她连想都不想就把羊绒衫扔进洗衣机，等羊绒衫缩水起球后，她又会产生一种罪恶感。她用自己性格中具有挑衅性的那一面来针对自己，迫使自己感到愧疚——这是专属于她的一种处理方式。

无论哪位母亲或父亲都能通过自己的孩子重新体验自己童年时期体验过的某种感受。也正因为如此，他们才会产生各种各样的问题。比如，把自己经历过的事情投射在孩子身上，重新激活曾经深埋心底的痛苦感受。童年时期仇恨的冲动再次涌动，嫉妒、难言之隐、家庭秘闻、屈辱或受挫的回忆、羞耻和内疚的感觉等等，所有过去的一切都还在那里，但是往往没有被他们意识到，这让他们在面对自己的孩子时无法采取最恰当的方式来处理事情。

假如这种过往的经历不能得到修复，父母就会自动套用自己的父母过去对待自己的方式，哪怕这种方式可能具有强迫性。

当父母对我们采取过的粗暴的，甚至具有虐待倾向的行为又被我们用在自己的孩子身上时，我们其实是为了把痛苦埋藏在内心深处更隐秘的地方，是为了不去肯定这种痛苦的存在；如果我们和我们的父母做法一样，那是因为这种做法对我们产生了积极的作用，并没有伤害我们。这种心理机制很复杂。把自己定位为有暴力倾向的父母其实是在潜意识里努力理解自己曾经经历过的一切，并把自己曾经遭受过的痛苦报复在另一个人身上；这是一种让自己内心大量被压抑的怒火得到释放的方式。这种报复的实施对象是一个替代者——自己的孩子或者其他任何一个脆弱并依赖自己的人。这样的父母并不是真正意义上的罪犯，所以这种报复会一直持续下去，很难停止。

有些父母意识到自己曾经受过的精神创伤并且尽力采取和自己的父母截然相反的教育方式，还有些父母对孩子心存歉意并在孩子面前表现得比较软弱。但在大多数情况下，我们还是会发现——即便如此，结果还是一样。事情的相反面永远不会是一张牌的另一面。和自己父母的做法“完全相反”，这依然是在根据自己的意愿行事，而不是在理解自己孩子的基础上行事。

让童年时期的痛苦得到修复

理解孩子的唯一途径就是让自己童年时期的痛苦得到修复。要把自己从以往的痛苦中解救出来，我们就需要释放自己的情绪。我们的父母没有关注过我们的情感需求，没有倾听过我们的恐惧和愤怒，我们因此受到的伤害会因为我们没有哭出来而依然埋藏在内心深处。我们甚至可能不确定到底是什么伤害了我们，是什么让我们感到不公，因为我们的父母曾经对我们声称，那么做是“为你好”。但是，没有证人去复原当时的情景，而我们已经把所有的情绪都埋藏在了内心深处。可如今，当我们面对自己的孩子时，这些情绪又跑了出来。

为了治愈自己，我们要审视自己在孩提时代发生的一切真实事件，不要再将自己的父母理想化，要敢于承认：他们曾经对我造成了伤害，曾经不公平地对待我。让自己回忆过往，给自己权利去体验童年时期的感受，因为在以前，这些感受我们甚至连碰都没有碰过一下。

当你能够在遭遇不公时表明自己很生气，当你能够为童年时期的自己留下同情的眼泪时，你就能够真正地理解自己的孩子了。

孩子是否在你内心深处唤起了一种难以忍受的感觉？如果是，那就是你内心的症结所在。你可以战胜它——你只需要勇敢地面对渐渐浮现在眼前的回忆，理解你内心深处那童年时期的自己，给予他一些他从来没有得到过的东西，给予他关注，在情感上支持他。请找回你还是个小男孩或小女孩时的一些画面，请你在内心为他/她保留一片天地。

你，身为成年人的你，请想象一下：你要把童年时期的那个你重新找回来。如果过去的你和现在的你相遇，情况会怎样？成年的你坐在童年时期的你身边，倾听并爱抚他。这个成年人理解这个孩子，这个成年人爱着这个孩子。

进行这项修复工作时，你可以寻求心理医生的帮助，让他陪伴你。或者，你可以听听能够让你放松的音乐，帮助你回忆过去并最终修复过去。

第四章

恐　惧

当摩天轮快要转动时，一个8岁的小女孩哭了：“我不想上去，我害怕！”

“这没什么危险。来吧，别像个小老鼠似的畏畏缩缩。你不会让我们扫兴吧！”

小女孩的哭声大了两倍。一位正在排队的男士插话了：“她有权利哭，你也没必要扫自己的兴。你去吧，让她在这里等你。”

小女孩的脸上露出了大大的笑容。有人理解她了！她的家人都登上了摩天轮，而她就站在地上看着家人，还找到了一个小女孩做伴，一起聊天。她的脸上洋溢着喜悦之情。

被逼着挑战困难是没有意义的。一般来说，这么做只会让恐惧感更强烈。要帮助一个人战胜恐惧，无论他是孩子还是成年人，都需要很长时间，等待恐惧让位于那个人自己的意愿。如果战胜恐惧的决定来自你，那么孩子即便敢于挑战恐惧，那也只是因为他依赖你，而不是源于他自己的选择和决定。既然他没有调动自己的能量，对此就不会有责任感，因此依赖他人只会增加他的恐惧感。

1

我们应该理解孩子的恐惧吗?

沙滩上，两岁的托马吓得肌肉紧绷。他拒绝入水，就算让他带着那个漂亮的小鸭子救生圈也不行。他爸爸还花了很多钱租了一艘非常帅气的充气船，但当他试着把托马放到充气船上时，托马却歇斯底里地喊叫起来。

托马的父母一想到能和自己的小天使戏水玩耍就非常开心，为此还买了各种漂亮的、五颜六色的玩具。可是，这个孩子连脚底沾点儿水都惊恐万分，更不敢登上不平稳的充气船。孩子很难明白，为什么自己的父母费尽全力地讲那么多道理，就是为了让自己陷入如此不适的境地。

对这对父母来说，孩子的表现多么令人沮丧啊！而对有些父母来说，这样的情况简直就能让他们火冒三丈！孩子达不到自己的期望，这让他们不能忍受，因而变得咄咄逼人。他们很不理解："去年你对玩水简直爱得不得了！"然后，看看那些开心地在海边跳着、在海里游泳、溅起阵阵水花的孩子们，再看看那些孩子的父母，他们充满了羡慕和嫉妒之情。

有些父母并不知道自己的孩子心里到底有多害怕，他们认为孩子的表现和本性不符，所以即使孩子撕心裂肺地哭喊，他们还是会把孩子扔进水里。

我们为什么不能慢慢来呢？为什么不让孩子按照自己的速度来熟悉这个奇怪的、叫作水的东西呢？难道我们是为了向其他父母炫耀自己的孩子已经会游泳了？还是说，我们自己不想当“胆小鬼”的父母？

粗暴地对待一个孩子并不能迅速而有效地帮助他战胜恐惧，反而可能对他造成长期的不良影响。

“我的儿子？他什么都不怕。”一个声称自己什么都不怕的孩子其实很害怕自己的恐惧情绪，他情愿不去体验“恐惧”这种感受。他把恐惧埋藏在潜意识的最深处，但它迟早会浮出水面，而且表现形式多多少少会有些变形和错位。一个孩子会害怕，这很自然，也很正常。但重要的是，我们成年人不要过分地逼迫孩子变得“勇敢”。

阿伦平时会咬自己的指甲，有时晚上会突然从床上跳起来，并且发出呼呼的声音，但他认为这并不是因为他焦虑。他认为事情很简单——自己生来如此。恐惧对他来说很陌生，因为他有过太多冒险的经历。他钟爱刺激冒险的运动，喜欢去战火纷飞的国家历险，爱看悬疑电影。总而言之，他离恐惧很近，但他从没有感觉到恐惧。让大多数人战战兢兢的恐怖情境对他来说就像家常便饭。但是，他经常咬自己的指甲！他40岁时开始进行治疗，希望能够找到方法来改变这种行为。于是，他发现了自己内心的焦虑，这种焦虑让他非常惊讶——这和他一直以来的形象并不相符。当他认同这个陌生的事实后，他开始回想起，当他还是个小男孩时，他的父母对他缺乏关注，而他因为缺少交流而悲伤、痛苦，感到无比孤独。这种能够将他吞噬的巨大恐惧让他目瞪口呆，他开始意识到：他曾经非常害怕，以至于干脆不去触碰这种恐惧。他有意地抹去所有的恐惧，为的就是感觉到自己的存在。一方面，他必须寻找一些能感知自我存在的感觉，另一方面，他必须不停歇地考验自己在面临恐惧时拥有怎样的自控能力。而催促他去冒险的，就是被他埋藏在潜意识深处的恐惧。

当他允许自己体验内心深处存在已久（当他还是孩子时就有了）的恐惧时，尤其是当他允许自己把内心的恐惧表现出来时，他明显感到自己被释放了。让他妻子感到安慰的是，他晚上呼吸得更加平稳了，睡着后再也不会突然从床上跳起来。还有，他再也不咬指甲了——那些证明他压抑自己情绪的行为明显减少了。

那些心存恐惧却不被成年人认同的孩子，长大后不会成为开朗和勇敢的人。当然，他们会否认一切恐惧的感觉，并且变得鲁莽冒失。所以，他们可能越来越爱冒险，为的是最终体验到某种感觉、测试一下自己的控制能力以及他们对自己的掌控能力。

但是，他们也有可能在生活中雷厉风行，同时使用安定片（用于镇静、抗焦虑的药物）或其他法律允许使用的药物，用这种方式把不被允许说出来的焦虑扼杀在摇篮中，因此他们很难摆脱这种焦虑。

最后，他们可能很难做到全情投入一段感情，很难与人保持亲密的关系。连他们的父母都表现得冷漠无情，他们如何能信任别人？他们认为任何依赖他人的行为都有危险，这让他们还如何敢爱？

此外，当他们的怒火不被允许发泄出来时，他们会在进行自我保护的同时表现出一种具有恐惧症特征的反应。他们会对恐惧设定界限并在某一种东西上集中投射自己的恐惧，这种东西可能是最初让他们产生恐惧的根源，比如说他们曾经被扔进去的水、曾经被大人威胁过要把他们关进去的小黑屋或地下室，甚至某个他们已经被关过的空间。这个投射恐惧的对象也可能是另外一种东西，比如电梯、某种交通工具、一只猫、一条蛇，等等。

人可能会使用药物来美化、否定和扼杀恐惧这种感觉，也可能把恐惧投射到外部世界或者去侵害他人。不管怎样，如果孩子的情绪被我们否定了，那么他将来就会被恐惧的感觉纠缠而无法脱身。

然而，**恐惧有它存在的理由，这个理由即使在成年人看来也晦涩难懂**。恐惧需要被尊重、被理解、被接纳。一个勇敢的人，不是无法感知恐惧的人，而是能够体会内心的恐惧，承认它、接受它并因此获得恐惧为他带来的经验的人。不表现出恐惧的感觉很有危害。从根本上来说，恐惧的情绪是极其健康的。它能告知我们有危险存在，能调动我们身体的能量来面对恐惧，能教会我们在未知的事物面前做好准备。它是自然的东西，等着我们去体验、去利用。

即使这样，也依然存在着一些不合常理、与情境不符、令人窒息或者麻痹人的恐惧形式，而这些形式确实对我们毫无益处。无论如何，我们都需要把这些恐惧当作某种信息去揣摩，因为它们在诉说着孩子的某些心里话，或者换句话说，你的孩子正尝试通过它们向你传达某种信息。

有些恐惧是健康的，有些恐惧则有些过激且错位了；有些恐惧需要我们勇敢跨越，有些恐惧则需要我们坦然接受。不过，所有恐惧的感觉都需要我们予以尊重和理解。

2

最常见的几种恐惧

所有人或多或少都在童年时期对各种不同而典型的事物产生过恐惧感，让我们来一一列举：对降落的恐惧、对高分贝噪声的恐惧、对不熟悉面孔的恐惧、对分离的恐惧以及对洗澡、眼睛进水、黑暗、狼、幽灵、巫婆和某些恐龙的恐惧……这些恐惧的感觉出现后又会消失，反映了孩子各心理阶段的成熟程度。有些恐惧对于某个年龄段的孩子来说是正常的，但如果某些恐惧太强烈，以至于影响到孩子的正常生活并且持续时间很长，那就是一个问题。

让我们一起看看最普遍的几种恐惧吧[1]！

高分贝的噪声

高分贝的噪声会让成年人吓一跳。而对小孩来说，高分贝的噪声真的能让他恐慌不安。我个人认为，这种反应似乎是“人”这种物种进行自我保护的条件反射。噪声其实表明存在着潜在的危险，也在警告人们

1. 分离焦虑将在第九章第2节中谈到，见第216页。——作者注

应该逃走。但小孩单靠自己无法逃跑，于是会大声哭闹。

露西20个月大的时候，邻居家正在装修，于是噪声突然响起，而且震耳欲聋！可能有人在使用电钻，墙壁似乎都在颤抖。这种声音让露西惊恐万分。她大声叫着，手脚胡乱挥舞，泪流满面。

她的妈妈把露西抱在怀里，迅速离开产生噪声的地方。到了安静一些的地方后，她把露西紧贴在自己的前胸抱着，接纳了女儿紧张的情绪。她温情脉脉地任由露西哭个痛快，并把自己的呼吸频率调整得和她一样，然后温柔地在露西耳边说："你被吓到了，这声音太大了！我也被那声音吓到了（这是真的）。我们毫无准备的时候很容易受到惊吓。突然听到这种声音，谁都会奇怪到底发生了什么事情。你想知道是什么东西发出的声音吗？"

"不想。"小露西在抽泣的间隙回答妈妈。

"你想看看那是什么东西吗？"

"不想。"

妈妈有点儿心急了。露西还处于非常害怕的状态，还没有勇气面对发出噪声的源头。于是，妈妈向她解释了装修的过程，对她说工人正在做什么，为什么工人没有碰到她们的房子，但房子依然会这样振动。

因为装修工程要持续半个月，她们不可能总是在白天待在公园广场或者其他地方，所以，赋予露西力量来面对这种恐惧非常重要。露西和妈妈开始对着发出噪声的那面墙大叫："别吵了，你打扰我了！"当然，这样做并不会让噪声降低，但这改变了露西的感受。**把愤怒表达出来，显示自己拥有的力量，这能够降低恐惧感的强度。**

在装修工程结束后近一个月的时间里，露西对任何声音都非常关注。如果有只狗在远处咆哮，她就会说："狗让我害怕。"说这句话时，她其实并不期待任何回应，而只希望自己的感受得到接纳——她害怕这个声音。**回忆一下，我们以往的生活中是否存在着某种噪声和某种恐惧，并根据自己的需求针对这个话题谈一谈——这么做能促进自我的重新建构，在内心建立起安全感。**露西就是这样学会了管理自己的情绪。

害怕入睡

阳光透过百叶窗洒进卧室，在壁纸上留下了斑驳的印记；明亮的路灯照着街边的树木，风儿吹得树枝摇曳晃动。这些移动着的影子可能会让孩子毛骨悚然，因为他并不知道那到底是什么。一位父亲把自己的小儿子抱在怀里，拨开了百叶窗，和孩子一起看着路灯下随风晃动的树枝，看了很长时间。然后，他们合上百叶窗，观察起影子来。几分钟后，父亲在孩子身边躺下，孩子再次进入了梦乡。

我们要进入梦乡，就需要感觉到自己很安全。如果孩子在呼唤我们，我们就要去看看他，这能给他带来一种安全感。孩子会因此知道，父母是可以信任的对象。我们可以打开一盏小夜灯，让孩子更容易地感知自己所处的空间，让他在半夜醒来时能清楚地看到某个物品实实在在的轮廓。但即使这样，夜灯还是无法替代父母的陪伴。

入睡，也就是放松对自我的约束，任由自己自然地进入另一个世界。在这个世界之中，我们或许能做个好梦，当然也有可能做噩梦……但不管怎样，我们都希望在这种状态下有人能够陪伴左右。

讲完故事后，给孩子传达一条信息能够帮助孩子建立安全感，保证他好好睡一整晚，那就是抚摸并拥抱他。这样做会让孩子认为自己被接纳了。让孩子感觉到自己身体的轮廓，能使他安心。

在入睡前这一特殊时段，我们可以让孩子讲讲白天发生的事情，让他为没有完成的故事“画上句号”，对悬而未决的问题做个了结，将内心的困扰放心地说给父母听。

他会做噩梦吗？卧室里的某样东西在晚上是不是看起来会变形？小夜灯是不是照出了让他感到害怕的影子？

我们对此要多加注意。也许孩子只是想对你说，他需要你在身边陪着他。这并不是“耍性子”，而是在表达他自己的需求！你在他身边躺几分钟，他就能从你这里获得安全感，这种安全感将陪伴他一生。如果你拒绝满足他的需求，强迫他独自面对黑暗、独自入睡，当然，他能够自己学着入睡，但这需要他使用内在的心理能量。这样一来，他就不能使用心理能量来获得其他能力了。被遗弃的焦虑感如果被孩子压抑在心底的话，其主要后果可能就是语言习得的延迟、口齿不清或者无法发出某些音节，等等。

深夜因为极度恐惧而醒来的孩子在告诉我们：他白天有些情绪没有处理好。

害怕童话故事

两岁半的玛戈深夜醒来大哭大叫，说她害怕狼。我发现，她奶奶白天送给她的一本故事书里讲述了一只狼想吃小羊羔的故事。我给她讲这个故事时非常缓慢，边讲边解释每个细节，然后我对她说，我不喜欢这个吓人的故事。我们应该怎样处理这本书呢？我提出了四条建议：保存它、烧了它、撕了它或把它扔进垃圾桶。她想了想，然后坚定地做出了选择：“咱们撕了它吧！”她是有意这么做的，因为“这样做，我就把狼撕成很小的碎片了，这样它就不能吃小羊羔了”。

传统的童话故事往往非常暴力，它们反映的是作者所处的那个时代的情景；那时的大人为了让孩子顺从听话，就用故事来吓他们。只要听听过去的童谣，我们就能大概了解在当时的大多数家庭中弥漫着怎样的氛围：

“睡吧，我的小宝贝，否则坏叔叔会把你吃了。睡吧，我的小美人，睡吧，小宝贝。你以为那是铁链拖着小石块发出的声音吗？其实那是巨大的鲁斯图克鲁吃人怪兽在走来又走去，走来又走去。他要把所有不睡觉的小孩放进褡裢里带走。这穿透窗棂的可怕声音到底是什么发出来的？不，这可不是暴风雨在和小石子儿嬉戏，这是巨大的鲁斯图克鲁吃人怪兽在咆哮。他咆哮着，就等着把那些不睡觉的小孩抓走……”

狼、怪物和巫婆都欢天喜地地完成了自己的使命。某些心理学家为这类童话故事极力辩护，并对这类故事的象征主义特征进行研究，发掘它们的共同特性。的确，这类童话故事承载着一些象征符号，但这些没有明确表述的象征符号并不能帮助孩子疗伤，反而会导致孩子压抑自己的情绪。各种情绪都被投射在这些象征符号上，这样一来，情绪本身就被抛到很远的地方，被回避了。我翻开儿童心理学家艾丽丝·米勒[1]的作品，想看看这些象征符号是否让人无意识地面对情绪。单纯运用象征符号并不能使被压抑的情绪得以宣泄[2]，否则那些艺术家们就都可以通过艺术来治愈内心的创伤了。绘画、写作、雕塑等都能帮助他们保持压抑情绪的习惯而继续生活。不过，我们可以像倾听他人做的梦一样去欣赏一幅画，也可以利用颜色和形状把情绪的起伏表现在画布上。艺术疗法是一种非常强大的治疗方法，以雕塑、绘画、手工剪贴等为媒介。人

1. Alice Miller（1923~2010），波兰裔心理学家，侧重于暴力、虐待等方面的研究。——编者注

2. 原文用了 catharsis 一词，它来源于希腊语，原意为纯化，在心理学上意为被压抑的情绪的宣泄。——编者注

们借此来和自己对话，让自己与通过艺术形式释放出来的无意识相遇。这些象征符号会说话，因为它们表达了个人无意识层面的情感。**语言有治疗作用，因为它能让情感获得生命。**它能描述人身上发生的一切，让人产生意识，让人建构自己的内心经历。

但是，阅读一个童话故事很少可以促进意识的产生。过去的童话故事都是对心理活动的反映。但它们对我们的孩子真的有用吗？我觉得没有用。我的实践经验告诉我，这些故事很可能具有危害性。如果一个孩子所经历的困境与故事中描述的情景恰巧一致，那么他很可能对故事中那些负面的信息加以肯定，并且长时间地在内心保留着相关的恐惧感。童话故事把无意识的幻境加工成具体的画面，这些画面很可能会加重孩子的焦虑感。

朱莉安娜从小就很害怕《白雪公主》中的继母。她是那么的恐惧，以至于要把书藏起来。她的哥哥知道这件事后，故意把书翻到画着继母的那一页并且送到她眼皮底下让她看，而看到她吓得发抖，他就非常开心。其实，朱莉安娜曾经很害怕自己的妈妈。她对故事中那个行为举止像巫婆的女人也感到非常愤怒，可当时那还是无意识的愤怒。《白雪公主》这个故事没有给她带来任何帮助。相反，她内心的恐惧感更加强烈了。多年来，她把自己的妈妈理想化了，拒绝去体验自己真实的感受。她让自己身处一个远离城堡的森林中（把自己给放逐了），一位风度翩翩的王子带着她远离了她的母亲。直到有一天她进行了心理治疗，意识到并宣泄出自己的情绪后，她的内心才再次找到了安宁。

黛米多年来一直很害怕一个人待在寒冷的地方，因为这种寒冷让她觉得自己就像那个卖火柴的小女孩一样。为了不让自己有被抛弃的危险，她对其他人的意愿都表示赞同，完全忽略了自己的想法。50岁以后，她想到这个故事依然会泪流满面。

《小鹿斑比》《驴皮公主》《灰姑娘》《拇指姑娘》等童话中怎么会有那么多母亲死去或者抛弃了自己的孩子呢？要知道，这些故事都是男人写的！难道他们想说，对他们来说要离开自己的母亲有多么痛苦吗？其实，还有另一种解释：他们的母亲都太强硬、太专断，总叫人失落沮丧。和所有的孩子一样，这些作家梦想着有一位温柔的好妈妈，但他们不被允许对自己的父母产生愤怒的情绪，而且还执着地保留着“母亲无论怎样都是完美的”这种理想的印象。如果母亲死去了，那么她的形象便无法被触碰和更改了。于是，这种怒火就被转嫁到折磨他们或让他们感到恐惧的继母、巫婆和坏蛋身上了。而且，他们可以没有任何负疚感地杀死一个巫婆。这些童话传达的信息十分清楚明了：孩子没有权利对自己的母亲发怒。这类故事让孩子无法宣泄出来的怒火被锁在内心更深处。很多童话都是为强硬、专断的教育方式服务的，它们维护着父母理想化了的形象，篡改了现实。

这类故事怎么能帮助一个孩子达到建构自我的目的呢？为什么要让孩子看到这些令人毛骨悚然的故事呢？为什么不让孩子自己选择适合自己的象征符号呢？当然，只有那些存在问题的家庭才能体验到和童话故事相同的戏剧性的生活。但是，这样有什么好处？为什么不选择现代的故事呢？现在有很多故事都写得非常好，插图也非常优美。

孩子喜欢恐惧的感觉吗？

有些人这么认为：恐惧具有一种魔力。但这么说并不意味着孩子喜欢那些让他恐惧的东西。

有一次我和家人乘坐飞机去度假，飞机上正在播放一部科幻电影。

我两岁的儿子阿德里安为了能看到整个画面，就从座位上站了起来，同时嘀咕着："我不喜欢这个怪物，我不想看到它。"我试着让他坐下来，因为只要坐下来，那个怪物就能从他的视线中消失，但我无法让他坐下来！他被迷住了！我转过头去，发现四岁的玛戈也站了起来，完全被电视屏幕上那个奇形怪状的九头蛇给吸引住了。那天，他们没有佩戴耳机、全程站着看完那部电影，完全听不到电影中的声音。他们就这样被那些古里古怪的画面给俘虏了。

当一个人害怕时，他首先得控制住这种感觉，先去理解它。要想让自己安心，最好的办法就是和让自己产生恐惧感的根源面对面，看看到底是怎么回事儿，确定它到底是什么。阿德里安在很长一段时间内都会提到九头蛇："我不喜欢那个怪物，它坏极了。"可在当时，没有人能把他从有怪物的屏幕前带走。

不幸的巧合是，第二天阿德里安得到了一个礼物，一本由迪士尼公司出版的关于英雄海格力斯的书。书中全是妖魔鬼怪，其中有一个怪物和他在飞机上电影中看到的九头蛇非常像！阿德里安愿意读这本书，而且一遍又一遍地读。他尤其"钟爱"画着九头蛇的那几页。事实上，他需要看到这些画面来让自己安心，希望自己能够有力量掌控它们。他开始每晚做噩梦，直到我发现了让他做噩梦的罪魁祸首。我建议阿德里安把他的噩梦画出来，然后我把这本书偷偷藏了起来，等他年龄大到看到怪物不再害怕时再拿出来。这么做之后，他的噩梦不再出现了。

隧道里的龙

第二年夏天，我们全家一起去参观岩洞。

"不，我不要进去，我不要看到龙。"阿德里安拼命抓住我说。

就在几分钟前我们提到要去参观岩洞时，他还激动万分，可一看到阴暗的岩洞，他就拒绝进去，因为他认为岩洞里有一条龙。显然，他被吓坏了，紧紧地抓住了我。我抱着他走了进去，并且不断地跟他说话。因为，用温柔的话语抚慰孩子能让他产生安全感。没过多久，他便发现这个岩洞里没有龙，于是变得很生气，大叫："我想要龙！我不要这个岩洞，我不喜欢这个岩洞！"

这次"历险"让我意外地发现了他对隧道恐惧的源头。一个月前，我们去迪士尼乐园玩，那里有一条由多个部件组成的龙。那条龙的头部可以活动，嘴里还会喷火，看起来栩栩如生。对阿德里安来说，那就是一条活生生的龙！尽管我想方设法向他解释那条龙的机械原理，但他依然坚信那个怪物是真的。我得承认，我曾一时无法理解和接受这件事情。阿德里安想回去看那条龙，而我为了不让他再次受惊，觉得最好不要带他去。毕竟，还有其他那么多东西可以参观呢！

可就从那天起，我们驾车经过任何隧道的时候，他都会害怕。只要我们把车开到隧道的入口，他就开始大哭道："我要离开这里，我不要被关起来，我不要隧道！"

"隧道里有什么让你讨厌的呢？"

"有龙。我，我不喜欢龙。"

我无法让他相信龙是假的，是不存在的，所以试着采取另一种方法，也就是发掘他自己的心理能量，于是对他说："如果你看到一条龙，你会怎么办呢？"

"我会杀了它，我要用刀砍它的肚子，我会给它一份礼物，我要驯服它。你会明白的，因为它让我害怕……"

通过讲述自己可能对龙做些什么事情，阿德里安一步一步地把恐惧感踩在脚下，终于不再惶恐不安了。尽管如此，他依然不太希望遇见一条龙，因为他不能确定这些怪物是否只是人的想象而已。

参观完岩洞后，尤其是在我们谈论过迪士尼乐园里的那条龙之后，阿德里安敢于毫无顾忌地进入隧道了。从那时起，他会提起并谈论各种隧道，而且心里再也没有恐惧感了。

对蜘蛛、昆虫、狗、猫和其他东西的恐惧

即使在成年人看来最平淡无奇的画面，也可能激起孩子的恐惧感。小孩子总是不懂得如何给画面设定界限，不能准确地认定事物的轮廓；只要事物出现的速度快一些，节奏稍微急促一些，就会给他造成恐惧感。我在《青年情商养护基本方案》这本书中讲过一个故事：一个四岁的女孩独自看完一部关于蜘蛛的纪录片后，从此对蜘蛛产生了恐惧感。

在我们居住的地方，蜘蛛并不危险。恰恰相反，蜘蛛能保护我们免受蚊子和苍蝇的骚扰。但是，它的名声不太好，因为它会织网，会让被捕捉到的猎物瘫痪；它还能够象征一位具有侵略性、一旦落入其掌控便难以逃脱的母亲！

孩子并非天生害怕昆虫。他可以把昆虫放在手里把玩，看着它们在手心爬来爬去、弄得他直痒痒。孩子是否害怕昆虫取决于孩子周围的人面对这些昆虫时表现出来的态度，因为恐惧的情绪特别容易传染。如果有人害怕，那就说明这个东西应该很危险，我最好也要怕它。

还有一些没有根据的极度夸张的恐惧往往是其他焦虑的投射；这些焦虑可能来自毫无关联的事物，也可能来自被压抑的愤怒。

地下室和小黑屋

孩子对地下室和小黑屋的恐惧就像对蜘蛛的恐惧一样，也是因为父母或其他孩子（如兄弟姐妹）等人的影响而形成的一种典型的恐惧。这么说，是因为地下室的确不是一个让人感觉舒适的地方。我们一般不会去地下室，因为它和家里其他房间都不一样。就算去地下室，那也只是为了找某样东西，而不会长时间逗留，因为它是一个让人想赶快离开的地方。况且，地下室又冷又潮湿，给人一种忧愁抑郁的感觉，因为那里通常没有窗户、阴暗无光。

战胜这种恐惧的最佳办法就是自己主动去那里。如果父母中的一方害怕去地下室，必须去地下室时总让另一方去处理，孩子很快就会发现父母的这种逃避心理。如果父母不想去地下室，其中一定另有蹊跷！于是，孩子会觉得这个地方神秘而危险。

许多已经为人父母的人，在他们还是孩子时都曾在地下室里度过了毛骨悚然的几个小时。这是传统而经典的惩罚方式。

热拉尔蒂娜经常被关在地下室，她的父母却住在同一栋楼的5楼！想想看，她在地下室经历了多么恐怖、多么难以名状的惊恐时刻。她知道哭也没有用，她甚至听不到从自己家里传来的任何声响，只有几只老鼠和蜘蛛在她脚下爬来爬去，而且身边还一片潮湿。

于贝尔在15岁时被遗忘在学校的地下室里，在那里待了整整一个晚上！当时，校长因为他没有努力学习而罚他在地下室待着，后来校长有其他事情要做，放学的时候竟然忘了把他放出来。他的父母发现他整晚都没有回家，心急如焚，像无头苍蝇一样四处寻找，可是学校关门了……这件事发生在30年前，校长当时没有被追究任何责任，而这个男孩在这所学校继续学习，不过他再也没有被关进地下室的经历了。

因为一点儿小事，埃尔韦就会被关进地下室或者阁楼上的小黑屋里；他还被逼着待在地下室楼梯的下方，这样他就看不到从门底缝隙里透出的光亮。当然，他也绝对不能站起来。稍有违规，他就要继续受罚几个小时。如果惩罚时间太长，为了不让他饿死，他的父母会给他送来一小块面包。如果他哭喊或发出一点儿声响，就会遭到父母的严厉呵斥。被马鞭鞭打对他来说也不是稀奇的事情。

如果我们经历过这种事情的话，怎么能做到让孩子相信去地下室探险是一件十分有趣的事情呢？

孩子害羞吗？

成年人把孩子和陌生人开始交流之前迟疑几分钟的表现定义为害羞。其实，对一个还不懂得遵守社会规则的孩子来说，他只是为了掩藏自己的不适感罢了。孩子不主动问候他人，这让大人变得不淡定，所以这个孩子就被认定为害羞！不要把这种标签贴在你的孩子身上，因为这可能让他认为自己不正常，而且会真正让他变得害羞。面对这样评价你的孩子的人，请这么回应：“不，他不害羞，他只是需要一点儿时间来熟悉一下。”

每个孩子都需要一点儿时间来对正在发生的事情进行消化和吸收，以此来建立安全感。可能对成年人来说，孩子能够直接问候他人而不去管自己到底在和谁打交道会让人更加愉悦，但这其实说明孩子是逆来顺受和机械自动的，而不是出于自身的责任感和真正的礼貌才这样做。

观察时间是必需的，其长短和孩子的性格、大人的态度以及具体的环境有关，时间长的可能需要20分钟。孩子需要按照自己的节奏，在自己认为合适的时候迈开步伐向父母之外的其他人走去。

孩子害怕上学、老师和考试

听听他讲述的实际情况。他到底在害怕什么？是害怕你可能对此做出的反应，还是害怕你的伴侣的反应？是害怕老师的批评，还是害怕其他孩子会说些什么、做些什么？

在当今社会，考试分数变得无比重要。许多父母看到孩子考试成绩不理想后，他们的反应往往不尽如人意。在孩子身处困境，最需要帮助、支持和理解的时刻，父母却张牙舞爪地威胁说，他以后可能找不到工作，一个零分对他来说意味着一个暗淡无光的未来。所有这些都不会帮助孩子在考试之前对自己充满信心。

从表面上看，孩子因为考试分数而忧心忡忡，其实他害怕的可能是老师，是老师的眼神、老师写的批语以及对自己的评判。许多老师非常擅长贬低别人，而对有些老师来说，侮辱也是一种教育方式！

孩子害怕老师吗？孩子不愿意去学校上学吗？**请听听你的孩子是怎么说的**。特别是，你不要不分场合、不问缘由地站在老师那一边。如果他害怕了，那就说明他经历了什么事情。此时最重要的是懂得如何帮助他面对已经发生的事情，或者想办法保护他。

如果你和老师意见不同，不要担心这会让孩子感到不安。即使他得在整整一年的时间里忍受一位不合格的老师，但如果想让**孩子不妄自菲薄、对自己产生信心，就要让他知道老师的做法并不公平**。你的支持能够帮助他在碰到对自己不利的事物时远离它并保护自己不受到伤害。

学校是不允许体罚孩子的。但不幸的是，大多数老师依然承认，他们会对孩子做出揪耳朵、扇耳光、打手指等行为，还会为自己找借口，说“这是他们活该”。

罚站墙角、罚抄写等侮辱孩子心灵的惩罚方式，早就被严令禁止了！

如果孩子的老师都不遵守法律，那还怎么去要求孩子遵纪守法呢？

如果老师做得太过分了，你就要做出回应，要求他遵守法律，而不要任由自己的孩子那深感不公却无力应对的情绪越积越多。这种内在的心理状态不仅对学习不利，对孩子的情感发展也没有任何好处。

12岁的克拉拉被老师叫作“胖墩”，5岁的保罗因为没有听懂老师的指令而被骂作“白痴”。还有类似“小蠢蛋”“没用的废物”“你这个白痴”“你给我闭嘴”等侮辱性的语言在学校都非常常见。这种辱骂简直让人无法忍受！但孩子往往不敢把这些告诉自己的父母。告诉别人自己被辱骂并不是那么容易的事。

不要对老师的专断、不公、讽刺和威胁轻描淡写、一带而过，而要立场鲜明地站在你的孩子这一边。任何成年人，即便是老师，也没有权力让孩子难受、伤害孩子、取笑孩子，当然更不可以打孩子。当你的孩子面对人身攻击时，根据具体情况和事情的严重程度，你要帮助他找到应对措施。你们可以一起去找老师，让他改变自己的行为和态度，或者向校方投诉，让孩子转班。如果有必要的话，让孩子转校。

有太多的家长对这类事情不闻不问。他们自我麻痹地认为这种情况不会持续太久，再等几个月就要开始新的学年了。只是，如果父母不闻不问的话，孩子就可能会把受辱的经历牢牢刻在心中。即使他今后不会再和那位老师有交集，那些贬损的话语依然会在他的头脑中不断萦绕、挥之不去。

克里斯托夫的数学成绩曾经特别差。三年前，他的老师经常对他大声吼骂，并且经常在全班同学面前讥讽他。结果，他的其他科目的成绩也一落千丈。他因此得到了一条被强化的信息——自己是个差生。他的妈妈却和老师统一战线，并且对他解释说，老师对他吼叫是因为他成绩差，希望能以此敦促他进步。她没有发现，事实正好完全相反。

三年后，克里斯托夫换了老师，但他的成绩依然差得可怜，而之前那位老师对他说过的那些伤人的话语依然被他牢记在心中！有时，他会在街上遇见那位老师，而见到老师这件事让他满怀忧虑。于是，他只要远远地看到那位老师，就会马上走另外一条路，而且从来都不敢抬头看老师一眼。

我引导克里斯托夫仔细分析了那位老师的真实状况。是什么让那位老师对一个小男孩这样大喊大叫，还对孩子进行语言攻击呢？这个孩子相当自卑，这一点我一眼就可以看出来。为了帮助他重新建构内心的平衡，我让克里斯托夫通过想象把那位老师的形象具体化，让他给那位老师安上一个滑稽可笑的红鼻子，给他穿上一条花里胡哨的裤子……经过两个疗程后，他对学数学重新拾回了信心。对他来说，只要帮他还原事情的真相就已足够。其实问题并非出于他很差、达不到那个高度，而是出在那位老师身上。那位老师用负面评价和侮辱性的语言对他狂轰滥炸，这给他带来了心理负担。卸下这些心理负担之后，他重新恢复了自己的学习能力。

请帮助你的孩子放松自己，帮助他导演一场小型电影来排遣他内心累积的负面情绪，帮助他重建完整的自我。我们可以通过幻想，在想象中把另一个人切成碎片，把一个水桶扔在他头上，把他的鼻子画成红色，把他的头发画成蓝色，想象他赤身裸体的样子或者让他穿一件非常滑稽的衣服……想象成什么都可以。这么做非常有助于释放内心的负面情绪。

有些忧虑则可能来自朋友。弗雷德里克一想到自己的分数太高就很害怕；对他来说，成绩不超过乌兹非常重要，因为乌兹对成绩排名非常敏感！

孩子可能在课间休息时或者在课堂上受到过惊吓；他可能对某人感到恐惧，这个人可能是一个大人，也可能是一个孩子；他可能害怕失败、害怕去很脏的卫生间，或者害怕在卫生间里向人要手纸等等。每种恐惧都需要我们用有针对性的、特殊的方式来应对。请听听你的孩子有什么需求！

3

超越恐惧

玛戈四岁时在海边浴场玩得非常开心，甚至敢在比较深的地方玩水。可四岁半时，她穿着一件充气泳衣去露天游泳池，却害怕地抓住我不放，说："我害怕，抓住我！"

首先，我们要接纳孩子。

"我知道你害怕。你已经好久没有体会下水游泳的感觉了。"

接着，帮助孩子找到自己内在的能量。

"你还记得在马提尼克岛玩水吗？你穿着充气泳衣在海里玩得多开心啊！我们游了很远，你还放开我自己游呢！"

要注意说话的语气！我是以一种赞赏的口吻对她说这些话的。这样做主要是为了不让她产生挫败感，因为语气不当可能会让她认为自己很笨——毕竟她曾经那么自如地在水里游过。我的目的是让她回忆过去，重新找到以前的勇气，找回曾经体验过的快乐感觉，并且让她产生下水的欲望。

"嗯，好。"

她在欲望和恐惧之间摇摆不定，勇气还不足。于是我开始从她过去的经历中寻找其他动力。

“你记得有一次你很害怕，后来却战胜了恐惧吗？”

“是的……”

“那天你是怎么战胜恐惧的呢？你还记得那时你有多么骄傲吗？你体会到了自己内心的自豪感吗？”

“是的。”

和她一起分担恐惧的感觉，让她感到踏实。

“你知道，我也会害怕。我非常害怕玩那种非常大的滑梯。你看到了，你爸爸去玩了，我就没有去。我实在太害怕了。可是我很清楚，那没什么危险，就好像你带着救生圈也不会有危险一样。”

鼓舞、激励她战胜恐惧。

“有时我们会害怕，但我们还是坚持着。我们可以有害怕的感觉，然后超越它。我们俩可以互相鼓励。如果你战胜了你的恐惧，你就可以穿着充气泳衣在大游泳池里游泳。而我呢，如果我战胜了我的恐惧，就去大滑梯那边玩！”

“我要离开这里！”

接受她的提议。永远都不要坚持己见！

她需要一些时间才能真正为自己做决定，而不是为了取悦我们。在这种情况下，我对大滑梯表现出来的恐惧感越真实，这件事情就会变得越简单，而且她自己也知道这一点。她知道，如果她去大泳池，就会让我也去面对某个对我来说很难克服的问题。恐惧是一个消极的暗示，我们要做的就是把它转换成行动的欲望，也就是积极的暗示。这种从消极到积极的转变，只有在孩子有自主选择的体会时才能实现。

她脱下了泳衣，我们俩擦干了身上的水。

过了一会儿，她说："你给我穿上泳衣吧，妈妈！"

从根本上说，是玛戈自己决定要下水的。"我要下水"这个决定就像一根魔法棒，把起抑制作用的恐惧转变成了起促进作用的恐惧。

我帮她穿上泳衣后，她非常坚定地向泳池走去。她勇敢地、显然没有太大困难地战胜了内心的恐惧，从泳池的扶梯走了下去，向泳池中间游去！她在水里摆动双腿，挥动双臂划水。她游了起来！显然，她游得很开心。过了一会儿，她向我大声发出指令："现在你去滑梯那儿，妈妈！"

"好的，到我了！"

我大叫着从高高的大滑梯上冲到水里，觉得自己很勇敢。我对她说了我的感受，她回答我说："我也是，我为自己能够在大泳池里游泳感到很开心。现在我喜欢大泳池了。我们还会再来玩吧？"

自豪感是成功和自信的根基。让孩子对自己的胜利产生自豪的感觉，这非常重要。

要让一个孩子有安全感，并不是要他周围的人都不害怕；恰恰相反，他需要知道的是，无论什么人，即使是成年人甚至是父母，有时也会害怕。

一个孩子如果觉得自己是唯一一个会害怕的人，而自己的爸爸和妈妈都没有这种感觉，他就很容易认为自己"不正常"。这当然也会增加他的不安全感。

回顾陪伴孩子整理情绪的几个阶段

◆ **尊重孩子的情绪。**

让孩子相信你，这是基础条件。要永远尊重孩子的情绪，即使他的情绪在你看来不合情理。孩子害怕了，不能说他是对的还是错的，因为总有某个（或者多个）原因让他感到害怕。至于害怕的原因，无论他还是你可能都还不了解。

◆ **倾听孩子的感受。**

“是什么让你害怕？”

“是什么最让你害怕？”

你要记住，“我怕狗”这句话要表达的意思非常模糊。害怕狗的叫声？害怕狗突然移动时的样子？还是害怕狗的舌头、嘴巴或狗的眼神？他是不是害怕狗会咬他？还是害怕狗在他身边跳来跳去，却不明白这是为了对他的到来表示热烈欢迎？或者担心狗会用它那黏糊糊的大舌头舔他？

倾听不只是竖起耳朵认真听孩子诉说，还要帮助孩子把发生过的事实表述出来。要注意，不要用类似“为什么”这样的提问模式来引导孩子诉说，这么做他可能会被迫为你找一个看起来无懈可击的答案，但不一定和实际情况有关。倾听的基本原则是，要事先假定孩子并不了解他自己为什么感到恐惧。通过倾听，你可以帮助他发现产生恐惧感的原因，引导孩子重新整理思绪，然后提出类似“是什么”“怎么”“关于什么”的问题，陪着他一起去发现原因。（这类提问方式在本书第252页有更详细的阐述。）

◆接纳和理解孩子。

“你害怕，这我能理解。这只狗实在是太吵了。”

要认同孩子的感受。你得向他表达你对他的赞同，而他有权利去体验自己的感受。你既不需要费力让他从恐惧的状态中“恢复原样”，也不需要代替他去解决问题，只要表现出你对他的恐惧感同身受、你理解他的感受就可以了，这就是他需要的一切。

你要引导他试着战胜这种恐惧，但只能按照他的意愿行事。任何来自你的期盼都可能让他战胜恐惧的进程中断。

◆“我也是。”——缓和孩子的情绪。

一旦孩子可以说出自己经历过的事情，你就可以对他说出自己现在或以前的感受。你曾经也有过同样的恐惧吗？还是有过另外一种恐惧的感觉？向他讲述你的经历。不要模棱两可，而要对孩子说出所有的真相。最好选择孩子不害怕的某一方面的事物，这样他就会觉得自己在这方面比你更强。这能帮助他勇敢面对那个让他害怕的事物！

◆帮助孩子利用过去的经验。

我们都有过经历并战胜恐惧的经验。

“你还记得你曾经害怕什么，后来却不怕了吗？”

如果孩子不能立刻想起来，你可以帮他一起回忆——“比如说，你第一次被邀请到斯蒂芬家过夜。”

给他时间让他回忆一下，让他回想起当时自己体会到的是什么样的感觉。

“后来，你决定去了。你还记得你是怎么下决心的吗？你还记得事情的经过吗？你回到家的时候开心极了。你记起来了吗？”

“你看，你曾经害怕过，但你超越了内心的恐惧。你知道怎么借助那次经验来战胜你对这只狗的恐惧吗？”

给他几分钟时间让他思考一下。

◆帮助孩子发挥自己的能量。

一个人害怕的时候，他的横膈膜会自动收缩。要让它放松，我们只需要把恐惧释放出来；深呼吸、唱歌、喊叫、大笑等方式都可以达到这个目的。让你的孩子深呼吸，直到恐惧的感觉消失。请陪着你的孩子一起唱歌，帮助他把恐惧大声喊出来。这样，他就会觉得自己变得很强大，并且已经为面对困境做好了充分的准备。

如果这个方法行不通，如果孩子太恐惧而不敢大声喊出来，那么请你建议他想想某个和他身处相同境况却不会害怕的人，比如说他的某个朋友、朋友的父亲、某个屠夫、某个修车工等等，或者电影中的人物，比如说泰山、詹姆士·邦德等等。和他一起去看看这些人在面对恐惧时是如何应对的。然后，让孩子想象一下自己和这些人身处同样的情境，帮助他感受到自己的强大和勇敢，帮助他建立自信。

“你感觉到信心和力量了吗？我觉得你可以坚信，这就是属于你自己的力量！”

◆为孩子提供必要的信息。

你的孩子有了过去的经验，还需要得到一些必要的信息。在我们刚才提到的例子里，孩子还需要知道狗到底危险不危险。

感到害怕的孩子需要多次被安抚，还需要得到一些解释。但是，如果你提示得太早，这个提示就完全不会被孩子理解。这就是为什么我们已经对孩子做出了解释，却往往徒劳无功的原因。首先，你应该倾听他的感受，陪伴他从过去的经验中找到信心。只有在此时，孩子才能专注地听你的解释。或许，他更希望找到那些解释的人是他自己。

“要想知道它是否危险，你可以怎么做呢？”

请引导他进行思考。比如，和他一起去图书馆借一本关于狗的书，并在他需要的时候或单凭他个人无法做到的时候，为他提供一些相关知识。这种积极解决问题的方法也可以用在其他情况下。他越是自主地寻求出路，在恐惧面前就越坚强。

◆面对恐惧，鼓励孩子尽可能地找出不同的解决方案。

根据不同的情况，你可以只提供一个可行的解决方案，或者让他自己想出几个可供选择的解决方案。要注意，不要对他的想法进行评价，因为没有“好”主意，也没有“坏”主意。要让孩子自己来评估自己的方案的可行性。

“是的，你可以去问问狗的主人，是否可以让你摸摸它，这是个办法。你还可以怎么做呢？”

鼓励孩子提出一个又一个不同的方案，并对其后果进行预测：

“如果你这么做，会发生什么？你是否就不会那么害怕了？”

“是什么让你想到通过摸摸小狗来战胜恐惧的呢？”

恐惧？让我们思考一下“愿望”这个词吧。在小狗、水、大滑梯面前，孩子没有被恐惧主宰，而是勇敢面对。是什么让他产生了这个愿望呢？最根本的原因是，你没有在精神上给他任何压力，你没有希望孩子比你早一步战胜恐惧。否则，他就会因为你的这个愿望而变得畏首畏尾。**限制会产生恐惧！**只有在能够自主选择的情况下，人才能感到自己有能力掌控周围的环境。自主的选择才是战胜恐惧的前提条件。

4

合理利用胆怯的心理

幼儿园学期末的汇报演出要在市政府举行，那时会有300人观看表演。在演出前，玛戈什么也没对我说。但我知道，无论对谁来说，在公众面前表现自己都是一件非常重要的事情，更不用说是一个四岁的小女孩第一次登台表演了。怎样才能让她为这次表演做好更充分的准备呢？

“要在很多人面前跳舞，你会害怕吗？你感觉好不好？”

“我有点儿害怕。”

“哦，有点儿害怕很正常。我之前就想跟你说说这个，因为我自己也这样。如果要我在很多人面前做报告，我也会有点儿害怕。我的心会怦怦直跳，肚子会发紧，喉咙会发干，手心还会出汗。实际上，如果我们感觉到了这些，说明我们的身体已经开始为发言做准备了。我们的体内会发生很多反应，这样我们才有力量跳舞、唱歌或者讲话。你感觉到自己体内的这些反应了吗？”

“狗叫的时候，我也觉得心怦怦直跳。”

“这是恐惧在展示它的力量。在我们面对危险或者马上就要上台表演时，恐惧能让我们的身体产生很多能量。其实，在上台表演前感觉害怕，这叫作怯场。任何人都会在这个时候感到胆怯。如果你要登台表演，而你怯场了，那是因为你的身体要为表现出最好的自己做准备。如果我感觉到这种反应，我会很开心，因为我知道我的身体在做准备。我深呼吸。我感觉自己的双脚站得更稳，于是看着台下的观众。我对自己说‘我爱他们，有机会在他们面前说话，我感到非常幸运’；我在大脑中想象有一束束灯光向他们投射过去，这样我就会感觉到和他们联结在一起。这是我的解决办法，这个方法可以帮助我在心跳太快时保持内心的平静并让心跳减速。你可以找到适合你自己的方法，你也可以试试不同的方法。不管怎样，只要我开口了，我就会把全身的能量全部用上，胆怯就会消失了。那你呢，你有没有让自己感觉更好的办法呢？”

“是的，我有一个。”想了几分钟后，她满面笑容地回答道。

她没有再跟我谈这个话题，但几天以后，她明显非常愿意登台表演，而且很享受一边看着观众一边跳舞的感觉。最后，她的老师不得不提醒她该下台了，要把舞台让给其他人继续表演节目。

有一些恐惧是有用的，能够让我们的身体在行动前做好准备，还能够向我们警示危险的存在。另一些恐惧则过于夸张：蜘蛛并不是邪恶的象征；工人们使用的电钻虽然有很大的噪声，但是没有任何危险；被关在栅栏后的狗不会跳到我们身上；如果我们穿上了适合自己身材的救生衣，就不会溺水。

那些有用的恐惧需要得到我们的尊重和倾听——我们没有必要在感到害怕的情况下还去冒险。而其他恐惧，我们可以从容地超越，不必太在意。一旦我们自己做了决定，之后就会为自己感到无比骄傲。

5

孩子胆小吗?

恐惧会一直存在于孩子的内心吗?在很多情况下,孩子都会焦虑不安或者情绪压抑吗?他会动不动就惊慌失措吗?他正在形成自己的情绪习惯,也就是胆小的“性格”吗?如果是,那么我们需要尽快帮助他。

恐惧比其他任何感受都强烈,它产生的根源是多种多样的。

父母过度保护时,孩子会有什么反应?

“当心,你会摔倒的!”

“别在那上面走。”

父母努力让孩子不与危险有任何接触,反而可能给孩子传递这样的信息——“世界很危险”或者“你没有能力应对”。

我们应该言行一致,可孩子从我们这里接收到的往往是自相矛盾的信息。父母总是在孩子耳边不停地唠叨“去吧,别害怕”,可一旦孩子稍微有点儿自理能力,父母就会开始用无比担忧的口吻对他表示关注！比如，父母会说“去吧，去和那位女士说‘您好’”，过会儿又说“千万不能跟陌生人说话”。

如果一个孩子见到一个新面孔时，花了一点儿时间来熟悉这个要和自己打交道的人，然后再投入他的怀抱，人们就会说这个孩子害羞、怕生！

而如果一个孩子毫无羞怯之情地走向任何一个靠近自己的成年人，父母又会带着指责的口吻说：“他真的可能跟着陌生人走!”

让我们花点儿时间来思考一下，当孩子面对这类双重限制的时候，他可能会有什么感受。

孩子可能被伙伴们咬了或者打了；他身上可能有淤青，留下的疤痕好几天都不会消失；他可能从秋千上或者一堵矮墙上掉下来，等等。他可能很痛，可那又怎样？这种事情发生的概率非常小！有时，身上留几块淤青还可以让孩子更加明白，父母的安全提示是充满好意的。

我们越是努力避免各种伤害，就越有可能给孩子带来更大的伤害。这种伤害会完全破坏孩子的自恋情绪和自我形象，并且扰乱孩子对自己能力的判断。

现在的公园广场都有很好的保护措施，即便如此，也不能完全避免孩子受伤。与其让孩子规规矩矩地坐在长凳上，倒不如让他学会站、跳、摔倒后自己爬起来，让他试试自己的平衡能力，试试自己的力气有多大。否则，他可能一辈子都坐在长凳上。

灵魂上的淤青可能比身体上的小伤严重得多。

父母对孩子的过度保护会导致孩子胆小懦弱或者鲁莽冒失。太多的限制禁令反而可能让孩子产生挑战极限的欲望。一旦他被赋予自由或者为自己争取到了自由，相比其他循序渐进地了解自己的极限并因此建立起责任感的孩子，他的表现可能更让人头疼。

停止对孩子的过度保护，孩子能因此察觉到一些新的自由。我们要相信，他会发现自信是自己应该拥有的“武器”。

值得注意的是，不再过度保护并不是说在孩子独自面对困难时对他置之不理，而是说我们要学会辨别哪些是我们自身的焦虑，哪些才是真正的危险。

为了帮助孩子，请你注意自己的态度。就算一句过度保护的话或贬低孩子的话，都要克制着别说出来。请相信他。

孩子压抑愤怒的行为

孩子非常愤怒，却把怒火抑制住了。或许这是因为父母不让他生气，不让他表现出来，甚至不让他体会愤怒的感觉。于是孩子就会认为，感到愤怒是很不好的事情。他会反过来把问题归结在自己身上，认为自己滑稽可笑、地位低微或行为不当。

很多年长的孩子比他们的弟妹更加害羞，因为他们从来没有得到过嫉妒的权利。弟弟或妹妹抢走了自己的妈妈，他们很愤怒，但这种愤怒被压抑在了心底。

正在生气的孩子往往害怕把内心粗暴的情绪或者想报复他人的情绪表现出来。为了不让这些太强烈的情绪使自己产生愧疚感，孩子会否认自己有愤怒的感觉，并把这种情绪投射到周围的人和事物上。他害怕其他人，因为他觉得那些人和他一样有暴力倾向；他害怕陌生人，因为他认为那些人会对他使坏；他害怕自己的玩伴，因为他觉得他们会取笑自己；他害怕狗，因为他觉得狗会咬他；他害怕猫，因为他认为猫会抓他……

孩子表达出了父母否认和抑制的恐惧

任何让父母感到害怕的事物，孩子都会特别关注。如果你在街上看到一个不认识的人而被吓到，如果你一想到要和谁见面就忧心忡忡，你的孩子马上就能感觉到你的情绪。如果他意识到正在发生着什么，就会问你："你怎么了，妈妈？"否则，他会十分忧虑地环顾四周，会感到害怕，却无法判断真正的原因。

三岁的吉约姆害怕一切新鲜事物，也不敢朝别人走过去。事实证明，他父母的朋友也屈指可数。他们很少出门，尽量不带吉约姆去商场、地铁和百货商店。他们把他藏得好好的，坚定地认为那些地方特别不利于孩子的健康成长。但是，他们要在现代社会中生活。如果每天都不带孩子出门，这种刻意的回避必然会导致某些问题。

如果不希望孩子因为实际上不属于他自己而可能属于父母自身的焦虑而感到害怕，如果想减轻孩子的负担，作为家长，我们很有必要和孩子聊聊自己，向他明确指出——他没有必要把我们的感受放在心上。当然，这种方式也是治愈自己的最有效方式，因为聊完之后我们也会感觉非常舒适。

兰娜向我咨询她女儿达菲的事情，说达菲在课间休息时受到了极大的惊吓。事实上，是兰娜自己有顾虑。她担心女儿会重新经历自己曾经在学校经历过的事情。她确定了问题的源头后，马上向达菲讲述了自己以前所受到的惊吓，并且清楚地告诉她，她没有必要为妈妈的恐惧负责。第二天，达菲回家的时候兴高采烈，并对妈妈宣布：

"我把你的担心还给你，妈妈。"

从这天起，达菲发生了翻天覆地的变化。她从学校回家时总是开开心心的，所有的忧虑都不翼而飞了。很神奇吧？其实没什么神奇的，只不过是家长做出了正确的回应，把孩子的能量及时释放出来了而已。

怎样帮助胆小的孩子？

1.不要再说他胆小！他只是个孩子，他内心有很多忧虑，他不敢让自己生气。而且，难道不是因为你不允许他生气，他才会这样的吗？

2.要想帮助孩子建立自信，我们可以：

★ 根据可行性，设计出相应的练习方式。

★ 为他提供发泄怒火的渠道。

★ 对他的创造力进行鼓励。

★ 提供一些练习方式、场所或者游戏，但不能对结果做任何判定和评估。现在，不同形式的工作室越来越多，可以让孩子去探险、去创作、去表达自我，而**不对孩子进行任何评判（无论是正面的还是负面的）**。阿尔诺·斯坦[1]的表达工作室就是这样一个场所。孩子可以在那里作画，而且没有人对他做出任何评判。尊重孩子，尊重他的节奏、他的成长过程和他的需求，这就是我们要做的全部。我们要给予他最多的关注。

3.和大型动物接触往往非常有治疗效果。马和狗都不会做出任何评判，也不会苛求什么。孩子可以按照自己的节奏逐步接近它们，而它们也信任孩子，孩子因此可以建立起安全感。

4.电脑也不会给出任何评判，而且有无穷无尽的耐心。孩子可以一次又一次地操作电脑，而电脑永远都不会有厌烦情绪。前提是，大人不要守在旁边监视孩子的“成绩”，这样孩子才可能在活动开展过程中体

1. Arno Stern（1924~ ），法国德裔艺术教育家。——编者注

验到快乐。他可以独自拿着鼠标进行探索，就这样慢慢地、不被察觉地对自己的能力建立起信心。

5.分析并超越自己的恐惧。

总而言之，**不要直接地强迫孩子面对内心的恐惧。为他提供一些练习方式和方法，让他按照自己的节奏去面对恐惧。孩子只有自己做出了选择，才能战胜恐惧。**

第五章

愤　怒

愤怒有助于自我认同。

是不是有很多父母会因为自己的小天使在众人责备的目光下、在公园广场或超市哭喊着满地打滚而尴尬万分、愤怒不已？

尽管如此，愤怒却是人受挫之后产生的一种自然而健康的反应。

1

愤怒是一种健康的生理反应

三岁的露西全身紧绷。“这不公平，我要骑！”她满脸通红，双拳紧握，十分生气。她和妹妹在与其他小朋友一起玩Am stram gram童谣游戏[1]，可她不接受游戏结果：骑自行车的人是妹妹。尽管露西明白游戏规则，但她依然希望骑自行车的人是自己，所以她非常失落。

这个游戏唯一的优点是：没有大人参与，游戏结果完全是随机的，父母偏爱这个或那个孩子对结果没有任何影响。但是父母不能期待一个这么小的孩子会毫无怨言地接受自己的命运。

“求求你，妈妈，我吃完这个冰激凌了，我还想要一个。”

让我们想象一下，如果一个三岁的孩子这么说：

“好的，妈妈，我明白一个冰激凌就够了。”

你会有什么感觉？

你肯定会有隐隐不适的感觉。不只是因为孩子没有强调自己的需

1. Am stram gram是一首由古老的德国童谣改编而成的法国童谣，相当于中国童谣“一二三四五，上山打老虎……”这个童谣游戏的规则是：孩子边唱边用手点其他小朋友，最后点到谁，谁就要做一件大家要求的事情。——译者注

求，还因为他根本就把自己的欲望直接删除了！

这样的孩子今后可能很难知道自己需要什么。他往往会问自己该做什么、什么是好的、什么是坏的，但对于自己真正想要什么没有任何想法。他会任由自己的生活被别人主导，需要这个人或那个人的建议才能为自己做决定。

当孩子为了一个冰激凌而顽固地坚持着、大喊大叫、打滚哭闹时，他是在重申自己的需求，这很重要。

当然，对那些工作一整天、身心疲惫，并且/或者曾经忽略自己的怒气的父母来说，孩子太吵闹会让他们难以忍受。面对孩子的苦恼，父母很可能会粗暴地回应，然而这种行为等于在向孩子宣布：他生气的表现是不受欢迎的和危险的。

如果孩子继续说“不，我就要”，那就是在继续表达自我的存在，重申自己的权利——“如果你拒绝，那是你的问题。而我，我知道我有权利产生愿望。”孩子并不总是期望自己的愿望得到满足。他只是希望自己的愿望能够被认同，希望自己的情绪能够被理解。

胚胎时期的婴儿通过脐带从母体获得营养，其营养需求能够自动得到满足。他是母亲的延续，甚至不能感觉到自己的需求（至少现在看来是这样的）。

而在出生以后，婴儿不再那么有规律地获得食物，于是感觉身体不适时就会大喊。他还不知道身体为什么会有不适的感觉，但妈妈把这种感觉叫作“饥饿”，于是妈妈会为婴儿哺乳。婴儿得到了满足，就会感觉很舒服。

如果妈妈不来，他就会叫得更厉害，会因为妈妈没有来而抗议。他愤怒地呼唤着妈妈，坚定地表明自己的需求，希望能和妈妈重新建立起先前已有的联系。

很多时候，愤怒被认为是一个人故意和另一人保持距离的表现。其实，暴力才是，愤怒则恰恰相反：当一个人愤怒时，他是在表达某种需求，是为了让自己和另一个人的关系重新回到平衡的状态。

愤怒是产生悲伤情绪的必经阶段

愤怒是产生悲伤情绪前的第一个阶段。**当一个孩子因为不能拥有某样东西而生气时，愤怒的情绪能让他重新建构自我，并且让他接受这种失落**。有时，某些事情是绝对不可能做的，父母也对孩子解释得清清楚楚，可孩子还是会大发脾气。这时，父母会感到十分愤怒。他们不知道，这是悲伤情绪产生之前**一个必经的、自然的、正常的阶段**，孩子必须这么发泄之后才能接受现实。一般来说，接受过程要经历这样几个阶段[1]：

1.否认

2.愤怒

3.协商

4.悲伤

5.接受

这些都是自然且重要的步骤。接受之前肯定会愤怒。

在孩子提出一个要求之前就让他得到满足，这可能会让他体会不到自身有什么需求，也会妨碍他经历一次有益的挫折并从中获得经验。一位母亲如果对自己孩子的任何一个小要求、小愿望都过于关注（母亲往往比父亲更容易产生这种极端的行为），就会让孩子很难建立起自我认

1.关于接受过程的必经阶段，《青年情商养护基本方案》中有详尽的阐述。——作者注

同感。挫折（一定程度的挫折）是有益的。幸运的是，父母不可能时时刻刻都满足孩子的任何需求，有时是因为所有的商店都关门了，有时是因为冰激凌都卖光了，有时是因为只有一台双人自行车，有时是因为他喜欢的盘子被打碎了，有时是因为妈妈要去上班了，有时是因为他的玩伴朱利安去爷爷奶奶家了……

所以，一定程度的挫折是不可避免的，也是有益的，只要孩子的情绪——尤其是愤怒的情绪——能够被理解。

而不公正、专制武断或者太大的挫折可能会导致具有摧毁性的结果。

婴儿依附于自己的妈妈，没有妈妈就无法生存。如果妈妈不立刻来到他的身边（几分钟之内），那么恐惧的情绪就会替代愤怒的情绪，而他就会担心自己被抛弃了，害怕自己和妈妈中断了联系。5分钟对他来说可能就像一生一世！他还没有能力想出办法来留住妈妈。一段时间后（这段时间的长短要看他之后的经历），如果没有人来到他身边回应他的需求，他就会独自默默忍受。他会闭上嘴，把自己蜷缩起来，在心里刻上类似“我没有这种权利”“我并不重要”甚至“我很糟糕”这样的烙印，因为他需要找到一个理由，才能解释妈妈为什么不来照顾他。但是，他还没有能力进行有意识的推理活动，这一切都是在无意识的状态下进行的。一旦这个无意识的程序运行的频率太高，这种自我认定就有可能陪伴他一生。

让一个孩子独自哭泣，就是把他丢弃在可怕的情绪之中。

自身有需求、向他人提出要求、得到满足，这是人的心理发展中最常见的过程。只有这样，孩子才能感受到你对他的爱，才能感知到他对你来说很重要。他需要感觉到自己的要求能够被接受。只有这样，孩子才能确定自己很棒，才能建立起安全感。

有时，我们不能满足孩子的某些需求。此时，最关键的一点就是要做到始终能理解孩子愤怒的情绪。

因遭受不公正待遇而对抗

当我们遭受不公正待遇时，同样会产生愤怒的情绪。这是我们面对侵犯时的反应，是我们在无法忍受某些事情时进行反抗的表现。愤怒有助于对自我的认同，能帮助我们捍卫自己的领地、保护自己的身体、坚持自己的想法、证明自己的价值、保证自己得到公平的对待。愤怒能够给予我们肯定自我的力量、敢于说“不”的力量以及感知自我的力量。一个没有感受、不知道表达愤怒的人往往会觉得自己在生活中是个受害者，是个无能的人。表达自己的愤怒非常必要，因为它能让我们感到自己的力量，能让我们得到他人的尊重，能让我们直面挫折，不会因为受到某种缺失的折磨而一蹶不振。它能让我们在人际交往过程中和他人建立和谐的关系。

哈耳摩尼亚（Harmonia）是希腊神话中的女神，是战神阿瑞斯（罗马神话中的玛尔斯）和爱神阿弗洛狄忒（也就是维纳斯）的女儿。阿瑞斯是战神和冲突之神，阿弗洛狄忒是主管美丽和交流的女神，因此“和谐”来自对抗和对话，而不是沉默和否定自我。

如果你拒绝给予孩子他想得到的东西，你们关系中的某种东西就被破坏了。孩子愤怒是为了让你感受到这对他来说有多么重要。愤怒的目的是重新修复关系！父母千万不要切断这种关系，要保护好这段关系，陪在孩子身边，关注他、尊重他。

很多人把“愤怒”和“暴力”混为一谈。暴力会导致破坏性的结果，愤怒却有积极的意义。但我们很难找到合适的词语来将它们区分开。“攻击性（aggressivity）”这个词的词源在最初可能有着积极的意义，即代表“向……走去”，但现在这个词完全是贬义的。在此，我更倾向于认同“愤怒（anger）”这个词要表达的意思——因为热爱生命而表现出来的攻击性。愤怒是为了保护自我的生命。愤怒，其实是在另一个人面前肯定自我，是在设定他人不能越过的界限，是在拒绝那些让自己感到痛苦的事物。

如果我们不知道控制怒火，就可能产生暴力行为。暴力和愤怒有很大不同。其实，它们是相反的两面。如果我愤怒，那只是在表达自我，表达我的需求。

暴力则指向他人，是在非难、伤害或摧毁他人。比如，我感觉到了某种需求并把它表达了出来，却没有得到满足，于是我感到了内心的某种缺失，似乎少了点儿什么，感觉很糟糕。暴力是一种试图自我保护的结果——为免受自身强烈情感的伤害而将其发泄在他人身上，通过非难他人将自身的不安转嫁给他人。

如果不安的感觉太强烈，我就会担心自己被这种感觉摧毁，所以会努力把这种情绪转嫁到他人身上，会指责他人说“你真坏！”。事实上，**暴力是压抑愤怒情绪的结果**，是无力承担内心强烈的情感负担的结果，是自卑情绪和恐惧情绪累积的结果。说到底，暴力也是对需求的表达，但与其说是在表达需求，倒不如说是在掩盖需求。

人们之所以产生暴力行为，其实是想最大限度地向他人传达信息。然而，这个信息被掩饰得如此之好，以致很少有人能理解。谁能理解一个攻击自己老师的高中生的苦恼？谁能理解一个在公共场所乱涂乱画并持枪抢劫有钱人的青年的绝望？其实，这两种人都在试图让他人关注自己的生存状况，在控诉自己每天过的非人的生活。可有谁真正倾听过他们的心声？

转嫁他人是普遍和首要的自我保护机制。“你真坏！”这句话意味着孩子很难承受挫折带来的不安。但如果孩子逐渐得到了足够的重视，他的愿望和需求得到了尊重（但并不是有求必应），那么他就不需要将不良的情绪转嫁给他人了。他会在体验过这种情绪之后明白，自己可以生气，也可以从生气的情绪中解脱出来；他既没有被愤怒摧毁，也没有因此和父母关系破裂。

如果父母总在犹豫是否应该理解孩子的愤怒，那就意味着他们把这种情绪看作孩子与他们进行较量的诱因。他们觉得自己在和孩子进行较量，却忘记了自己的大脑比孩子发育得更完善，并且把自己局限在“不应该由孩子来支配我”“我无论如何都不会任由一个孩子摆布”等思维模式中。

其实，有些父母自己就曾经被剥夺了表达情绪的权利。他们儿时的愤怒都留存在内心，随时可能会发泄出来，这让他们感到恐慌。他们表面上看起来可能很愤怒，其实那种情绪背后表达的是他们在童年时期所经历的痛苦，一种不被理解、不被倾听和不被爱的痛苦。

父母不允许孩子生气，其实是在按住那个装满了自己儿时不良情绪的高压锅的锅盖，是在掩盖自己儿时的情绪。

愤怒是管理挫折的一种手段。它不是为了消灭挫折，而是让我们体验挫折、感受挫折并顺利度过挫折的阶段。

所以，有些愤怒是健康的、不粗暴的、有益的，还有些愤怒是错位的、过激的、粗暴的、具有摧毁性的。前者需要我们倾听，后者则需要我们对它们进行解密。**所有这些都需要得到我们的尊重，因为它们都在表达着某种需求。**

2

解密孩子的需求

我的儿子阿德里安在18个月左右大时，在蒙巴纳斯火车站的一家商店里第一次发了非常大的火。当时我们要出发去度几天假，阿德里安在出租车上睡着了。到火车站时他被叫醒了，那时他睡了不到半个小时。很快他就被周围的环境吸引了，四处张望着，并没有表示任何不满。由于我们早到了一会儿，就打算去买几本杂志。

在商店里，他很快就看中了一袋在我看来化学成分太多的糖果。我不想给他买，就试着跟他商量。我向他提出各种各样的替代品，比如小汽车、摩托车，但都无济于事。他大喊大叫着，在地上打着滚。我想碰碰他，他却双脚乱蹬，完全“失去了理智”。我从来没有见过他这样。我该采取什么态度呢？

给他买一袋糖果，这是一种选择，但这种选择在我看来比任何其他选择都更具破坏性。一方面，这东西对他的身体毫无益处，而更关键的是，他的怒气如此强烈、如此夸张，这很可能和糖果没有关系。如果我给他买了这袋糖，就有可能让他的发泄行为就此突然停止。其实，他喊叫着要糖果的时候，已经快要发火了，因为他没有睡够，所以对任何挫折都无法容忍。

所有的父母都知道，孩子筋疲力尽时就容易大发脾气。因为在那个时候，即使是最小的挫折，他也没有力气去处理。他感受到自己身上有一种难以名状的不舒服感（疲惫），并且为此寻找原因。他有可能紧紧抓住遇到的第一件事作为发泄的借口，比如他不喜欢绿色的小汽车、他想要糖、他很想玩妹妹手里的小熊、汤不好喝，等等。他得找到一个理由，这样他就可以将自己的能量定位并把它释放出来。

如果大脑中的神经元不能控制局面了，一次惊天动地的释放便不可避免。但是，这种释放是有益的，它能教会孩子不再压抑强烈的情绪。

训斥孩子不是明智的选择，因为孩子还没有能力做其他的努力。如果将他的行为表现解释为“你累了”，只会让他觉得自己被侮辱了，唯一的结果就是让他变得更加愤怒。请理解他真正的意图，并帮助他满足这个愿望。就这么简单。

所以，在阿德里安大发脾气的时候，我就陪着他，始终在他身边看着他。等到我不再被他踢到并能触摸他时，我抱着他，帮助他稳定自己的情绪。我对他说：“我很抱歉，我选择了一个对你来说不合适的时间出门，没有考虑到你要睡觉。”我对他说，他生气是完全有道理的。

他的姐姐选好了一个玩具后，我也给他选了一辆小摩托车——以他当时的状态是无法做出选择的。后来在火车上，阿德里安玩这个玩具玩得非常开心——这种开心的情绪是在他补足了被打断的午觉后才产生的！如果我们只给姐姐买礼物，而让他眼睁睁地看着姐姐拆礼物，再对他说一句“你就算了，好好安静一下吧！”，这样可绝对不行。因为从生理层面来看，他当时还不可能做到让自己冷静下来。

他因为一袋糖果而大动肝火，这显得有些过激。其实，这是一股被转嫁的愤怒在起作用。他不停喊叫着，直到他真正的需求——睡觉——被满足为止。大概5分钟后，他便睡着了。

不过，我们不要因为这个例子就得出结论：在孩子生气的时候，满足他提出的要求有害无益。

有时孩子大发脾气是想让我们知道，他希望得到自己想要的东西的愿望是多么强烈。我们可以考虑孩子这种强烈的愿望，改变我们原来的决定，给他一个我们原先拒绝给的东西。不要担心这个决定会显得前后不一致，只要保证这种情况不经常发生就可以了。这样做是为了让孩子有机会感觉到自己的需求被重视了。只有大人才会认为孩子在“要性子”。孩子很少会主动向父母挑衅，和父母较量。当我们通过安抚治疗来理解这种较量时，父母往往能发掘出自己从未有过的最强烈的责任感。在这个过程中，父母会无意识地把孩子的要求理解为一种迫切的需要，或者运用自己的力量为他获取某样东西。孩子很可能会试着反抗，这很正常，但在这样的情况下，大多数父母会得出结论——“他在试探我的底线，他让我忍无可忍”。

我认为孩子尽自己所能做的一切，都是为了尽力吸引我们去关注他的需求。他总是不懂得如何很好地表述一些事情，往往也不太清楚自己到底是怎么了。但如果他很愤怒，那就说明有问题。

作为成年人，我们的责任不是设定一些权威的界限（就像我们常说的那样），而是要**保护孩子免受伤害**。我们的任务是利用我们更发达的大脑和我们的智慧去辨别孩子的需求，帮助他疏导内心的能量，帮助他重获完整的自我，帮助他在受挫折的时候修复自我，或者帮助他在遭遇不公正的待遇时肯定自我。

3

愤怒是一种需要陪伴的生理反应

愤怒是身体机能的一种生理反应。人在愤怒时会分泌肾上腺素，血管会扩张，大量的糖分会涌向身体内脏器官。一个生气的孩子会被巨大的内在能量吞没，会跺着双脚、挥动双手、在地上打滚。年龄很小的孩子挥动手脚是没有规律的，要想确保他不会产生找不到自我的感觉，我们就要拥抱他。要想确保他不被自己的喊叫声、身体的疼痛感或内在的冲动吓到，我们就要用爱使他安定下来，接纳他那具有攻击性的冲动，温柔地对待他，默默地向他传达一条信息——“你生气并不会让人产生可怕的感觉。你看，你的怒火没有伤害我，我依然在你身边，爱着你。你还是我的那个小宝宝”。

随着年龄的增长，随着大脑发育得越来越成熟，孩子的怒火往往会蔓延到肌肉，但此时孩子能够辨别自己生气的真正原因并用语言表达出来。他懂得把冲动抑制在头脑中，再也不会在感受面前束手无策，因为他有能力管理自己的情绪，能够用大脑思考自己体验到的感觉，能够讲述自己的感受，用语言来表达自己。

我猜想，如果一个孩子在生气时得到包容和陪伴，等他将来面对自己的孩子时，就不会产生不可抑制的粗暴的冲动行为了。

我们可以通过对一家两代人的跟踪采访证实这个假设的真实性，或者宣告这个假设不成立。鉴于现在的成年人普遍很难有效而冷静地处理自己的愤怒情绪，我们有理由认为，是时候在孩子生气时改变我们的处理方式了！

幼儿没有办法调节自己的情绪，这种能力需要慢慢培养。另外，幼儿很容易因为疲倦或累积的紧张感而失控。

安娜的父母特别困惑，因为安娜在幼儿园时似乎没有任何问题，总是面带微笑、精神集中、兴致勃勃，但是一到晚上，她就像个恶魔般让人受不了。她会毫无缘由地哭泣，也会因为很小一件事而大发脾气。这是因为，整个白天她都要克制自己、让自己顺从他人、坐得端端正正的、让自己表现得像个好孩子。她积压了很多紧张的情绪，却不敢把自己的感受说出来。到了晚上，她一见到自己的父母就爆发了。她把白天不愉快的事情“呈现”给父母，她终于可以释放自我，放弃所有为克制情绪所做的努力。她还不知道自己为什么烦躁不安，更不用说用语言来表达了。其实那是因为，她信任自己的父母，可以毫无顾忌地在他们面前生气，在老师面前却做不到这一点。

这时父母应该做的，具体来说有下面几点：

★ 包容孩子的情绪。

有时这很难做到，尤其是在大庭广众之下。但请想一想，你这样做是为了孩子的未来！因为，如果他的愤怒有人倾听，这种情绪最多只会持续几分钟而已。

★ 接纳孩子的情绪，帮助他用语言把情绪表达清楚。我们可以根据具体情况，通过一些短小的句子鼓励他表达自己的感受，比如“真的，这不公平”“我明白你很生气”“要接受这一点的确很难”“你很生气，因为你本来想跟我一起走”等。

★ 对待年龄小一点儿的孩子，我们要拥抱他，和他进行身体上的接触。

两岁的孩子生起气来非常厉害，而且声音很大。如果你试着碰碰他，他就会暴躁地推你；如果你稍微离他远点儿，他就会哭得更厉害！他会追着咬你、打你。其实，他显然想和你有身体上的接触。你只要别让他弄疼你，留在那里陪着他、关注着他就行了。一旦你发现这场危机已经过去，就应该向他敞开怀抱，而他也会和你一样张开双臂。如果他还没有习惯用这种方式结束愤怒的状态，你可以温柔地把他抱在怀里，任由他捶打。慢慢地，他就会接受你温柔的爱抚并安静下来。孩子就是这样建立起安全感并渐渐降低愤怒的频率的。

愤怒能让孩子感觉到自己的内在力量。

孩子在地上打滚其实是在表达自己的弱小无能。如果我们允许他表达自己，让他喊叫、大闹，他就能慢慢地重新触摸到自己的力量。

在大声喊叫的时候，孩子会感觉到自己的全身因为愤怒而颤抖着。对孩子来说，这个体验自我的时刻非常重要。我们一定要“不加指责”地由着他，当然也不能加以鼓励！“这种愤怒非常棒”与“你生气的时候真难看”或者“马上给我停下来”相比，并不会让孩子感觉更好。

不要做任何评判！我们倾听并尊重他的愤怒情绪就已足够。如果孩子已经把注意力转移到其他事物上，我们就没有必要重新点燃他那已经熄灭的怒火了。

如果孩子因为疲惫而失控的话，我们可以为他进行一次舒缓的按摩来帮助他入睡，这比强迫孩子在卧室里单独待着要有效得多。

★ 如何对待年龄大一些的孩子。

如果怒火淹没了他，让他失去了控制，你可以建议他到另一个房间去大声喊叫。这个房间可以是他自己的卧室，也可以是客厅或者卫生间。在那里，他和家里其他成员都隔离开来，他可以听到自己的愤怒，感觉自己内心的怒火，用喊叫的方法来发泄，甚至可以捶打靠垫，直到内心重归平静。

提这个建议，不是让父母用盛气凌人、气急败坏的口吻对孩子说“去你的房间冷静一下”。我不是建议你和孩子保持距离，而是要你对孩子的感受表示尊重，而且他的情绪的确需要一个空间才能得到释放。这种做法和惩罚没有任何关系，它是家庭中任何成员都可以使用的发泄方法。另外，你自己可以示范一下。比如，你在自己的卧室或者卫生间里喊一喊，让自己平静下来。有些家庭就专门为发泄情绪腾出了一个房间，房间里配备了沙包或一堆靠垫。这个房间最好有很好的隔音效果，大家都可以在那儿随意发泄，给自己留一点儿时间来思考、沉淀和关注自己的内心。

从这个房间出来后，孩子重新回到正常的家庭生活中。如果他的怒火和某位家庭成员有关，从房间出来之后，他就能明确自己的要求。如果他的怒火来源不明或者过于强烈且不合常理，从房间出来后，他将重新回到正常的状态。

孩子多大我们才能使用这种方法呢？有些孩子三岁多就可以使用了。总而言之，使用这种方法的前提是孩子不仅有能力关注自己，还可以流畅地表达自我，而且有清晰的思维能力。此外，孩子只有在他人的帮助下、做好心理准备之后，我们才能使用这种方法！也就是说，孩子要得到接纳他的怀抱，要感到足够温暖，才能做到自己管理好自己。

如果你没有发泄怒火的空间，有一个“愤怒靠枕”也可以。这个靠枕只能用于发泄愤怒情绪，谁都不可以坐在上面，也不可以靠着它或者枕着它睡觉。它可以让我们捶打、让我们咒骂或者被我们扔到墙上。

如果家庭气氛紧张，孩子们总是吵架，我们可以组织一场靠枕大战。先把一些重要的摆设搬开，父母和孩子分成两组对战。然后，飞吧，小靠枕！能量被释放出来，孩子的笑声就会替代怒火。“战斗”可以让我们和孩子重新建立起默契的关系。

4

当父母愤怒时

有一天，我非常生气，抓着玛戈前后摇晃，还对着她大喊大叫。她哭了，然后很生气地说："你没有权利这么做，妈妈！"

我立刻停了下来。她是对的，我没有权利这么摇晃她，让她害怕。我的确精神紧张，但这不是伤害她的理由。因为，在面对自己的妈妈时感到恐惧，这对孩子来说是一种极大的心理伤害。

我听到女儿说的话，于是气消了。我向她道歉，并把她抱在怀里安抚。

又有一天，我不知道因为什么，非常突然地对她说："你真烦人！"

她看着我，反驳说："你没有权利这么说我，妈妈！"

"的确，亲爱的，你说得对。"

我坐在她身边，接着说：

"我没有权利说这些石头般的话[1]。我刚才这么说是因为我失控了，

1. 我喜欢法国著名儿科医生、作家 Catherine Dolto-Tollich 的这种表述："水般的话"很柔和，而"石头般的话"很生硬，会让人受伤。——作者注

生气了，但我应该说‘我很生气’，而不能说你怎么样。如果我对你说‘你真烦’，我就会伤害到你，而且这也不能让我冷静下来。请原谅我。”

人无完人，我们都习惯把属于自己的困难转嫁到他人身上，还幻想着这种情况不会再发生。关键在于，我们要允许孩子去体会这种不公正的感觉并把它说出来。而且，他生气是理所应当的，他只有发怒了才能把我们拉回现实，才能让我们意识到究竟发生了什么，并且为自己的行为道歉。这没什么不好。

不过，如果大人（或者另一个孩子）讽刺、伤害、侮辱或者讥笑一个孩子， 而他无力回击或不敢回击，那么这个孩子可能已经遭受这种伤害很长一段时间了。

在亲子关系中，如果父母在绝大多数情况下都能做到尊重孩子，那么即使父母在某一个极端生气的时刻对孩子大加责骂，也不一定会给孩子带来精神创伤。但如果父母在一个敏感时期说出某个不恰当的词，就可能使孩子多年后依然有心理阴影。我们最好不要冒这个险！

况且，了解自己的感受，不把自己的情绪转嫁给孩子，父母才能关注自身，才能意识到自己的问题。**相反，如果把错误归咎于孩子，父母很快就会筋疲力尽！**

表达自我的、正当的愤怒

有的父母由于害怕让孩子受到精神创伤，从来都不发火。他们不认为自己有需求，从而一直压抑自己的感觉。这种做法最大的坏处就是，孩子会在无意识的状态下把父母没有发泄出来的愤怒背负在自己身上，而且以后会把它释放出来，而他自己其实并不确定这腔怒火从何而来，因为它本来就不是来源于孩子的。孩子可能会变成真正的暴君，面对小小的挫折也会火冒三丈。和我们常常听到的恰恰相反，这并不是惩罚导致的后果，也不是因为父母过于严格，而是因为父母压抑了自己的怒火！

我们能够，也应该学着用“我”来说话。只需要试一两次，你就可以看到自己有什么变化，也可以看到孩子会有什么反应。

如果你生气了，那么：

1.你可以感受一下内心这股怒火的力量，让它蔓延到全身。好好感觉一下身体的变化，什么都不要想。

2.你要明确自己生气的真正原因。孩子的所作所为只是一根导火索，那你生气的真正原因是什么？你觉得自己很没用吗？你送孩子上学迟到时，害怕看到老师和孩子责备的眼神吗？你上班迟到时，害怕看到老板责备的眼神吗？是因为你在家里什么都得做，烦得要命，你的丈夫却慢悠悠地下班回家吗？还是因为你母亲刚给你打电话抱怨她多么孤独，并为她静脉曲张的毛病诉苦？或者因为你已经筋疲力尽，很想去看看电视上的比赛节目？

也许，就在你意识到真正让自己生气的原因的那一瞬间，你的怒火马上熄灭了，而且你会被指引着把自己拥有的能量用在应该做的事情上。所以，你要对孩子说明你的情况。这样，他也会学着像你一样处理自己的情绪。

还有一种情况是，你内心的怒火越燃越旺，这通常有两种原因：

A.与你的孩子无关，请参看第3点。

B.与你的孩子直接相关，请参看第4点。

3.告诉孩子，你因为某件事情生气了。告诉他真正的原因，不要担心这会损害你的朋友、同事、母亲、父亲或者婆婆的形象。你要维护的应该是你孩子的利益，不要让他承担与他无关的责任。

告诉孩子你需要离开几分钟，让自己冷静一下。你可以走进另一个房间，如果需要，就去卫生间，然后吼几声！你可以坐在“愤怒靠枕”对面，想象它就是那个让你备受折磨的人。你可以对着它大喊、大哭，把它当成那个人并和它说话；如果需要，你还可以通过捶打靠枕来发泄怒气。

喊叫或者大声说话会让人感觉舒服，也特别有助于释放自我。前提是，你要有意识地这么做，而不是因为情绪失去了控制才这么做。

如果你没有一个特别的房间来发泄怒火，那就要注意：别对着你的孩子大喊。你要提前告诉他：“我非常生气，这不是你的错，是因为……（告诉他真正的原因）。我现在需要喊一喊。”然后，你要转过身去喊：“我受够了！受够了！受够了！……”

一旦你觉得身心轻快了，就可以跟孩子好好聊一聊：

“我大叫的时候对你有什么影响吗？你被吓到了吗？是的，有人大喊大叫是挺吓人的，但你知道这跟你没关系吧？你知道我为什么会大喊大叫吗？”

表达自己的愤怒，对孩子来说也是一种需要学习的重要方法。

如果孩子误解了你生气的原因，你就要及时纠正。如果他说“你生气是因为我打碎了杯子”，你就要明确告诉他：“其实不是。我在那之前已经生气了，你打碎杯子只是多出来的另一件小小的烦心事。我之前就在生气，因为银行拒绝了我们的贷款申请。谁都可能打碎杯子，这没关系。而且，银行不给我们贷款跟你也没有一点儿关系。”

4.你是真的因为孩子生气。你希望他改变某种行为，因为那有悖于你的标准。我再强调一次，你的态度对他来说，不管是有意的还是无意的，都起到了一种示范作用。在阐述你的需求时，你要特别注意，不能一味地指责孩子。我们在表达时可以采用下面这些例句的模式：

当你……（孩子的某个具体行为）时，
我觉得……（我的感受，我的情绪）。
因为我……（我的需求）。
我希望你……（此时要提出一个具体的要求，以修复两者之间的关系）。
这样才可以……（为激励对方做出回应而设想一个可能实现的愿望）。

请看下面这两个例子：

①当你说想吃面条，我做了而你没吃时，

我觉得很生气。

因为我给你做了饭，我需要感觉到我的付出是有意义的。

我希望你能明白，当我答应你的要求做某件事而你不接受时，我会有什么感受。

这样我才会更愿意为你做你要求我做的事情。

②当你把你的脏内裤丢在地上时，

我很生气。

因为我受不了总是不停地为你收拾东西，我更希望和你一起做点儿其他事情，而不是整天忙着整理你的这些脏东西。

我希望你能理解我的感受，把你的内裤放到洗衣篮里去。

这样我们才可以相处得更好，才可以一起玩得很开心。

这样寥寥的几句话，尽管看起来很简单，实际上却很复杂。它需要我们意识到自我，也意识到他人。首先，我们要对一个具体的行为进行界定，而不是泛泛而谈、以偏概全或横加指责。这样做并不容易，因为“你总是不听话”“你表现糟糕”“你让人受不了”这样的话总会不假思索地脱口而出。

而且，我们一直没有表达自己感受的习惯，以至于总是不知道用什么字眼来准确描述。我们可能会把一种情绪说成另一种情绪，比如我们本来想说“你凌晨两点才回家，我很担心你会出什么事儿”，却说成“你凌晨两点才回家，我很生气”。在这种情况下，父母产生愤怒的情绪是毫无道理的，除非孩子和父母之间对几点回家有特别的约定。事实上，担心才是最合理的感受。

更糟糕的是，要探测到对方真正的需求并把它表述出来，这一点尤其困难。

就眼前的问题提出一个可行的要求而不管将来、不做任何承诺，其实并没那么简单。

总之，倾听是一门艺术，我们要倾听某种伤人的行为带来了什么后果、怎样伤害了两人的关系，要给对方足够的关注，促使他满足我们的要求。上文中“这样才可以……”这个句式听上去像是在要挟，其实它只是在回答下面这个问题：

“如果别人满足了我的要求，这对我，对我们的关系会带来什么改变呢？”

很重要的一点是，对方能够因此获益，否则他凭什么改变自己的某种行为呢？

虽然这么说，但往往前三个句式就已经足以解决问题，即“当你……时”“我觉得……”“因为我……”。

“当你打你的哥哥时，我很生气，因为我不希望有人感到疼痛！”

“当你穿着沾满泥的鞋子走进来时，我很生气，因为我刚擦了地！”

这个句子能够保证我们不产生过激的表现，能让我们考虑到自己的底线。事实上，我们也不会用下面这两句话来解释自己的情绪：

“当你拒绝服从我时，我很生气，因为我需要感觉到自己比你更厉害。”

“我的儿子，当你佩戴耳环时，我很生气，因为我害怕别人说些闲言碎语。”

如果我很生气的话，那只可能是因为某件与我相关的事情。否则，生气的表现就会演变成控制他人的欲望。

所有这些都需要我们去练习。当孩子对我们说“你真坏”时，不要太当真。要仔细揣摩他说的话，他要对我们说的可能是：

“当你要求我关电视时，我很生气，因为我想看。”

我们要通过示范让孩子学会用语言来表达自己的愤怒。

5

当你想打人时

当你想动手打人时，为了避免产生暴力行为，请参看以下几点建议：

★深呼吸，这样可以让你恢复正常状态，而不会失去理智。

★你知道你有权利产生打人的想法，但不能付诸行动。听听你内心的声音，如“我实在很想揍他”，然后在脑海里想象这样的画面。

你可以对孩子说：“我想打你，但我不会这么做，因为我不想让你感到疼痛。我没有权利打你，但是我有权利这么想。”

★倾听你自己的需求。想办法满足自己的需求或者制订一个计划，以后再完成这个心愿。

★站在孩子的角度思考问题，了解孩子发生了什么事情，是什么原因导致了他的这种行为。

★回忆一下，当你和你的孩子一样大时，你是什么样子的。回忆一下当时的你遇到相同情况时的感受。

★回想你在孩子身上倾注的爱，并且想象一些和他在一起时的幸福画面，比如他出生时、他迈出第一步时你是多么欣喜，还有母亲（父亲）节那天他为你做的礼物等等。

★把接力棒传给爱你的人吧！

如果你独自抚养孩子，那就打电话给你的朋友（无论男女）以减轻自己内心的压力。

6

孩子易怒吗？

一位母亲带着他的儿子来我这里咨询。斯蒂芬正在读小学三年级，他在上课时表现出攻击性，总是和老师顶嘴，还被其他家长抱怨说他会打人。

我是怎么分析这个问题的呢？我认为是因为孩子的某种需求没有得到满足。某种特殊行为的背后总隐藏着一个积极的愿望。斯蒂芬试图表达什么，可能与某种缺失、某次挫折或者某次不公正的待遇有关。

和他简短交谈之后，我发现他上课时感到十分无聊，而他所有科目的平均分居然能够达到19分[1]！

为什么他要顺从他人的意愿，让自己待在一个不符合他知识水平的班级，连续几小时听课呢？可是，没有人倾听他的感受，没有人对他的需求表现出任何关注！这些压力不断累积，所以他不得不为此找到一个出口。他本来可以在学习的过程中压抑自我、封闭自我，为自己选择这样一条摧毁自我的道路，但他（无意识地）选择了把这种破坏性的冲动

1. 法国评分制的总分为20分，19分是非常优秀的成绩。——译者注

投射在自身以外的事物上。

斯蒂芬有一个大他三岁的哥哥，哥哥总会带着他玩。即使哥哥不在，哥哥的玩伴也总会来找他玩。他融入了哥哥的朋友圈，而且从来不跟他们打架。

斯蒂芬在和哥哥的玩伴一起玩时，他觉得自己很“大”；而和班上的同学在一起时，他觉得自己很小。但是，没有人愿意觉得自己很小。斯蒂芬不只是无聊，他还不得不和让自己感觉年龄变小了的同学们待在一起，所以他讨厌这种感觉。

是什么让斯蒂芬这么快就成熟起来的呢？是什么促使他在智力水平上突飞猛进，在学校变成一个和他哥哥一样的优等生呢？

斯蒂芬很多年都没有见到父亲了。因为缺少父亲的陪伴，他的哥哥扮演了父亲的角色，哥哥就是他的领路人。他常和同龄的孩子吵架，但其实很可能是因为他羡慕对方有父亲！攻击行为的背后总是掩藏着某种缺失。

终于，住得很远的父亲打来了电话，于是斯蒂芬知道假期就可以看到父亲了。这个电话非常及时。他一点儿也不好斗了，因为他有了安全感，因为他知道他的父亲爱着他。

很多与孩子分开的父亲都不怎么给孩子打电话，甚至会完全从孩子的生活中消失。要在这种没有父亲的环境中生活是非常痛苦的。为了不让孩子因为自怨自艾和压抑自我而走上毁灭自我的道路，为了不让他把危险的冲动发泄到他人身上，我们要鼓励他用语言把自己的缺失表达出来，和他人分享自己的恐惧、愤怒、悲伤（有时可能是内疚）的感受。他需要在某人的怀抱里释放自己的绝望情绪，用这种方式逐步和这种悲伤说再见。

当孩子无缘无故地做出某种攻击行为时，我们需要寻找深层次的原因。

月球上的灰光[1]

菲利普和卡特琳娜夫妇把他们的儿子带到我这儿来。菲尔贝两岁了，正处于爱生气的年龄段。但即使这样，他还是显得太易怒了。他每天要生气很多次，而且每次生气都要持续一个小时以上。他的父母再也受不了了，所以决定向我咨询。

我问了几个关于菲尔贝和他父母的问题，重点了解了他出生时的情况。我了解到，卡特琳娜的母亲在她怀孕期间去世了。了解更多之后，我发现，卡特琳娜和母亲的道别其实根本没有完成。在她母亲去世的那段时间里，卡特琳娜觉得自己被绝望的情绪淹没了。她的母亲和她的关系一直不太好，却就这样离去了。卡特琳娜没有机会朝母亲发火，因此，她无法进入悲伤情绪的反抗阶段。所以她不得不压抑自己，把愤怒和绝望的情绪埋在心底。

和所有孩子一样，菲尔贝很爱自己的妈妈。看到妈妈痛苦，他无法忍受，于是就把妈妈没有说出来的情绪给承担了下来。孩子是名副其实的吸水纸。他吸收了自己父母没有说出来的愤怒、恐惧、悲伤以及压力。因为没有人告诉他这些感受从何而来，所以他身边的任何一个东西都有可能成为他发泄情绪的借口，然后他就“无缘无故地大发脾气”。真的是无缘无故地大发脾气吗？其实他是在排遣一种难以言表的压力，一种没有被父母认同，也没有被父母承担起来的情绪。

1. 这是阿兰·克雷斯佩勒所借用的专业术语。他是我的第一位心理医生，也是我多年的导师和榜样，于1999年去世。在此，我引用这个词来表达我对他的敬意。灰光是地球反射的太阳光照亮了月球，再反射回地球而形成的；在心理学中，这个词非常清晰地表明，孩子的行为其实反射出了父母自己的情绪状况。——作者注卡特琳娜和儿子进行了交谈。她非常清楚地向儿子讲述了自己在母亲去世期间的感受，跟他讲了为什么他会担负起妈妈那些被压抑的情绪。特别重要的一点是，她告诉儿子："你不用把我的怒气和情绪背负在自己的身上，我自己会处理好的。"菲尔贝听到这些后，他那无法遏制的、没完没了的怒火熄灭了，真是让人惊叹不已！然后，大家终于大大地松了一口气。

卡特琳娜决定通过心理治疗与母亲真正道别。她躺在诊疗床上，向我诉说了自己曾经体验到的愤怒、挫折和痛苦，然后仔细分析了自己父母的情况，也从另一个角度观察自己，把自己的心理调整到了健康正常的状态。菲尔贝因为卸下了妈妈在无意识状态下让他背负起的重担，也不再为别人生气了。

一个孩子特别易怒，但他的生活看上去没有什么缺失，似乎他也没有受到过不公正的待遇，那这是为什么呢？其实，他可能是在表达父母压抑着的愤怒。如果父母否认自己内心的情绪，并且发现无视孩子的情绪对自己有好处，他就更加不知道如何处理自己的这种情绪了。

孩子生气次数过多、情绪太强烈，看起来却毫无缘由，是怎么回事呢？

这可能是因为：

☆累积了太多的压力。

☆和眼前这件事情无关，而是由其他事情导致的。

☆在表达父母没有意识到或没有表达出来的愤怒。

☆掩藏了其他情绪（恐惧或悲伤），但以愤怒的形式表现出来，因为他没有机会或者被禁止表达自己的真实情绪。比如，父母经常说"你是个大孩子了""女孩才会哭""你应该不会害怕"等等。

孩子生气时，父母应该倾听和尊重他的感受，要学会感同身受。

第六章

快　乐

1998年7月11日22点37分，整个法国沸腾了。“我们赢啦！”法国足球队获得了世界杯冠军。赛场上，球员们互相亲吻、紧紧拥抱、热烈庆祝，扑向刚射入最后一球的球员。在巴黎，人们纷纷涌向街头，香榭丽舍大道上人山人海、热闹非凡。所有人都唱着、跳着、大声喊叫着；他们互相拥吻，摇动着国旗，开香槟或者啤酒庆祝。大家一起体验着快乐，一起分享着快乐！

快乐这种情绪总是伴随着成功和爱，总是溢于言表，让我们彼此拥抱。也许正是因为如此，快乐才显得如此令人难以置信。

拥有快乐的能力是心智成熟和幸福的一个重要指标。

1

我们可以学着幸福地生活吗？

40岁的罗兰德生活得很不快乐，觉得自己很压抑，对什么都提不起精神；他总是犹豫不决，甚至连走出家门这么简单的事情都很难做决定；他也很少笑，不知道如何消遣。他和我聊过他自己，谈及父亲对他喋喋不休的批评、母亲对他的过度保护，还有他哥哥的死。他哥哥帕特里克比他大一岁，19岁时去世了。一个人怎么会19岁就死了呢？这令人难以置信。罗兰德的生活依然继续，但他没有意识到他生命中的一部分被遗留在身后的某个地方。他一直没有与哥哥真正地道别。这种道别太难进行，因为非常有可能遭到某些人的质疑和反对。从帕特里克去世的那一天起，家庭聚会上就不再有欢声笑语。“你哥哥都不在了，你怎么还笑得出来！”罗兰德很快明白了，任何快乐、任何活力，从此以后都与他无缘了。

很多人都和罗兰德一样。他们来接受心理治疗，就是为了重新找回对生活的兴趣。因为，他们的日常生活中已经没有快乐了。

我们怎么做才能让孩子保留那份自然、纯真的快乐呢？首先，我们要小心，不要像罗兰德的父母那样让孩子感到压抑，而且自己要有自己的生活，尽可能地让自己感到幸福，让自己去爱，去实现自我的价值。

当孩子把属于父母的悲伤、挫折和不满担负在自己身上时，他就没有了追求幸福的自由。

我遇到过很多12岁左右的孩子，他们认为自己的生活索然无味。有这种情况的孩子，他们的父母往往都不在身边。父母们要么忙于工作，要么在日常生活中表现得精神紧张。如果身边没有爱或者快乐，那活着还有什么意义呢？

1998年的足球世界杯让我们重新发现了快乐。民意调查显示，当时的法国人在球赛后的几个星期里精神状态有了明显改善，虽然那时候经济危机已经爆发，大部分人的日常生活也没有太多改变——当然，如果他们不把这个问题看得很重的话。

幸福地活着，向孩子传递对幸福的渴望——至少不破坏孩子对幸福的渴望，这是父母应尽的责任。幸福是一种选择。这样说并不是让我们假装幸福或者整日面露微笑，决口不提生活中的困难，而是要诚心诚意地面对现实。世界杯带来的狂欢对法国来说并不是因为幸运，而是每个球员每天努力的结果，是一个教练面对批判时依然勇敢地坚持走自己的路的结果，是所有人一起英勇决策的结果。

怎样才能抓住身边的每个机会让自己在生活中“获胜”呢？当然不是先抛弃生活，然后再抓住它。要想“获胜”，就要选择一项有意义的工作，永远听从心的召唤，遵循心所指的方向，而不是遵循那些看似有理、实际上却并不合理的规范。

与一个自己已经不爱的男人维持婚姻关系，这合理吗？为了摆脱无法忍受的困境而宁愿让自己患上癌症，这正常吗？放弃自己本来想做的事情，接受父母的安排，然后在45岁时累得心肌梗死，这合理吗？又或者，很多年来我们一直背负着重担并因此无比痛苦，但由于我们不想质疑父母，于是继续保持这种状态，这合理吗？

任何被压抑的情感或没有愈合的伤口都会阻挡我们寻求快乐的脚步。请释放你的情绪，让悲伤开口说话，尽情流泪，把怒火喊出来。这样，快乐就能生长起来。况且，快乐本来就是人类的天性。**有一种快乐很简单，那就是感觉自己活着。**

生活并不是一条平静的河流，而快乐也不会自平淡中涌现。当我们静静地注视着夕阳西下时，能体会到真切而又自然的快乐；当我们收获成功或与朋友重逢时，快乐也会油然而生。

表扬与鼓励

如何帮助我们的孩子保留上天赐给他的快乐的能力呢？我们要表扬他、鼓励他。与其总是盯着他做得不好的地方，倒不如在旁边注视着他，也许你会突然发现他正在做一件令你喜上眉梢的事情呢！

他自己爬到衣橱上了？太棒了！

以前你绝对不允许他这么做吗？当然！因为这么做很危险，而且你不确定他能否在不受伤的情况下做到。如果他证明了自己可以，那么，请祝贺他吧！

如果无论他喜欢什么（运动、音乐、数学或文学），看到他勇于探索并获得成功，你都会感到幸福，那么从现在开始，为他获得成功做准备吧！

不要担心孩子会被胜利的喜悦冲昏了头脑，我从来没有见过谁真的因为胜利的喜悦而倒下！一般来说，成功会让我们产生走得更远的欲望，成功是推动我们继续前进的动力。只有失败才会让我们止步不前，因为对失败的恐惧会让我们的表现力下降。

请培养孩子的自豪感，即便是在他面对很小的事情的时候。是什么成就了一位奥林匹克冠军？是自豪，是体验胜利的快乐。未来的冠军，就是那个能从小小的胜利中体会到快乐的人。一位运动明星在接受访问时是这么回忆过去的：

“我很小的时候，一下子能跳两级台阶！我对自己说‘哇，太棒了！现在跳三级。哇哦！棒极了！跳四级……’”

他就这么越跳越高。成功能为我们进行新的挑战带来动力。那些没有体验过自豪感的人，那些贬低自己出色成绩的人，都不会有坚持下去的动力。

走出学习痛苦论的迷思

学习和超越自我一直都是快乐的源泉。无论从生理上还是从智力上来说，人类天生对大自然心存好奇。人类对学习的渴望非常真切——人类需要获得知识、洞悉世界、寻求生命的意义。

但是我们通常认为好奇心过重是缺点！我们认为学习是索然无味的，要想学到点儿什么，就得经历枯燥痛苦的过程！

但是，所有研究成果都向我们表明，人在学习过程中受到限制时，学习效果明显要比身心愉快时的效果差；纹丝不动地端坐着、低头对着书学习，比轻快放松、“心不在焉”地学习效果差。

如果孩子认为上学很开心，他的父母就会认为他没有认真学习。其实，效果最佳的学习方法就是做游戏或表演戏剧！而这些方法唯一的缺点是什么呢？那就是，它们看起来游戏性太强了。所以父母甚至一些老师会说，这样学习的效率太低！

考试却及时地弥补了这个缺点。真正能让人面对考试不慌不忙的方法，并不是某些人宣传的顺从他人和克制自己，而是要拥有一种积极看待事物的能力、一种能够开怀大笑的能力、一种总能感受到自己内心力量的能力、一种解决问题的能力。说小丑也为儿童医院出了力，这并不是信口开河。当小丑逗得孩子开怀大笑时，他们帮助孩子减轻了疼痛，让孩子得到了放松；当他们帮助孩子天马行空地想象时，孩子的身体也加速痊愈了。

2

爱

快乐是人们获得胜利时的喜悦、感受到爱时的美好、与故人相逢时的温暖、有新发现时的惊喜以及建立某种良好关系时的心情。

请尽可能多地大胆说出这样温暖的话语：

“我们在一起的感觉真好。”

“和你们在一起生活，我真的好幸福。”

“我喜欢和你们一起吃早饭。”

如果这么表达我的快乐和幸福，我会感觉更加幸福，而且我可以看出我的家人都为此感到幸福。我把自己的心里话特别记录了下来：“幸福真好。”说完这句话后，我们所有人都一起品尝到了这种转瞬即逝的幸福。

“如果我们的生活被洗碗、洗衣服、打扫卫生、修补等日常琐事占据，我们就会忘记这个每日的必需品、人际关系最基本的保健品——爱。”雅克·萨罗梅[1] 如是说。**如果没有爱，感情的尘埃就可能会堆积起来，成为我们心灵的祭祀品。它们肯定会和螨虫一样，引起我们的过**

1. Jacques Salome（1935~ ），法国心理学家、作家，著有《给心灵深处的信》。

敏反应！

最好的办法就是和孩子一起坐下来（或者一起跑步），没有任何目的，只是为了感受生命的活力。

有时，孩子们的所作所为会让我大动肝火。我有工作要做，他们却不睡觉，这让我很着急，于是我可能因为他们提出的一个非常小的要求而火冒三丈。每当这个时候，我就会深吸一口气，看着他们，然后对自己说："他们一个四岁，一个两岁。他们会长大，等他们长大以后我就再也看不到他们四岁和两岁时的样子了。好好珍惜啊！"

于是，我的心融化了。我注视着他们，我爱他们。我的焦虑消失了，因为对我来说，就在这一刻，他们比那些等着我去处理的文件更重要。我不希望等我年岁已高、回忆往事的时候才意识到，我之前居然没有多花点儿时间看看他们是怎么长大的。所以，就这么看着他们长大，和他们生活在一起，单纯的快乐就已经填满了我的心。

3

游戏、喊叫和欢笑

“别喊了！你们闭嘴！小点儿声！你们在搞什么鬼？”

父母总是对那些开心至极、无忧无虑的孩子很凶。可是，这是为什么呢？如果孩子长大了，如果他们离开了家，父母就会开始无比懊恼地怀念当初那充满欢声笑语的美好时光，当初楼梯上吵闹的那群孩子，还有那一阵阵开心至极的尖叫声。

一个孩子只有感觉到快乐，才会认为自己的存在是自由的，才会随着自我的节奏自由成长。否则，谁愿意长大后踏入这个悲惨的世界？谁愿意长大后变成一个不知道玩耍，不知道欢笑，总是一脸严肃的人？

有一次应朋友之邀，我带着阿德里安和玛戈去他家做客。我和两个孩子待在儿童房里，坐在地毯上拿着一架飞机玩，嘴里还发出“轰轰”的声音。那里有很多非常好玩的玩具，有变形汽车、“蝙蝠侠”，还有其他我不认识的太空怪物。我在那里寻找着、感叹着，抓起一个又一个玩具，把玩具放在地上滑动或让它们在空中飞翔。我在那里真的玩得很开心。朋友家一个6岁的小男孩看着我，若有所思。他费了很大劲儿才不再用“您”和“夫人”来称呼我，而是直呼我的名字“伊莎贝拉”。过了一会儿，他问了一个一直压在他心底的问题：

“你也玩玩具吗？可是，你是大人了！大人都不玩玩具的！”

“嗯，不啊。你看，也有大人玩玩具啊。比如我，我就喜欢玩。”

“我爸爸和我妈妈，他们从来不玩。”

真可惜！玩耍，就是沉浸在儿童的世界里，就是和他们一起在幻想的世界里遨游，和他们在特定的场合相遇，比如“假装我是卖东西的，你呢，你来我这儿买东西”。

有些人会说，这不是他们这个年龄的人该玩的游戏。其实，他们可能是因为这样做让他们感觉很难堪、很滑稽或者太小儿科了。他们拒绝回到过去，因为他们有可能与自己的孩子亲密相处，有可能与自己的过去相遇，有可能想起自己还是小男孩或小女孩时的感受。如果和孩子一起玩，勇敢地走入孩子的梦幻世界，坐在地上和孩子一起叫喊，他们就有可能触碰到自己内心巨大的痛苦。某种缺失带来的痛苦会因此重现。他们以前没有从自己的父母那里得到这些，甚至从来都没有权利去玩耍、去欢笑、去跑、去跳、去制造噪声。也许他们太缺乏温情或者玩具的陪伴，以至于他们现在依然无法把一个洋娃娃或玩具熊抱在怀里爱抚。

我们应该先治愈自己儿时的创伤，再去培养自己和孩子玩一些简单游戏的能力。只有这样，我们才能放松对自己的克制，才能重获自由，尽情欢笑，在想象的世界里穿行，在地上打滚。

欢笑不仅仅是一种快乐，也是一种健康的生理反应和心理反应。欢笑能够减轻压力，是放松自己的一种最好的练习。适当的欢笑可以让我们降低伤心流泪的概率。组织几场躲猫猫的游戏或者打几场枕头大战，都可以让大家开怀大笑。

孩子的生活重心是他自己与他人的关系，所以，**他的快乐首先是与他人分享的快乐，是和他人在一起的快乐**。孩子为分享而快乐，为与他人相遇而快乐。这就是为什么对孩子来说，出现又消失、消失又出现的游戏，如躲猫猫，会如此大受欢迎。

婴儿会和别人一起笑，但他并不理解什么是取笑。取笑他人能够排遣内心的某种情绪，但那不是一种快乐，而是在感知自己的力量，因为这种行为不会产生任何与他人亲密互动的快感。取笑他人时，那些取笑他人的人会结成同盟。一个人之所以取笑他人，其根源是他内心的自卑感，是他所忍受的痛苦和耻辱。在伤害他人、让自己获得优越感的同时，他达到了报复的目的，让自己的内心情感得到了修复。这种力量创造的兴奋感只是一种虚幻的快乐。取笑他人，对自己和他人都有害。那些取笑人的话不仅让听到的人痛苦，也让说的人难受。成年人应该特别注意这种暗含暴力的形式。

孩子因为和我们在一起而快乐，因为和我们有身体接触而快乐，因为和我们有默契而快乐，因为和我们保持情感上的联系而快乐，因为我们用爱和温情包围着他而快乐。

孩子可以体会到纯生理的快乐，也就是用自己的身体去体验某种快乐，比如捏泥巴的快乐、玩水的快乐或得到礼物的快乐、被爱抚的快乐、被挠痒痒的快乐、自己移动身体的快乐等；也可以体会到智力上的快乐，如学习的快乐、认知的快乐、分享的快乐、提问题的快乐等。

孩子发掘出自己的能力时会惊喜万分。他学习到的一切都是无尽的快乐之源，是巨大的自豪感之源。这种快乐和自豪感能让他感到幸福，他也要与他人分享这种幸福。

4

陪着孩子一起快乐

分享、微笑、开怀大笑、喊叫、感叹、亲吻、拥抱，这些都能表达快乐的情绪。

不要担心这样太吵，你就应该这样吵吵闹闹地表达自己的快乐，大喊着、蹦跳着、把孩子抱在怀里、把他抛向空中。快乐，是一种身体上的交流。你可以回忆一下，足球世界杯决赛结束时，也就是胜利的哨声吹响时，法国队的球员是什么样子的！

我们也可以唤起孩子的美感，教他发现美：

“看，妈妈，月亮，真美啊！”这句话从一个孩子的嘴里说出来，是多么美妙啊！

说说你看到的事物叫什么，和孩子一起分享你的发现。你将意外地收获一些既深刻又美妙的问题。阿德里安19个月大时，正处在爱问“为什么”的时期。有天晚上，我们骑着自行车在狂风暴雨中前行，看到远处的闪电撕裂了天空，他问道：

“妈妈你说，为什么太阳会发光，却不是闪电呢？”

爱和快乐都是让人成长的肥沃土壤。我们说再多“我爱你”或“和你生活在一起我真幸福”也不为过。

不要破坏了这些词语本有的甜美含义。你只要想说，就尽可能地多说，甚至可以一天说好几次。但在说这些话的时候，你一定要看着你所爱的人的眼睛，或者和他有身体接触，要始终带着爱意和温情。

对人说“是的，我爱你”的时候，却只顾着洗碗，连眼皮都不抬一下，是不会让听到这句话的人感到快乐的。

当然，我们不可能永远感到快乐，特别是我们不能假装快乐。但如果你有4/5的时间都不快乐，那么你一定要在自己生活的某个方面做出改变。

过去没解开的心结阻碍你感受幸福了吗？解开这些心结吧！这是你作为父母的职责，否则你的孩子也会在无意识的状态下担负起你压抑着的痛苦，即使（特别是）你从来没有对孩子说起这些痛苦。孩子随时准备放弃自己的个性，努力让自己的父母不要太悲伤或者不要总是怒气冲冲，试图让父母重展笑颜。

我们要在自己的内心找到快乐的源头，不要把自己关闭在抑郁、痛苦和严肃的情绪中。快乐并不复杂。尽管我们会受到外界的干扰，但我们依然可以快乐。如果我们不能依靠自己的力量快乐起来，可以寻求他人的帮助。

内心充满快乐的父母，可以把快乐传递给自己的孩子。这是孩子可以获得的最可贵的财富。

只有让孩子在家庭和学校中都吸收到快乐的养分，我们才能帮助孩子快乐地成长。

随便一样东西就能给孩子带来快乐：一朵雏菊、地上的一颗栗子、一片沙堆、一份能带来惊喜的小礼物、晚餐的蜡烛、球、弹珠、爱，还有温情。

第七章

悲 伤

四岁的波姆小脸紧绷、嘴唇紧闭、眉头紧蹙，眼泪像断了线的珠子般往下掉。突然，她放声痛哭起来，而她的妈妈紧握着她的手陪在身旁。软垫上躺着一只一动不动的小猫——它死了。波姆一直看着小猫，哭了很长时间后说："再见了，小猫朱乐！"

悲伤，是在失去某样东西时所产生的情绪。

当我们失去了心爱的小猫、某只小宠物、某样珍爱的东西，当然，还包括玩具、房屋、花园、学校等时，我们当然会很伤心。**哭泣能够帮助我们把悲伤时产生的毒素排出体外。**

1

孩子的眼泪让我们心烦意乱

阿德里安在玩一个玩具人偶。突然，他的姐姐和他争抢了起来，最后玩具摔在座椅上，碎了。阿德里安看着自己的玩具摔成一堆碎片，大哭起来。

“别哭了，你快把我们的耳朵吵聋了！”他的姐姐大喊道。

我介入了他们的争端：

“他有权利哭。”然后我对阿德里安说：“看到自己的玩具摔碎了，你很难过吧？哭吧。”

对一个小男孩来说，这是多么大的痛苦啊！他很珍惜这个玩具，却因为不小心把它摔碎了。

而我们，往往难以忍受孩子的哭声：

“别哭了！”

“没关系，我再给你买一个新的。”

“好了好了，你以后会交上新朋友的！”

“瞧瞧，你是个大孩子了。去吧，擦干眼泪，否则别人会以为你是个女孩呢！”

……

孩子的眼泪让我们情绪起伏。对大多数人来说，眼泪就是痛苦的代名词；孩子哭的话，肯定说明他很难受。那这是不是意味着如果他不哭，就不难受了呢？我们的想法真是太奇怪了！

泪水，是我们在失去某样东西之后，自身进行修复的证据。眼泪能让我们全身放松，能治愈我们的伤痛。荒谬的是，那些试图安慰孩子的父母，却在某一天控制不住如潮水般涌出的眼泪，哭成了泪人，哭完之后还说：

“哭一哭真舒服。”

是的，哭泣对身体有好处——尤其当你可以在一个人的怀里放肆地哭，而那个人只是静静地倾听；或者有那么一个人，他接纳你、没有任何的建议或者评论，只是静静地注视着哭泣的你。

当我们还是我们孩子那么大的时候，我们不被允许流泪，所以我们总是试图让自己的孩子停止哭泣。

说句心里话，我们到底想要什么？是希望他不再痛苦，还是希望不再看到他痛苦？

“别哭了！”这句话实际上暗含着这样的意思：为我考虑考虑吧，看到你哭我很难受，所以不要再让我这么难受了。

这样一来，孩子的需求就被放到了第二位。

但是，眼泪能让我们排遣内心深处的悲伤。**无法哭出来的悲伤会淤积在心底，即使过了很多年也无法释放出去。**

如果一个孩子为了取悦自己的妈妈或爸爸而忍住了泪水，他就会把这种痛苦深深掩埋在心底，为自己原本真实的感受加上一丝孤独和不适。他可能看起来像个“男子汉”，但他长大成人后将变得麻木迟钝，以至于无法理解自己的妻子和孩子为什么会哭泣，也不懂得欢笑，不喝杯酒就没法高兴起来……

强忍住的泪水会堵住通往爱的道路。如果眼泪毫无用处，上天为什么会让我们流泪呢？

在马术俱乐部，上午9点是所有孩子集合、为自己选择喜欢的活动项目和坐骑的时间，孩子们全都坐好了。俱乐部女经理先让大家深呼吸，等大家都安静下来后，她对孩子们说道：

“今天，发生了一件非常令人伤心的事情。佩德罗，那匹红棕色的雪特兰马死了。昨晚它和其他小马打了起来，被坚硬的马蹄铁踢到了要害部位。它死了。”

孩子们眼里噙满泪水，她接着说道：

“有时，我们为某些事情开心；有时，我们也会为某些事情伤心。在这里，我们可以看到新生命的诞生，但是，也会有生命逝去。这就是生活。”

孩子们都哭了起来，有几个孩子已经跑去看那匹小马了。

“你们有哭泣的权利。如果你们愿意，我们可以分成小组一批批地去看看小马。如果你们不想骑马，想待在这里守着小马，今天上午你们可以一直待在这里。小马的尸体中午会被运走。”

于是，孩子们排好队，神情凝重地依次从这匹小马的尸体旁走过。有些孩子还自发地去采了一些花。很快，小马身上铺满了鲜花，安详地躺在马厩里。马厩里充满了悲伤，很多孩子因为流泪小脸变得通红。孩子们上前抚摸着小马做最后的道别。对一匹小马来说，这是一次凄美的离别；而对小骑士们来说，这也是一次非比寻常的经历。

死亡是生命的一部分。允许孩子看到或者触摸（如果他想这么做的话）一只死去的动物，允许孩子感受自己的痛苦，允许他花些时间与它道别，允许他在动物离开前明白自己再也看不到它……所有这些，都有着非凡的意义。

死亡意味着什么？

奶奶去世了。玛尔琳为了把这个消息告诉5岁的儿子安托万，显得战战兢兢、异常小心：

“她去了很远的地方，再也不会回来了。”

安托万看着自己的妈妈，用一种满不在乎的口吻说：

“哦，她死了！”

孩子只要经历过秋天，就知道有落叶。他应该看到过被人拍死的苍蝇、蔫了的花朵、柏油路上被轧死的鸽子，甚至还会发现一只一动不动的仓鼠。不同年龄的孩子，对“死亡”这个词有着完全不同的理解。一般来说，孩子9岁左右时无法理解死亡的不可逆转性，但这并不意味着我们因此要对他讲一些没有意义的话，找一些没有意义的借口。

孩子在生命的前10年中完全没有经历过自己比较喜爱的某只宠物死去或者某个人离世，这种情况很少见。一条红色小鱼或一只小狗、一位祖辈、学校里的某个小伙伴、父母的某位朋友、兄弟或者姐妹，甚至是父母，他们都有可能突然死去。但并不是所有孩子都能明白，不同事物的永远离去是否同样重要！那父母应该怎么回应孩子呢？说实话！

说实话并非要我们突然告诉孩子一个他还无法理解的事实，猛地给他一击。学校里的某位朋友去世会让你心绪起伏，一条红色小鱼死了会让你感到难过。我们的情绪直接影响着孩子，尤其当这些情绪没有被表达出来的时候。

父母的离世让你痛苦，一位老同学的逝去让你伤心，一条金鱼的死让你不安。孩子会直接感受到你的情绪，即使你没有表露出来。

孩子能感受到，也能明白这个事实，所以没有必要对他隐瞒。如果你真的隐瞒了，一方面，他可能会感到惊恐不安，而另一方面，他可能会不再信任你。被掩盖的秘而不宣的事情要比说出来的事情更让人害怕。孩子会隐约觉察到你没有对他说实话。总而言之，他会不再信任你，或者对自己失去信心。

如果你固执己见，坚决否认事实，孩子就会开始怀疑自己观察到的事实，并且产生消极心理。就像你否认他隐约察觉到的事实一样，他会因此推断出对于某些事情他没有权利知道。这可能会带来其他方面的问题。比如，为了向父母表明他很乖，他会隐瞒在学校发生的一些事。

心理学家现在很确定的一点是，事情的真相带来的伤害比我们想象的要小一些，即使这些事实听起来令人非常痛心。

他的爸爸自杀了吗？他的妈妈因为交通事故去世了吗？他的妹妹因为身患癌症而去了天堂吗？他需要知道这些，这很重要。要对他说明实际情况，同时要注意这些事情会让孩子在头脑中产生什么样的画面。倾听并向孩子提出和他的想象有关的问题。不过，即使你非常清楚地向他说明了一些事情，他的情绪也会像放在他耳边的一台过滤器一样，导致他曲解你的意思。

要允许他多次提到与死亡有关的话题，允许他讲述他的感受、他的想象，允许他提到脑子里想到的所有问题，甚至那些在你看来荒唐可笑的问题。

倾听他的想象，只有在他陈述有误或者描述的画面充满暴力时，才进行纠正。

向他好好解释他的父亲为什么会这样（永远离开他），解释事情发生的背景，尽可能地向他解释父亲身患疾病的原因。孩子很有可能认为身边突如其来的一切都是自己造成的。要再三对他强调，他对此没有任何责任，他有权利体验所有的感受；他可以感到愤怒，也可以感到悲伤。

是的，他有权利感到非常生气：那个曾经身为他父亲的人突然狠心地离开，或者说狠心地将他抛弃了。不管死亡、自杀、疾病或车祸的原因是什么，孩子都会认为自己被那个曾经深爱和需要的人给抛弃了。最关键的是，要让他有自己的感受，并且表达自己的愤怒。

伊丽莎白·库伯勒·罗斯是一名瑞士医生。自开始从医直到1999年1月去世，她曾耐心地倾听成千上万的成年人和孩子临死前对她的倾诉，她曾陪伴成千上万人度过死亡前的时光，帮助他们的家人对逝者做最后的道别。在她的著作中，她公开了那些人对她吐露的心声，记录下了自己观察到的一切。现在大家一致认同要在逝者离世前与他道别，这个阶段非常重要。她是第一个对此类问题进行描述的人。当我们面对父母离世的事实时，要经历下面几个阶段。这个心理过程其实和自己心爱的宠物死去时一样：

首先是否认事情的发生：

“不，他（她）没有死。这不可能。”

接下来是愤怒：

“这不公平，爸爸。你好坏，你没有照顾好小仓鼠。”

“你为什么走了，我不要你走，这不公平！”

这个时候，如果你试图让孩子平静下来，并说出类似“你知道，你的小仓鼠已经很老了”“我再给你买一只吧”这样的话，或者动之以情，说“你爸爸（妈妈）也没有办法，你知道，他（她）那么爱你”，所有这些都可能会给孩子带来伤害。

孩子需要的是发泄怒火。

所以，在他哭泣时，我们要倾听、接纳他的情绪，说类似“你以前那么喜欢你的小仓鼠”“你真的很难受”“你生气了，你希望他（她）能跟你在一起”这样的话。

接下来，孩子会陷入消沉的情绪。这时，孩子处在一个回归内心的阶段。周围的一切，他都不再感知。他会沉浸在过去，重新回忆自己和逝去的这个人或宠物的关系。所以，我们要陪着他、让他哭、让他诉说。在接受事实之前，他必然会感到悲伤。

接受这个事实之后，他可能变得依恋他人。这意味着他与离开的人或宠物的道别已经终结。

某人的离世或者某只宠物的死亡，可能会让孩子想起另一个自己深爱的人。孩子提问并不意味着他很焦虑，只有大人不回答或者回答得含糊其辞，才会让孩子感到不安；提问后没有得到答复才会让人焦虑。不过我们也要明白，过度的安抚也不起任何作用：

“我不会死的。亲爱的，你也是。只有那些非常老的人才会死。”

他很可能这样反驳你：

“那小马呢？它死了，可是它不老啊！”

这时你就必须澄清说：

“那是一次意外。”

孩子不傻，他知道人可能因为意外死亡，但是他感觉到妈妈在尽量避免跟他谈这个话题，而这正是让他害怕的地方。避开这个话题就意味着其中可能有什么风险。而让孩子知道事情的真相，他就不会那么惶恐不安。因为只有这样，他才可以自由地表达自己的想法、辨明事情发展的方向，并且可以为了理解事件本身、弄清事实真相、减少心中的疑惑而提出相应的问题。

孩子可以和你一样从容地接受死亡。除非他自己身染重病，否则9岁前他对死亡并不会有非常清楚的认识。他可能会提出一些让人心烦意乱的问题，自己却不觉得这是多大的事。比如他可能问奶奶："你说，你什么时候死呢？"他也可能问妈妈："你知道，妈妈，如果你死了，你所有的珠宝就都归我了。"这是玛戈四岁时对我说的话。后来，她又问我奶奶死了没有，并且加上一句："如果她死了，我们就可以给她的灵魂寄一张明信片了。我们在她的胸前放一封信，这样就可以每天看到她了。"

有些患绝症的孩子从容得令人震惊。如果我们懂得如何倾听而不夹杂自己的焦虑，就可以发现，他们知道自己什么时候会死，在谈论死亡时也很轻松。如果周围的人不能理解，他们就会闭口不谈。他们极其敏感，随时准备牺牲自己的需求，不祈盼别人和自己交流，不要求别人安慰自己，以免让父母难过。这些孩子如此需要我们的保护，我们怎么还能强迫他们接受如此多的约束呢？

2

悲伤是一个修复的过程

波姆洗澡的时候，那只死去的小猫被装进塑料袋中，然后放进一个大纸箱里。波姆的爸爸要带它去兽医诊所火化。小女孩对她心爱的小猫朱乐说了最后一声“再见”。然后，她在妈妈的怀里泪如雨下，哭得非常伤心。

过了很多天，波姆依然不停地说着关于那只小猫的事情。

“它喜欢躺在沙发上。如果朱乐还在，它就会追着这个弹珠跑……它死了我很难过。”

渐渐地，朱乐在她口中出现的次数越来越少。

“可是它会永远留在我心里，我永远不会忘记它。”她这么说道。

说出这种怀念的话是整个道别过程中必经的一个阶段。经历了震惊、否认、拒绝正视、愤怒、因无法接受而反抗、讨价还价、努力与命运进行最终的协商，随后到来的便是悲伤。

“别再想了，你这样会让自己很难受”“想想以后吧”“你这么激动到底是怎么了”，这些是我们经常听到的话。有些父母甚至会在接下来的那个星期就去为孩子重新买一只小猫或者仓鼠。

重新修复孩子的情感

悲伤这个阶段很关键。当我们悲伤时，我们会让自己沉浸在回忆中，这么做不是为了“让自己难受”，而是为了让自己意识到“失去了某样东西”这个事实，是为了修复自我，是为了在丢失了自我之后重新塑造一个完整的自我。

依恋身边的某个人对孩子来说是一件自然的事情。除了人以外，孩子的依恋对象还包括饰品、家具、墙壁等，这些对孩子来说都是具有某种特定意义的标志。当他很小的时候，这些东西就像他自己的衍生物——他身边的一切都是他身体的一部分。它们中的**任何一个不见了，对他来说都意味着自己身体的某一个部分丢失了。**

如果某个人离我而去，他不会再重新回到我的生活中，我会再次想起我们一起度过的时光，会不断回味我们曾经一起生活时他给予我的一切。如今，他离去了，我身体的某个部分就像被剥离了出去。悲伤就是一个修复的过程。我会仔细观察那个属于我自己，也属于自己心爱的、却已离去的那个人的地方，我会填满心灵的每个空间，我会发现一些隐藏的情感，我会剔除一些东西，一步步地让自己认同自己已经失去了他，我会把裂缝重新填补好。

沉浸在回忆里的确让人痛苦不堪，也让我们泪水涟涟。但每次为某个回忆而哭泣，其意义非常重大：它能让自己接纳这段回忆，把它放在心上，把它变成自己的一部分。那个人离开了，但他在我们心里留下了一些印记。

接受不可抗拒的事实

婴儿含着妈妈乳头的时候感觉很舒服，觉得生活非常美好。妈妈的乳房简直妙不可言。后来，他又饿了、他肚子痛、他不舒服、他哭喊着，可是妈妈没有来。这时，妈妈的乳房就变得坏透了，因为它让自己感受到挫折。在生命最初的一段日子里，婴儿的想法总是在妙不可言的乳房和坏透了的乳房之间摇摆。我们把这个阶段叫作"偏执型精神分裂症阶段"。说他精神分裂，是因为婴儿的世界被劈成了两半；说他偏执，是因为婴儿会因为自己产生了大量攻击性的冲动而感到害怕。

接下来的阶段叫作"消沉阶段"，但这决不是病理意义上的消沉抑郁，而是一种正常的悲伤。这个阶段意味着，孩子接受了一个事物有好坏两个方面，乳房也有好坏两个方面的事实。我的妈妈既不完全好，也不完全坏，她有时好有时坏。他和那个认为事物非黑即白的阶段永别了。他看到了现实中有白、有黑，还有灰。这让人很难过，因为他不得不舍弃那个永远都是好的、从来都不让人失望的、理想化的母亲。他抛弃了那个美好的想象，开始重新思考："我在和一位有时有奉献精神、有时又让人失望的母亲打交道。这个真实的人有自己的需求，存在于我的身体之外。她不像我想的那样，不能满足我所有的愿望。"

有些人一直都没有接受这一点，依然停留在事物非黑即白的价值观里。他们认为事物非黑即白，所以看不到中间有那么多的灰色地带。

3

在孩子悲伤时陪伴着他

我们要陪孩子从悲伤的情绪中走出来，只需要给他一个空间让他哭泣，用简单的话语鼓励他，如“这很难……”“你真的因为……而非常伤心”“想到再也不能见到他，这真叫人难过”等等。

一般来说，当某个人哭泣时，你可以通过身体接触让他停止哭泣，但前提是你要让他感到足够真诚。

所以你可以把孩子抱在怀里，紧紧地抱着他。你在保持平静的呼吸的同时，也感受一下孩子的呼吸，用心去接纳他，并鼓励他尽情哭泣：“哭吧，我的宝贝。把你想哭的一切都哭出来！”

哭泣能帮助我们接受失败，所以如果孩子没有赢得游戏，不要说“别哭了，下次就会轮到你赢了”，而要说“我理解你，我的小宝贝，失败的确让人难受”。

这么做对你来说很夸张吗？试试吧。无论如何你都会发现，当孩子流泪时，如果你对他的哭泣不加理睬，他就会哭得更厉害，时间也会更长。

第八章

消　沉

消沉和短期的、自然产生的、正常的抑郁完全不同。消沉的状态可以持续好几个星期，好几个月，甚至好几年。

消沉看起来和悲伤相似，但它没有疗伤效果。它是多种情绪混杂在一起后发生的一种情感堵塞。

如果孩子表现得很消沉，那就说明他身上存在着某个没有解决的问题或者没有被人理解的巨大伤痛。

1

如何分辨消沉？

一个少年从早到晚脸上都暗淡无光，这很容易被我们发现。但年轻人身上的消沉通常很容易被掩盖。消沉会披上不同的外衣、不以真实的面目出现，比如表现为冷静异常、循规蹈矩或躁动不安，所以让人难以辨别。

一个孩子在学校过于冷静或者过于出众，很少会引起成年人的警惕，而这恰恰就是消沉的多种表象中的一种。孩子应该是充满活力的。如果他太顺从、太乖巧，那他肯定把一部分活力压在了心底。

弗朗索瓦11岁。他非常安静，在学校表现得很出色。但实际上，他没有什么爱好，也从来没有任何计划。他不知道假期应该去哪里，也不知道下个周末要做什么。除了整日与电脑做伴，他几乎没有其他兴趣爱好。弗朗索瓦情绪稳定，喜欢沉思，他的生活平淡如水。他对自己的生活不管不问，就好像生活并不属于他。

让我们来看看他行为背后的原因吧。弗朗索瓦的父母经常吵架，因为他的父亲有了外遇并欺骗了他的母亲。父母以为他们的儿子对此一无所知。他们总是非常小心，从不让孩子听见两人的争吵。然而，自从弗朗索瓦单独和我交谈后，我很快就发现，他知道在父亲的生活中还有另外一个女人，也知道母亲非常难过。可是他不能对父母说这些。当父母吵架时，他从来没有表露自己的伤心，而把一切都藏在了心底。既然父母不跟他说这些，那他自己也不能说出来。而且，他非常担心把一切挑明之后父母就会离婚。他最不想要的，就是觉得自己是造成父母分开的罪魁祸首。他多么希望看到父母永远相亲相爱啊。

当父母和他谈论这件事情时，他才说出了自己的体会，感受到了自己的愤怒。把愤怒发泄出来才有机会酝酿眼泪，于是他开始哭泣，把内心背负的一切重担都卸了下来。一个消沉的孩子是一个正承受着痛苦的孩子，一个失落的孩子，因为他失去了某样东西却不能、也没有权利表达。而如果孩子不能就此进行任何讨论、不能诉说内心的感受，就会慢慢滋生消沉的情绪。

消沉的另一种表现形式就是躁动不安，大部分家长对此没有任何怀疑。**过分好动是与消沉相反的一种表现形式。**它往往能让深藏不露的问题变得更加让人难以察觉。父母训斥、惩罚和指责孩子都会让孩子把伤痛藏到越来越深的地方。奥姆和瑞林的父母都一味地要把孩子管得服服帖帖的，而不愿正视事实：他们的孩子其实很不幸，而这很可能是他们造成的。

如果没有人顾及并倾听孩子的需求，孩子的躁动不安就可能演变成暴力行为。

这就是为什么马丁和他妈妈来见我的原因。马丁刚刚在幼儿园打了一个小朋友，园长差点儿就把他开除了。这个四岁的孩子已经让所有人——无论大人还是孩子——把他当作了一个怪物。在公园广场，其他妈妈都不愿意让自己的孩子靠近他。他从来都没有受邀去朋友家，朋友们也不去他家。马丁就是一个怪物，他自己也认同了这个说法，甚至连他的妈妈最后也相信了这种说法。这难道是遗传吗？我们可以为此做点儿什么呢？

我让他的妈妈从她怀孕时开始讲他的事情。后来我得知，马丁的爸爸在他出生之前就离开了，就在知道女友怀孕之后，因为他不想成为父亲。

让我们暂时站在马丁的角度来想想。怎么才能理解爸爸的离开呢？既然之前从来没有人告诉过他爸爸离开的真正原因，那对他来说唯一说得通的理由就是自己是个怪物。为了原谅自己的爸爸，为了不让爸爸背负离开的责任，他自己承担了这个责任——他才是罪魁祸首，他就是个怪物。从那以后，他只能一再用行动去证实这个猜想。既然他是个怪物，那他的行为举止就得像个怪物。

我和马丁只交谈了一次，马丁就发生了翻天覆地的变化。连他的妈妈都不敢相信！在这次交谈中，他明白了为什么自己会坚定不移地认为自己是个怪物，也被告知爸爸的离开和他没有任何关系。爸爸离开并不是因为他是怪物，而是因为爸爸自己有问题，因为他觉得自己没有能力养育一个孩子。

马丁不再和妈妈作对了。以前，对马丁而言，洗澡是一种酷刑，现在却变成了一件快乐的事情。他再也不像以前那样粗暴了。不过，有天晚上放学后，他又变回了以前的样子。他的妈妈打听后才得知，那天在学校，老师强迫马丁为父亲节制作一份礼物！

如果一个孩子没有感受到父母的爱，他就会马上对自己说，这其中肯定有原因。他不允许自己把这个原因归结到父母身上，所以更倾向于责备自己。如果父母打孩子，孩子就会认为：这不是因为父母很粗暴，而是因为**他自己**很糟糕。

另外，大多数父母都会说“我打你，是因为你做了不对的事情，你犯错了”。父母是为了纠正“你”，而不是纠正错误，因为父母在打孩子的时候，的确不大清楚棍棒怎么能起到纠正错误的作用。因此，需要被纠正的应该是人，是孩子，他才是“错误”。一切都再清楚不过了。

“如果父母打我，那是因为我不好。”孩子首先会否定自我，而不是质疑父母。“我需要他们，我怎么能允许自己把他们看作脆弱不堪、无法控制自己、可能会让我难受的危险的人呢？我更愿意认为这种错误来自我自己。我才是犯错的那个人。我是个怪物。”

孩子消沉的症状

——不会开怀大笑。

——对任何事情都没有兴趣，如“我不知道该做什么”。

——无聊。

——大家都说他听话或者太乖巧。

——躁动不安。

——有睡眠问题，进食困难。

——需要强烈的肾上腺素的刺激，如喜欢可乐、糖、充满暴力的动画片等。

——学习成绩差。

——学习兴趣减退或者兴趣陡增，总是过于关注分数。

——经常说自己很疲惫。

——反复生病。

2

消沉会让孩子成绩差吗?

对孩子来说，在学校学习成绩差会让他感到极其痛苦，即使他看上去和痛苦没有任何关系（越是这样，就越可能关系密切）。因此，父母千万不要对孩子加以指责，让孩子产生愧疚感，也不要辱骂他或者贬低他。

成绩差的原因何在？永远不要认为你的孩子是个傻瓜、无能的人、废物、数学或者其他科目的白痴。成绩差的真正原因在于，那个时候的他是迫于外在的压力才学习的。父母需要做的，就是找出他在学习上难以进步的原因。

有其他孩子欺负他，甚至打他吗？老师不公正、太严厉、太冷漠或者不够有责任心吗？家里有什么难言之隐吗？父母中有一方生病或心情抑郁吗？孩子是否和哥哥或母亲发生了冲突？还是因为孩子没有达到母亲无意识中对他的期望？

要确定这一点，就要倾听孩子的诉说——这依然是我给出的第一个选择。

在学校和老师面谈时，你应该维护自己的孩子，坚定地站在孩子这一边。父母的立场和态度会影响孩子的一生。在三年级或者初中一年级时，如果老师认为孩子很差，这件事情并非无足轻重！要在学习上往前赶超并不容易，关键是要对孩子解释清楚：他并不差。如果这样做也不奏效，那肯定另有原因：

★ 他心里充满了顾虑，没有心思学习。

★ 他的老师没有发现适合他的学习方式。不要找借口说孩子有诵读困难或者仅仅因为孩子老是和老师对着干，就把这个问题说成是心理问题！

★ 他厌烦学习了！

★ 要让孩子对学习产生兴趣，老师就得对他多加关注。他需要认识到自己要对自己负责，要对自己的选择负责。

在以上这些情况中，孩子内心的情绪都无法表达出来。这些情绪会破坏他在学校的学习能力。请引导他把内心的感受说出来，用语言把一直困扰他的事情表达出来，直到这些能力被重新激活，直到他又找回了学习的动力。

3

孩子很消沉吗？

以下几点可以供我们参考：

★你或你的伴侣很少在家吗？如果你在家，是否会花时间和孩子一起玩？陪孩子做作业不算，因为这件事不能放在情感的天平上计量；为了作业而陪在他身边对你来说很重要，但对孩子来说并不一定重要。

★他是不是暴力行为的受害者？或者说他看到过兄弟或者父母中的一方受到暴力的伤害？

★是不是有某位老师表现粗暴（无论是行为上还是语言上）、凶狠，或者过于轻蔑、专制、冷漠？

★家里是否有一个或多个秘密，或者有一些事情你没有和他讲清楚？

★你们夫妻之间的关系是否亲密？你们相爱吗？你们相互尊重吗？是否生活在同一个屋檐下并不重要，情感上的距离对孩子来说才是最难超越的。

★他没有和自己的父母生活在一起吗？

★他是否遭受过性侵犯？

★父母中的某一方患有抑郁症（无论他们自己是否知道）吗？

如何帮助孩子？

告诉他，你看出他的状态不好，你很希望帮助他。一般来说，孩子都会否认说：

“不，没有，我很好。”

这个时候你就要详细阐述自己的观点：

“当我看到你总是朝小朋友们发火时，我就在心里对自己说‘你不开心’。你可能有什么顾虑，谈论这个问题会让你感觉很不舒服。可能你担心我们会有什么反应，甚至你可能不知道应该怎样用语言来表达让你感觉不好的事情。但是我不想让你这样。对我来说，让你开心很重要。发生什么事了？”

“我不知道，任何事情都会让我发火。”

“你知道现在你的生活中有什么让你烦躁的人或事情吗？”

“让我烦躁的是数学老师。我学不好数学，我的数学成绩总是很糟。”

继续对他提出“是什么……”之类的开放性问题，比如“当你学不好的时候，你有什么感觉”“你有什么想法”等等。

我们要允许孩子表达，同时做到随时倾听他所说的一切，不要让自己的言行形式化，不要有愧疚感，也不要让自己情绪崩溃。

我们只需要倾听！要提一些诸如“是什么”“怎么样”“有什么”之类的问题，直到把问题弄清楚，否则就无法解决问题。不一定要解决所有的困难，重要的是让孩子的情绪得到释放。不要花整整一个小时的时间去纠缠他，只要花几分钟跟他说说话、倾听他的想法就行了。一旦他关闭心门不想再谈，你就应该以后再跟他谈这个话题。给他一点儿时间去思考、理解和消化。

从你的角度出发，你也需要思考一下，因为你对自己的孩子非常了解，包括他周围的人和他身处的境况等。是什么让他变成现在这个样子的呢？

要想更多地陪伴他、倾听他的心声，你就要和他一起做游戏、一起玩耍。

要帮助他在恰当的时候发怒，比如当你发现他遭遇了不公正待遇时，或者当别人擅自闯入属于他的领地或辱骂他时，你可以对他说“嗯，马克斯，你有权利对你哥哥说你不同意他拿走你的自行车”或“如果他说你是只小瘦鸟，你也可以反击回去”等。

消沉是与表达相对立的。人在消沉时，生命的能量会被封闭，用来表达挫折、缺失和伤害的怒火会被压制。**怒火释放得越多，消沉的症状就会越轻。**

请帮助你的孩子重新聚集能量，重新培养对生活的控制力。面对他的怒火时，请你敞开胸怀、笑着接纳。涉及全家人的事情时（包括出行、度假等），请听听他的意见，跟随他的脚步，虽然你不用事事听从，但要经常听听他的想法。

如果他对自己的着装还没有掌控能力，请你赐予他这种能力。如果情况相反，你就要反其道而行之：不要对他的着装做任何评价，但要让他知道你喜欢什么，不喜欢什么。

不要放过任何一个机会告诉他，你把他放在首位；告诉他，他对你来说很重要；告诉他，你觉得和他在一起的时光非常有趣。请分给他一点儿时间。

如果可能，请你尽全力把成年人的问题解决掉！如果你还有问题处理不了，请告诉孩子。不要让孩子来承担原本属于你的压力。告诉他，他对此不负任何责任；告诉他，大人自己会解决问题。要让他能推心置腹地向你诉说心声。请倾听他的感受、想法和需求。

第九章

生活不是一条平静的河流

失败、痛苦、疾病、死亡在每个人的生活中都不可避免。如何让这些考验对人产生积极作用而不造成破坏呢？当孩子面对亲人的疾病和死亡时，如何帮助他在童年时期战胜与此相关的各种痛苦呢？如何用心地帮助他成长为一个有能力克服困难的人呢？

1

经受考验时，是否要让孩子穿上“盔甲”？

据说，在“温室”里长大的孩子都很脆弱。如果他们一直待在“温室”里，就可能很难克服生活中的困难。我还记得第一次在医院里看到透明无菌的隔离罩时的情景。一个男孩从出生起就被放在里面，一直待了好几年后才被带出来。很小一件事都会让他惊恐万分，因为他几乎对任何事情都没有心理准备。那个无菌的隔离罩和一个正常孩子的家没有任何相似之处。

说到“温室”，大家的脑海里往往会浮现出一个生活得过于舒适的孩子的形象。如果一个孩子出生在一个幸福的、经济条件非常好的家庭，父母和睦恩爱、关注孩子并给予孩子足够的爱和自由，那么这样的环境会让孩子变得脆弱吗？一件很小的事情就能打败他吗？

有的人对此深信不疑，其目的其实是为了证明自己的教育方式正确无误。根据他们的观点，应该让孩子了解“生活”，而他们把“生活”理解为：约束、不公、惩罚和痛苦。难道这真的就是我们希望告诉给孩子的关于生活的真实面貌吗？我女儿上幼儿园的时候，她的老师对我说，有一点很重要，那就是：她得准备好遵守规矩、服从约束，因为她今后的一生都要在这样的环境中度过！可是，她当时才三岁！这不符合我的生活理念，最后我带着孩子离开了那所幼儿园，因为它只强调服从，却不重视孩子的个性发展。

不过度强调服从、不打孩子、不试图去限制或者伤害孩子，如果父母这样做，孩子肯定不会变得“硬邦邦的”，也就是说，他肯定不会为自己套上一层“盔甲”。当他碰到巨大的困难时，他的第一反应应该不是自救或者逃跑。相比其他孩子而言，他哭泣的可能性更大。但这难道不是很好地证明了他的心理很健康吗？他遇事更加敏感，这是件好事！

难道我们要一边控诉这个世界冷漠无情，一边却试图让自己的孩子去适应这个世界？

把表露情绪理解成脆弱、不能担当或无能，这种想法已经过时了。事实证明，情况恰恰相反。或许掩饰自己的情绪对于权力游戏、控制他人和赢得胜利有帮助，但从长远来看，压抑情绪会让人变得脆弱。只要表达方式得体、尺度适当，表露情绪就不是脆弱的表现。

让我们大脑混乱不堪的愤怒、让我们坠入痛苦深渊的悲伤、让我们麻木迟钝的恐惧，这些干扰性的情绪往往蕴含着某种特定的意义，只有在少数情况下才会和此时此地发生的事情有关系。我们需要对这些情绪的真实含义进行解密，否则，这些情绪的表露会让问题变得更加严重。

我曾经在某次座谈会上谈及这个话题。有一位年轻女士发言说，不仅在她的公司，而且一般来说，在职场中人们都找不到人倾听自己的感受。她举了一个刚刚发生在她身上的例子：当她遭到不公正的待遇时，她在老板面前伤心地哭了，但老板因此更加愤怒。

我们就这样认为自己的情绪没有被接纳！那位年轻的女士还以为自

已表达了情绪！但实际上，面对不公，只有表达愤怒才是正确的！而哭泣只是让自己站在受害者的角度进行一场权力的较量，于是老板顺势回应了这次挑衅。

我们需要更好地学习一下情绪的运用法则。表达情绪并不意味着不加选择、毫不克制地流下没有意义的泪水。这个事例让我们看到，那位女士在老板面前的表现就像一个小女孩在她爸爸面前的表现一样，显得软弱无能！

正确的情绪会让我们变得更加坚强，而错位的、不恰当的、过度的、替代性的或者随时可变的情绪，会让我们变得不堪一击。

在大部分人看来，哭泣总和痛苦联系在一起。如果一个人哭泣，那就说明他不舒服。我们希望通过神奇的手段来消除他的痛苦，即要求他不再流泪。我们认为如果他不哭了，他就不那么难受了。

确实，听到某人痛苦的哭泣声会让我们难过。但是，我们都是成年人。难道就因为我们对眼前的问题无能为力，就去强迫一个人，尤其是一个孩子对自己的痛苦闭口不谈，让他独自承受这种痛苦吗？这难道公平吗？

一个懂得表达的孩子不会把事情藏在心底。他不舒服，这没错，但疼痛不至于拥有摧毁他的力量。有泪水的帮助，他就能挺过去。

一个必须克制着不流泪的孩子会把痛苦藏在心底。他需要独自一人面对痛苦，把自己掩埋在痛苦中。他的一部分心理能量被用来为这种痛苦寻找意义，被用来抑制自己的情绪，被用来不让自己那么痛苦。这样一来，这部分能量就不能用来展现个性、在学校好好学习或者和朋友建立正常的人际关系。他可能会在考验面前显得苍白无力，而且迟早会通过某种病症表现出自己的伤痛。而不幸的是，他的父母不会认为这是病症。长湿疹、尿床、拒绝进食、考试成绩差、有暴力行为或消沉都是可能出现的症状。这些情绪可能深埋多年，直到孩子成年后才找到释放的出口；这些情绪会破坏他们对事实的感知能力，会导致他们职业上的失败、不幸的婚姻、错误和冲突。所以，当他们在工作中被辞退或在生活中面临离婚时，这些情绪就会爆发出来。甚至，他们还可能面临罹患癌症或者心肌梗死的危险。

每个人一生的各个阶段都要经历各种考验，我们没有必要怂恿孩子为此穿上“盔甲”。相反，要想孩子面对考验屹立不倒，并且毫发无损地通过考验，我们就要帮助他树立自信，对身边的人产生信任感，帮助他培养释放情绪的能力。

不承认自己内心产生的情绪，给自己穿上“盔甲”，都会让我们误以为自己逃过了一劫。但现在我们知道，压抑情绪无论对心理还是生理都是有害的。情绪是上天赐给我们的工具。拥有它，我们就可以面对生命中的困难。为什么要放弃使用它呢？

让我们一起来看看童年时期最常见的几种考验。在此，我不会讨论虐待的话题，这个话题我将在另一本书中进行阐述。

2

分　离

对一个孩子来说，最大的考验就是分离。

出生时的分离

有些孩子一出生就不得不与母亲分离。因为一些健康问题，孩子或母亲可能需要特殊的照顾、治疗和设备，而所在的医院可能并不具备这些条件。现在，妇产医院开始努力帮助母亲和孩子尽早建立联系。不管怎样，如果有人对你说“不可能”，请你坚持并证明给他看！进了医院，你变成了“患者”，但这并不说明你要事事听命于他人！

我生第一个孩子时是剖宫产。手术后，我从产房回到病房，得知我的女儿要在一小时后才能来到我身边。玛戈，这个身体冰冷、体重很轻的孩子“必须”待在恒温箱里。她是我的第一个孩子，而我还没有做好因受到侵犯而和医疗机构抗争的准备。在“只要体温很低，孩子就必须待在恒温箱里”这种思维定势的影响下，我不敢提出任何反对意见。可是，我的身体或者说孩子父亲的身体并不比恒温箱的保暖效果差啊！

况且，为什么把恒温箱拿到楼下的病房来就“不可能”呢？

“恒温箱不能拿到楼下！你这层楼管理恒温箱的人一小时后才上班。”

可让人以为像在做梦的是，孩子的父亲——让·贝尔纳——拿到了恒温箱！好几个护士追着他，大声喊着：

“您没有权利这么做！”

“我就这么做了。你们没有权利让孩子待在那儿，她的妈妈却待在楼下！”

他把恒温箱拿到楼下来了。当然，这也没有带来多大问题。

因为新生儿纳坦的心脏有问题，他的妈妈实施了剖宫产。出生后，他立刻被送到一家专门治疗儿童心脏病的医院。因为刚刚做完手术，纳坦的母亲不能陪着他，只有父亲一直陪在他身边。他对纳坦说话，把他抱在自己怀里。当工作人员要求他晚上离开时，他只说了声“不”。谁也别想把他的小宝宝留在这个陌生的世界，独自一人承受痛苦。他想在那儿睡，就在孩子身边。他在摇篮旁的瓷砖地板上睡着了！任何劝说这位父亲不要待在孩子身边的努力都白费了，而他如此坚决的行为最终让工作人员屈服了。第二天晚上，他得到了一张舒适的床垫。如果所有的父亲和母亲都能如此坚定，那么医院可能早就着手建立一个致力于尊重并满足新生儿家庭需求的部门了。

如果分离真的不可避免，那就把它说出来。是的，对着婴儿说出来！他能听到。他听不懂你说的话，却能领会你的意图。令人惊讶的是，我们只需要对婴儿解释到底发生了什么事情，他就能停止哭泣或者不再拒绝进食。

婴儿也有自己的喜怒哀乐，不仅仅满足于吃饱喝足，科学已经向我们证明了这一点（我们需要科学的证据，因为我们通常很盲目）。

婴儿也是一个人，应该给予他尊重。

如果他还不会用语言表达自己，他就会用身体说话、用哭喊表达。他在试着和我们交流。他有权利了解事情的意义所在，也早已把自己听到的一切印刻在脑海中。他需要了解到底发生了什么事情。

上幼儿园时的分离

孩子大一些后，如果妈妈要上班，孩子就得上托儿所或者幼儿园。受弗朗索瓦兹·多尔多理论的影响，幼儿园对待小朋友的方式发生了改变，几乎每个幼儿园的老师都非常注重孩子的需求。几乎在每个地方，幼儿园都建议父母在孩子入园前做好准备工作，给孩子一段适应期。在这段适应期内，幼儿园欢迎父母陪伴孩子，直到孩子完全适应为止。几乎在每个地方，都会有人帮助父母采取正确的方式和孩子对话，而且老师会在父母不在孩子身边时给他讲关于父母的事情。孩子不是一个我们可以随时放下又随时拎起的包裹，他是一个人，有权利拥有自己的想法！

你把孩子送去幼儿园是因为你要重新工作吗？**他没有权利选择，但是他有权利表达自己的感受。**

如果很多次之后，你的小宝贝依然在你离开时泪水涟涟，那么他是在试图向你诉说些什么。不要认为“一切都会好起来的”，泪水说明孩子经历着某种痛苦。

把孩子的哭泣解释为他拒绝在你上班的时候去上幼儿园，这似乎很有说服力。不过，不要这么快就下结论。好好了解一下孩子所经历的事情，努力弄清楚他有什么需求。是和老师有关？和他所处的地方有关？和另一个孩子的存在有关？还是反映了你自己的焦虑？你是否觉得自己被生活遗弃了？

和他讲清楚，尤其不能撒谎！你热爱你的工作吗？你重新工作很开心吗？告诉他，你给予他的爱一点儿也不会因此减少。告诉他工作带给你的快乐！孩子希望看到自己的父母开心。我们把和孩子分离的责任推给别人（比如公司、老板等），以为这样可以避免引起孩子的对抗情绪。其实，如果你在他面前把自己的离开表现为违背自己愿望的不得已的行为，孩子并不一定会接受。恰恰相反，从长远来看，承担起属于自己的责任，这更能让人感到满意，而且对孩子更有利。同样，如果他不想去上幼儿园，不要强迫他接受：

“所有孩子在你这么大时都得上幼儿园，这是必需的。”

这不对！在法国，上幼儿园并不是强制的。6岁以上的孩子才开始实行义务教育，而且也不一定要去学校，你也可以选择在家里教他识字阅读。你选择学校，可以给你空出工作的时间，但这只是满足了你的需求，而法律并没有如此规定。如果我们对孩子撒谎，把自己的责任推卸给他人，那么对于孩子的谎言和逃避责任的行为，我们又有什么理由感到诧异呢？

无论什么情况，请提前告知！

孩子没有时间观念，所以提前为孩子提供充分的信息非常重要。就连一个婴儿都需要时间来做准备。如果你准备出门一个小时，你就需要在当天上午告诉孩子（但不能只提前两分钟告知）。不过，如果你打算离开一个星期，那你至少要提前一个月告诉他这个消息。

老实说，为什么不能在离开的当天告诉孩子你的决定呢？**一次分离关系到两个人**。早点儿沟通可以为双方提供时间来倾听对方的感受，以便提前做好准备，在离开和归来的那段时间里建立一座桥梁来表达双方的需求，最终制定好相应的对策，让双方都能感到彼此的联系没有中断。

一件带有你气味的T恤对他来说是不是足够？或者让他拿一件属于你的小物品或者一张照片。**一起为此做好准备，就能感觉更加靠近彼此。**你不在的时候，他可以看看你的照片，闻闻你的衣服，触摸一下你留下的小物品，就能想起和你在一起的亲密时光。

如果要离开的是孩子，那么他心爱的小玩具或者有着你气味的衣服对他来说都很有意义。让他自己选择对他有帮助的东西，比如父母的照片、小熊玩偶、家里的某样物品或者一个熟悉的玩具，这些都可以让他感觉即使他不在家，爸爸、妈妈还有这个家依然存在着。

如果孩子的年龄大点儿，你可以和他一起画一张表格，每个格子代表一天，他可以过一天划掉一个格子。你也可以为他准备一个纸板做的带有很多小门的箱子。他每天打开一扇小门，都可以发现一张传达爱意的小纸条、一颗糖果或一份小礼物。所有这些我们都可以按照自己的想法来做！

要记住，只交流一次是不够的。你要经常说，**不停地说，**即使他不喜欢听你谈这个话题。慢慢地到了要离别的日子，孩子的情绪就会发生变化。

★ 和孩子谈谈未来要照顾他的人。

永远不要把孩子托付给一个对他毫不了解的人。

有些孩子可能需要一段时间来对别人产生信任感。要了解某人，只见一个小时根本不够。如果你不得不把孩子交给一个他不太熟悉的人去照顾，那你必须尽量让他们真正地互相了解，让他们一起为你的离开做好准备。

★ 提醒孩子在你离开期间应该做什么。

这样他就有了方向。他会在和你分开的期间继续自己的生活。

★ 描述一下你的计划。

向他解释清楚你的计划。**任何时候都要告诉他你离开的真实理由，**永远不要撒谎。如果是你自己的选择，就不要以外在的不可抗拒的理由来搪塞孩子。

★ 谈谈你自己，说说你的感受。

“要离开你，我很难过，我会想你的。”

★ 倾听孩子的感受。他有权利表现得很生气、很伤心或者很担心。

★ 让孩子想象一下重逢的那一刻。

练习分离

★ 玩捉迷藏的游戏。

弗洛伊德曾经描述过一个线轴游戏：孩子抓住线头，把线轴扔得远远的，同时喊“走了”，然后拉着线头把线轴拉回来，同时说“回来了”。这个游戏有点儿像捉迷藏游戏，可以帮助孩子学会理解“不见了”和“再次见面”。一个很小的孩子只在某种特定的条件下才会喜欢玩捉迷藏。他藏起来，而你很快就能找到他，接着这么玩几十次他都不会厌烦。但如果他很难找到你，就会哭起来。

★ 讲故事。

讲一个与父母的离开、孩子的不安、归来和安慰有关的故事。我们可以围绕故事这么对孩子说：

“你也一样。昨天我走的时候，你也有些害怕，就像故事里的猫头鹰宝宝一样。后来，我回来了。妈妈总会再回来。下个星期，我还要离开两天。你可能觉得有些孤单，又像猫头鹰宝宝一样。我要在外面待两天，那两个晚上我就不能陪你了。然后我又会回来的。”

★ 慢慢让他习惯。

可能的话，尽量根据孩子的情况来安排分离的时间。如果孩子不到两岁，就不要离开他24小时以上。等他年龄大一些，会说话了，可以表达自己的意见了，你就可以听听他的想法了。

父母什么时候才可以安排有了孩子之后的第一次离家远游呢？我认为，得等到孩子有能力表达自己的意愿的时候。明智的做法是，先让孩子在奶奶家或朋友家过一夜，然后慢慢地增加和孩子分离的时间。

★ 永远不要不道别就离开孩子！

也许不和孩子道别就离开孩子，你可以避免看到孩子流泪，但是背叛可能成为你们关系中的一个污点。倒不如学着接纳并分担孩子的泪水。泪水能够帮助孩子在面对分离时调整自己的情绪。

分离期间要保持联络吗？

对成年人而言，半个月的时间转瞬即逝，可对一个两岁的小孩子来说，却漫长得无法忍耐。

★ 打电话！写信！发传真！让他感受到你的存在。

你因为不想让他哭而干脆不打电话吗？你也许应该避开他睡觉的时间打电话，但是，请给他打电话！如果他在挂了电话之后哭泣，那就让他把痛苦发泄出来。要确保看管孩子的人能够在孩子哭泣时陪着他，而不是要求他表现得像个男子汉！

他忙着玩要而没有理会你？其实他已经听到了你希望和他说话，他知道你不会忘了他。

相反，如果你不给他打电话，他就可能会问自己一些问题，而这些问题他不会和任何人提起！照顾孩子的人会对你说一切都很好，他一次也没有抗议过，一滴眼泪也没有流……他很清楚他应该把悲伤埋在心底。他只会把这份悲伤留到20年后向他的心理医生诉说。

想想看，如果你的爱人离开一到两个月（对孩子来说，这段时间可能是一个星期），你会有什么感受呢？分离很残酷，你更希望能够和爱人相拥。如果你和他通电话，你会很激动，挂电话对你来说很困难，你甚至还会伤心流泪。但我们想想看，如果为了不听到你哭泣，因为担心你痛苦，他就在离开期间不给你打电话！你怎么能受得了？

你的孩子和你一样有权利得到同样的重视，有权利要求他的需求得到尊重，尤其是当他年龄还小，还不能自己满足自己的需求时。

★ 你和孩子待在一块儿吗？听听他如何谈论那个离开的人。

"爸爸去哪里了？"两岁半的玛戈接连问了我20次。每次我都回答说："在办公室，亲爱的宝贝。"

过了一会儿，我觉得自己回答得太机械了，于是问她：

"那你怎么想，你觉得爸爸在哪里呢？"

"他在他办公室，他和电脑一起工作，也可能在见一个客户。"

其实，她问问题的时候并没有期待一个答案。她在用她的方式向我表示：她正在想象着一幅关于爸爸的画面。

"你想爸爸了"可能是一个更加体贴、也更合适的答复。

为了不让孩子产生不良情绪，孩子身边的人有时会避免提到离开的亲人。但如果费很大劲儿转移话题，对孩子来说就可能显得很可疑。要允许他谈论这个人，让他讲述他的感受和心里话。

重逢

★ 不要期待他会马上蹦到你怀里。

给他一些时间来适应新的情况。可能他需要几分钟才能接纳这个新的事实：妈妈回来了。他也可能需要把正在做的事情做完！要小心，不要把这段时间理解为他对你漠不关心。情况正好相反。为了和你重逢，他希望感觉到自己是完整的，所以他需要把弹珠都摆好或者把画画完。

★ 克制住自己，不要急着把他淹没在你的亲吻中。不要把重逢的时刻变成不安的时刻。是的，只要孩子不在状态，即使亲吻也会让他感到不安。张开双臂，蹲下来，让自己和他处于同样的高度，让他向你走过来。

★ 在幼儿园像个天使，回到家就像个恶魔？

白天的他累积了很多压力，因为他没让自己在陌生人面前宣泄自我。他知道你是一个很好的包容者，所以他把压力留给了你。即使他脾气糟糕，你也要继续爱他。

★ 你一回家儿子就跟你赌气？

这样做或许正合你的意，因为你本来就想安静地待着。你是否有点儿仓促地认为"他不想跟我在一起"，然后就去做别的事了呢？其实你刚刚错过了一个好机会。

你的儿子生气了，因为你不在他身边。他想你，这就是他向你倾诉的方式。请倾听他的诉说。为了修复你的离开给他带来的不安，他想要确定你依然爱着他、关注着他、愿意和他一起玩。别让他失望啊！

不要对他说：

"你什么时候不赌气了，再过来玩！"

而要直截了当地走过去，说：

“我是真的很想和你一起玩汽车。”

最初的情感裂痕

不管爸爸、妈妈还是家庭中的其他成员，比如爷爷奶奶、外公外婆、叔叔舅舅、姑姑姨妈等，从本质上来说，大家都是人。你的孩子也会依恋其他家庭成员，而父母总是容易对孩子与家庭成员之外的人之间的关系产生错误的认识。

如果孩子在家里由保姆或奶奶照顾，那么中途看护人可能会有变动：有资历的保姆可能要退休，做临时保姆的学生或互惠学生可能在完成学业后找到了一份稳定的工作，外国学生可能启程回国……各种各样的情况都有可能发生。你要在得知消息的第一时间把消息告诉孩子。为孩子保留一些看护人的照片，让孩子保留这份回忆。让看护人和孩子聊一聊，向孩子解释自己离开的原因，尽可能地延长说“再见”的时间。

因为各种原因，孩子在学校最初几年交到的朋友很难一直交往下去。如今，社会的流动性越来越大，朋友有可能搬家，去另一个省生活并因此转学。如果你三四岁的孩子对此似乎没有任何意见，那不是因为他没有任何感觉，而更多的是因为他不知道该如何表达。

你要搬家吗？

搬家也可能导致情感裂痕。如果孩子有足够的安全感，就能更好地渡过这个难关；如果他缺乏安全感，那么失去了习惯性的坐标可能会给他带来精神上的创伤。

★ **请你帮助你的孩子展望他的未来**，提前设想未来的情况。尽量多带孩子**一起参观**你们今后要生活的地方。就连你自己也有这个需求，不是吗？想一想，和你相比，他对变化更缺乏安全感，即使他不需要考虑任何和搬家相关的具体问题（带他参观的目的也许就是希望他能和父母一起考虑这些问题）。

★ 让他最大程度地参与搬家的活动。

只要有可能，就让他担负起一定的责任。借口说不想让孩子介入没有意义的忙乱，或者说得更直白些，为了不让他在大人打包时添乱，我们就把他赶得远远的，却因此剥夺了某些对他来说非常重要的东西，这是不对的。

搬家时给物品打包的行为可以帮助我们与过去一起生活过的物品道别，并做好与新物品见面的准备。把东西放进纸箱、整理物品的同时，我们也在体会着自己对这些物品的依依不舍，能想起与它们相关的一些故事。

孩子在很小的时候就能够把所有的毛绒玩具放进纸箱里。年龄再大一些后，他就能够把所有的纸箱封起来、编号，然后写上里面装了什么东西。

只要你的孩子会走路，你就可以完全信任地让他带着你在新家到处走。要帮助你的孩子积累内心的能量，对自己经历的变化产生意识。要陪着他：1.向过去道别；2.培养自我意识，意识到变化中永恒不变的东西；3.事先构想将来要在新家开展的一些活动。

发生变动时陪着孩子

1. 挥别过去

这个阶段包括：否认、愤怒、协商、悲伤，最后是接受。要给每一种情绪留下空间；在孩子怀旧的时候陪着他；收好以前的照片，以保留曾经的回忆……

2. 减压室

在两个世界、两间公寓或两段生活之间，有必要努力创造一间减压室。在这片内心的天地中，让自己感觉到永恒存在的东西。减压室可以在过去和未来之间建立一座桥梁，让我们观察到它们之间的相似之处和不同之处，而这些不同的地方会有非常积极的意义。

在这个减压室中，要能够体验自我，要感觉到对自己的信任、对自己个人力量的信任。想想自己曾经成功地经历过什么变化。

3. 预先设想

对未来的前景进行勾勒，想象一下将来会是什么样的；让自己置身于未来，决定自己想要什么。

3

一个新生命的到来

是的，这是一个神圣的考验，有些人面对这个考验时会感到困难重重。妈妈没有以前那么空闲了，她“总是”要照顾小宝宝。她很疲惫，甚至因为整夜不能睡觉而筋疲力尽。因此，大点儿的孩子若要得到照顾，必须等待。有时，他还会因为这个新来的小宝宝被责骂。可是，他依然需要得到妈妈的关注，大家却要求他比同龄的孩子更成熟！大家期望他做出各种努力，适应各种情况，借口就是另一个孩子还只是个小宝宝！可是，大家曾经对他说这个小宝宝会是他的玩伴！他发现，这个宝宝不会玩，只知道哭和睡觉。妈妈总是亲他，他得到了很多礼物……“这不公平。”

孩子越大，解决这类困扰的能力就越强。如果将孩子们分隔开，可能会带来其他弊端。对此，我们没有完美的解决办法。弟弟或妹妹的到来就是一个考验。一旦通过了这个考验，孩子将拥有一笔巨大的财富。

当老大并不简单，当老幺也不容易，更不用说夹在中间的孩子了。总而言之，家中的孩子们各有各的烦恼。我们的任何安慰，尤其是像

“我对你们的爱都是一样的”这样的安慰，对现状不会带来任何实质性的改变。

在这本主要讨论情绪的书中，我不会谈兄弟姐妹的关系，不会谈爱和竞争，不会谈效仿和冲突，我只想着重谈一谈孩子生命中这一重要的变化。

他要和曾经属于自己的“最小的孩子”这个称号道别了，要和他人一起分享和父母在一起的时光，有时还要和他人一起分享本来只属于自己的卧室和玩具。他不再拥有国王般的待遇，这并不是件小事情。如果你的孩子对你**发脾气**，说你不该又生一个小宝宝，这很正常、很自然，甚至十分有利于他的身心健康。这个新生儿的诞生对他来说可能意味着和父母的分离。他可能会感到焦虑，感到自己被遗弃，担心失去你对他的爱。

“妈妈想要另一个孩子等于我对她来说还不够！”

或者是：

“我太大了，她更喜欢一个小宝宝。她不再爱我了。”

他可能确实担心失去你。

“她生宝宝去了，再也不会回来了。”

（这种想法非常普遍。看到妈妈回来，孩子会大大地松一口气。）

有了小宝宝后，你花在他身上的时间肯定会更少，而他要接受自己的地位变成了第二位，所以**他很伤心**。

西里尔借口说为了不让孩子担负这样的伤痛，不打算要第二个孩子！但只要一个孩子并不能解决所有问题！眼看着自己因为弟弟或妹妹而不再受宠，这真的很难接受，但从长远来看，这将给我们的生活带来更多乐趣和收获。我们是应该尽量避免让孩子经受这样的考验，还是应该帮助孩子通过这场考验呢？

要求孩子懂事理智、道德高尚，这些都毫无意义，而且害人不浅。你要向他表明，你明白他很伤心。请你倾听孩子的各种感受，陪着他走完这一段长长的接纳之旅吧。

与其告诉孩子有弟弟或妹妹的一系列好处，倒不如让他自己列出这张清单。当然，也不能忽略有弟弟或妹妹的坏处！

一个新成员会给孩子带来困扰，这个人可能是继父，也可能是同父异母的姐妹等。任何新成员都会给家庭情感的平衡带来冲击，也会使孩子产生情绪。家庭的重组并不总是那么简单。你的孩子必须接纳一位新爸爸、一位新妈妈、几个同父异母或同母异父的兄弟姐妹……他们不得不相爱。是你选择了一个新配偶，而不是孩子选择的。然而，为了大家能够生活在一起，你必须把事情都讲清楚。如果每个人的感受都有人倾听和尊重，那么大家就都可以给予对方足够的重视和尊重。

4

父母之间的纠纷

你经常和自己的伴侣吵架吗？你和伴侣之间的关系是靠怨恨维系的吗？你是否为了不让孩子担心而什么也不对孩子说呢？

要注意，孩子并不是傻子。即使你非常小心地在他面前避开谈论某个话题，他还是能够感觉到有问题存在（尤其是当你费尽力气想掩盖时，他会觉得其中存在危险，他所有的感官都会为此处于戒备状态）。

孩子即使睡着了，身体的某一部分依然会接受周围的信息。这样一来，他就会做梦，而且是做噩梦，在大脑中产生一些无意识的画面。如果他在接受这些画面时是无意识的，那么他就无法用语言来表达，从而产生更大的困扰。如果他能够弄清楚事情的真相，就可以把这些东西转移到很远的地方，这样它们对他的侵犯程度就不会那么深了。

孩子会因为父母之间的冲突而备受煎熬，尤其是当他对此无法理解，看到的只是表面现象、无法触及事情本质原因的时候。我们要倾听他的想法，和他交谈，要敢于谈及这个话题。即使你对自己的伴侣非常生气，也要让孩子对他/她心怀敬意。因为，你厌烦的对象也是他的父亲或者母亲。

首先，我们要倾听他的想法，不加以评判，不为谁辩护，也不要试图让孩子原谅自己的伴侣，而只需要听听孩子的感受。

“当你爸爸和我吵架的时候，你有什么感受？”

“你妈妈和我生气的时候，你不舒服……”

“你听到我们争吵时，很不安吗？你会在心里对自己说什么呢？”

不要替自己辩护。他不是审判官，而是你的孩子。不要把聚光灯照射在自己或者伴侣身上，而要照射在孩子身上。他需要一个空间进行交流，需要感觉到自己很重要，需要父母倾听他的感受、他的想法和他的忧虑。

如果这些问题变成了真正的问题，那父母就要做出回应，而不是把这些问题像鱼钩一样抛出去，为的只是获得一些真相的碎片。不要对他撒谎，要真诚。你有权利不告诉他真相，也有权利告诉他真相，但你不可以似是而非。

最后，要让他安心，告诉他，你和伴侣难以相处，这不是他的错；或者告诉他，你会永远爱他。

5

父母离婚了

“我无法想象把孩子们叫到一起，甚至是看着他们的眼睛告诉他们‘爸爸和妈妈相处得不好，我们要离婚了’。”

我们要与孩子的目光、反应和情绪面对面，真诚地对他说出我们的感受。这对很多父母来说很困难，以至于他们宁愿什么都不说，直到离开的前一天晚上，甚至就在离开当天才对孩子宣布。有些父母甚至一声不吭地就离开了。他们的理由数不胜数：

“我不希望他们难受。”

“如果我对他们说再过一个月或者一个星期我就要离开了，他们不会明白的。”

“没有必要提前给他们带来心理上的伤害。”

“在我离开时，我甚至不确定是否找得到另一个住处，说这件事没有任何意义。”

“我不想让人觉得我很犹豫。”

“这是大人之间的事，没有必要牵扯上孩子。”

……

父母们忘了，他们自己也是经过很长时间的思考才决定分开的。分离意味着孩子的生活会发生翻天覆地的变化，为什么孩子就不可以有为此做好准备的权利呢？

“我在等着自己下决心。”身为三个孩子的妈妈，安娜推心置腹地对我说。她不希望在事情没有发生之前就对孩子们发出警示。

每三分钟就宣告一次生活将发生巨大变化，这毫无疑问是有害无益的。但想一想你自己花了多长时间才让自己产生离婚的念头！你却要等自己完全确定了之后才告诉孩子？对他来说，一切都发生得太快、太突然了。

最好尽早告诉孩子，即使我们还在犹豫，而且一定要听听他的感受。我们担心自己的不确定会让孩子感到不安吗？事实上，如果没有提前看到父母要离婚的任何征兆，而要突然面对父母分开的决定，这比和父母一起分担离婚前后的痛苦更让孩子感到不安。只要真心诚意地和孩子交谈，孩子就会感到很踏实。他会明白你考虑到了他。你让他知道了事情的真相，他便不会觉得这是个仓促而不可理喻的决定。当然，他会感到痛苦，但他可以公开地表现自己的痛苦，而不是暗自神伤。

我们在孩子面前闭口不谈，这并不能让孩子不痛苦，而是为了逃避孩子可能产生的情绪，也是为了逃避孩子提出的恰如其分（或者不够周全）的看法。**我们不敢正视孩子的眼睛，不敢面对他的看法。**

相较于对孩子撒谎，我们是否可以借助他的目光让自己避免做出蠢事呢？

犹豫的背后，总是隐藏着对孩子的愧疚感。离婚会给孩子带来严重的困扰，这一点大家都深信不疑。不可否认，和相爱着的、关系和睦的父母生活在一起当然好，但如果他们并不相爱或者不再相爱了呢？如果他们经常吵架、无法和睦相处、互相蔑视或者互相伤害呢？

很多成年人都在心理医生面前讲述自己面对父母的不和、争吵、互不服输时都感到非常痛苦，这种痛苦让他们无法自拔。而让他们感到反感的是，他们的父母没有勇气分开，在自己无法接受的语言和行为面前委曲求全，于是他们对这种消极的夫妻关系感到厌烦。这些在他们的心里留下了深深的烙印，让他们很难与人保持和睦的关系。

当一切为缓解夫妻紧张关系的努力都已经做过，当爱已不在时，分开可能对大家都是一种解脱。所以我们的问题不是去探讨离婚是否会伤害谁，而是“如何在一种沟通的氛围中、带着对对方的尊重离开对方”。真正伤人的是对此闭口不谈、不表露真实的情绪——无论这种情绪是愤怒、悲伤还是恐惧。

我们要面对现实：男人和女人都无法继续一段让人感到窒息的关系；如果他们在一起并不开心，倒不如分开。在法国，15%的家庭都是单亲家庭（这些家庭中大都有未成年的孩子）；而在英国，这个比例已经高达23%[1]。

真相出自孩子之口

父母相处不融洽时，孩子能察觉出来，但一般不会说出来。即使父母自以为是地达成一致不在孩子面前吵架，也是白费功夫，因为孩子能够感觉得到。

塞西尔想和丈夫分开已经想了很长时间了，但她没有对孩子说这件事。她信誓旦旦地对我说孩子对此一无所知，但我建议她稍微注意一下

1. Courrier international nº 431. Paris：Currier International SA, 1999-02-4~10.

孩子会说些什么。让她无比惊讶的是，当天晚上，她6岁的儿子问她：

“妈妈，你说如果你离婚了，我跟着谁呢？”

幸运的是，我们一起为此类问题做好了准备。她和儿子进行了一番交谈。在这次谈话之后，她儿子的数学运算又变得很棒了。塞西尔因此明白了事情的前因后果。她的儿子因为心里积压着太多没有得到答案的问题，以至于影响了学习，尤其是在学习除法运算上。的确，当他的家庭面临分裂，当他正茫然无措时，怎么有心思去学除法运算呢？

孩子能感觉到却不敢说出来，因为他担心说出来反而会让没有发生的事情发生，担心自己会让事情变得更糟糕，会让父母真的快速分开。但这并不意味着他不需要就这件事情进行探讨。成年人应该先迈出沟通的第一步。

分离会带来心理创伤吗？

除非遭遇过来自父母的暴力、父母之间的暴力相向，或者遭受过父母的性侵犯，否则没有孩子希望自己的父母分开。但重要的是，我们要看到，一旦孩子长大成人，他对父母的分离并不会有意见，而更多的是谴责不断互相指责的父母，控诉父母让自己过着郁郁寡欢、没有真爱可言的生活，控诉自己曾经抑郁或不幸。经历过父母离婚的孩子会指责父母，并不是因为父母分开这件事情本身，而是因为他没有得到父母的倾听、重视，没有被告知。

分离可能让人痛苦，但并不全是伤人的。的确，有些孩子因为父母离婚而深受困扰，但也有一些孩子因为某些事情最终豁然开朗而得以解脱。他们有权利在父母面前谈论这个话题，而在以前他们可能并没有被赋予这项权利。于是他们重新变得笑盈盈的，变得快活自在了。

西尔维娅的父母离婚时，她已经30岁了。但是，她依然受到很大的触动。很多秘密都因为父母分开而被公开了，有些以前在家里不能触碰的话题现在也可以谈论了，她这才意识到自己小时候几乎生活在谎言之中，而她曾经对父母关系的揣测是对的！她一直都不相信父母在自己面前表现出的样子，也不觉得父母中任何一方有多么幸福，但她从来不敢揭开这层面纱。她曾经以为爱情只有这种畸形的表现形式，因而经历了不少爱情的挫折。父母的分开让她经历了痛苦，却受益匪浅。由于父母的分开，尤其是知道了关于父母的真实情况后，她最终把一直压在心底的重担卸了下来，并且遇到了一个和她生活至今的男人。

她年龄很小的时候不愿意自己的父母分开。但现在，她觉得如果自己的父亲早点儿离开，那么很多事情对她来说会更容易一些。她觉得是父亲让母亲不幸，也怨恨自己的母亲总是那么顺从，总是郁郁寡欢。之前，她的父亲总是不顾家、晚归、不和他们一起去度假。将他们分开看待后，她对父亲有了更深入的了解，对母亲也一样。

与常人想法不符的事实是，离婚可以让某些孩子对父亲有更好的了解！因为有探访日，他们经常可以看到父亲。而在以前，父亲晚上总是很晚回家，而一到周末就睡觉或者处理一些紧急公务。不过也有个别不幸的情况，比如有些父亲在离婚之后就消失得无影无踪。

除了养育孩子、保护孩子，我们需要做的最重要的功课就是让自己幸福！如果离婚能够帮助我们，那么孩子也会对此表示欢迎。但是我们说“欢迎”，并不意味着孩子可以很轻松地度过这个阶段。父母要花时间倾听他的感受，陪着他向过去的家庭道别，然后陪着他和父母建立新的关系。

分离本身并不具有杀伤力。离婚之所以会给孩子带来心理创伤，真正的原因是孩子无法表达自己的情绪，被父母禁止愤怒、恐惧、悲伤，从而不认同自己的感受。

然而，独自一人养育孩子（大部分情况下是女性）非常艰难。我们最好更深入地分析一下单亲母亲被边缘化的社会现象。

你的孩子希望你幸福快乐

我们对孩子的评价往往并非源于别人，而恰恰源于我们自己的父母！

帕特里西亚多年来一直和孩子们生活在一起，她的生活里从来没有出现过另一个男人，因为她觉得孩子们会受不了另一个人来替代他们的父亲。后来她终于鼓起勇气和孩子们进行交谈、倾听他们的想法，这才惊讶地发现，和她预料的恰恰相反，她8岁和12岁的孩子十分期盼她能重谱一段恋曲。

宝拉单独和16岁的儿子生活在一起，晚上一直不敢出去约会。她担心孩子会因此不高兴，也希望能以此弥补孩子被爸爸遗弃的遗憾。她永远也不会抛弃自己的孩子！事实上，她的孩子非常希望看到她出去约会，去放松一下。他不敢向她表明这一点，因为担心妈妈会认为自己不爱她了。两个人中的一方为了保护另一方不受伤害，就会把自己的心门关闭起来，两人之间的冲突却会因此成比例地上升，而且难以避免；为了不说出实话，他们就会吵架……

母亲可以替代父亲的角色吗？

离婚后父亲再也不看自己的孩子，这种现象出现的比例非常高，而且高得过分。这些父亲不愿体验这种痛苦或自己内心的愧疚感，于是干脆把过去一笔勾销。居然还有一些机构帮助这些父亲逃避责任！这些机构帮助他们消除身份证上的信息，这样他们就可以消失得无影无踪。他们甚至还会换一个新身份，最常见的就是外籍的身份。但是，孩子对此会有什么感受呢？

每个父母都要对自己负责，要对自己在孩子心目中的形象负责，要对自己在孩子面前的言谈负责，更要对自己在孩子面前的行为负责。

我不认为应该让母亲来扮演父亲的角色。有一些心理分析专家认为应该把树立父亲形象的工作交给母亲。然而，父亲不在孩子身边这件事给孩子带来的不良影响，其实并没有他们说的那么严重。只有一个事实会对孩子产生影响，那就是母亲在言谈中完全不提及父亲。我们可以看出，这些专家多么迫切而努力地为父亲们寻找一些理由，来证明他们不出现是合理的！

确实，父亲不出现，其形象自然就被美化了——处于这种状态，父亲当然很舒心。因为出现可能会产生冲突；不出现，就能避免被指责，避免被追究责任。

“我的父亲，他就是上帝！”但随之而来的是很小声的一句“他从来都不在家！”。这两句话很好地描绘了加诸父亲身上所谓的无所不能的形象。桑德拉现在依然很难理解，自己不仅拥有一位“圣人”般的母亲——她奉献了自己的身体和灵魂——还拥有一位“上帝”般的父亲，可自己为什么在生活面前如此消沉、如此被动，在别人面前如此顺从屈服、如此不幸呢？

孩子不需要理想化的父母，他需要的是真实的父母。即使并不那么光鲜亮丽，但相比镀上金的美化了的形象，真实的父母对孩子人格的塑造更有益。因此，孩子的感受需要被他人倾听和接纳。

如何告知孩子你们要离婚?

★ 慢慢来，不要急着告诉孩子这个消息，先谈谈你自己和你的情感。一旦和孩子说明了事情的缘由，就要和他一起分享感受。不要考虑和他一起哭泣是否合适（不要将获得安慰的压力压在孩子身上！）。

★ 不要提前回答孩子还没有提出的问题，因为他可能还没有对自己提出过这样的问题。让他按照自己的步伐前进。但有一点很重要，要在事情发生的最初阶段就开始和他沟通。

★ 倾听！不要做出评判，不要为自己辩护，只需要倾听他的感受、他的体会、他的心里话和他所想象的一切。

★ 接纳他的情绪，在他愤怒、恐惧、悲伤的时候陪伴着他。这才是合理而有效的对策。

6

意外、疾病和疼痛

我们的生活方式、食物、缓解压力和宣泄情绪的能力都会影响我们的健康，我们并非无所不能。没有人能够阻止意外和疾病的降临，也无法让孩子避开疼痛。而孩子的痛苦对父母来说就是一场考验。所以，父母通常会要求孩子表现得勇敢、忍住泪水、不表露自己的痛苦等等，这样就不会让自己处于尴尬的境地了。

但是拒绝倾听孩子的哭泣、拒绝理解孩子的痛楚，这可能会深深地伤害孩子，而且会影响他的将来。

马塞尔50多岁了。他因为急性腹膜炎住院治疗。其实，他受感染已经好几个星期了，但他什么也没有感觉到……因为当他还是个孩子时，他就被告知要压抑自己的情感。

孩子不容许自己把父母丢弃，他总是千方百计地让父母减轻负担，即使他让父母烦透了！这是他唯一被允许的表达方式，甚至也是他保护父母唯一的方法。

作为一个孩子，他只能表达自己有权利表达的东西。如果他感觉忍受痛苦对父母来说更舒服，他就可能学会让自己对疼痛毫无知觉。他将把自己蜷缩在痛苦中，或者让自己失去感知的能力。

所以，你要了解眼泪的力量。如果某位护士要求孩子表现得坚强或者骗他说打针不疼，你一定要阻止她！直接告诉你的孩子，他的身体是他自己的，他才是唯一知道疼不疼的人。他有权利把疼痛说出来和表现出来。另外，如果你的朋友、你的岳父或者你的父亲对他说“你是个大孩子了，你……”时，你一定要反驳他说：“孩子不必按照成年人的要求来控制自己的情绪。哭出来，在自己不舒服时把它说出来，这才是重要的事情。”

如果你看到孩子流泪时注意倾听，你的孩子就会感到自己被接纳、被理解，就不孤单了。当一个人感到有人支持自己时，痛苦对他来说就不那么难挨了。

如果当你不在身边的时候孩子住院了，你要向他解释，很多人在他人的病痛面前不知道如何应对，也正因为如此，有些病人会认为不表露自己的感受是值得表扬的。你要教他这么应对他人：“**生病的人是我，是我的身体，只有我才能感觉到哪里疼，哪里不疼，而且我有感觉不舒服的权利，我也有把它说出来的权利。**”

请引导你的孩子哭泣、颤抖，如果他真的很疼，你甚至可以帮助他喊出来。也许他的哭泣或叫喊声会让医生和护士厌烦，但在你的眼里，你的孩子应该比他们更重要。

第十章

几点建议，让你和孩子生活得更幸福

除了为人父母，你也是一个独立的个体。孩子也是一个独立的个体。你有需求，孩子也有。需求与需求之间的错位可能会造成冲突和较量，而且这种冲突和较量往往是无意识的，但以后会对亲子关系产生不良影响。

下面我将阐述几个重要的观点和具体的方法，希望能帮助你避免与孩子发生冲突，并尽可能地做自己。

1

保持乐观的心态

孩子很享受日常生活中某些固定不变的事情，能从中找到一些人生目标。但如果他的父母带着委屈的心态而不是幸福地过着“坐地铁、工作、看电视、睡觉”这样规律的生活，孩子看着他们，就会在心里产生一些疑问：“如果我以后也要过这样枯燥无味的生活，那我为什么要长大？为什么要上学？为什么要变成大人？”我们就是孩子的榜样。

你不需要为了孩子奉献自己的全部，你的幸福就是让他幸福的关键要素之一。因为你幸福了，就会让他产生长大的渴望，让他放下想让你变得幸福的沉重负担。而且，只有快乐的父母才能在情感上对孩子更加关注！

我们的确要把新生儿的需求放在第一位，但随着孩子慢慢长大，我们可以多关注自己的需求。否则，父母的牺牲对孩子来说就是一剂毒药。你肯定会怨恨他，会感到疲惫，会失去个人空间，而且可能会越来越没有精力应对他。你应该好好休息、充充电、交朋友、做运动、出去约会、好好照顾自己，这些都很有必要，否则一点点小挫折就会让你大动肝火。

牺牲自我更多的是女性的行为，但是也有男性甘愿为孩子做出牺牲，他们认为自己就是孩子的需求对象。一般来说，父亲的奉献很少是不计报酬的，因为他们会期望有所回报，而孩子会失望地发现这只是一场交易，而不是一种赠予。

为了不让自己感觉到牺牲背后的挫败感，很多女性会采取过度补偿的策略。她们会忘记自我、不顾及自己的需求或感受，完全把孩子当成生活的重心；她们为孩子遮风挡雨，对他过度保护或关注，让自己变得不可缺少，随时准备付出一切，孩子的任何一点儿小愿望也要给予满足。这样一来，孩子的自主权便被完全剥夺了，而母亲自己也失去了愤怒的能力。但这种愤怒的情绪会被她深深地埋藏在心底。她会在无意识的情况下把内心这股强烈的怒火积累得越来越大，直到很久以后或者直到她回归自我以后才会爆发。

过你自己的生活，不要让自己活在照顾孩子的责任中。

孩子会试图安抚自己的父母

当父母中有一方感到郁闷、焦虑或不开心时，不管有没有表现出来，孩子都能感觉到，并且会努力去安抚对方。

米雷耶曾经是一个十分可爱而且没有任何问题的孩子。她总是笑盈盈的，非常爱开玩笑；她也很幽默，总是做一些滑稽的动作，非常活泼可爱。所以，表面上看，米雷耶生活得很幸福。事实上，米雷耶从来都没有做她自己的权利，因为她的妈妈很消沉，而她感觉到了妈妈的不开心。然而，由于她的妈妈从来没有真正告诉她自己到底为什么难过，米雷耶就认为这是自己的责任！在这种情况下，米雷耶把自己想象得与现实不符，并且努力通过尽量少提要求和逗他人笑来获得一种存在感。

米雷耶一直都在控制自己，不提太多要求，并且让自己承担起一项不可能完成的任务，那就是让自己的妈妈开心起来。不管什么情况，她都保持着笑容，似乎没有什么可以击倒她。她永远都在为别人考虑，总是把别人的需求放在自己的需求前面。她的生活信条就是“我没有需求，我没有权利过自己的生活”，还有就是“孩子就是一个负担”。

米雷耶把为他人做贡献看作理所当然的事情，从而实现着自己的价值，但她长大后很难和男性保持稳定和谐的关系。直到48岁时，她依然没有孩子。

如何才能不让孩子因为我们的问题而心事重重呢？掩盖是没有用的，因为孩子能感觉得到。我们要做的第一件事就是坦诚地与孩子沟通。如果米雷耶的妈妈和她一起分享过自己伤心的原因，米雷耶就不会认为自己有过错了。**她也就不会要求自己去治疗妈妈的心理创伤，不会让自己去履行这项艰巨而又不可能实现的任务。她本来有权利去满足自己的需求。**

在弗朗索瓦兹·多尔多提出父母要与孩子一起分享自己的情绪之前，人们认为什么都不对孩子说才不会让孩子感到不安。大家认为孩子所处的年龄段决定了他还不能理解大人之间的事，而且，这些与他毫不相干。现在我们知道了，只要我们解释给孩子听，他就能明白。告诉他真相能让他感到安心，因为这能让他把自己察觉到的事情用语言表达出来，这有助于他把自己认同为一个与父母分开的、独立的个体，也能因此避免让他背负起父母的重担。

要知道，我们拒绝面对的一切问题将来都会成为我们的下一代或下下一代的负担。难道这真的是我们对他们的期望吗？

过度内向、缺乏自信、拘束、愧疚、焦虑、夫妻关系紧张、职场受挫等等，从遗传学的角度来说都不是事先严格编好的程序，但它会代代相传，有时还会隔代遗传。

你的婚姻状况如何？你在工作中如何实现自我价值？你的生活是否有意义？

不要把这些问题掩盖起来，否则你会在今后发现你的孩子在与这些问题进行痛苦的搏斗。

你有可能经历经济上的困难时期，有可能失业、面临裁员或者和上司产生冲突等等，请你把这些事情说出来。不要让自己显得惊慌失措，只要把你的经历和感受与孩子一起分享，就能最大程度地减轻孩子可能背负的重担。

秘密总有毒害作用。你的孩子不是他爸爸的亲生孩子吗？把事情告诉他的爸爸也告诉他。你破产了吗？告诉他。你从来没有参加过高考吗？告诉他。你的父亲打过你？告诉他。

你要告诉孩子那些让你开心的事情，也不要回避自己生活中的灰暗地带。如果你闭口不谈，他就会在无意识的情况下把它烙刻在记忆里。你会惊讶地发现你的孩子也会走出和你一样的生命轨迹：学习成绩差、做一些蠢事直到让你大发雷霆或者让他自己挨揍、破产，等等。

和孩子谈谈这些经历可以让他感觉到你内心的感受，能让他理解你，能让他为同一个问题找到另一条出路。你只需要表达自己的感受，把你的经历说出来，就可以让他卸下这个重担。

而且，你要记得去拥抱属于你的快乐：放松自己，感觉身体内的活力，想想活着就是简单的快乐。不要让自己的心被日常琐事及其带来的困扰侵占，花些时间感受自己对周围的人、对孩子的爱，感受自己如何在人生的道路上勇往直前，感受自己对当前生活的满足感。

你对自己的生活不满意吗？要想办法进行改变，接受好的建议，并且和孩子进行沟通。

2

倾　听

“倾听，倾听，我也很想这样做，但他什么都不说！”

无数次，我都听到幡然醒悟的父母们如此绝望地抱怨着。倾听如此之难，其实是因为仅仅敞开你的心扉、竖起你的耳朵还不足以让你的孩子开口！

他需要准确无误地知道，自己的感受会不受批评和指责地被他人理解和接纳。然而，我们得承认，有时我们很难只专注地倾听一个问题而不对它进行干预、提出解决办法或自己的建议；我们很难只静静地听着别人的感受而不去安慰他，让他脱离这种状态，帮他恢复平静。

变相的命令、威胁、誓言、教训、建议、批评、侮辱、让人产生罪恶感的言语以及奉承、过度的安抚或逗趣的行为，都应该被禁止。孩子从这些行为中理解到的潜台词是：自己的感受不受大家欢迎，而且你认为他无法独自把自己从困境中解救出来。

每当我们替他解决问题的时候，我们就在剥夺他培养自主性的机会；每当我们向他解释他已经知道的事情时，他都会感到一种耻辱和无能。

倾听，就是要和他的情绪产生共鸣，这样孩子才会觉得自己的本来面目被接纳了，双方才能真正理解对方内心深处的感受。这里所谓的感受，不是听孩子说的话就能从中听出的情感信息。

他告诉你自己和伙伴或老师发生争执了吗？他讲述了自己某次失败的经历或者为了某件事而烦恼吗？他抱怨自己的父亲或哥哥了吗？我们需要**倾听他的感受，而不是具体的事情！**

用你的身体去倾听

任何人都会用身体姿势来表达自己的内心感受。如果你让自己保持一个孩子熟悉的身体姿势，你就能触及他的内心，绝对能更好地倾听他的感受。

请试一试：在椅子上尽量往后仰，双腿分开，任由双手垂下。保持这种姿势时，你感受不到恐惧。有些姿势会让人的某些情绪瞬间消失。你的身体会在无意识的状态下向孩子传达一些信息。如果你惬意而慵懒地躺在躺椅上，你的孩子怎么能相信你可以理解他在某个女性朋友面前的羞怯呢？此时此刻，你无法从生理上和心理上真正触及他的情感。因此，他知道你“根本”没有听他诉说。你在听他说的话，但没有倾听他的感受。

用你的心去倾听

要敢于接受孩子的经历在你的内心引起的共鸣。

但你没有必要让自己也和孩子一起哭起来。产生共鸣，并不是让你任由自己被孩子的情绪感染！你的孩子需要你的同情，希望你能体会他的感受，希望你能理解他的经历；不是让你用大脑去体会，而是用心去体会——他并不需要你跟着他一起黯然神伤。更糟糕的是，如果你哭了的话，他会为了不让你受伤而不再继续表达自我！

如果你的童年给你留下了苦涩的回忆，如果你过去有堆积如山的情绪没有得到释放，这些过去被压抑的情绪就有可能和新的情绪混杂、缠绕在一起，然后打成死结。请把你自己儿时的情绪放在一旁，另找一个时间去处理。

你可以做一次深呼吸，想象这次深呼吸让你全身的肌肉得到了放松，心情恢复了平静。

不要试图去解决这个问题，而要帮助你的孩子去表达**他**所感受到的一切。接纳他的情绪，就像用碗去装水一样接纳他的情绪。

让自己成为接纳孩子情绪的容器，不要让孩子的情感流露中断。帮助孩子向你倾诉他的情绪。对他来说，你要反馈给他作为交换的，不是恐惧、愤怒或者悲伤，而是温情——是的，只要温情，这可以让他在面对困难时变得更加坚定和自信。

下面这些话可以帮助孩子明确地表达自己的感受。

你可以采用的句型

对你来说，这太难了……

这很难……

我发现（你很伤心，今天有什么事情不是很顺利）……

我想……

我明白你很难受，因为……

你（伤心了，生气了，有些担心）……

你想到（再也不能看到你们的房子）……就感到伤心。

你想（报复，再也不要见到他了，再也不给他打电话了）……

你喜欢（音乐，鸟，动物）……

提一些开放性的问题

不要提“为什么”之类的问题，这可能会让他产生负疚感，并让他想得更多，而不会直接说出我们本来想得到的答案。所以，请试着提出一些类似“这……”“是什么”“怎样”或者“关于什么”之类的问题。你可以试试，这样会看到不同的效果。

发生什么事情了?

这让你有什么感觉?

当……时，你会怎么样?

当……时，你有什么感觉?

当……时，你怎么想?

是什么让你最伤心（最生气）?（当他表现出这种情绪时）

你最想要什么?

什么最让你担心?

你怎么看（某人的态度，某种行为）?

你对（某件事）的感觉如何（开心还是不开心）?

你怎么看待这些事情（这种情况）?

你对此（这种困境）怎么理解？

你是怎么想的?

你害怕的是什么?

最让你害怕的是什么?

你需要的东西是什么?

如果你的孩子向你透露了足够多的信息，你可以试着重新组织一下你听到的信息。（要注意的是，你不能在自己不了解情况时就进行干预，而要根据他告诉你的一切进行再加工。）

你可以用“当……时，你觉得……，因为……”这样的句型。

下面举两个例子：

“当你提出一个问题，老师却说你笨的时候，你觉得很生气，因为你本来希望他能帮助你进行理解。”

“当你姐姐的朋友来访时，你觉得很孤单，也很伤心，因为这让你想起一个已经搬走了的好朋友。”

你只有在了解了事情的前因后果，帮助孩子释放和表达了所有的情绪之后，才可以提出下面的问题：

你觉得什么解决办法比较好呢？

你可以做什么呢？

我可以做什么呢？

我们可以做什么呢？

我怎么才能帮到你呢？

3

用身体、心灵、大脑和孩子交流

抚摸和亲吻

抚摸、挠痒痒、亲吻、打闹、你追我赶，这类不可替代的身体接触其实是在对孩子说“我爱你”“无论你是什么样的，我都会接受”，也可以帮助孩子对自己的身体、对自己建立深层次的信赖感。当然，前提是要尊重他设定的界限。如果孩子要求你停止，你就要立刻停止挠痒痒或者亲吻。

对一个小孩挠痒痒和亲吻是件很有趣的事情，但是，我们这么做到底是为了让自己开心，还是为了他好呢？如果我们快乐，正好也能让他快乐，那一切都没问题，但如果并非如此，那就停下来！大人没有权利利用孩子的身体来为自己寻开心。更重要的一点是，孩子要知道他的身体属于他自己，他应该被尊重。

与孩子一起幻想

你的女儿在一件非常漂亮的纱裙前停了下来，她看得入了迷。与其把她“拉回地面”，你倒不如和她一起幻想一下：

“我会在头上插一朵花，那一天天气很晴朗，人很多。而你，穿着这条裙子，我们一起吃着花色小蛋糕……”

如果你儿子梦想得到一辆电动汽车，那就和他一起幻想：

“你非常喜欢开车，嗯，对。我想象着你在花园里开着车，轰轰，多帅啊！”

愿望应该经常被说出来、被谈论，孩子可以拥有自己想象的生活。

请倾听他的梦想，并且和他分享你自己的愿望。

谈谈你的感受

谈谈你对日常生活的感受。你在工作中感到不公吗？你和自己的母亲通电话后有一种挫败感吗？你因为一位朋友英年早逝而产生了一种强烈的愤慨吗？你嫉妒某位同事吗？和孩子分享你的感受，他会觉得自己和你距离更近了，而且心里会更加踏实。

回忆自己的童年

这样做并不是用类似“在我们那个年代，这些东西我们都没有，我们也活得很好”这样的话来让孩子产生愧疚感，而是为了让孩子更好地了解你，也让他触摸到自己的内心情感。和他谈谈具体的事情，比如一桩趣事或某些人的行为，尤其要谈谈你自己的内心活动、你的感受、你对自己说过什么以及你想象到了什么。

当埃里克得知爸爸上学时成绩也很差时，尤其是当他知道爸爸没法好好学习的原因（他的父亲会打他，而且总是贬低他）时，他的疑虑终于消失了，成绩也变好了。这让他的爸爸极其惊讶，因为他曾经想尽办法让埃里克努力学习，却一直徒劳无功。

所有你曾经无法解决的问题，你的孩子都能采用这种或那种方式来面对。

和他谈所有事情

孩子比我们想象的更聪明。他的毅力、他思考时的冷静让我们惊叹，我们却向他隐瞒了那么多事情，还找借口说这些事情与他这么大年龄的孩子不相干。

受现代科技产品的影响，现在的孩子比以往的我们能够得到更丰富的信息。我们要考虑到这个因素，但不要犹豫是否应该对某个话题进行深入的探讨，只要保证你提供的信息不会太表面化，从而让孩子产生古怪的认知就行了。

灵魂与灵魂的交流

有时，不要把我们的孩子当孩子看待。他是和所有人地位平等的个体，有着属于自己的位置，属于自己的命运。在这一生中与他相遇，你担负着一项使命，对他有一份责任，但他有自己的个性。

“你们的孩子，都不是你们的孩子。

乃是生命为自己所渴望的儿女。

他们是凭借你们而来，却不是从你们而来。

他们虽和你们同在，却不属于你们。”

——纪伯伦《先知》

4

体验身为父母的快乐

如果孩子把沙发弄脏了、拒绝整理桌子或者考试成绩很差，不要生气，翻看一下孩子的照片和涂鸦，让自己回忆对孩子的爱，以唤起你沉睡的柔情。

被洗衣、做饭、打扫卫生等日常琐事缠身的我们，往往会忘了和孩子生活在一起的我们是幸福的。所有父母都说，童年过得很快，太快了。所以，不要错过和童年的再次相遇!

以后我们总会有时间去打扫、洗刷，而如果孩子们离开了，那我们的生活将因为没有喊叫声和欢笑声而变得寂寞无比。

结 语

情绪并没有危害性。它不只是人类生活的调味剂，甚至可以说是人类赖以生存的精髓。每当你关闭自己的心门或者不让孩子说出心里话时，每当你犹豫着是否要相信自己内心的声音时，每当你对孩子想对你说的话不予理睬时，你都在限制自己的生命，同时也限制了孩子的生命。

目的就存在于方式之中——莫罕达斯·卡拉姆昌德·甘地曾经这样说过。倾听我们的孩子的心声，才能让他学会倾听；尊重我们的孩子，才能让他学会尊重他人。允许自己体验自己的感受，允许自己释放自己的情绪，我们就不会把自己的痛苦映射到他人身上，就能学会接受孩子的哭泣。在他前进的路上，在他成长的每个阶段，我们都会陪伴在他身边，帮助他表达内心所想，帮助他感知自我的身份，帮助他坚定地相信自己的能力、品味、愿望和需求……总而言之，帮助他感受、认定和利用自己的情绪。

关心孩子的情绪，这是一个新鲜的话题。尊重孩子，把孩子当作独立的个体看待，这也是一项新鲜的尝试。就算我们不一定总能做好，也不要责怪自己。

我们应该改变我们的教育模式，这样才能让父母了解更多的教育方法，获得更多的支持。

参考书目

必读书目：

Cornet Jacqueline. Faut-il battre les enfants? Révigny: Hommes et perspectives, 1997.

Solter Aletha. Mon bébé comprend tout. Paris: Marabout, 1998.

Solter Aletha. Comprendre les besoins de votre enfant. Paris: Privat/Trécarré, 1993.

其他书目：

Bessell Dr Harold. Le Développement socio-affectif de l'enfant. Québec: Actualisation, 1987.

Bouton Jeannette. Bons et mauvais dormeurs. Paris: Gamma, 1971.

Brazelton T Berry. «À ce soir...» Concilier travail et vie de famille. Paris: Stock-Laurence Pernoud, 1986.

Brazelton T Berry. Points forts, les moments essentiels du développement de votre enfant. Paris: Stock-Laurence Pernoud, 1993.

Buzyn Etty. Papa, maman, laissez-moi le temps de rêver. Paris: Albin Michel, 1995.

Cyrulnik Boris. Les Nourritures affectives. Paris: Odile Jacob, 1993.

Cyrulnik Boris. Sous le signe du lien. Paris: Hachette, 1989.

Dolto Françoise. Les Étapes majeures de l'enfance. Paris: Gallimard, 1994.

Dolto Françoise. Les Chemins de l'éducation. Paris: Gallimard, 1994.

Ekman Paul. Pourquoi les enfants mentent. Paris: Rivages, 1991.

Garber Stephen W, Garber Marianne D, Spyzman Robyn F. Les Peurs de votre enfant, comment l'aider à les vaincre. Paris: Odile Jacob, 1997.

Gordon Thomas. Parents efficaces. Paris: Marabout, 1980.

Ifergan Harry, Etienne Rica. Mais qu'est-ce qu'il a dans la tête? Paris: Hachette, 1998.

Klein Melanie. Envie et gratitude. Paris: Gallimard, 1968.

Korczak Janusz. Le Droit de l'enfant au respect. Paris: Laffont, 1979.

Korczak Janusz. Comment aimer un enfant. Paris: Laffont, 1978.

Leach Penelope. Les six premiers mois. Paris: Seuil, 1988.

Lieberman Alicia. La Vie émotionnelle du tout-petit. Paris: Odile Jacob, 1997.

Manent Geneviève. La Dualité, un atout, Le Souffle d'Or. Paris: Barret-le-Bas, 1997.

Maschino Maurice T. Y a-t-il de bonnes mères? Paris: Belfond, 1999.

Miller Alice. C'est pour ton bien. Paris: Aubier, 1984.

Miller Alice. L'Avenir du drame de l'enfant doué. Paris: Presses Universitaires de France, 1996.

Portelance Colette. Éduquer pour rendre heureux. Québec: Les Éditions du CRAM, 1988.

Purves Libby. Comment ne pas être une mère parfaite. Paris: Odile Jacob, 1994.

Risse Jean-Claude. Le Pédiatre et les petits poucets. Paris: Stock-Laurence Pernoud, 1988.

Stern Arno. Les Enfants du Closlieu ou l'initiation au Plusêtre. Paris: Hommes et groupes, 1989.

Stork Hélène E. sous la direction de, Les Rituels du coucher de l'enfant. Paris: ESF, 1993.

Wagner Anne, Tarkiel Jacqueline. Nos enfants sont-ils heureux à la creche? Paris: Albin Michel, 1994.

杂志:

Vues d'enfance. Paris: UFSE.

附 录

声 明

鉴于孩子需要被引导，而不应该在一个身体遭到反复暴力攻击而产生条件反射的环境下成长，

鉴于成千上万的孩子每年因不遵守纪律而遭到虐待，

鉴于对孩子使用肉体惩罚会给孩子树立不好的榜样，会教会孩子通过这种方式解决人与人之间的冲突（我们知道孩子会效仿并陷入以暴制暴的恶性循环），

鉴于对孩子使用暴力是一种可以避免产生的不良行为，因为我们有非暴力的教育方式可以传授给父母，

鉴于联合国宣布2001~2010年为“为世界儿童建设非暴力与和平文化国际十年”，

我们要求终止对孩子采取体罚措施，

无论体罚孩子的是谁，包括孩子的父母。

我赞成以上声明，并且要求：

——颁布法律以禁止打孩子，不管出于什么原因。

——为孩子的父母提供教育信息，帮助他们更有效地教育孩子。

姓名：

地址： 签名：

IL N'Y A PAS DE PARENT PARFAIT

不失控的父母

〔法〕伊莎贝拉·费利奥沙◎著　王　洵◎译

北京科学技术出版社

著作权合同登记号　图字：01-2012-7996

图书在版编目（CIP）数据

不失控的父母 /（法）伊莎贝拉·费利奥沙著；王洵译．—北京：北京科学技术出版社，2021.3
ISBN 978-7-5714-1308-8

Ⅰ．①不…　Ⅱ．①伊…②王…　Ⅲ．①家庭教育　Ⅳ．① G78

中国版本图书馆 CIP 数据核字（2021）第 004838 号

策划编辑：李心悦
责任编辑：张　艳
责任校对：贾　蓉
图文制作：天露霖
责任印制：李　茗
出 版 人：曾庆宇
出版发行：北京科学技术出版社
社　　址：北京西直门南大街16号
邮政编码：100035
ISBN 978-7-5714-1308-8

电　　话：0086-10-66135495（总编室）
0086-10-66113227（发行部）
网　　址：www.bkydw.cn
印　　刷：三河市国新印装有限公司
开　　本：720mm × 1000mm　1/16
字　　数：200千字
印　　张：17
版　　次：2021年3月第1版
印　　次：2021年3月第1次印刷

定　　价：58.00元

不失控的父母

阅读法国心理学家伊莎贝拉•费利奥沙教授的著作，总会有和阅读一般专家的家教类著作不一样的感觉——让你如饮琼浆，很快就忘记了育儿生活中的焦虑不安和精神煎熬，从而心平气和，渐渐沉醉在亲子相依相偎的温馨情景中。

和《理解孩子的语言》一样，这本《不失控的父母》同样具有无比的魔力。阅读完这部书稿后，我曾经和几位家长交流阅读心得：“这是一次心灵之旅。她带着你去发现自己的思想言行和生活轨迹，时而皱眉深思，时而会心微笑。在反复阅读之后，潜藏在内心深处的忧虑消散了，育儿生活中的种种困惑、挫败感渐渐地被扫除，让你有种重获新生的感觉。”

或许这段话有些夸张，但是，回想这几年我所做的工作，每天清晨阅读微博上难以计数的家长向我提及的子女教养方面的问题和案例，思考着为何家长有如此多的困惑与焦虑，我就很能明白费利奥沙教授的良苦用心了。

现在的年轻父母都很爱学习，这确实是优点。为了解除困惑，增强育儿实力，每位父母都或多或少地购买了一些育儿专家的“巨著”。然而这些厚得有些不合理的著作往往给予新手父母的不是解惑，而是施压，带来了更为沉重的挫败感。这是为什么呢？

“那些所谓的专家是帮不上任何忙的。”费利奥沙教授说，“（他们）都摆出一副懂行的表情，信心满满地鼓吹自己所谓的真理，而这些真理都随着流行趋势不断变化着……父母若不遵循时下正流行的育儿方式，便会被心中的负罪感折磨。”

为什么会被“负罪感折磨”？每个家庭都不能脱离社会的影响，年轻父母在发现自己奉专家的指导为圭臬而焦头烂额时，却看到别人好像应付自如，别人的孩子好像样样都好，于是做什么都要比一比。这一比，压力就更大了……

费利奥沙教授的成功之处就在于把年轻父母从这个陷阱里解救出来。她抽丝剥茧，**让他们领悟到：**

• 每位父母的出发点都是美好的，但如何保持这种美好的感觉，才是努力的目标。

• 学习专家的育儿理论和实践方法固然重要，但孩子的成长将面对种种变数，没有一个“必然的”标准。

• 即使理论完美，实践方法可行，但在阅读育儿书籍时，每个人都会因为过去的经历、家族传统、学习能力、当下的生活环境以及在育儿过程中产生的种种困惑而受到不同程度的影响，因而有不同的理解或领悟。有时候书读得越多，就越容易困惑，也越找不到出路。原本期望能茅塞顿开，结果反而变得束手无策。

• 原来自己需要的不是教导，而是发现——发现自己的能力和局限；原来自己“想不通”的根源，其实是被传统观念、社会因素、专家的观点误导了。相反，只有发现自己，知道自己的不完美，才能发现孩子，接受孩子的不完美，这样才能建立“和孩子共同成长”的信念。

“我们往往认为孩子是我们生命的延续，是我们的一部分，于是我们将自我期望投射在他们的身上，期待他们变成我们自己想成为的样子。”这是因为不能发现自己，进而忽视孩子的存在。于是，“父母往往是自发地去干预所发生的事情，这种对于事件的自发性干预其实是一种不由自主的行为”。而这种做法，往往是专家在大谈教育理论时所忽略的。

许多父母其实知道，对于孩子的许多行为，你其实不必吼叫、不必责骂，甚至不必多费口舌，而只需要一个表情或眼神，孩子就能领会，就会放弃“想试一试”的冲动。然而，“恰恰是我们固有的教育理念使我们做出了本想避免的行为”。

我总是在咀嚼老祖宗们的几句箴言：“大学之道，在明明德，在新民，在止于至善。”学习，在于发现自己的能力，但是能力只有在实践中才能成为智慧，而智慧需要不间断地自我完善。这就是“做最好的自己”和“和孩子共同成长”的理论依据。而做最好的自己在于“知止”，就是脚踏实地，循序渐进，因为“知止而后有定，定而后能静，静而后能安，安而后能虑，虑而后能得”。得什么？“物有本末，事有终始，知所先后，则近道矣。”“近道”，就是窥见门径，可以继续前进，但还不完美。

不完美，才有“做得最好”这样的目标。父母这样看待自己，也这样看待孩子，这才是育儿之道。

目录

引 言

为人父母是一场伟大的探险。无论在身体上还是心理上，它都会让人产生一些不可思议的变化，有些变化甚至是让人难以接受的。因为在孩子给我们带来了莫大的幸福感的同时，也有可能使我们陷入绝望和无力的境地。对初为父母的人来说，强烈的情感波动会给他们造成困扰，纷繁复杂的新生活也会使他们手足无措。

保育员洛朗丝从没想到自己会这样：与别人的孩子相处时，她耐心、游刃有余；当她面对自己的女儿洛拉时，她发现自己竟然时常大发雷霆。她不能像对待别的孩子那样对待自己的女儿，她感到非常绝望，对自己做出了这样的评价：“我不是一个好母亲。”

父母担负着多大的压力啊！既要负责孩子的安全和健康，又要负责孩子的教育和成长，有的人甚至还认为：确保孩子获得幸福与成功也是自己的职责所在。

当人们看到你的孩子在学业上获得成功或是建立一个幸福的家庭时，他们会感叹：“您多幸运呀！”就好像这是一件多么不容易做到的事情一样。事实上，绝大部分父母，包括那些看似“很幸运”的，在面对孩子时都痛苦过，怀疑过，遭遇过叛逆、危机甚至失败。不计其数的文章讲述着“如何像成功地做出巧克力蛋糕一样使孩子获得成功”[1]，使人们幻想着这个世界还存在完美的孩子以及知道怎样去培养完美孩子的父母。

假如孩子没有满足我们的期望，假如他们并不完美，我们就可能对他们心生怨恨，因为他们反映的是另一种形式的我们——孩子就像我们的一面镜子。我们往往认为孩子是我们生命的延续，是我们的一部分，于是我们将自我期望投放在他们的身上，期待他们变成我们自己想成为的样子。他们承载着我们理

1. 法国国家父母和教育者联盟主席、法国国家科研中心主任雅克利娜·科斯塔-拉斯库（Jacqueline Costa-Lascoux）在2006年4～5月刊的《父母学校》（L' Ecole Des Parents）上发表的一篇文章中提出了这个问题。

想化的自我，我们不知不觉地委任他们去代替我们修复自我形象。于是，每一次失望都会给我们带来沉重的打击，我们对孩子的成功和失败异常敏感。我们可能没有察觉到，面对孩子的要求、错误行为、违抗甚至需求，我们有时很难做出必要的让步。我们所采取的行动时常不恰当，也不符合科学的教育理念。

教育存在着风险。在这项任务中，那些所谓的“专家”是帮不上任何忙的。很多儿科医生、儿童心理医生以及心理学家都带着一副懂行的神情，信心满满地鼓吹自己所谓的真理，而这些“真理”却随着流行趋势不断变化着。比如“婴儿管理艺术”[1]在各个时期都有所不同：“婴儿必须趴着睡”“绝对不行，他会在枕头里窒息的”“不！要让他平躺着睡”“这怎么行，他万一溢奶就很危险了，要让他侧着睡”……任何一个日常动作都是如此，比如抱孩子、喂奶、睡觉……父母若是不遵循时下正流行的方式，便会被心中的负罪感所折磨，更何况其他父母看上去都好像应对自如！别人的家庭看上去都如此和谐！别人的孩子看起来都那么可爱、听话、学习又好……完美孩子的神话又在人们羡慕的眼神中出现了。母亲们总是互相比较，并因此产生负罪感；父亲们通常能意识到自己还是新手，虽然他们对孩子承担着越来越多的责任，但他们很少会觉得自己必须知道和掌握一些什么。

从前，教育孩子是一件很简单的事情：孩子只需听话就可以，如果不听话，就要受到惩罚。父母通过武力管理孩子，或打骂或进行其他惩罚，他们自己都觉得理所当然。他们并不认为打骂是一种暴力，反而认为这是正常的教育手段。这种想法其实非常简单，因为父母没有什么思想上的困扰，他们有权利也有义务去矫正孩子的行为。我们继承了暴力的教育传统，可事实证明这些“有效”的教育手段造成了许多进攻性或抑郁性的人格——不管哪种都是不幸的。偶尔会有人站出来指责这种方法的残忍以及它对人性塑造造成的严重后果，但这微弱的声音最终会归于平静，人们还是认为过去的孩子更有教养。

如今，人们常说“标准太多了”，然而说到标准，其中大部分又是一些盲目甚至无知的观点。不过有一点是可以肯定的，那就是我们对儿童心理学了解得越多，就越没有信心。孩子在成长过程中的需求是不断变化的、多样的，孩

1.Geneviève Delaisi de Parseval, Suzanne Lallemand. *L'art d'accommoder les bébés*, France: éditions Odile Jacob, 1998.

子的心理活动比我们想象中要复杂得多。从前，婴儿被看作一个类似消化器官的存在，人们用对待消化器官的方式对待他们：渴了喂水，饿了喂奶。现在呢，婴儿是一个有生命的个体，于是我们有时候就不知道应该怎样去做了。我们知道自己对待孩子的一些行为会给他们带来疼痛和伤害，我们越来越不相信“狠狠打屁股”的办法，也不再幻想我们强加给孩子的惩罚一定有效。

有人说从前的孩子更安静、温顺、乖巧……看看眼前的现实吧：习惯于打骂孩子的父母叫苦不迭，传统教育手段已经无用，这些都不是一天两天的事了。“我们的世界到了危急的关头，孩子再也不听家长的话了，世界末日不远了。”这是一个埃及神甫在2000年前说的话。在庞贝的古城墙上，辱骂老师的字迹依然隐约可见。“现在的年轻人太没有教养了！他们嘲笑权威，对长辈毫不尊重，看到老人走进屋也不起身，跟父母顶嘴，不好好工作，就知道聊天——他们简直糟糕透了！”苏格拉底（前469—前399）这样说过。学校里的暴力事件，如高年级的孩子欺负低年级的孩子等都不是现在才有的，任何时代的大人都在抱怨。很多人认为从前比现在好，这完全是视角问题，是一种幻觉。从前，孩子被丢在一边，与一些木块和狗为伴，这难道比现在把孩子交给电脑、游戏机、电视或者其他的屏幕更有益吗？在学校，从前的淘气鬼对老师使用敬语，但同样会扔纸团、在盥洗室的墙上涂画淫秽的图画、在厕所里围堵女生。无论是在40年前、30年前，还是20年前，孩子的需求都是无人聆听和尊重的。我听过太多的人讲述他们幼时的孤独、所受的伤害和深深的困扰。

在21世纪初期，当老师并不是一件简单的事情，事实也的确如此。过去的孩子在大人面前默不作声，如今的学生却有更多期待：他们并不想只听老师的话。他们如果觉得一切无聊透顶，就会进行反抗。作为父母，给孩子设定各种限制，并不是明智的选择。

任何时代的父母都会觉得自己正面临着权力危机，即患有“孩子是国王”综合征。有些父母出于某种理念主张绝对的自由主义，有些由于缺乏决断力或是不主张对孩子的生活干预太多而管理宽松，但法国的大部分家庭还是专制的。有数据[1]为证：84%的法国父母会通过打孩子使他们服从，30%的父母会非常

1. 法国民意调查机构（SOFRES）于1999年为非暴力教育协会（Eduquer Sans Frapper）做了一个调查，调查结果显示：仅有16%的父母从来不打孩子，33%的父母很少打孩子，而51%的父母经常打孩子。

严厉。甚至有研究[1]显示，母亲的压力和疲惫导致家庭暴力指数呈现上升的趋势。

在我们这个时代，宽容的态度往往是被否定的。人们认为那样只会纵容孩子，将尊重孩子与纵容孩子相混淆。许多儿科医生和心理医生都提倡回归权威，甚至回归体罚。这一观点缺乏理性，但却带来了一定的成功，我们在书中会具体解释其中的原因。

如果说出现了权力危机，更多的是由于内在权威的缺乏与自我意识的薄弱，而非缺乏专制的体制。我们发现，对自己没有信心的父母会更加专制。的确，从前的孩子在畏惧中成长，而现在的孩子没有那么害怕父母——他们更容易接收信息和被激励，完全不需要靠父母的专制来接受教育。

儿童的心理活动是非常复杂的，成人的心理活动也是如此，而这两者之间的关系更加复杂。我们的孩子使我们想起了自己。孩子是谁？孩子的故事来源于我们的故事，孩子体现了整个家族的延续。孩子会潜移默化地受到整个家庭以及家族历史的影响，有时会将好几代人潜在的情感表达出来。孩子不可能客观地看待我们的行为，因为我们的言行都在有意识或无意识地影响着他们。于是，孩子对我们的言行做出反应，我们又对孩子的反应做出反应……要想弄清楚孩子和我们之间发生的事情，就不得不注意这个循环。

任何过于简单的教条，如“必须……”“应该……”，都忽略了潜意识的影响，也无法令人信服。父母与孩子之间发生着各种各样的事情，“回归权威”的拥护者在对其进行分析时通常只从现象学的范畴出发，即只考虑可观察到的现象。然而，教育并不是我们想象的父亲和母亲两个人的事，实际上它涉及许多人，至少还有四个人会直接或者间接地对孩子产生影响，即祖父母和外祖父母。每个人都曾无意中发现自己竟用着和自己的父母同样专制的口吻，对孩子说着同样带有辱骂或贬低意味的话，这些话正是曾经深深伤害过我们并且我们发誓永远都不会说的。我们有时会发觉自己竟然鬼使神差地做出了某些我们并不赞同的行为，对此我们深深地感到无能为力。

在为父母提供指导的书籍中，综合性的分析视角常常被忽略，以致分析趋于片面化。分析视角除了父母与孩子的关系外，还有父亲与母亲之间、父母与他们各自的父母以及对方的父母之间的关系。此外，也不能忽视我们的苦衷、

1. 详情请登录 www.naturalchild.org。

潜意识、秘密、压抑的情感、怨恨、无法言说的痛苦等所具有的力量，这些全都会对孩子产生影响。

父母的心中其实还藏着一个孩子，那就是小时候的他们。孩子的出生将父母的人生重新梳理了。孩子使父母不知不觉地想起了那个小时候的自己。成人的感情是复杂的，童年受到的伤害始终是无法解开的心结，所有之前发生过的事情在某个时刻会突然从我们的脑海中涌现出来。我们自己的童年如同电影镜头一般回放着，潜移默化地改变着我们的思想，从而影响我们对待自己小天使的态度。

世间有各种各样的父母，有的在孩子面前茫然无措，有的则将问题简单化，有的选择了专制而不认为自己是专制的。

是什么决定了我们所采用的教育方式呢？从孩子出生到18岁，教育方式通常都是父母讨论得最多的话题。有人热衷于打屁股，有人有分寸地责骂孩子，有人提倡要聆听孩子的倾诉，有人倾向于惩罚，有人喜欢制裁和责任化，有人制定严格的规定，有人鼓吹家庭民主，有人任由孩子哭闹，有人听到孩子的哭声就匆匆赶去……父母们的做法千差万别，我们如何才能厘清头绪，知道怎样才是对的呢？

事实上，现代教育比过去多了很多标准。我们获取了许多关于孩子的大脑、智力、情感、需求以及成长方面的知识。科学家们在实验室中进行了各种各样的观察和实验，他们的许多发现推翻了以前的观点，阐明了种种不同教育方式的优势和弊端。不过，这些研究结果似乎还是不要为人所知的好，即便为人所知了，很多时候得到的还是嘲讽和冷遇。科学会给人添麻烦，我们不想用这些新标准来质疑我们的习惯，因为这些标准有时候会让我们觉得自己很坏。我们更愿意贬低研究者得出的结论，以便能够继续坚持自己的观点。

除教育外没有哪个领域承载着如此多的陈规陋习。在教育界，感性仍然占据着主导地位，即使是那些我们本以为会更有科学见地的专家——儿童心理医生或心理学家，也是如此。每个人都遵循自己的理念，讲述一些法则，仿佛这些都是显而易见的，但人们完全忽视了与问题相关的数据和比较研究。我们暂且不去做自我评判，先来分析一下形成这种现象的原因。应该说，很多种原因造成了今天的这一现象。

谈到教育，每个人都有一些非常固定的看法，可在人的一生当中，这些观点也可能多次改变，尤其是在有孩子的情况下。对于孩子的每个日常行为，父母可能会各执一词，这也是夫妻争吵的一个主题，甚至会导致离婚，此外还会影响孩子父母与（外）祖父母之间的关系。各执一词的后果有时会表现为沉默不语，有时会引发激烈的争论，以至于这一话题成了家庭中的敏感话题。平静的讨论变得不再可能，不同的立场之间无法相容，大家都为自己的立场辩护，争论的激烈程度有时简直令人惊叹！那么，为什么争论会如此激烈呢？我们会发现：教育方式不是某种单一的理论，而是我们自身经历的缩影。由此看来，争论如此激烈也就可以理解了。作为父母，我们所采取的教育方式是在当今潮流的影响下，在正当红的儿科医生和其他心理学家的引导下形成的……但这些都只是表面现象。我们所接受的理论教育与我们实际实施的行为之间往往存在着巨大的差距。我们应当承认，我们对于教育的态度与科学、经验或理性毫无关联。有些父母为此感到彷徨，去查阅书籍、咨询专家或寻求其他人的帮助，却始终找不到问题的症结所在。有些父母则由于无法面对这种不一致所造成的尴尬境地，感到无比痛苦，只能压抑自己内心的挣扎，暂时形成统一战线。我们看似在依照自己的价值观行事，但事实上是在宣扬与我们的行为相适应的另一种价值观。

有时候，一切安好，家庭沐浴在共同的幸福之中。而突然，画面被破坏了。孩子的一个行为或一句话引来一阵旋风："我怎么会有这样的孩子啊！"于是，没有了和谐，幸福感也不复存在。父母与孩子之间的关系就这样时好时坏，令人头晕！我们会将幸福讲述给朋友、家人听，一同分享喜悦，可对幸福被破坏的事实避而不谈，因为那些经历会让人产生负罪感并且太过痛苦。

有些容易冲动的父母由于没有人听他们倾诉，也没有人为他们进行理性的分析，可能会一直坚守自己的秘密，继而被潜意识里的暴力倾向所左右。另有一些父母拒绝暴力，但会对发生在他们身上的事情感到特别沮丧。有的父母决定进行心理治疗；有的则自欺欺人，不去正视他们内心的真实想法，拒绝与孩子亲密接触，坚持严格的教育理念，沉浸在抑郁之中或是对工作更加投入。

是的，有时候我们的小宝贝会把我们逼疯。在婴儿时期，他们不按时睡觉，把好好的乳汁吐出来，毫无缘由地长时间哭泣……稍大一点儿之后，他们在地上打滚，拒绝穿鞋，咬他们的弟弟，从学校带回糟糕的分数和老师给的不好的评语。从始至终，他们的房间都乱七八糟，有时甚至还殃及客厅。到了青春期，当他们的激素开始在身体里发挥作用时，我们不得不承受他们一次又一次的无理取闹。当我们坐在一旁生闷气的时候，他们却将自己反锁在房间里，大声地放着音乐……

这些我们都知道，我们对自己说："我们比别的父母，也比我们自己的父母更加擅长面对失望。"有孩子的生活是对神经的严峻考验：孩子喊叫的噪声、混乱的生活、从不满足的欲望、对我们的要求的反抗，这一切都让人筋疲力尽。然而是什么使我们远离了我们的孩子，使得有时候仅仅是孩子的出现都让人觉得有压力？爱一个孩子不是那么简单的，我们首先需要关注这个问题，然后思考一下使我们做出某些行为的原动力是怎样相互交错并使事情变得复杂的。我们没必要写一本满篇都是"必须"和"只要"的关于教育的书（这种书数不胜数），而应该搞清楚究竟存在着哪些控制着我们潜意识的力量，以及面对孩子做的蠢事、违抗父母和让父母失望的行为、他们自身的情绪和需求时，身为父母的我们身上到底发生着怎样的变化。

作为一位母亲，我观察过自己同时也反省过；作为一名心理医生，我听到过太多冲动的父母从一个极端走向另一个极端的案例。有的父母在自己激烈的暴力行为面前感到茫然，因为有时他们也身不由己；有的父母对自己的态度感到惊诧；有的父母因教育理念的对立而产生隔阂，进而导致婚姻关系产生裂痕；还有的父母哭泣、愤怒、不安……我想在这里说的正是通常没人说的话。自身经历的再现是很常见的现象，却很少被人谈论。我们通常会谴责那些"坏"家长，我却有着不同的看法：我们不应该以"好""坏"来评判自己，而应该更好地去理解到底是什么在我们身上作怪，是什么阻止我们成为自己心中理想的父母。我的这本书给父母们提供了一些方法，让他们都能够重新掌控自己的行为。

本书分为四个部分：

首先，我们来看看父母面对孩子的时候有何感受：负罪感、冲动、为自己开脱……对绝大多数父母来说，孩子都是这个世界上最宝贵的——他们的微笑照亮了我们的人生，他们的目光使我们心生感动，他们的笑声融化了我们内心的坚冰……然而，我们很可能伤害他们，甚至怨恨他们。在第一部分，我们就来看看孩子带给我们的诸多美好的另一面：我们的困难、无知、愧疚，以及因无法成为自己心中理想的父母而产生的痛苦。

在第二部分，我们要分析一下造成我们行为过激的原因。我们对孩子的某些行为所做出的反应并非来自我们成年后的生活经历，更多是来自我们童年时的经历。然而，并非所有过激行为都来源于幼时的经历，生活中没有这么简单的事情，任何行为都是由多种原因造成的。在这一部分，我会特意将生理原因、心理原因、社会原因、现在的动机以及来自我们潜意识的过去的动机区分开。我们要记住：在现实生活中，往往是多种原因的共同作用使我们变得如此顽固和难以改变。我希望在接下来的部分中让你相信，复杂不一定是难以理解的，过于简单反而会使生活复杂化。

在第三部分，我们将从孩子年龄的角度来讨论。不是所有父母在孩子的各个年龄段都会感到头疼，每个年龄段我们都会遇到新的挑战。我们要看一看孩子从出生到成年期间的变化，尤其是面对他们的时候我们自己的变化。

本书邀请你踏上一次心灵的旅程，如果你能由此明白一些事情当然很好，但如果你能有所改变就更好了。第四部分就像一本实用的小册子，可以在日常生活中引导你，并帮助你改正曾经错误的做法。尽管那个众所周知的书名[1]令人震惊，但并不是真的六岁就定了终生。孩子会根据我们态度的转变很快地做出反应，我们总会有时间去调整亲子关系的。

现在请给自己挑选一个漂亮的本子，你将用它来记录你的困难和成功；而它会接受你的愤怒、泪水、欢笑，并在你沮丧时帮助你把握航向，成为你的航海日志。

作为父母，是否有必要因为爱面子而自欺欺人呢？事实上，自欺欺人和负罪感常常是相伴而生的。我更倾向于建议父母发自内心地用积极的行动去处理和孩子之间的关系。也就是说，不要逃避问题，而要客观地看待自己的过激行为。但不要批判自己，我们可以对自己说："既然我这么做了，肯定是有一些原因促使我这样做的。现在我要做的是去发现这些原因，找回真实的自我，使我能够像我真正希望的那样去做。"

因此，我希望这本书能引导大家，直面真实的自我，收获温暖的回报。尽管书中的一些言论或许过于严厉，但却包含着我的敬意和爱意。

1.《六岁定终生》（*Tout se joue avant six ans*），美国作家菲茨休·多德森（Fitzug Dodson）所著。法文版的这个书名似乎与作者本来的观点不一致，原书书名为《如何做父母》（*How to parent*）。

第一章

父母面对孩子

孩子就是孩子，在他们面前我们想表现得像成年人、像父母，在任何情况下都能给予他们保护、温暖和支持，知道该如何引导他们去认识世界，能够顺利地长大成人，并且尽可能地过上安稳的生活，成为幸福的人。我们感到自己肩负着教育他们的责任，渴望把他们培养成最优秀的人，但我们也许无法完成这项使命，有的父母会时不时地发火，有的父母会不停地喊叫。有的父母在孩子的婴儿期应付得还算不错，可当孩子到了青春叛逆期时就头疼起来；对另一些父母来说则恰恰相反，新生儿极大的依赖性使他们束手无策，可一旦孩子开始说话慢慢长大，他们就觉得轻松了许多。有的父母擅长带女孩子，有的父母擅长带男孩子；有的父母擅长带幼儿，有的父母擅长带青少年；有的父母只严厉地对待某一个孩子，对其他孩子则很宽容；有的父母永远都在生气、担忧……每一个父母都可能做出过分的举动，也可能感到无能为力，甚至可能采取无用的惩罚措施，为一点儿小事就大发雷霆，或者与之相反，在面对孩子时不知所措……

有时候，在面对孩子时，到底是什么阻止了我们表现得像我们所希望的那样呢？

1

过激倾向

用餐的时候，如果一位客人打翻了自己的杯子，我们会赶忙擦拭，并且劝慰道："没关系。"可如果打翻杯子的是我们的孩子，结果又会怎样呢？诚实一点儿吧，我们很可能指责他："你不会小心点儿吗？""瞧，这下可好了。""你觉得我除了打扫没有别的事情可做吗？"在家里，打翻一个杯子很快会发展成一场大灾难。

事实上，一旦涉及我们的孩子，一切就似乎到了另一个层面。我们倾向于最小化或原谅别人孩子的不良行为和过失，而放大自己孩子的不良行为和过失。一个朋友9岁的儿子在打开水龙头之前忘了塞上浴缸的塞子，半个小时过去了，显然还是不能洗澡，因为浴缸里的水都流走了。这时，身为外人的你会原谅他并劝他生气的父亲不要惩罚他，你甚至还会为他辩解："这没什么，很正常，他不是故意的……"假如你同样大的儿子做了同样的"蠢事"，你就会因为他的粗心大意而恼怒。需要承认的是，我们无法容忍自己孩子的一些行为，却很容易原谅别人家孩子的相同行为。对待别人的孩子时，我们的反应往往更加适度、更加明智，而这种温和的态度对于处理孩子的问题是更加有效的。

无论是面对孩子做的“蠢事”、他们糟糕的成绩，还是他们不当的行为，大多数父母都很容易失去分寸。一个糟糕的分数就会让我们联想到留级甚至失业。他没有摆餐具、把鞋子随便扔在门口、忘记把上衣带回家，或者把数学书忘在了学校以致不能做作业、不吃小豆子或不吃鱼、超过了规定的用电脑的时限……于是父母开始怒吼：“我怎么会有这样的孩子啊！”

父母为自己辩解道：“这不是第一次了，我已经多次轻言细语地提醒过他，可是他一点儿也没有改变。”有人说孩子在某个时刻做的蠢事只是压倒骆驼的最后一根稻草，可真是这样吗？当孩子的行为与我们的期待不相符的时候，有没有别的因素使我们如此恼怒呢？父母似乎是被迫使用暴力的。孩子的“错误”和“蠢事”会使我们处于极度的紧张状态，从而导致我们自己做傻事。“雨果，快点儿过来。如果我数到三还不过来，你就等着屁股开花吧！”这句话里的许多字眼都听起来耳熟。雨果到底犯了多大的错，以致他得“屁股开花”呢？他做了什么使他的妈妈西尔维会用体罚相威胁呢？我观察了这件事中的受害者小埃米琳，她身上既没有瘀痕，也没有流血。原来，事情是这样的：她跑向她的小伙伴们时被她哥哥推了一下，摔了一跤，于是跑着去向妈妈告状，这就是雨果所犯的大错。当然，推搡行为应当受到处罚，但我们更应该搞清楚原因：哥哥为什么要推妹妹？

“屁股开花”这个威胁显然是不合适的，多大的过错会让雨果受到妈妈这样的威胁啊！打屁股是没有效果的，以打屁股相威胁更是如此，更别提过分夸大却不实施的威胁了。然而，几乎所有父母都有过这样的过激言行——言语失当或权力失当，也就是说父母说了不恰当的话或对自己的权力使用不当，对孩子使用了暴力。情绪化的反应会超出我们的掌控，使我们实际的教育方式与我们所持的教育理念产生偏差。我们几乎都这样暴怒过，而事情其实并不值得我们如此生气。我们深知这一点，并因此产生负罪感。

“这是他的错，他把我逼急了。”“他从来都不听话。”“他太懒了。”“他生来就这样。”“他真让人受不了……”为自己的过失负责不是一件容易的事，一般来说，我们会把责任推到孩子身上。

奇怪的是，尽管我们的吼叫毫无效果，我们还是会继续这样做。既然我们明知这条路会通向失败，又是什么促使我们走下去的呢？“我很清楚这样丝毫不起作用，但我就是忍不住。”其实有些人根本不想去忍，他们为自己的吼叫辩解。尽管他们也承认任何高压姿态都是无效的，但他们不会质疑自己教育方式的合理性。他们自己的话就是证明：“他总是这样，改不了的，即使我惩罚他或者采取其他方式也没用，他还是会这样做……”

在我们身上发生的一些事情超出了我们的控制范围，也不再仅仅是把责任推给孩子这样一个简单的事实。

我们的强烈反应是因为孩子做得太过分吗？还是说我们为了替自己强烈的情绪化反应辩解而夸大了他们的错误呢？

2

父亲和母亲不同吗？

身为母亲，我们有着特定的过激倾向，常常因此受到丈夫的指责。但研究[1]显示：一旦日常管教孩子的责任落在父亲肩上，他们就会患上同一种“病”。由此看来，过激倾向是管教孩子这件事情所固有的结果。

常常听到有人说父亲不那么敏感，母亲则容易小题大做。人们试图据此看出男人和女人在生理上的差别。然而，全职爸爸越来越多，表现出了和全职妈妈完全一样的过分敏感和过激的言行，这是照料孩子必然会出现的适应性结果。

如果说男人对因照顾孩子所经受的事情的反应不够敏感，常常认为“这没什么”“会好的”，这或许只是因为他们不够了解孩子。父亲通常与孩子没那么亲近，也不能准确地估计孩子的能力和需求。而且，男人一般倾向于直面问题，善于寻找解决办法，通过表现得强大使他们的

1. 参见塞尔日·奇科蒂（Serge Ciccotti）的《更好地了解婴儿的100个心理学小实验》（*100 petites expériences de psychologie pour mieux comprendre votre bébé*）。

妻子放心——他们很少花时间去估计困难。有一项研究[1]针对的是3个月大的婴儿的父亲。从统计数据上看，男人对他们的小宝宝的能力估计不准确，有的人甚至已经开始通过体罚孩子去纠正孩子的行为。要知道，这么大的孩子对自己的行为还没有任何掌控能力。

衡量教育成败的标准是夫妻之间争论最多的话题。只要双方的真实动机不暴露出来，争论就是无止境的，充满了冲突而且令人痛苦。

科学实验和研究表明：最好信任主要照顾孩子的一方。然而，事情往往是另一方掌握了夫妻争吵的主动权，因为是他（或她）在外面工作挣钱，并且对什么该做、什么不该做有着非常明确的想法，此时照顾孩子日常生活的那一方却在迟疑。产生这种现象的原因是，在外工作的那一方在与现实的对抗中激发出了信心。在我们的社会中，让人遗憾的是没有哪套理论看重疑虑，“知道”的那个人往往被认为是对的。有关教育问题的冲突源于双方都试图去说服对方，然而有时候很难说清谁对谁错。其实，两人应该一起分析孩子的需求和现实情况，并去试验、怀疑和寻找解决方法，这才是最为有效的教育方式。

当父母中的一方比另一方更加严厉的时候，更严厉的一方通常会要求对方支持自己，不要反对自己，以免有损威严。需要注意的是，很少出现与之相反的情况，如我们很难听到：“当我帮咱儿子填写他不会的词语时，请你别插手，以免影响我和他的关系。”如果更严厉的那个人需要对方站在他（或她）这边，那正是因为他（或她）底气不足，只能依靠滥用权力来面对孩子。既然人们普遍觉得日常照顾孩子的那个人会变得敏感，那么为什么不在一周内与对方换换角色呢？

1.欲了解更多信息，请登录 http://www.niclaquesnifessees.org。

3

自我形象与负罪感的重压

草坪上摆了五十来张桌子，大家坐在那里谈笑风生……突然几颗小石子儿打在了我的背上。我转过身，看见了一个2岁左右的小姑娘。就在她还在为自己的举动造成的后果感到惊诧时，整桌的人都开始呵斥她，她父亲尤为严厉地斥责了她，尽管他压低了声音。

我看到她愣住了。她并不理解所发生的事情的严重程度，她只是在玩，并不知道自己做了不该做的事，接下来她做了任何孩子在不明白和迷茫的时候都会做的事情：为了搞明白当下到底发生了什么事，她要重复一遍自己的行为——她一边直直地看着爸爸的眼睛，一边重新抓起了一把小石子儿……

由于不记得自己幼时做同样事情时的心理，许多父母把这一态度视作放肆无礼，却不曾想到正是他们的过分恼怒，使孩子尝试用重复行为的方式去理解自己不明白的事情。

看到那位父亲皱起眉头看着他的女儿，我赶忙插话："她并不是想做坏事，她应该只是很惊讶……"她父亲转向我，问道："石子落到您的盘子里了吗？”“没有，只是碰到了背。”我们交谈了几句，刚好缓和了一下紧张的气氛。小女孩听到她扔的石子儿打到了人，就松开了手里的那些石子儿。

在公共场合，一切都复杂化了。在别人的注视下，我们的孩子一定要表现得好！我们对孩子的错误行为的容忍度比平时更低，因为外界的目光是严厉的。我们这么害怕别人的评价吗？就好像孩子的过错会牵连我们，即使只是一件小小的傻事，也会损害我们的形象。我们甚至还会想象自己所遭受的指责。当孩子因为做错事被人注意的时候，父母总会有种负罪感。

确实，无论是在公共场合还是在私下，家长肩上担负的责任都是沉重的。孩子咳嗽几声，我们就会指责他没有好好照顾自己：“你昨天没有穿外套……你看看……”我们试图使孩子产生负罪感，目的是为了消除我们自己的负罪感——我们的确在被一种错误的观念所影响。面对任何损害，我们习惯性地问“这是谁做的”，而不去想“怎样弥补”，仿佛找到“罪人”比找到解决问题的办法更为重要。这一思想每天都在误导着我们。

对“孩子表现良好”的需要、对他人的评价的恐惧以及对自身的评价，有时会妨碍我们理解事实，削弱我们的辨别能力，从而让我们做出不理性的行为。

举个例子：当父母得知儿子在学校里打了一个同学时，如果他们内心有足够的安全感，他们就会寻思发生了什么事情，然后听听儿子怎么说。如果他们因为个人的经历，尤其是曾经遭遇过的悲剧而变得脆弱，他们的反应就会完全不同——他们会否认，因为对质的过程太痛苦了，他们宁愿不去面对现实：“这不是真的，我没有这样教育儿子。那是不可能的，您肯定在说谎。”他们通过迫使孩子压抑情感甚至说谎来避免自己失望。另一些父母则相反，他们不能忍受自己的孩子受欺负。“不，他没有被别的孩子打，他足够可以保护自己了。是不是，西里尔，你保护自己了吧？”孩子垂下了头，也准备对父母说谎了。怎么能让父母失望呢？这些父母表面上是在保护自己的孩子，实际上是想通过将自己的孩子理想化来达到认同自己是好父母的目的，而这一点对他们来说最重要。孩子因为父母的这个目的牺牲自己，压抑自己的情感。他发觉自己没有权利做自己，因为他是父母的延续，是父母理想化的形象。对父母来说，爱和理想化是近义词，否认现实则是逃避痛苦的方式。

对于孩子的行为，父母可能会自责：这肯定是我的错，是我哪方面做得还不够吗？是不是因为我和他爸爸离婚了？是不是我太严厉或太宽容了？这些问题尤其会困扰母亲，因为母亲更喜欢这样替自己“辩护”。自恋性伤害如此之深，以致父母会连带着怨恨孩子，因为他们觉得是孩子给他们塑造了这样可悲的形象。为了不攻击孩子，父母开始贬抑自己，把所有错误都归结到自己身上，这样既可以免去孩子的“罪责”，同时也能够为自己推卸责任。

父母也可能会严厉地惩罚孩子。无助的父母可能会细究错误：是我的错还是他的错？……于是，父母要么产生负罪感，要么指责孩子。当后者发生时，有些太过无奈的父母可能忍不住使用暴力——他们通过惩罚或者打骂孩子的方式，试图重新掌控正从他们手中溜走的孩子。他们越是怨恨孩子把他们置于困境，越是觉得是孩子“迫使自己打他或者惩罚他”，他们就会打得越狠。他们会指责孩子：“你太让人受不了了，你被魔鬼附身了。”从某些方面来说，虽然父母爱孩子，但这种爱并不起多大作用，因为当孩子激怒父母的时候，孩子在父母眼里就会变得

“不可理喻”或“实在让人无法忍受”。于是，父母就更有可能给孩子贴标签、下评语。

“他反应迟钝”“他过于活跃”“他……”父母试图用这些判断来抵消自恋性伤害。这种方式使父母当初把本该自己承担的责任推到了孩子身上，自己摆脱了罪责。可是，这样做的话，孩子的心就离父母更远了。而且，孩子很容易变得与父母当初给他们下的判断相吻合，他们会满足父母的期待，他们的大脑会把父母当初所做的评判和判断都当作行为指令。一方面，孩子会因为可能惹父母不高兴而感到有压力，进而反应变得更加迟钝；另一方面，由于觉得父母作为成年人理应比他们知道得多，孩子很容易把父母的评判当成自己的特征——父母之所以会这样说，那是因为自己就是这样的。孩子被封闭在加之于他们的评判之中，无法解决自身的问题，于是问题变得更加严重，使他们变得越来越不让人喜欢。

父母的责任是很重的，但他们得到的帮助并不够。我们看到，为了逃避责任，父母会否认自己的言行不当，甚至对孩子进行心理投射——是他们没用、迟钝、邪恶、笨拙、愚蠢……或者，父母就一直沉浸在负罪感中。很奇怪的是，父母很容易因为孩子所做的、完全与他们无关的各种坏事而产生负罪感，其实父母没必要对发生在孩子身上的所有事情负责任。

一位母亲会因为她的孩子患有多动症或白血病而感到内疚，却不会因为对孩子恶语相向、动辄打骂而觉得愧疚。然而，她对多动症或白血病毫无办法，只能带孩子去咨询专业的医生，但她其实可以控制自己的言词和辱骂行为。

有的孩子不如其他孩子令人满意。一个漂亮、说话早、走路早、学习好、发展全面、有许多小伙伴的孩子，肯定比一个身体状况不稳定、学习上有困难的孩子让人高兴。人们委婉地称后者为“特殊的孩子”。帕特里夏在自己的儿子被诊断为“唐氏综合征”之后“单身”了：这则消息对于她的家庭就像一个晴天霹雳，她的丈夫皮埃尔选择了逃跑。“我无法做一个弱智儿的父亲。”他在离开之前说。当然，不是所有父母都会选择逃跑，情况远没有那么糟糕。有的父母会拿出无尽的耐心与爱去照顾他们生病的孩子，但对某些脆弱的父母来说，爱一个身体或心理有残疾，并通常会伴有遗尿、诵读困难、多动症的孩子是一件很有压力的事情。当然很多时候他们还是会坚持下去，也许只有情况非常严重的时候他们才会选择放弃。有一次，一位孩子有严重生理缺陷的母亲对我坦言：“我不能说希望别人的孩子也像我的孩子这样，但我不得不说，当我观察别的家庭时，我发现与周围的大部分人相比，我们的生活更幸福。我们常常欢笑，我们爱彼此，我们知道什么是重要的、什么不是。”感谢她的分享，她说得很对。我们应该时时刻刻为我们拥有一个身体健康、心理健全的孩子而感到庆幸，而我们对孩子的苛求在一定程度上限制了家庭的幸福。

我们为什么会对孩子的“特殊”感到愧疚呢？我们有时候会无意识地因孩子给我们塑造的“形象”而怨恨他们，仿佛他们就是我们的简单延续，是我们身份的一部分，他们的行为及其结果似乎都是我们所做的和必须承担的。

他的成绩很糟糕吗？不能否认，不理想的成绩会伤害我们，就好像这是我们的成绩一样。当然，对有的父母而言，分数的确是他们的，因为他们替孩子做了作业，但这种情况为数不多。我们害怕孩子某方面的缺失体现出我们的无能。如果他没有成功，如果他不是个好学生，那就是因为我们不是好父母。如果数学考试满分是20分，他只得了3分，这就像我们在做父母的考试中也只得了3分。必须有一个罪人。有的父母承担了全部责任，他们恨自己，后悔离婚或者怨自己与孩子的交谈不够多；另一些父母通过指责孩子来逃避他们的那部分责任；有的甚至直截了当地说："你让我感到羞愧，你知道别人会怎么想我……"

有一位母亲呵斥她的女儿："你这样哭不觉得羞愧吗？所有人都看着你呢！"显然是她自己感到羞愧了，她确信女儿的哭泣所招来的目光一定隐含着批评她的意味。真实情况当然不是这样，她所受到的路人的批评其实来源于她对女儿无休止的呵斥。

作为父母，我们如何在孩子成绩糟糕、犯错误时承受老师高傲、严厉的目光？如何在炫耀孩子的谈话中全身而退？别人的目光真的会让人非常痛苦。

一个不成功、违纪、顶嘴的孩子会给自恋的父母带来伤害，虽然他也不想这样。如果父母的内心足够坚强，他们就可以抵挡这一伤害，进而对孩子的这种"反常行为"所体现出来的潜在需求加以关注；如果他们不够坚强，他们就会否定自己，进而惩罚和伤害孩子，或者将愤怒转向自己，产生负罪感。所有这些防御机制都只会将父母与孩子之间的距离拉得更大。

对"坏母亲"或者"坏父亲"这一头衔的恐惧使父母做出了许多牺牲，但结果往往并不尽如人意，甚至会使他们近乎无意识地对孩子产生怨恨。追求完美的父母往往会因为达不到目标而感到愤怒，甚至会怨恨孩子妨碍了他们达到目标。从某种意义上说，所有"坏母亲"也都是好母亲，这是因为如果她们不是这么渴望当好母亲的话，她们应该不会成为"坏母亲"，甚至成为更好的母亲。

当一个母亲对表现得像一个"好母亲"的想法过于执着的时候，她就不会听从内心的声音，就发现不了真正的需求——不管是她的还是孩子的。她做她认为“必须”做的事情，她依照自己的想法、观念和方法去行动，去判断在某一情形下应该怎样去做。

马蒂娜抱怨她1岁半的女儿维克图瓦哭起来的时候特别不好哄，而且她的女儿非常爱哭。我观察后了解到：当维克图瓦开始啜泣的时候，马蒂娜就把她抱在怀里，爱抚她……小女孩很快就安静下来了，但几秒之后，“妈妈，妈妈……”的哭喊声更加凶猛地响了起来。甚至当维克图瓦在马蒂娜怀中时，她也会哭闹，这样的哭闹让马蒂娜受不了。事实上，在旁观者看来，显然只是因为马蒂娜把孩子抱在怀里的时间太长了。马蒂娜想当一个好母亲，而她认为一个好母亲应该回应自己的孩子，当孩子哭的时候应该把孩子抱起来。但是维克图瓦已经1岁半了，她只需要一个小小的爱抚就足够了。

我把这些解释给马蒂娜听，并让她把女儿抱起来一小会儿，等孩子逐渐平静下来的时候，再把孩子的脸转向外侧。马蒂娜惊讶地看到维克图瓦很快就自发地放开了她的胳膊，转向一个玩具。她只有在重新出现刚才的状态时才会重新需要妈妈的怀抱。由于妈妈在爱抚她，而且妈妈懂得更多，因此一开始她保持不动，但当她觉得不是那么舒服时，她就再一次哭了起来。她被自己对妈妈的依赖束缚着，而她的妈妈也同样被一个过时的观念——好母亲应该在孩子哭的时候爱抚他——束缚着。

“好母亲”通常只是一个模式化的概念。在孩子的各个成长阶段，他们的需求是不断变化的。并不单单只是女人特别想成为好母亲，男人也不例外，他们通常也想成为好父亲。有时候，尤其是当他们对自己对待孩子的方式不是很满意时，他们就会试图去说服孩子：“你去哪里找一个像我这么好的父亲，要知道，你已经很幸运了……”

所有人都想站在好的一边，这是人之常情。但遗憾的是，当我们的孩子尤其需要我们看清真相时，我们却执着于一个理想化的形象。许多父母受缚于“好母亲”“好父亲”的形象，拒绝任何对他们的教育方法的质疑。他们不关心孩子内心的真实想法，不明白孩子正在与他们拉开距离。当父母无法正视能够帮助他们更加关注孩子健康的“负罪感”时，他们会沉浸在一个信念之中：我是一个好母亲或者好父亲。

艾曼纽尔32岁了，他不愿看到自己的母亲，更不愿意把自己儿子托付给她。他的母亲丹尼丝不明白这是为什么，她说：“我一直都是一个好母亲。”她说得没错，我们可以相信她。她一直都很认真地去做一个好母亲，从来都不允许自己的内心产生任何负罪感。她不看艾曼纽尔，也不听他说话，总是关心着自己作为一个母亲的形象。不错，她是一个好母亲，可是她的儿子缺少真正的关爱。从艾曼纽尔的角度而言，他是不幸福的。他的母亲从来没有关注他真正的需求，只是按照一个好母亲的形象所应该给予的尽量去给予。当艾曼纽尔抱怨自己在她眼中根本不存在的时候，当他揭穿她的一些谎言的时候，她叫嚷了起来：“这是我儿子编的，事情其实不是这样子的。”她拒绝承认在她认为的事实之外还存在着另一个事实。“在他小的时候，他可不是这样的，那时一切都很好。”她说。

当一个孩子向父母提出一个关于他童年的问题时，而他父母没有思考或对其进行描述，而是敷衍地回答他：“一切都很好。”你就可以把这理解为：我没有留意，我只关注了自己，我根本没看到你发生了什么事情，或者我什么都不想看到。

因而我们需要学会承受一定程度的健康的负罪感，它会使我们与孩子建立更加直接的联系，而不是受一些固有观念的影响。负罪感可以使我们不伤害他人，也使我们保护孩子不受伤害。

一个身患残疾的孩子会得到我们更多的爱护。当一个孩子因为遭遇的困难比别的孩子多而更加需要我们的爱护时，我们就会感到自己对他的生活应该负有更多的责任。当我们自己身负重责却无人倾诉、无人陪伴时，我们就会觉得责任更重，更加容易产生负罪感。这种负罪感一方面是由于我们需要提供更多的爱护，另一方面是由于我们曾经经历的挫折和不公平使我们对自己感到恼火。之所以说是“我们”所经历的，是因为我们往往会忘了那其实也是孩子正在经历的。

不是所有的事情都是父母的错，不是的。然而我们常常会混淆事件中的相互责任，学着让它们各归其位吧。我们只对自己能力范围内的事情负有责任，这就已经很多了。

我们如果能够少一些负罪感，就不会那么追求完美，就能更好地承担起自己的责任。有哪对父母在带孩子去治疗胆怯、诵读困难或遗尿等心理或者生理疾病时，没有因为害怕被视作坏父母而犹豫过呢？我们寻找着各种各样好听的理由作为借口，但事实是大部分父母迟迟不采取措施解决问题，或者去进行相关心理咨询。

孩子不需要完美的父母，他们需要的是足够好的父母，也就是尽自己最大努力去照顾、爱护和养育他们，避免他们受到伤害和遭遇过度打击，同时知道自己可能会出错并能够及时承认错误的父母。孩子希望自己面对的不是一个“角色”，而是一个人，一个“真正”的人。他们需要可以正视自己的内心、有自己的情感和需要、有属于自己的思想和价值观、同时还有能力和自制力的父母。

有的父母有过多的负罪感，有的父母一有过失通常没有或者不想有负罪感，他们可能会因此将自己困在一个恶性循环中。当我们有意或无意地伤害他人时，我们由于不能面对自己的负罪感，只要看到被伤害的那个人就会无法忍受他，因为他让我们想起了自己的错误——我们讨厌那些给我们带来负罪感的人！

出于同样的原因，父母可能很难去爱一个有缺陷的孩子，因为这个孩子会给他们带来这种负罪感。父母会躲避孩子的目光，从身体上疏远孩子，或者可能产生暴力倾向，以致打孩子，因为孩子正反射出了他们自己内心的虚弱和不堪。

我们不可能总是处在“巅峰状态”。当我们睡眠不足，正经历一段艰难时期，吼叫也是人之常情。没有人期待我们是完美的，尤其是我们的孩子。但由于我们苛求自己达到完美，由于我们想做一个好母亲或者好父亲，所以一方面我们把自己的行为称作是有教育意义的，以此来为自己辩解，另一方面我们不敢寻求帮助，仿佛那样就是承认了我们的无能。然而，如果第三方的介入可以减轻我们的压力，那为什么不尝试一下呢？为什么总想一个人去承担全部呢？寻求帮助不仅没什么值得羞愧，而且还能体现出你真正的勇气——不要再逃避了，大胆开口吧！

4

冲动

“我就这样打了孩子。”

“我想也没想，自然而然地手就伸出去了。”

“话刚一说出口我就后悔了，那个说话的人似乎不是我。”

一些情境、孩子的一些行为通常会在我们身上非常迅速地引发条件反射。当我们的行为超出了我们的控制时，我们会说这是“出于本能的”行为。真的是这样吗？其实这些行为更多是出于不由自主，而并非是出于本能的。“出于本能的”行为指的是自然行为，那些我们脱口而出的话、我们无意识做出的行为，没有任何自然的成分，都是后天逐渐形成的。父母把自己当作一个不负责任的自动装置是让人无法接受的。如果你更愿意把不由自主的反应看作出于本能的行为，而不愿承认一个不经过思考、迅速做出的反应只不过是后天形成的条件反射，这可以理解，但不过是自欺欺人罢了。

并且，我们知道这些不由自主的反应没有任何教育意义，却不愿意承认。我们展现出来的形象让我们沮丧。女人们说：“当我发现自己像自己的母亲那样吼叫、说着同样的话时，我就会讨厌自己……”疲劳、重压、责任、恼怒、无力感……一切都交织在一起，我们的行为不再是为了一个明确的目的有意识地做出的。在紧急情况下（父母常常处在或者自以为处在紧急情况下）、在激烈的时刻，我们的反应——这一后天形成的条件反射——看起来像是自发的，因此，我们就认为自己是不受控制的冲动情绪的受害者。

从生物学上来说，冲动为生命服务，使生存和进化成为可能。生存冲动、死亡冲动（不是自杀冲动）、交谈冲动、性冲动，对我们来说都是必需的，应该得到满足，因为它们是维持我们生命运行最基本的也是最重要的动力。然而，“冲动”一词的滥用，会让人误以为需求的满足是后天强制形成的。

有时我们对孩子说的话或者做出的事会超出我们的意愿，但这些超出我们意愿的行为通常只有在极少的情况下才会涉及生物冲动。所以，我更倾向于使用“推动力”这个词，因为我们的这些行为是后天形成的，是文化性的而非生物性的，是一种推动力或强制力作用的结果。一个突然的动作可能纯粹是被推动的，即是被特定的、无意识的因素所驱使的。反射中枢或情感中枢迅速地对接收到的信息进行阐释，并在上级中枢给予确认之前就将反应指令发出。推动力是迅速的，却可以被掌控，强制力则很难控制。

当孩子毁坏了一个东西时，父母通常会被一个攻击性的推动力推动，产生一种想打孩子耳光、惩罚孩子和打压孩子的冲动。他不一定会这么做，但有时候推动力太强了，他无法控制自己，于是打了孩子耳光，或者对孩子做出了粗鲁的举动；只要这一行为不是反复出现的，它就还是出于推动力的作用。孩子的许多行为都会引发我们身上攻击性的或其他类型的推动力[1]，而当这种推动力很容易或者经常出现时，它就成了我们的一种性格特质——你可以将其理解为冲动性格。不过推动力的产生是有原因的，也是可以控制的。

在强制力起作用的情况下，父母无法控制自己的行为和言语，会“为了一点儿小事”而去“攻击孩子”。强制力是我们无意识地为了避免焦虑而促发的，我们后面还会讲到产生焦虑的根源。强制力同样也是可以控制的，前提是我们把它看作我们与生俱来的一部分，而不是后天形成的。强制力并非必然存在的，搞清楚强制力和推动力之间的差别非常重要，可以避免过度谴责受强制力控制的父母。如果父母没有意识到自己潜在的焦虑，他们就无法控制自己的恶习，因为焦虑是不受他们意愿控制的。

在一次讲座前，我正在讲台上准备，一位年轻女士走过来对我说：“这是我第二次来听您的讲座，我想谢谢您！上一次，您讲了打耳光会使孩子痛苦。多亏了您，过后我再也没有打过我的女儿，我们家的氛围发生了很大变化。我就想和您说明，您的那几句关于打耳光的话也对我和孩子们的关系产生了很大影响。我替孩子们和我的家庭谢谢您！”

有的父母一旦知道了打耳光、打屁股或批评孩子这类行为的危害性，就立即停止了，这位女士就是证明。他们原先那样做是由于无知和缺乏科学意识，然而他们一旦发现存在着其他可行性，就会马上做出改变。另一些父母则不能很快地做到，因为这种行为不是完全由他们的意识所控制的，他们需要一定的时间来学会控制体内的推动力。还有一些父母真的没有改变的能力，他们需要获得帮助来改变他们自己的行为。相同的道理，有的人戒烟很容易，有的则非常困难，因为这涉及一种推动力，而且他们对烟草产生了依赖性。

1. 推动力通常是对外界施加的，但父母同样可能会将攻击性转向自己，从而产生负罪感或者沉迷于烟酒。

这一情景让我们想起了化学依赖。正如吸烟的人习惯了他们日常摄取的尼古丁剂量一样，会不会存在着一种对攻击性激素的依赖呢？这并非不可能。暴力确实存在，在生理学范畴内是不能被否认的。但作为心理学家，我还是停留在我的专业上，探讨心理依赖。

打孩子或贬低孩子会带来一些潜意识的优越感。只要不把这些优越感搞清楚，对存在这些问题的父母来说，改变就极为困难。我们一定要记住：父母打孩子并不是出于恶意、消遣或邪恶的本质，而是被一种奇怪的推动力刺激着去打孩子或伤害孩子，以此避免不这样做可能会给他们带来的恐慌。

对孩子施加暴力不是冲动性的，而是推动力或强制力作用的结果。在任何情况下，父母的暴力行为都与孩子的行为无关，孩子的行为最多是导火索，而不是起因。

5

当推动力成为强制力

正值夏天，天气很热，邮局里十来个人在排队。一个4岁左右的小男孩突然哭了，因为他妈妈一边打着他的屁股一边说："你能不能安静点？"在这之前，妈妈生气了，她拽着小男孩的胳膊，阻止他乱蹦，但他扭来扭去想要挣脱。"再动，我就要打屁股了！"她举起另一只手威胁道。但她一松手，小男孩就跑向了一个小木桩，并绕着它转圈……她抓住他，打了起来。小男孩哭了一会儿，跑到远一点儿的地方玩了。过了一会儿，小男孩跑了回来，他忘了妈妈还在生气，笑着叫她："妈妈，妈妈，看呀！"但妈妈可没忘："别理我，因为你不乖。"几分钟之后，小男孩跑到妈妈跟前继续调皮，妈妈再次打了他，小男孩跑到一个地方开始坐着哭……

排队的人尴尬地互相看着，没有人敢插手，他们熟视无睹，充耳不闻。我需要认真思考一下才能以比较有效的方式介入，尽管我也在赶时间。妈妈站在队伍的中间，看起来孤零零的。我走近她，"笨拙"[1]地

1. 说笨拙，是因为我摆出了凌驾于她之上的姿态，就像一个懂的人面对一个不懂的人。的确，我不是完美的，尽管有很多实践经历，我有时候还是不善言辞。其实，更恰当的方式是只向她提供帮助，或是从孩子的角度直接介入。不管怎样，我在这里把我那天说的几句话记录下来。

跟她说了下面这些话：

“我理解您很恼火，但要让孩子安静可以有比打和呵斥更好的办法。”

“这不关您的事！”

“这关我的事，我不想看到一个孩子那么痛苦，我猜您小时候也被这样打过。”

“那并没给我造成什么伤害！”

接下来便是一些简短的对话，我在这个过程中试图使她相信我不会对她加以批评，但没有用，我的言语还是撞上了一张敌视和拒人于千里之外的面孔。离开的时候我的脑子里在想：噢，女士，那确实给您造成了伤害！我能从您紧张的表情中看出来，能根据您对有些好动的儿子的怒火中估计出来。女士，您显然有一些烦恼，您肯定压抑了许多情感，为了不去感觉到这些情感，您让自己变得冷酷无情。

这位母亲以后就会发现她的体罚、吼叫和威胁根本没有什么效果！她打得越厉害，小男孩就越是哭喊、越是想要挣脱，然后她继续坚持这种体罚，并在我面前为一种看上去没有任何效果的方式辩护。

相比下来，温柔地和孩子说话，将他的注意力引到周围的环境上，让他对别的事物感兴趣，这样就更加有效得多。但她做母亲的方法中显然并不包括这些，在她的选项中只有一个答案，那就是体罚，因为这正是她当孩子的时候从父母身上学到的。

这位束手无策的母亲通过模仿学会了借助滥用权力来找回做一个母亲的感觉，以及弥补心中强烈的无力感。当暴力行为偶尔出现的时候，这仅仅涉及一种推动力。当父母不由自主地为一点儿小事就打孩子的时候，那么就涉及一种强制力。鉴于这位妈妈打孩子时的那种不由自主性和明显的习惯性，我们可以认为她的行为涉及的是强制力。

其实促使我们侮辱、贬低、批评和打骂孩子的强制力是我们自己在童年时所受痛苦在孩子身上的投射。如果儿时的痛苦无法说出来，它造成的压力、沮丧感和羞辱感就会变得越发强烈，当它使我们回想起自己曾经面对同样的情形却被迫选择缄默时，它就会变成痛苦和仇恨。暴力的强制力既是报复，也是治愈曾经所受创伤的尝试。关于这一点，在后面的内容中我们会详细讨论。

6

认知失调

让我们回想一下前面提到的一句话："如果我数到三还不过来，你就等着屁股开花吧！"在说这句话之前，西尔维肯定没有经过思考，她被一种潜意识控制着。真正说话的不是她，而是她的母亲、她的祖母……今天早上，在一场讨论会中，我听说她公开表达了对在课堂上打孩子耳光这种教育方式的愤怒。她毫不留情地谴责了无论是在学校还是在家里的任何体罚行为，但当她对自己儿子吼叫时，却被理性之外的其他因素控制了，她在重复一种习惯。

她的言论与她教育儿子的态度之间的差距引发了我的兴趣，于是我去找雨果的妹妹小埃米琳交谈：

"你妈妈真的打了雨果的屁股，还是只是吓唬吓唬他？"

"她是真的打了雨果的屁股！"埃米琳仿佛是为了替妈妈辩解，"我什么都没做，雨果害我摔倒了，他把我弄疼了！"

埃米琳已经接受了这一观点：如果做了不好的事情，被打屁股是正常且应当的。雨果干了坏事，因此应该被打屁股。对她来说，搞清楚她的哥哥到底为什么让她摔倒并不重要，甚至也没有用。

西尔维很清楚打屁股这种行为对教育孩子来说，是没用甚至是有害的。然而，她用打屁股去威胁她的儿子，并且也确实施加了这一惩罚。那么，她是如何去处理她的价值观呢？

“打孩子是不好的”这一观念与“孩子做蠢事后我打了他一耳光”这一行为之间的矛盾致使我们处于一种精神上的紧张状态。这种紧张状态应该促使我们去改正自己的行为，使之与我们的价值观相符。可是，改变想法比改变行为要容易得多，尤其是当这些行为根植于我们过去的伤痛之中时。于是我们重新建构了自己的信念，让它继续支持我们的行为，甚至去宣扬“屁股挨几巴掌死不了人”这类说法。

美国心理学研究员利昂·费斯廷格[1]着手分析了观念和行为之间的差异所导致的心理变化，提出了“认知失调”这一概念。他认为人有许多认知，当两种有相互关系的认知不一致或产生矛盾时，它就会让人感到紧张、不愉快，甚至还有压迫感。这种由于认知不一致所产生的心理上的紧张就叫作认知失调。从另一角度说，认知失调体现出了一个人做了与自己的理念不相符的事情，或者产生与自己的经历不一致的想法时所出现的不舒服的感觉。当我们在做了与自己的价值观相矛盾的行为时，我们会有很强的意愿去重新构建自己的想法，使之与我们的行为相符并为其辩护。情况也可能反过来，但那肯定是潜意识的力量不够强大。调整自己的想法比改变自己的行为会更加容易，发现我们没有按照自己的原则去行动会令人苦恼，并产生负罪感。“我不是一个好人”这样的论断很容易出现。我们宁可改变自己的想法。这样做当然不是有意的，潜意识对我们施加着不同程度的影响。

1.Leon Festingen（1919–1989），*A theory of cognitive dissonance*, Stanford, CA: Stanford University Press, 1957.

西尔维的例子让我们明白，我们的有些行为完全不是有意识的认知反应，而是被一种机械的潜意识力量推动的。

谁没遇到过这样的矛盾呢？面对谈话对象，我们可能会像西尔维一样，通过否认打屁股的行为，来证明自己不可能用任何暴力方式去“教育”自己的孩子，从而减少负面影响。

我们的语言通常只是为自己开脱，以免我们为自己思想和行为上的不一致感到痛苦。于是我们就理解了争论激烈的真正原因：表面上看是为孩子的将来考虑，其实是我们在逃避自己的过去。父母最害怕面对的并非内心的负罪感，而是自己童年的伤痛。

我们是否因此显得虚伪呢？当然不是。在大部分情况下，我们都是绝对真实的。为了减少不适并消除因思想和行为上的不一致而产生的恐慌，我们的大脑会去适应每一种情形。当有人不加评判地听我们倾诉时，例如在心理分析专家那里，我们终于有足够的安全感去面对这种恐慌——直视它，允许自己身上那些被压抑的情感流露出来。当我们有能力去承受某些不一致和一定程度的负罪感时，我们就走上了正确的道路。

7

辱骂和贬低

“肥丫头呢？”“废物！”“喂，大象，你来不来？”“快看，推土机来了！”“弱智的数学又得了5分！”“像你这么丑，别想着会有男生喜欢你！”“你以为你是谁啊？英国女王？”

这些话让你吃惊吗？唉，这可不是我编出来的，很少有孩子没被父母这样骂过。这些贬低之词就像无形的耳光——既伤害了孩子，又伤害了父母以及他们之间的亲子关系。例如在中学里到处都能听到辱骂声，家长会经常听到孩子说被同学骂了，却不说被骂的具体内容。如果有家长追问，他就会轻描淡写地说道：“你什么都不懂，这有什么，大家都这么说，我都已经习惯了。”我们的个人经历使我们相信冷暴力是无害的。

但当这些孩子中的一个走进心理医师的诊所，或者当他面对一些让他相信他可以讲真话的人时，他就会坦率地说出真实的想法。被辱骂是痛苦的，而且会导致与他人之间的关系恶化。批评和贬低会营造出不利于孩子成长的环境。在一个群体里，如果一个成年人或者一个孩子说出让人无法接受的脏话却没被制止，那么所有人都会觉得不舒服——无论是受害者、被动的旁观者，还是说话者自己。人内心的变化是微妙的，大多时候是无意识的，不会再有人冒险去自由地表达自己的想法，每个人最终都学会了演戏。

在家庭中也是同样的情况：为了被家人接受，每个人都披上自己的戏服，表演自己的角色。有的人在自己扮演的角色中太过投入，以致自欺欺人地认为他们自己就应该是这样的，这就是真实的生活。

蔑视和中伤来自朋友已经够让人痛苦了，如果是来自父母就更加让人无法忍受。虽然这些辱骂看似稀松平常，但它们带来的伤害远比我们想象的更深。

网球课上充斥着一位父亲的吼叫："快动起来，来啊！挪动你的肥屁股。"被吼叫的对象小德博拉来回奔跑着，然而每次球没过网都会招来新的批评："你真没用！真的，我可怜的女儿。"当我询问这位父亲时，他为自己辩解道："我不是贬低她，我是在激励她，这是为了不让她松懈。而且，我激励她是因为我知道她能做到，否则我什么都不会说。"这位父亲相信自己说的话吗？他就是这样来减少认知失调的，并且闭上眼睛自欺欺人！她的女儿为了不被这些贬低的话语伤害，为自己铸造了盔甲，她用一层厚厚的脂肪把自己隔绝开来，来缓和刺痛，这样的她后来很快放弃了网球。她爱她的父亲，不想去质疑他的所作所为，她宁愿摧毁自己的形象——她显然缺乏自信。但她并不认为这与她父亲对她的态度有关，因为在她的眼里，她的父亲是如此优秀、慷慨，生活得如此自在，乐于帮助所有人，这样的父亲又怎么会伤害她呢？

她的父亲其实是一个专制的人。他不愿意去看心理医生，拒绝承认自己对女儿内心缺乏安全感负有责任，甚至觉得"她就是这样的"。那么，他使女儿如此痛苦又有什么益处呢？益处就是可以保持自己的权威并阻止情感外露。他曾同样遭受过自己父亲的专制、羞辱和贬低，现在轮到他“刻薄”自己的女儿了，他不允许自己的情感流露出来。事实上，他并不是在控制他的女儿，他试图掌控和压抑的是他自己的情感。

辱骂的影响有时候要在很久之后才会显现出来。玛丽昂前来咨询是因为她对丈夫从来都没有性方面的欲望。我耐心地听她诉说，希望能从她过去的经历中找到抑止性欲的原因。她向我吐露，她的耳边一直回响着她母亲说出的一个词：荡妇。因为她14岁的时候“竟敢”和一个男孩子去看电影。一位母亲怎么能这样对待自己的女儿呢？然而，不论是从母亲还是父亲的口中，我们常常都能听到一些辱骂性的话语。对玛丽昂来说，伤害是深远的。面对带有攻击性的语言暴力，她感到困惑的同时选择了相信母亲的话，并下了推断：如果我和一个男生在一起，那么我就是一个荡妇。因此，她在潜意识里禁锢了自己所有的性感觉，保留了对母亲的尊重和爱。以前，她选择做一个听话的小女孩，结婚后她仍然抑止自己有性方面的欲望和快乐，于是将她的夫妻关系推到了危险的边缘。事实上，辱骂并不只是针对玛丽昂的，但她又如何能知道呢，而她的母亲也从未因此感到抱歉。

我们口中辱骂别人的话是从哪儿学来的？常常是听来的。当我们小的时候，对于我们受到的那些辱骂，我们抹去了其中进攻性的一面而将它们放在心里，并压抑着痛苦。长大后，当我们辱骂别人的时候，我们的动机也不是攻击性的，而是防守性的，是为了试图平复我们内心的痛苦。于是，我们将这种语言暴力加之于他人。辱骂的背后总是隐藏着我们自己的经历：一个仍然疼痛的伤口，有着我们的情感和需要。

我们的辱骂不是无害的。它们与孩子毫无关系，只是反映了我们自己的伤痛，却再一次被强制性地加在我们的孩子身上。纳塔莉20岁时未婚生下了玛丽昂，她承受了别人的说三道四、孤独以及父母的遗弃，她非常痛苦。当她的女儿和一个男孩子外出时，过去的所有情感都在她心中泛滥……她不想再次听到那些侮辱性的话语，拒绝让它们重现，于是她选择了攻击：“你就是一个荡妇！”为了不在心底留存它们、看到它们，她将这些可怕的话扔到了女儿的身上。

辱骂、贬低、负面评判、污蔑、侮辱等都不是教育的方法，而是一种暴力。尤其是父母而不是别人说出难听的话时，对孩子的伤害就更深。负面评判是为了操控他人从而避免看到自己的错误，就像孩子们常说的：“谁说谁是！”

当我对一位为儿子而来的父亲说起这一动机的时候，他反驳道：“可他真的很没用，我只不过是说出了事实。我不会对他说他太棒了，看看他的分数吧。”

我耐心地向他分析了事实与阐释之间的区别：“他太棒了”是一种评价，而不是客观事实；“分数在平均分之下”是一个客观事实；“他真没用”是一个概括性的阐释，是对学生的定义，而不是对分数的定义。阐释是主观的，依据的是“我们”的经验、“我们”的目光、“我们”的视角，而非“他”的实际情况。当我们的内心只有自己的阐释时，我们在区分这两者时就有困难，对处于服从地位的孩子来说，他们就很容易把自己和我们对他的定位联系在一起。孩子会倾向于符合我们对他的定位。这一效应已被研究[1]证实，被称为“期待效应”（pygmalion effet），也被称为“皮格马利翁效应”，当我们认为孩子没用时，他就会在头脑中反复强化“我很没用，所以根本找不出解决问题

1.Robert A. Rosenthal, Lenore Jacobson. *Pygmalion à l'école: l'attente du maitre et le développement intellectuel des élèves*, France: Casterman, 1996.

的办法，我是不会成功的”这一认知，进而他的思想和行为就会去迎合这个形象定位。长此以往，他会和父母给他设定的形象越来越接近，这种形象也会在他的思想中根深蒂固地存在下去。

我们常常会忘记孩子可能已经尽了最大的努力。如果他们没能回应我们的期待，那是因为我们对他们的要求超出了他们的能力范围，或者这个要求与我们潜意识的期待相矛盾。

不管怎样，到底是什么促使我们对孩子做出负面的评判的呢？我们自己也曾经是孩子，应该记得当我们的父母给我们负面评判时，我们所感受到的痛苦。我们想不起来是因为我们觉得愧疚，我们已经接受了父母给我们的这个评判，并将我们的情感封闭在了自己心里。我们有过同样的经历，我们清楚地知道这些评判是多么不符合教育理念，因为我们已经有证据证明这些评判并没有帮助我们提高能力，反而给我们带来了痛苦。然而现在竟轮到我们给出这样的评判，为什么会这样呢？因为我们曾经受到的负面评判使我们感到愧疚、卑微、被贬低，我们将其内化，并认为它是正确的。有很多成年人在回顾自己的过去时这样评价自己：“我是一个坏孩子，我是一个胆小鬼，我让人无法忍受……”可他们忘了这些看法只是结果，而非原因。

我们表现出来的“症状”不是问题，真正的问题是我们在遇到问题时是否敢于去尝试不同的解决方案、探究问题出现的原因。

当孩子的某个行为或某种表现没有唤醒我们过去的伤痛时，我们就有足够的时间去辨别那个行为或那种表现背后的深层次的原因，这样我们就会去理解问题，去寻找解决方法，而不是通过负面评判使孩子产生负罪感。比如，面对写着糟糕分数的作业本，我们的第一反应会是发生了什么事情？接着我们会去聆听孩子的解释，去思考可能存在的各种原因：不用功、马虎、理解错误、特殊的困难、不够聪明、学习方法不对或与老师沟通不畅……我们会去了解孩子和老师之间的关系。总而言之，我们会把分数放入一个背景之中，明白分数只不过是一个“病征”，我们需要做的是找出阻碍孩子进步的原因。

当我们给孩子量完体温，看到温度计上显示着39.5℃的时候，我们不会想让孩子自己努力把体温降低——我们知道这是一个病征，需要医生诊断后予以治疗。同样，如果我们的孩子没有得到高分，那是因为有什么困难阻碍了他。如果我们不能找出其中的原因，我们就很难帮助孩子将分数提高。

但是，我们的怒火会使我们变得盲目，忘记了要去寻找问题背后的原因，而是开始对孩子大吼大叫。我们的愤怒其实不是因为孩子的分数，而是因为我们自己的经历和潜意识里的伤痛。正因为这样，它对孩子来说不仅是痛苦的，也是没有帮助的。我们认为辱骂孩子就可以更好地压抑自己的情感，然而事实并非如此，我们内心的那个真实的声音说：

“当你的分数很糟糕时，我觉得痛苦，就好像是我得到了一个糟糕的分数。”

“我生气是因为你让我有了一个不好的形象，我害怕其他人会嘲笑我。”

“我小时候得到过许多糟糕的分数，我当时觉得自己很没用，一直有种被羞辱的感觉，你让我重新感受到了这种羞辱。”

“当我考得很差时，我会被痛打一顿。不要让我想起这些！”

“我从没考出过好成绩，你要是知道我牺牲了什么，我为了取得好成绩有多么用功就好了。我不能忍受你的生活比我轻松。”

“为了你能上学，我辛苦地工作。当我看到你的成绩时，我觉得这不公平……”

贬低他人其实不仅仅是对他人的控制，更是对自己经历过的伤痛的控制，是在以一种笨拙的方式试图将我们从孩提时被贬低的状态中营救出来。但每当我们羞辱他人的时候，我们非但没有解放自己，反而将内心的门闩得更紧了。

当我们发现自己正对孩子说着侮辱性或贬低性的话语时，仅仅产生负罪感是没有用的。停止我们的行为，向孩子道歉，然后听听那些侮辱性或贬低性的话语在我们心中的回声。我到底说了什么？这是通往我们自身经历的一扇门。

8

当我们忍不住打了孩子

“我不喜欢妈妈打我耳光。”

“你妈妈打你的时候你有什么感觉？”

“很疼，我的脸颊会红，然后我就生气了。”

“你是怎么想的？”

“我觉得她不是很爱我。”

8岁的西尔万被他的妈妈带到我这儿，因为他不乖、不听话，还做了“蠢事”。

“你知道妈妈为什么打你吗？”

“因为我做了一件蠢事。”

“打你会让你以后不再这样做了吗？”

“我不是故意做蠢事的。”

“你怎么做她才会不再打你耳光呢？”

“我需要停止做蠢事，要当心一些。”

“你能做到吗？”

“不能，因为我不是故意的。”

很明显，耳光不能帮助西尔万改变他的行为，反而会让他感到无助和愧疚。

如果不是打得特别厉害，父母一般都会得到孩子的原谅，但大多数时候父母打孩子都打得特别厉害。他们觉得打孩子很正常，并为自己的行为辩解：“是他们不好，他们不听话，做了蠢事。”对孩子来说，挨打本身比身体疼痛给他们带来的伤害更大，即使打得轻也有危害，它会让孩子觉得自己是坏人，并且认为他的父母有权处置他的身体。心理学家莫妮克·塔兹鲁特有句话说得非常正确：“身体不再是一个承受打击的简单物体，而成了拳脚落下的印记，打中的恰恰是孩子本身[1]。”“拳脚落下的印记”，往往正是如此。

虽然打孩子可能会在短期内矫正孩子的行为，但往往是没有长远效果的。所有父母都有这样的经验，但并不能阻止他们继续那样做。这或许就说明真实的动机是无意识产生的。有的父母承认这一点，有的却不承认。有一项研究[2]证实了这一说法：在刚刚过去的半年里，使用过体罚的1000个母亲接受了调查，结果表明54%的母亲承认在一般情况下打屁股是最坏的做法。

另一项研究[3]显示，打屁股的父母中，85%的父母表示只要有人告诉他们更好的替代方法，他们愿意放弃体罚。他们承认打屁股只在非常短的时间内有效果。

父亲比母亲更支持体罚，比母亲更难觉察到打孩子的负面影响，他们忽视了打屁股对孩子的心理和身体造成的伤害。事实证明，父亲对

1. 引自莫妮克·塔兹鲁特（Monique Tazrout）在《心理学家日志》（Le Journal des Psychologues）（1998年2月，第154期）上发表的一篇文章。

2. 在美国明尼苏达州进行的研究。

3. 详情请登录 http://www.niclaquesnifessees.org/index.html，http://monsite.wanadoo.fr/oliviermaurel。

孩子在婴儿时期的能力估计得非常不准确。并且，因为他们曾经是小男孩，所以父亲比母亲更支持体罚可能与男孩比女孩挨打更多这一事实有关系，而女孩遭受的更多是辱骂以及其他心理上的暴力。

我们举办了一个针对父母的为期10周的教育活动。活动结束后，父母们从中获益良多，明显减少了体罚行为。更令人高兴的是，这一改变有着深远意义：807个6～9岁的孩子，在父母用其他方法代替了打屁股之后，反社会行为明显减少了。

“他们仿佛在找打。”不，这一表现当然不是孩子所希望的，让我们来分析一下。当孩子被一个本应保护他的人打的时候，他就会出现认知失调：“妈妈是我的保护者”和“妈妈把我弄疼了”是两个不能兼容的命题，孩子或者质疑第一个，或者质疑第二个。然而，与“妈妈不保护我”相比，他更愿意相信“其实不是很疼”，更何况妈妈通常会“证实”这种想法：“我打你是为了你好，所以你不应该感觉疼。”但是，孩子还是会感觉到疼。所有这一切都让孩子无法理解，为了搞明白，孩子就会重复招致挨打的行为。为了减少认知失调，他让自己变得麻木，感觉不到疼痛，于是他挨的打越来越多，最终导致了恶性循环。

父母打孩子，很少是因为孩子做了蠢事，更多的是出于条件反射——因为他们已经形成了习惯，也有可能是因为无知，或者是因为他们的无力感使自己筋疲力尽。父母再也不知道应该做什么了，再也无法控制自己的情感，于是借助打孩子重新获得权力。这种权力的获得是通过可能伤害他人的方式来实现的，并让人觉得是值得的。使别人痛苦也是重建自信的一种尝试。

“我可以使人痛苦＝我有权力＝我很强大”。

“这样让我发泄出来，之后我就觉得舒服多了。”一位母亲肯定地对我说。在我们打孩子的时候，我们的内心被一种摧毁、掌控和奴役他人的推动力占据。暴力行为也许会让我们把这种推动力发泄出来，但事实上，打孩子使我们压抑了自己的真实情感。

父母越容易动怒、沮丧、疲惫和感到压力，他们使用体罚的频率就越高。孩子所受的惩罚是由父母的痛苦程度决定的，而不是由他自己做了什么或不做什么决定的。许多父母，或者说几乎所有父母，都会有向孩子举起手来的时刻，但我们不能再糊涂下去了，这不该是我们教育孩子的方法，它只是一种暴力推动力的表现。对于这种推动力，我们是可以通过控制情绪进行消解的。

我们怎么能够辱骂、指责、贬低我们最爱的人呢？我们从来不敢这样对待一个同事或朋友，却要这样伤害我们最最珍视的人吗？

9

处于弱势的孩子

“你能不能穿得体的衣服啊！”索菲对着12岁的女儿大吼道。她对自己的表现也感到诧异，是什么使得她如此愤怒呢?

她分析道：“发生了什么事呢？我是为什么事、为了谁而生气的呢？”答案出现了：从早上起，索菲就积攒了对丈夫的怨恨！他们见面这么少，他还花了整整一个早晨在电脑前面。但她能说什么呢？他在忙着为他们的大儿子安装软件，再说看到他为儿子花时间，她也很高兴。但不管怎样，亲密的需要得不到满足，又没勇气提出要求或者承认这一点，不满就这样被累积起来，像是从早上就打开了火、紧紧闭合的高压锅一样承受着巨大压力……和女儿发生的那段插曲使索菲舒缓了一点儿压力，但没有实质性效果，因为对一个替代的对象发火只会增加负面情绪，何况我们通常会因为这种过分而又不恰当的发泄方式感到内疚。索菲既不觉得轻松，也不觉得平静。如果她意识不到她的行为有不当之处的话，那么这一天剩下的时光她还会按照同样的基调度过。

当然，也有可能索菲在青少年时期关于穿着问题与她母亲有过争执，女儿的穿衣方式使她回想起了那些冲突，但她压抑着的对丈夫的怒火已经足以解释她为何烦躁不安了。索菲处于精神紧绷的状态，她把这种情绪发泄到了女儿身上。

有时候，一根稻草就能压倒一头骆驼，一个细节足以决定成败。如果孩子犯了点儿小错，我们就对他大吼大叫，那么我们之前在孩子身上付出的心血可能就付诸东流了。有时候，孩子什么也没做，他们的弱势地位就足以激怒我们——他们的依赖、期待都让我们无法承受。有时候，孩子会惹我们生气，因为他们面对以他们为目标的发泄行为不仅不加以抵制，有时还会为之辩护。的确，他们似乎无意识地为父母的情感需要提供了某些帮助。当他们觉察到父母心中的愤怒时，他们就会不停地刺激父母，直到父母心中被压抑的负面情绪得到释放。事实上，孩子帮助父母并不是出于利他主义，而是因为他们觉察到了父母的烦躁情绪，却无法说什么，因为父母对此既不谈论也不承认。孩子也感到紧张，却又不明白原因，于是他们就按照自己的方式去寻找原因。不同年龄的孩子采用不同的方式，很多时候他们会哭、会乱动，为了缓解紧张情绪，他们会乱跑、蹦跳、大声讲话、哭哭啼啼、生气、要求关注，他们会穿着怪异、穿耳洞或偷一辆轻便摩托车……种种行为都让心中压抑着怒火的父母无法忍受，于是父母的愤怒爆发了："这可是他自找的！"得出这样的结论，仅仅因为父母不愿正视自己愤怒的真正原因。

不得不说，正视自己愤怒的真正原因并不是一件很容易的事情。于是，我们选择压抑愤怒，认为不把它表现出来的话自己会是更好的监护人。甚至在我们的潜意识里，我们通常会选择忘记到底发生了什么，而且我们愤怒的根源可能要追溯到很久以前。

日常生活的各种因素唤醒了记忆中埋藏的情感。孩子常常成为父母发泄的对象，因为父母们更倾向于“保护”他们的夫妻关系，因为配偶可能会抛弃我们，而孩子却不会。另外，我们所受的教育常常告诉我们：只要我们处在能够掌控他人的位置，我们就有权表达自己的愤怒。我们的父母向我们证明了这一点。

是的，我们的孩子很不幸。因为他们与我们的同事或婆婆或岳母相比，不那么让我们害怕，于是我们总是倾向于让孩子替代另一个人承受我们的怒火。我们压抑的对其他人——配偶、同事、老板、婆婆（岳母）或邻居的愤怒，最终往往会发泄在孩子身上，而这仅仅是因为他们处于弱势地位，并且依赖我们。

10

当孩子反抗时

“我不能忍受他对我说‘不’。”

“她不能不听我的话。”

“啊，他要发表自己的意见，他想看看谁是老大。”

“她有自己的小个性，但我要把她制服。”

“他不服管。”

“我不喜欢她反抗我。”

当父母心中的自我意识不够强大的时候，当他们不够自信的时候，面对孩子的反抗情绪，父母往往会表现得很糟糕。他们不认为这种反抗是孩子自我认同感苏醒的表现，而把它理解为是针对自己的。孩子说“不”是相对于他自己而言的，却被误解为与他人相关。父母将“不”这个词理解成了对自己的冒犯。

于是，这种误解就演变成了现实。父母越是想增强自己对孩子的掌控，就表现得越专制，孩子就越需要自我防御，以维护他们的自我认同感。孩子陷入了这场争夺权力的博弈游戏之中，只有选择对抗才能不否定自我。拒绝和抗议变成了抵抗父母攻击的保护伞，于是“不”失去了它最初的含义和功能，即让孩子能够界定出自己的身份，以及回答诸如此类的问题：什么是“我”？什么是“非我”？“我”想要什么？“我”感受到了什么？“我”思考着什么？“我”渴望什么？……归根结底：“我”是谁？

如果父母对任何抗议和拒绝都加以训斥，那么反对很可能就会成为一种习惯，进而变成一种关系模式——一场永久的争夺权力的游戏模式。父母往往会为此指责孩子，然而他们忘记了这场游戏是他们发起的。

“他想要顶撞我，我想让他在我面前表现得服服帖帖，他绝对不能不听我的话，他必须服从，我会制服他的。”我们能听得出来，说这些话的父母谈论的都是等级、地位和相对的尊卑。

要想从这个恶性循环中走出来，关键在于父母的内心。没有哪个孩子因为觉得好玩才去反抗或顶撞父母的。他之所以这样做，是因为这是他对自我需求做出回应的唯一方法。

不能忍受反对，也就是不能忍受他人作为独立的、不同的个体存在，不能忍受他人有一个属于自己的身份。当然，没有父母愿意承认自己拒绝孩子拥有自己的身份，或者需要通过掌控孩子来找到自己的存在感。对不能忍受孩子反抗的父母而言，反省自身是非常有益的。抛开表象，抛开我们为了被社会接受而戴上的面具，想想我们到底是谁？我们有没有一种深刻的自我认同感？我们的自我认同感在我们身上扎根扎得越深，我们就越能接受孩子的反抗，孩子的反抗也会越少，因为孩子不那么需要自我防御了。

如果我是一位母亲，正和我3岁的女儿站在衣柜前，让我们看看会发生什么事。

如果我的自我认同感很薄弱，我就会让女儿穿上“我”选出来的那条裙子。如果她让我满意了，我就会感到自己得到了肯定：我选得“很好”，我为自己感到骄傲。如果她拒绝了，我就会以为我做出了错误的选择，我觉得自己做一位好母亲的能力受到了质疑。

如果我的自我认同感很强，我就会知道她需要自己选择。我会向她推荐蓝色或红色的裙子，并让她自己做出选择，因为不管她选择了哪种颜色的裙子，我还是我自己。

11

任性？

马蒂斯大声哭了起来，因为他无法把勺子举到嘴边。这时，他的妈妈把勺子从他手中夺走，试图喂他，结果他哭得更加厉害了。妈妈感到束手无策和愧疚，开始生气。马蒂斯感受到了妈妈的紧张情绪，哭得更大声了。

“这个孩子真让人受不了，”妈妈发怒了，“我再也受不了他的任性了。”她感到自己身上产生了一种强烈的攻击欲望。但她拒绝承认自己的愤怒，她尤其不想觉得自己很“坏”，于是她将这种恶意安在了孩子头上，将怒气和标签扔向了他：“你捣蛋、任性。”

吓坏了的孩子只能相信妈妈说的话，没有别的办法。他不明白到底是什么使妈妈变成了这样，因为他什么坏事也没做，他是受害者……于是，他最终会觉得自己是邪恶的、有罪的。

妈妈为自己辩护，认为自己是无辜的，是受害者，是孩子把她“逼疯”，使她怒气上涌，是孩子在“迫害”她。孩子是如此需要他的父母，他不允许自己看到父母犯错，父母对他来说是全能的，他需要相信父母永远是对的、善良的、有能力的，孩子把父母理想化了。为了避免自己对父母的负面情感影响到父母，孩子将这些情感转向了自己，接受了父母对他的定义，认为“我是坏孩子”。挨打的孩子没有感到生气，反而会感到内疚。

当父母不理解发生了什么事情的时候，他们就会由此推断，认为孩子这样做没有任何原因，于是他们草率地下了结论：“这是任性。”这既是对孩子的贬低，也是对这个问题的逃避。

依照《小罗贝尔词典》对“任性”一词的理解，“任性”的释义有：

（1）基于想象力和心情的专断决定或突然产生的短暂的欲望。近义词有多变、轻率、不稳定，以及欲望、渴望、心血来潮、异想天开、一时兴起。

（2）频繁的改变，流行风尚的多变。

（3）不长久的艳遇、爱情、爱好。

（4）伴随着气恼的过多要求。

我们能看到这个词汇中含有善变、不经过思考、不理性的意思。在父母看来，孩子的过多要求不是基于某种需要，而是出于肤浅的欲望，是突发奇想、不合理的。

对父母来说，给孩子下“任性”的定义是为了把问题简单化，意味着他们可以通过命令、威胁或惩罚等手段来处理这个问题。但这只能让孩子在一段时间内有所改变，并无法从根本上解决问题。被父母称为“任性”的其实是对某种需要和某种情感经历的表达，问题迟早会浮出水面。

达芙妮和帕斯卡尔与他们将近4岁的小儿子塞尔一起来到我这里。塞尔是一个机灵、独立的小男孩，但是从上幼儿园的第一天起，他就从早到晚地哭泣，喊着妈妈。对达芙妮来说，早上把孩子送到幼儿园后离开是件极痛苦的事情。在帕斯卡尔看来，这不过是任性，他把这种情形简单化了。“必须把他留在那儿，他会好起来的。”不管怎样，他还是同意和他的妻儿来到我这里，并表示愿意从其他视角看待问题。达芙妮更能够察觉儿子的痛苦，但她觉得自己没有任何解决办法。

塞尔马上就4岁了，这是他上幼儿园的第一年。他是一个非常机灵、爱学习、善交际而且很独立的小男孩，因此他的父母期待他能够像他的姐姐一样喜欢幼儿园。可是，从一开始塞尔就缠着妈妈，不让她留下他一个人。老师让达芙妮相信，只要她一走，塞尔就会擦干泪水，于是她就离开了。到了晚上，她得知塞尔一天中的大部分时间都在哭。“会好起来的，他会习惯的。”老师说。然而事情并没有按照预想的那样发展，每天早上塞尔都感到绝望，想到妈妈可能会不回来就感到恐惧。他害怕自己被遗弃。塞尔与他的妈妈非常亲密，妈妈也确实为他提供了足够的安全感。妈妈一直都在工作，塞尔也习惯与别的孩子一起在外面被人看护。那么到底是什么原因造成了塞尔对幼儿园的强烈抵触呢？他表现出了对被遗弃的恐惧，这是否是过去某次被遗弃的经历的心理再现呢？我们探寻了他的经历。没有，他没有经历过任何可能造成创伤的分离，即使在妇产医院时也没有。

既然在孩子“真实的”过去中没有什么能够解释他的反应，那就需要走得更远，到他父母的潜意识中去找寻。可是，在最初的分析中，无论是在父亲还是母亲身上都没有引起什么反应。后面的探讨引起了父亲的兴趣，他决定注册参加一次关于情感基本原理的培训[1]。在一次情感

1. 了解更多关于“情感基本原理”培训的信息，可登录www.filliozat.net。

表达练习中，他的腹部抽搐起来，缺失和孤独的痛苦向他袭来。“她抛弃了我！”他又看到了那些画面，一副面容出现在他眼前——那是他儿时的保姆。他想起了保姆离开时他的绝望，那时他还很小……到底是几岁？

他回到家，询问他的母亲。母亲很惊讶：“啊，你还记得！那是很久以前的事了。她走的时候你几岁？对，我还记得，这很容易，你刚上幼儿园的时候我们把她解雇了，可你为什么问我这个呢？你适应得很好，你什么也没说，也没有哭，一切都很顺利。”

一切都清楚了。

当然，对父母而言，由于帕斯卡尔去了幼儿园，所以他们不再需要一个全职保姆了，这是符合逻辑的，傍晚有一个人去接他就足够了。但对小男孩来说，整个世界都崩塌了。他的母亲不是很温柔，也不经常管他，保姆就充当了母亲的角色：在他哭的时候，是她把他抱在怀里摇晃，是她安慰他，是她无数次地亲吻他……她走了，也带走了她的气息、她的温暖、她的爱抚，小帕斯卡尔失去的是全部的安全感。她离开了，他留在了幼儿园，迷失在了一个全新的环境里。

在帕斯卡尔的母亲眼中，一切都进行得很顺利：他非常好地适应了幼儿园的新生活，保姆的离开对他没什么影响。她什么都没有看到，什么都没有听到，因而她推断“他一切都很好”。然而真正的情况是，她什么都没看到是因为她不去看，她什么都没听到是因为她不去听。由于没有哭泣和倾诉的空间，帕斯卡尔只能将心中的痛苦打成一个小包裹，将它深埋在心底。为了能够继续快乐地生活，他甚至将关于这个保姆的记忆都抹去了。直到他终于可以表达他的愤怒和泪水的时候，这段记忆才重新浮现出来。

帕斯卡尔重新找回了当时的强烈情感，他为他的保姆而哭泣，再次感受到了被抛弃的愤怒，体会到了他幼时的恐惧和孤独。接下来，帕斯卡尔耐心向儿子讲述了他在和儿子同样大的时候所经历的事情，塞尔专心地听完了他的话。从第二天早晨开始，在和爸爸吻别之后，他就奔向了幼儿园的小伙伴们，一整天都没有哭。

这一转变是惊人的。小塞尔之前表现出来的情感不是他自己的情感，他重复了他父亲的经历，但父亲的诉说将他从这份重压下解放了出来。

理解孩子的行为常常很困难，但我们不要急着把其都归结为“任性”。当父母搞不清楚孩子行为的动机时，他们肯定会采取不恰当的方式，继而在孩子身上引发新的负面情绪，导致自己更加束手无策。父母更喜欢采用专制、惩罚和妄下判断等手段去重新掌控局面，但这一定会使问题更加严重，使我们离孩子越来越远。

12

谁掌握权力？

谁掌握权力？父母有时会对自己提出这个问题。专制教育方式的支持者要求父母拥有对孩子的掌控权，其他人则更加赞同剔除权力游戏的相互尊重和相互理解的关系。我们前面已经提到了任性，有人认为任性是孩子掌控父母的游戏，其实它是父母掌控孩子的游戏。事实上，我们一旦向自己提出了“谁掌握权力”这个问题，我们就已经身处权力游戏当中了。

我们面临的权力问题是什么呢？我们怎样采取积极可行的方式来面对它呢？

婴儿拥有某种天生的掌控父母的“权力”：他“能够”哭泣、吐奶、在任何时候醒来……这些都是他的本能反应。我们可以认为，他通过这些行为“掌握”了对父母的控制。于是这里产生了一条鸿沟，有些父母轻松地跨了过去，有些父母却不能。自身很少受到关注的父母会很难接受需要给予孩子关注这个事实，他们很容易将父母曾施加给自己的一些控制再次投射到自己的孩子身上。他们抗拒、对自己的孩子发脾气，并试图减弱孩子对他们所谓的掌控。“他哭就是为了让人抱他。”当然没错，难道这不符合自然规律吗？婴儿这么做本是出于某种需要，被自己的问题所束缚的父母则会将其理解为：他想要操纵我。

丹尼尔不和自己的孩子们一起玩耍，认为孩子们应该学会自己玩。他一下班回家，就沉浸在报纸和网络中，不愿意对自己的日常生活做出任何改变去为孩子们留出一点儿空间。对于孩子应该做什么事情，他有着非常固执的看法：从他们出生开始，他们就不应该发出任何噪声，应当按时睡觉，作息应该与他的时间安排保持一致。他不允许孩子们来改变他的生活。“你不能强迫我做任何事情。”事实上，丹尼尔针对的是他的父亲。由于他以前不敢直面他的父亲，解决烦恼最容易的办法就是拒绝他的孩子拥有任何权力。

当父母在权力方面有问题的时候，他们也许不会像丹尼尔那样，但在处理所有的对抗或冲突的情况时还是会感到困难。当孩子表示反对，拒绝吃饭、睡觉或穿鞋时，父母很容易将这些举动理解为孩子对自己的掌控：“他在找茬！”“他想试探我。”……

1岁半的雅德一边打开平时妈妈不让她打开的壁橱，一边毫不掩饰地观察着妈妈的反应。“她蔑视我，她在试探我的底线。”妈妈瓦莱丽这样认为。在这个年龄段，孩子的大脑还不够成熟，不能重复大人发出的禁令。他们短暂地停下自己的行为，观察大人，体现出了大脑整合行为的开始。父母往往认为这是一种挑衅，但这只不过是一种提示。孩子重复他的行为，是为了使父母重复那些话，即使父母大声呵斥，孩子同样会重复他的行为。我们在前面讲到了扔石子的小女孩，孩子这样做是为了消化某种奇怪的反应，为了搞清楚事情之间的关联，“我扔了石子，爸爸开始大叫”。此时，我们的小宝宝在思考“生活是怎样进行的”，而不是“我想给妈妈找麻烦”。

在3岁的时候，孩子能够让自己重复某些规则了，但他还不能在脑子里安静地重复，他会大声地讲出来，同时做着口中所说的那些不该做的事情：“不能碰爸爸的抽屉……”他一本正经地说着，同时打开了抽屉。于是，父母越发将其理解为是对他们权威的挑衅！孩子说出禁令时的严肃神态应该可以引起父母的注意，这显然不是放肆无礼，他是非常严肃的，他正在努力让自己对禁令加以整合。

按照她爸爸的说法，艾丽卡非常任性：她不愿意穿衣服，不愿意跟爸爸出去散步……我们有时候希望孩子不加辩驳地听从我们的安排。然而，孩子对此感到厌烦，想要成为一个人，有自己的个性，可以自己做决定。艾丽卡才2岁，还处于被爸爸“控制”的阶段，所以最后他们还是出门去散步了。但为了平息她的喊叫，爸爸把奶嘴拿给她，然后他们才开始散步。艾丽卡在婴儿推车里吮吸奶嘴，爸爸和她哥哥聊天。过了一会儿，爸爸发现她吮吸得够多了。还好爸爸不是特别专制，他问艾丽卡：“你把奶嘴给我吧？”啊！终于问了个问题。但这个时候艾丽卡还不能说“好”，她首先需要确认一下她父亲的问题是一个真正的问题，而不是要求。为了使她要说的“好”是一个真正表示肯定的而非妥协的“好”，艾丽卡先说了一句：

“不，我还要……”

又过了一会儿，她把奶嘴从口中取了出来。

“现在呢？”爸爸有一点儿着急地问道。

“不，还要一小会儿。”

她又噙了一会才把奶嘴还给爸爸。父亲允许她自己选择，使她重新找回了尊严，她感觉到自己是一个完整的人。于是，这使三方都获益：

孩子、父母和他们的关系。

艾丽卡的爸爸在权力方面没有太多问题，他不需要“让别人服从来确认自己的存在感”。但是，勒内则需要别人的服从，以避免看到自己平庸的形象。“我想让我的孩子尊重我。”他为自己打儿子的行为这样辩解道。但是儿子并不是尊重他的父亲，而是怕他的父亲！“尊重”和“害怕”这两个词语常常被连在一起，却是相互对立的。真正的尊重是投向他人的目光，但我们甚至不敢抬眼去看我们害怕的人。尊重包含了欣赏的概念和敢于正视他人的勇气。当一个人觉得自己没有获得应得的尊重时，他会想办法让别人害怕他。他想表现得颇具权威，因为他既不具有天生的权威，也不能显示出能力上的权威，对自己没有信心，或者说没有能力。掌控他人其实是为了避免被他人轻视的一种尝试。

当一个人觉得自己太无能，当他的生活中有太多的“我不能”时，他就会采用强制力来控制他人。他对他人包括他的孩子的掌控，会使他重新获得一种拥有能力的幻觉。在缺乏“能力”的情况下，我们往往会滥用我们的“权力”，稍微恢复我们的理想形象。父母自身越是缺乏能力，就越是想要掌控孩子并表现得专制。

当成年人需要借助于权力时，他们也就失去了孩子对他们的信任。但是为了维护自己被父母保护的幻觉，孩子常常宁愿选择自我贬低。孩子将父母理想化，为父母的专制辩解，并认为自己才是错的。孩子需要有“好父母”，否则他们就会感到自己正处在危险之中。在他们看来，为父母的行为辩解是很有必要的。

“我爸爸打我是因为我不乖。”

“你不喜欢挨打，那你为什么还要一直不乖呢？”

“我不知道。”

“所以你爸爸的行为是不起作用的。”

沉默。

“我真让人受不了。”

“你是故意的吗？”

“不是！……我知道那样做不好，可我还是做了。”

这位父亲打他的儿子，是为了让他学会控制某种行为，但这种行为却是孩子无法掌控的。很明显，更好的方法是帮助孩子重新掌控他能够掌控的行为，可这需要父母对自己有更强的控制力。

佐伊讲述了她对儿子的那种毁灭性的冲动。她时常做一些很可怕的梦，在梦里她对孩子施加暴力。现实生活中，她的潜意识里同样有这样的冲动。有一天，她把还是婴儿的儿子放在汽车后排的座椅上，忘了系安全带，一刹车孩子就摔了下来。她非常恨自己的行为。她向我吐露了去忍受这样一个小生命的全身心的依赖对她而言是多么困难，她无法忍受需要她独自承担的这份责任，孩子的父亲不愿承认这个孩子。她在很小的时候就遭受过强暴。

父母是成年人，在身体上比孩子高大和强壮得多。我们有能力假设、推断和解决问题，我们有着丰富的人生阅历，拥有各种各样的知识，掌握着许多工具和技术，因此，责任落在了我们肩上。小宝宝的能力是惊人的，但他们不能没有父母。他们能够“靠自己”，也就是通过无意识的模仿和试验学到各种各样的技能。他们成功地掌握了诸如走路以及利用母语表达这样复杂的能力。他们是单纯依靠自己吗？当然不是。一个孤零零的孩子其实什么也学不会，他们既不会走路，也不会说话。情感上的安全感和特定的环境条件需要同时满足才能推动孩子在成长过程中学会各种技能。孩子也有权利享有这样的条件，这些条件在

《儿童权利公约》[1]的条款中是明文列出的。

只是权力关系并非一种简单的关系，一切有权力的人都容易滥用权力，孟德斯鸠在《论法的精神》中强调过这一点。

对他人的“权力”是暴力的根源，而这通常是无法证明自身的“能力”所产生的后果。“能”是一个动词，“我有能力”意味着“我能够”或“我有做某事的能力”。从这个意义上讲，婴儿是没有什么能力的，成年人则有很多能力。

“我能够”同时还意味着“我有做某事的自由”，例如“我能够去看电影”意味着“我有去看电影的自由”。

当我们发觉自己比邻居“能做”更多的事情时，我们就会因此产生一种优越感。我们会从中提取特权以及更多的权力，甚至是掌控邻居的权力。正因为如此，我们很可能从有“能力”过渡到有“权力”。

当被他人依赖的时候，这个“有能力的人”就会把他人看作受他恩惠的人，并因此觉得他人应该对他尽义务。领主保证奴隶的安全，奴隶则有对领主应尽的义务，却不享受权利，这正是专制制度产生的内在动力。

过去的父母往往会认为他们可以掌控孩子的一切，而孩子则要对父母绝对服从。随着儿童权利这一思想的出现，父母的权力被法律极大地削减了。父母再也没有杀死孩子的权利，再也没有虐待孩子的权利，再也没有把孩子抛弃在路边的权利。可是，孩子有时候并不知道这些，在父母发怒和恐吓他们的时候仍然感到恐慌和痛苦，因为父母会威胁他：“如果你不过来，我就走，把你扔在这儿。”对权力的限制保护了权

1.1959年11月20日，联合国大会通过了《儿童权利宣言》。但一些儿童工作者指出，这个宣言不具有法律约束力。1989年11月20日，联合国大会通过了具有法律约束力的《儿童权利公约》。——译者注

利。权利和义务是父母和子女之间冲突的关键问题。

父母对孩子基本需求的满足及其生理、心理的健康发展担负着重大的责任，有时负担太重会难以承受。如果我们曾经在权力问题上有着积极的经历，我们担负这样的责任就完全不会感到困难，我们知道如何去展现自己的权威。与此相反，如果我们经受过来自他人的权力滥用，尤其是来自父母的权力滥用，如果我们曾被辱骂、讥讽，被迫服从，甚至被认为没有任何权利，那么可能会出现两种结果：

——我们对比我们弱小的人加以报复。他人对我们的依赖导致我们滥用权力。这就好比“多年的媳妇熬成了婆”，我们终于到了围栏的另一边，迫不及待地将自己积累的压力释放出来。

——使我们自己受到惊吓，从而激发出强大的防御机制。我们从单纯而简单的逃避走向另一端，去攻击为我们带来如此多难题的孩子。

有的人意识到了这样的危险，宁愿不要孩子。他们害怕控制不住自己的暴力冲动，害怕与极其激烈的情感反应抗争，害怕甚至有可能虐待自己的孩子，他们不想这样。

伊冯娜从来都不想当母亲。在她很小的时候，她受过严重的虐待，并且一直害怕重复她所经历的事情。她意识到自己可能会将暴力宣泄到一个完全依附于她的个体，即她的孩子身上，于是她剥夺了自己对他人的任何权力，以避免他人承担她的仇恨。

另一些人害怕的是他们“能做”的事情受到限制。他们并不害怕自己会去“伤害”这个小生命，但孩子的出生让他们看到了自由面临着被限制的威胁。“我不想对一个孩子负责。”他们需要自由，随心所欲地做他们想做的事情。他们做出这种选择很可能是为了弥补自己当初不自由的时光，或者是因为他们见证了父母中的一方所做出的牺牲。如果一个人在童年时受到的束缚太多，那么他就会以一种封闭的视角看待所有对他人的责任，会把父母限制他自由的权力施加到自己的孩子身上。

当我们的母亲让我们觉得孩子的出生使她沦为了囚徒、牺牲了她的生活时，我们可能不愿意再犯同样的错误，于是成年后的我们选择不要孩子。事实上，不是孩子禁锢了母亲，而是社会或她的丈夫禁锢了她；不是孩子阻碍了母亲继续她的学业或事业，而是社会或她的家庭没有帮助、支持她，使她能够两者兼顾。但是由于母亲有依附性，她不敢对这种情形加以质疑，她更愿意相信是孩子妨碍了她。这种观念对父母与孩子之间的关系是非常有害的。

当然，孩子的到来改变了父母的日常生活，孩子的需要决定了父母的生活节奏。父母要做的是从中找到自己的自由，因为爱是与自由而非囚禁合拍的。如果父母认为自己成了孩子的囚徒，他们就会因此怨恨孩子。

我们可能还未准备好就已经成了父母。相对于责任，失去自由的恐惧有时候会消失，有时候不会。为了使责任既不带来负罪感，也不带来沮丧，有人陪伴是非常有益的；否则，爱就有可能成为日常生活中一个空洞的一成不变的词汇。

每当我们觉得孩子在试图掌控我们的时候，请站在孩子的立场，花点儿时间去思考孩子的需求吧。

13

侵犯隐私

15岁的纳黛尔感到非常恐慌。夜晚，她的尖叫声会把自己惊醒。她在大街上、在车上都会感到紧张……恐慌开始侵入她的日常生活。这是怎么回事呢？当她平静下来时，她很轻松地讲道："生病的不是我，而是我的妈妈。"

纳黛尔的妈妈保护欲极强，很少让女儿出门。她会核查女儿的每一个细小行为，如打电话验证女儿说的话，检查她做的事情，或者用打扫、整理房间为借口，随时闯入她的房间……诸如此类的行为在她接待朋友的时候表现得尤甚。简而言之，她就是一个随时可能出现且让人无法忍受的妈妈！纳黛尔受不了了，但她不敢真实地表达出自己的愤怒，只能默默地忍受妈妈的入侵，除了叹气什么也不敢做。

纳黛尔能意识到妈妈的痛苦和不幸，她很希望看到妈妈幸福。于是她妥协了，只是撅撅嘴，把自己封闭了起来。怒火在她心中燃烧，而她又不允许自己表露出来，只能拼命压抑自己，最终引发了恐慌危机。

恐慌侵入了她的生活，并且转移了大家的注意力，使得其他人甚至她自己，都看不到真正的侵犯者：她的母亲。

大多数父母都有保护孩子的欲望，都想在孩子遇到危险时能够提醒他，帮他把前方的道路铺好，好让他不会摔倒。我们也都想让孩子避免痛苦的经历，我们宁愿替他们生病，替他们痛苦……可即便如此，大部分父母还是会选择让他们的孩子经受考验、感受痛苦、付出努力，在人生的斜坡上艰难地攀爬……他们当然在场，在孩子身旁，但不会替代孩子。他们让孩子经历应该经历的，并尊重孩子心中的秘密花园。

有的父母则做不到这样，或者不能完全做到这样，又或者完全做不到这样。他们把孩子的痛苦和自己的痛苦混淆得非常严重：孩子受伤时，疼痛的是他们，就好像所有发生在孩子身上的事情都发生在他们自己身上一样。他们试图通过控制环境来避免危险，认为自己保护了孩子，但过度的保护只会让孩子变得脆弱。孩子会做出如下推理：如果妈妈这样保护我，那是因为她觉得我没有能力保护我自己；如果妈妈说我没有能力，那肯定是因为我真的没有能力；如果妈妈保护我，那也是因为有危险，因此我坚信，除了妈妈之外的其他人都是危险的。

谁从来没有想过看女儿的日记、儿子的博客？谁对孩子的性生活、感情生活和他的小秘密不想知道得更多？面对这样的冲动，有些人很难控制自己，因为他们在童年或青少年时期就没有受到尊重，于是他们很难接受他们处在青春期的孩子已经不再是一个孩子，他们坚持认为孩子是他们的一部分。

自然而然地，婴儿会成长，从幼儿、儿童到青少年，最终在成年不久后离我们而去。父母不可能永远给他喂奶，为他洗澡、穿衣服、梳头、做决定……父母需要做的是慢慢放手，最后功成身退。

有的父母从未为自己的内心建造屏障，或者说他们的内心根本就没有屏障，因而他们会毫无顾忌地进入孩子的私人空间，却没有意识到他们这样是越界了。对他们而言，界限是不存在的，他们不希望有界限，他们无法忍受失去孩子。对他们而言，孩子长大就意味着他们再也没有控制权了。对此，他们难以接受，因为他们对自己生活的掌控已经如此微弱了。

我们自己是孩子时得到的尊重越多，我们就越懂得尊重我们的孩子，就越能认识到自己的越界冲动，并能限制这种冲动。相反，如果我们的母亲拆开我们的信件，看我们的日记本，不敲门就进入我们的房间，还让我们相信这都是为我们好……我们就很容易以同样的方式对待我们的孩子，因为我们的父母不仅抹去了我们内心的界限，也抹去了我们对界限的必要性的认识。

父母侵犯孩子的隐私是因为他们自己的内心没有界限，界限早在他们儿时就被抹掉了。他们不能将孩子视作一个独立的人，因为他们自己曾被视为一个物体。

对孩子进行控制会使父母产生幻觉，让他们以为自己重新获得了对自己生活的掌控权。确认自己对孩子的控制权是为了抵消自己的无力感。当然，这种控制行为通常是无意识的。

14

爷爷“偏心”

“你爸爸，他当然爱你！他是生气了，但他还是爱你的。”

“别放在心上，你妈妈说是这么说，可她不是这么想的。”

“对，你爸爸从来不给你打电话，还忘了你的生日，可是你要知道，他爱你！”

“你妈妈发火了，可是她非常爱你。”

……

这些话对我们而言有什么用呢？它们不一定是真话，对孩子说谎只会使他们的思想和他们表达爱的方式产生混乱。另外，难道不是每对父母都应该努力经营他们和孩子的关系吗？是什么促使我们让孩子不要生父母的气呢？这些话所要传达的含义是：不要生他（她）的气，你要理解他（她），不要怨恨他（她）……当然，通常的情况是孩子“理解”了这些话，“理解”了父母，也“理解”了父母比他更重要、父母的感受和需要比他的更重要。他在自己心中植入了自己是不被爱、不可爱的感受，注意到当他忘记了约定、忘了打招呼或者显得大意时，他就会因此被责备。父母可以被原谅，而他——一个孩子却不能。

父母中的一方会为另一方的缺席寻找种种理由，他的意图是不想让孩子觉得受到了伤害。但是孩子反而会因此受到双重伤害，因为已经被父母中的一方伤害了的他，在另一方那里却连倾听和安慰都得不到。父母中的这一方还会告诉孩子“你不懂”，并促使他压抑自己的愤怒和痛苦。我们知道“我当然爱你”这句话毫无用处，更不用说使孩子相信经常缺席的父母去爱他了。谎言丝毫不能改变孩子内心深处的信念，同时还降低了孩子对父母的信任度。对孩子说“妈妈（爸爸）是爱你的”，不仅是对孩子说“你没什么好生气的”，同时也是在说“你感受到的是不对的，你不能相信自己的眼睛，我也不想听到你的痛苦”。

当然，我们也不能说“你爸爸不爱你”，而是要让孩子表达出自己的感受，说出他的真实想法。因为如果他把这些想法藏在心里，他就会对此更加坚信不疑，所以要让他把心里话大声地讲出来。

“你妈妈刚才那样大声呵斥你的时候，你有什么感受？”

“当你发现爸爸没有给你打电话的时候，你在心里对自己说了些什么？”

父母要准备好听到“其实爸爸或妈妈不是很爱我”之类的话，用心倾听孩子的哭泣和痛苦，这很重要。正是这种无条件的接纳才会让孩子鼓起勇气，最终敢于对父母中的一方倾吐心里话，或者至少让孩子能够感受到被人倾听和理解。倾听、体会、接受和估量他的痛苦，什么都不用说，只是倾听和感受。只有这样，父母才会改变自己的行为，让孩子感受到他是被爱的，而不是需要孩子自己去“理解”对他来说无法理解的事。

如果孩子能够说出他感受到的和脑中所想的话，而不被批评或堵上嘴，他就会对父母重新产生信任，能够获到足够的安全感，并敢于去和他认为不爱他的那个人说话。孩子的本领比我们想象中要强得多，只要我们允许他们施展。

“我知道你不喜欢我，因为你不喜欢女孩子，但我希望我能让你喜欢上我。”4岁的小玛丽坚定地说道。

她的祖父把目光从报纸上移开，完全不知道如何回答。他注视孙女的目光彻底转变了：他看到的不再是一个“女孩”，而是一个“人”；他开始注意这个小家伙，并且开始喜欢她了。

瞧，这就是一个敢于说出自己所想的小姑娘！这个例子中有几点可供我们学习：一是小姑娘没有蒙蔽自己的眼睛，她的父母并没有像人们通常会做的那样试图安慰她。小玛丽直面了真相：爷爷不喜欢她。另一点是，她有了一个改变这一切的小小想法。爷爷只喜欢男孩子，但她觉得这是不公平的，并表达出了她的渴望。

如果我们一味地用封闭的态度去看待他人，对任何人都没有好处。那位祖父本可以一辈子都不对孙女敞开心扉，他认定了他对女孩不感兴趣。如果不是小玛丽的胆子大，祖父永远都体会不到他后来感受到的祖孙之间的融洽、温情和爱。这就是小玛丽故事中另一个值得我们学习的地方：即使是非常顽固的爷爷也是可以改变的！

“他这个年纪不会再改变了”，这一相当普遍的观念是非常错误的。事实上，它通常意味着：我害怕表达自己，害怕他的评价，害怕被抛弃，害怕得不到爱……因为我们抛开了客观存在的事实，仍然试图保留被爱的幻觉，便用陈词滥调来哄骗自己：“他没有表现出来，但我知道我对他来说是重要的，他只是不善于表达感情……”小玛丽不害怕面对事实，她知道祖父不喜欢她，因为祖父不看她，不和她玩，不和她讲话，除了下命令的时候。虽然祖父也帮她切肉，睡前让她亲吻脸颊，但他做这些时和她没有默契、没有笑容、没有温情，她都能够一一感觉出来。但幸运的是，小玛丽拥有一对爱她并给予她安全感的父母，使她敢于和祖父“正面交锋”。

如果你的父母不爱你或者偏爱你的兄弟姐妹，困难相比之下会更多，因为你对爱的需求要多很多，而且一个孩子打动他的父母比打动他的祖父母的可能性要小很多。这是因为祖父母并不对孩子的教育负有责任，而对父母而言，责任的重压反而会使他们变得不负责任。有时候，做“好父母”的压力会让倾听孩子的感受变得更加困难。

当父母中的一方对待孩子不是一碗水端平时，另一方就会感到自己有责任去平衡这种关系，同时安慰受伤的孩子，对他说他理解错了。

没错，我们有时候的确会对某一个孩子有所偏爱，我们没有“同等地”去爱我们的孩子。夫妻之间谈一谈偏爱的问题可以更好地找到原因，一起看看如何补救。愧疚是没有用的，偏爱的背后是有原因的。说出来，弄清楚，我们对孩子的区别对待就会消失。如果我们把这个问题藏在心里，情况只会更加严重。即便我们非常小心地不让其显露出来，孩子也会感觉得到。

不管是男孩还是女孩，在家中排行第几，年长或年幼，生日是否与另一个重大事件在同一天……开诚布公地谈一谈吧。

我们可以弥补我们的某些不公正行为，只要我们能够真正地正视这个问题。

15

爱他比爱别的孩子难

问题在于孩子的性格、某个天生的缺陷，还是我们表现出的忍耐力的差异？不管怎样，我们不是“同等地”爱我们的每一个孩子。未必爱得“更少”，也并非爱得“更多”，只是爱的方式不同。大多数时候，偏爱是无意识的，很难说出我们是出于什么原因偏爱某个孩子。我们会通过分析他们各自的性格来为我们的偏爱找借口。可这些是真正的原因吗？不管怎么说，我们看待不同孩子的目光是不同的，因而和他们之间的关系也是不同的。

有些孩子比其他孩子更不让人喜欢，因为他们太像我们或者不够像我们；他们与我们的期待不符，不是我们想象中的那个孩子；他们总是能激怒我们，我们觉得是他们迫使我们不喜欢他们的，但这样的态度正是我们所厌恶的。我们发现自己烦躁、冷酷、时而有暴力倾向，甚至彻底地歇斯底里……我们厌恶自己的这种形象。我们或多或少会有意识地怨恨孩子，因为我们认为是他们阻碍了我们成为理想的父母。在我们看来，孩子是罪恶的，一切都是他们的过错。为此，抛弃他们的愿望也就越发强烈了。

但我们是他们的父母，除了在极端的情况下，我们不会真的抛弃他们，不然我们的形象会严重受损。我们只是拉开了自己和他们之间的很小的一段距离。对周围的人来说，这个距离是难以察觉的，甚至连我们自己也常常忘记；只有孩子能够察觉出来并忍受着，仿佛置身在无底洞中。孩子会拼命缩短这段距离，但结果只会将其扩大。

这一小段距离足以阻碍父母与孩子亲近，阻碍爱和亲情的发展，而爱的匮乏又会引发一系列激怒我们的症状。如果不能加以改善，走出这个循环会越来越困难。

16

会激怒我们的性格

孩子的性格是天生的还是后天养成的？我在这里原封不动地放上贝内迪克特·凯里（Benedict Carey）的一篇文章。这篇文章最初发表于《纽约时报》，下面展示给大家的是被《国际邮报》第717期翻译转载（其中斜体部分是我标出的）。

“一个基因的改变就会导致社会行为的颠覆。反过来，父母的温柔、体贴和关心可以帮助动物幼崽克服基因的差异。蒙特利尔麦吉尔大学的科学家们证实了经常被鼠妈妈舔、清洗和爱抚的幼鼠与其他没有得到这么多疼爱的幼鼠相比更不容易焦虑。在最近的一项研究中，麦吉尔大学的研究者证明了：*鼠妈妈在幼鼠出生后第一时间对其进行照料是幼鼠基因持续变化的根源，这些变化帮助幼鼠在它们的整个生命过程中抵抗压力。*美国国家健康局（National Institues of Health）的科学家在猴子身上发现了相似的现象。的确如此，满怀爱意和关怀的父母保护小猴子避免了特殊的基因变异；如果没有这种关爱，基因变异则会使它们变得躁动和带有进攻性。同时，得到关爱的小猴子往往以后也会成为体贴的父母：母亲给予它的关爱成了它与自己的孩子建立关系时的范例。‘重要的是我们证实了一个*充满爱的环境确实可以改善孩子的基因*。’艾伦·斯霍勒兴奋地说道。他在加利福尼亚大学医学院研究母爱与儿童成长的关系，即*得到足够母爱的儿童生理会发生变化，这可以弥补基因的缺陷*。”

有些父母常说：“他在出生的时候就和他的兄弟们不一样。”没错，孩子出生的时候就已经有九个月的生命了。

基于回波扫描超声探测技术的发展，胎儿对母亲的话语有反应这一现象得以证实。实验员根据胎儿的吞咽活动来检测他们对周围环境的反应，结果发现：当母亲对胎儿说话的时候，他的吞咽活动会增加，当母亲与同伴讲话的时候，他的吞咽活动就会减弱。实验员甚至证明了孩子对母亲的思想也会有所反应，他们有胶片为证。这其实并不奇怪，因为我们的思想是有生理基础的，而胎儿与母亲在生理上是相通的。

母亲的声音对胎儿来说是非常重要的，能够使他安心、宁静。生活并不总是一帆风顺的，有时发生的一些事情会使胎儿感到害怕。我知道这样说有些不太合适，因为胎儿还不具备害怕的能力，他有的只是一种近乎原始的恐惧。而且，压力在胎儿的机体中尚未出现，处理情感的系统也还没有成熟。如果母亲在某些事情过后没有与胎儿谈论发生了什么，没有安慰他，那么出生之后他的信任感就会严重缺乏。即便他听不懂母亲使用的词汇，也能够以脐带为媒介，感受到母亲声音的韵律和生理上的一些变化。

父亲的声音和气味也是非常重要的。胎儿经常听到父亲对他讲话，就会熟悉父亲的声音和气味分子，因为他的母亲会将这些分子吸入，传送给他。当他出生后靠在父亲的胸前时，他就找到了父亲的印记，从父亲那儿获得安全感。

胎儿的活动似乎反映了我们童年时期的性情。根据迪·彼得罗的观点，人类的行为并不是从出生开始习得的，而是更早[1]。母亲的生理节律如心率、呼吸节律以及分泌的激素等，尤其是母亲感受到的压力，对胎儿的行为都有所影响。如果母亲承受的压力非常大，胎儿往往会更加活跃，在婴儿时期会更加易怒。

许多父母看到了孩子之间的差异，往往会将之归结为基因问题："我的孩子们很不一样，但他们受到的养育是完全一样的。"他们没有意识到我们不可能对两个孩子给予完全一样的养育，哪怕是同卵双胞胎！母亲肯定是先给其中一个喂奶，再给另一个喂；就算两个一起喂，那也一定是一个在左，一个在右。而生理学上的研究表明：母亲两个乳房中的乳汁质量也不是完全一样的。

父母养育第一个孩子与养育后来的孩子是不一样的。养育第一个孩子时他们显然会更多地求助于儿科医生，自然也会更加焦虑、更加严格。"我们对待第一个孩子往往会更加严厉，"一位母亲说，"我承认，他不能犯错，他必须成功！不过对于第二个孩子，一切就显得不那么重要了。"所以有了大家熟知的那个笑话："大儿子的奶嘴掉在地上，妈妈给它消毒；二儿子的奶嘴掉在地上，妈妈只是用水冲洗了一下；三儿子也松开了奶嘴，妈妈就把它在自己的牛仔裤上随便蹭了蹭。"我们怎么能说对他们进行了同样的养育呢？更不用说第一个孩子是当时的独生子，第二个孩子有了一个哥哥或一个姐姐，而且有一个哥哥和有一个姐姐（弟弟或妹妹）也是不一样的。

1. Di Pietro JA & CO. *Development of fetal movement fetal rate coupling from 20 weeks through term*. Early Human Development, 1996.

第一个孩子由于其独特的经历，通常更刻苦、更坚强，但社交能力较弱。统计数据显示：第二个及其之后的孩子社交能力更强，更容易接受新的体验、更爱玩、更有幽默感。美国亚利桑那大学的心理学家马修·黑利和新西兰克赖斯特彻奇大学的心理学家布鲁斯·埃利斯所做的研究显示：在近350个兄弟姐妹中，年长的孩子确实更专心、更正直、更遵守规则；年幼的孩子则更叛逆、更开朗，他们蔑视规则，热衷于新鲜事物和社交网络[1]。

从研究结果来看，年长的孩子还比他们的弟弟或妹妹更聪明。这是因为他们曾经在一段时间内是家中的独子，享受了所有的关注，并且在智力发展上得到了更多的激励。挪威奥斯陆大学的一项研究[2]显示：如果某个家庭前面的孩子夭折了，下一个孩子在出生后就会享受到第一个孩子的待遇，并因此享受所有关注，从而智商达到第一个孩子的智商高度。显然，是父母的付出和关注程度造成了其中的差别，所以对父母来说产生负罪感是没有用的，指责某个孩子没有他的哥哥成功也是没有道理的。

不管我们从这些结果中得出了怎样的结论，不可否认的是，孩子在家中的排行比他的基因对他的性格影响更大。

不同的性格是对不同环境适应的结果，这是建立在已有的基因以及后天形成的情感、关系和许多行为习惯的基础之上的。性格是对自己、对他人、对生活的态度和情感反应的综合体现。这些情感反应和态度是在先天与后天的共同影响下形成的，又被环境的反应所强化，所以有

1. 他们在第17期的《大脑与心理》（Cerveau et Psycho）上发表了这一观点。《大脑与心理》是一本心理学和神经系统科学领域的杂志，双月刊，2003年创刊；可登录www.cerveauetpsycho.fr 查看详情。——译者注

2. P.Kristensen, T.Bjerkedal. Explaining the relation between birth order and intelligence, Science, 316. Cerveau et Psycho, 23.

时我们会因为被贴上了“他很笨拙”这样的标签而自我封闭起来。如果这些反应反复出现，甚至变成了习惯性反应，就形成了我们所谓的“个性”，即在戏剧中使用的面具[1]。

当父母只看到这一表象的时候，他们就会被孩子的某些态度或反应激怒。然而血浓于水，什么也阻挡不了父母对孩子的爱。这种无条件的爱形成了孩子所需要的信任基础，使他逐渐长大、变得成熟，也使他褪去青涩、羽翼丰满。

我们不能控制孩子周遭的环境，每个人都有自己要走的路和要经历的事，会成为独立的个体。情感的打击、父母的离世、车祸……任何刺激都会影响孩子甚至胎儿的心理。各种情绪，尤其是恐惧会以激素的形式通过胎盘的屏障直达胎儿体内。情绪不仅是心理也是生理上的反应，当这些情绪不能被宣泄时，它们就会在机体内留下生理痕迹。一个孩子很可能在很早的时候就接收过恐惧传达的信息，也许那时他还不知道那是什么，但这些恐惧会在以后以他的父母不理解的方式表现出来。子宫里的压力会打乱胃部的化学平衡，对酶造成毁灭性的破坏，一些蛋白质因此无法被消化，如谷蛋白的肽会一直转移到大脑中，占据神经递质的位置，并扰乱它对神经冲动的传递行为[2]，最终导致孩子患上多动症。所以说，患多动症的原因既是心理的，也是生理的，因为它来源于某种刺激和恐惧。因此，治疗多动症仅有心理专家是不够的，同时还需要在胃里重新培养出缺少的酶。

生命是复杂的，不能把性格的形成简单地归结为某个原因。心理与生理是紧密相连的，这就解释了为什么“消除”某种行为并不是那么

1. 面具，拉丁语源为 persona，和“个性”的拉丁语源是一样的。
2. 谷蛋白的肽似乎在突触小体中安顿下来，阻碍了神经递质的传递能力。

容易。成年人的大脑是成熟的，我们能够控制自己的举动、态度、思想……但孩子的大脑还没有足够完善，他们没有这种控制能力。了解这些可以帮助我们对孩子多一些理解，而不是盲目地采取行动。一个有缺陷的孩子更加需要父母的帮助和陪伴，而不是对他施加停止或改变某种行为的命令，更不是威胁和制约。

孩子的“性格”是由多种因素促成的，他的某种行为背后一定有原因，我们只需找到原因，然后对症下药。然而，这并不是一件简单的事情。在原因不确定的情况下，我们首先要阻止自己对孩子做出任何评判，然后再和孩子一起去寻找原因。

孩子激怒你了吗？事实上，孩子很可能会更加痛苦。静下心来，去寻找背后的原因吧，因为你们是他们的父母。

17

男孩还是女孩?

尽管有的父母承认他们更喜欢女孩或者男孩，但大部分都表示：“我觉得男孩、女孩都一样。”真的是这样吗？有研究显示，正如我们所预料的，第一个孩子的出生通常会显著地提升父母的幸福感。但女性主义者依然满怀失望，因为当第一个孩子是男孩时，父母的幸福感会明显比生女孩增加75%[1]。而且这项研究是在最有可能实现男女平等的国度——丹麦进行的，并不是在那些思想观念较为守旧的国家！由此可见，我们要想实现男女平等还要付出更多努力。

曾有两位研究者[2]让一些成年人观看一个小短片，片中有一个9个月大的婴儿在玩各种玩具。研究者对一半的观看者提问：“你们能否评价

1. 汉斯-彼得·科勒（Hans-Peter Kohler）、杰雷·R. 贝尔曼（Jere R. Behrman）和阿克塞尔·斯居特（Axel Skytthe）以双胞胎为研究对象，来研究某些与基因相连的决定幸福能力的变量。参见A first child substantially increases well-being, and males enjoy an almost 75 percent larger happiness gain from a first-born son than from a first-born daughter. Research Scientist, Institute of Public Health and Danish Center for Demographic Research, SDU-Odense, Sdr. Boulevard 23A, Odense C, Denmark. Population and Development Review via Blackwell Synergy www.blackwell-synergy.com Volume 31 Issue 3 Page 407-September 2005.

2. 康得利（Condry）等人于1976年做了这个实验。

一下这个小女孩的行为？”对另一半提问：“你们能否评价一下这个小男孩的行为？”当然，他们看的是同一个短片。结果却令人震惊。被告知片中是男孩的观看者与被告知片中是女孩的观看者相比，前者把孩子描述得更加活泼，赋予了孩子更多的欢乐和愤怒，较少的恐惧。在我们的意识之外，是我们固有的观念在起作用。

同样，我们还被社会环境所影响。当一个在舒适环境中成长的小女孩，以一个出生于恶劣环境下的孩子的面貌出现时，调查对象会认为前者更为优秀，但其实是同一个孩子。

你可以到大街上去做一个实验。给你尚无法根据外表辨认出性别的孩子穿上粉红色的衣服，你就会听到：“她多么甜美、可爱！”或者“多么爱说话的小姑娘！”再给他换上蓝色的衣服，你就会听到完全不同的评语：“你的宝宝真胆大！他很活泼，能看出来他真的是一个想要探索世界的小伙子。”

这就是固有观念产生作用的具体体现，证实了我们在前面的章节提到过的“皮格马利翁效应”，即“期待效应”。美国心理学家罗贝尔·罗森塔尔和他的搭档[1]曾做过一个意义非凡的实验。他们为一个班上的孩子做了智商测试，然后把测试结果告诉了老师。一年之后，他们重新对这些孩子进行了测试，结果非常明显：第一次测试中拥有高智商的孩子不管是这一整年的学习成绩，还是在这次新的测验中，都取得了惊人的进步。你可能会说这很正常，但令人惊讶的是，第一次测试结果中智商的分数是随机分配的！可以说，学生的变化反映出了老师的期待，而并非一些人所谓的能力。

所有孩子都是一样的，都会对我们的期待有所呼应。想想孩子在我

1. 罗贝尔·罗森塔尔(Robert A. Rosenthal)和勒诺·雅各布森(Lenore Jacobson)。下同。

们心中的形象会在多大程度上影响他们的变化，我们就知道要多么注意我们对待他们的方式了。我们不妨思考一下，如果我们的女儿比我们的儿子更温顺，这真的是因为他们的基因不同吗？同样，孩子的许多行为方式和性格特征也值得人深思。

当我们认为我们的孩子过于爱动时，我们可以问问自己：谁该为此负责？会不会是因为我们这样看待了他，他才无意识地变成了爱动的样子？我们是不是怀有一种无意识的期待，将他向更多动的方向引导了呢？

18

他太像我或不够像我

看到孩子继承了自己的缺点是一件多么痛苦的事情啊！我们有时候是否会因为他们折射出了我们自己不足的一面感到怨恨？

马克不能忍受他的小儿子足球踢得差，他很生气地说："你看他一动不动，多么瘦弱。"其实马克自己曾经就很瘦，而且体育也很糟糕。但他想忘记过去，希望他的儿子能够改善他曾有的形象！

8岁的克莱芒总是把属于她的责任推卸给别人。对于保持自己完美的、无可指责的、令人赞叹的形象，她显示出了一种极度的渴望。这在孩子发展的某些阶段是一种自然和正常的行为方式，比如孩子4岁的时候最突出的变化就是这种对自我的理想化、无所不能的幻想以及把错误推卸给别人的行为。如果父母以平和的态度接受这个阶段，那孩子就会很顺利地度过；如果父母对此显得格外敏感，反应十分强烈，时常惩罚孩子或使他产生负罪感，结果反而会使孩子在这一阶段的某些行为固定下来，造成我们最不愿意看到的结果！

克莱芒的母亲被她女儿的态度气得丧失了理智，但在认真思考之后，她承认了自己也有推卸责任的习惯。现在有了孩子，她还存在着这个问题，尤其是在处理她与丈夫的关系时。

我们不希望子女表现出我们心理或行为上的一些缺点，从这个角度出发，我们宁可孩子不像我们。但反过来，当孩子在我们引以为傲的方面与我们相像时，我们就会感到很欣慰。“她像我一样会做饭”或“他像我一样擅长体育”……这种相似的感觉会拉近我们的距离，使我们拥有更好的默契。当另一个不那么擅长做饭或体育的孩子抱怨不公平时，我们无法否认，我们可能更乐意花时间与最像我们的那个孩子相处。当然，除非我们已经非常注意并努力避免了这种差别对待。

我们以为自己爱一个孩子的程度取决于他的行为、他的性格……但这只是我们自己的幻觉。这种想法使我们可以把责任推到孩子身上，因为接受自己对某一个孩子不那么疼爱的事实会让人产生极大的负罪感。事实上，我们对孩子某种性格的形成负有一部分责任，但促使我们对某一个孩子爱得更多或爱得少一些的动机是完全无意识的。一些研究证实了父母倾向于偏爱相貌上与自己更像的孩子，而且我们常常能听到：

“我像爸爸一样有着褐色的头发，他最喜欢我了，我妈妈却因为这一点讨厌我。”维罗妮卡说。

“我爸爸总是冷落我。一开始我不明白为什么，后来有一天，他指责我的头发是金色的，而他的是褐色的，我这才明白了。”萨米埃尔说。

因为头发的颜色而偏爱一个孩子在我们看来非常肤浅，然而许多孩子正是这种行为的受害者。这是真实存在的现象，而且比我们想象得要普遍得多，虽然大多数时候人们做出这种行为是完全无意识的。

研究员普拉特克曾做过这样一个实验，他和他的同事们给一些男性展示了一些融合了他们自己面貌的婴儿照片和其他婴儿的照片，和与他们毫无相似度的婴儿面孔比起来，这些男性很明显地觉得融合了自己面貌的孩子会更加吸引人，对这些孩子的情况也更加关心。相似性是男性所拥有的为数不多的可以确认父子关系的手段之一。研究员们因此发现了一个生物学上的反应，并建议不要对父亲们开这样的玩笑：“你确定这是你儿子吗？他和你一点儿都不像！”

我们对于相似与不相似的反应是无意识的，我们可以通过反省来注意这一点。这一方面能让我们更好地理解兄弟姐妹之间的嫉妒现象，另一方面也能让我们及时进行补救，对全家都有好处。

19

爱并非如此简单

大部分父母从第一眼看到自己的孩子起，就会全身心充满对他的爱。他们感受着自己的心跳、胸中的激动，感受着从一开始就抓住了他们的这种强烈的情感。然而对有些人来说，向爱行进的步伐却非常缓慢。

朱迪为了摆脱抑郁来到了我这里。她的主要症状是：她感到空虚。矛盾的是，当我们被满是难以言说的情感充满的时候，我们才会感到空虚。我们的情感给了我们必要的存在感，当情感被压抑时，我们会觉得整个人都被掏空了。当我们面对不幸必须保持坚强，当我们得不到爱、被忽略、被虐待、被侮辱、被打或不得不克制自己时，由此而来的压力就会变成真正的肉体盔甲。人体内的横膈膜——一块将胸腔与腹腔分隔开，并伴随着呼吸运动而一张一弛的柔软肌肉——在某种情感被压抑时会绷紧，甚至痉挛。当横膈膜失去了柔韧性时，呼吸运动必然受到限制。所谓的身体或情感的心理治疗是试图通过增多进入肺中的空气以增加细胞中的氧气含量来进行的。氧气“唤醒”了身体里的组织，被压抑的情感记忆被激活，情感的生理过程得以继续，直到最终宣泄出来。当我们能够哭泣、喊叫、向别人倾诉我们的伤痛时，我们就会感到充实，觉得找回了自己，恢复了元气。横膈膜恢复了柔韧性，呼吸重新变得顺畅和充分，氧气更多地进入组织细胞中，更加敏锐的内感觉[1]为我们提供了新的信息。很多时候，一个人在情感被释放出来之后，会体验到之前未曾有过的感觉，尤其是伴随着爱的感觉而获得的感受。克莱尔的经历充分证明了这一点。

“心理治疗教会了我很多东西，最重要的是，现在我爱我的孩子们了！这样说可能有点奇怪，但我从前确实不知道什么是爱，现在我知道了。直到最近，我才开始爱我的孩子们。”说起这全新的爱，克莱尔非常激动，她哭了，“我为我的发现感到如此高兴！我的丈夫不明白，他觉得我是爱孩子们的，因为我对他们很温柔。确实，我给他们喂奶、抱他们、亲吻他们。他说我是一个非常好的母亲，没错，我做了一个好母亲应该做的一切，给了他们我所能给予的。我关心他们，不想让他们发生任何事情，我以为这就是爱他们。多亏了情感工作室，在哭出了所有压抑的泪水、喊出了所有的痛苦之后，我的呼吸都不一样了，我发现了‘爱’这个词的真正含义。我敢于承认，我以前不爱我的孩子们，我这样说并不觉得有负罪感，这只是一个事实。我以前体会到了温柔和依恋，但从没感受过现在所给予他们的爱，我甚至不知道一个人会有这样的感受。”

某个激烈的事件可能会给我们带来震撼，只要它能触动横膈膜使其急剧改变它的张力。一次充满激情的相遇、某人的离世、一场重病，甚至一个孩子的出生都有可能触动横膈膜。这些情感冲击是如此强烈，以

1. 内感觉是一种使我们能够体验身体内部情况的感觉，如内脏感觉、肌肉感觉、运动感觉、躯体感觉、痛觉和平衡感等。

至于我们再也无法压制自己的情感。我们终于允许自己哭泣和喊叫……往日的情感也借机得以宣泄。在情感释放之后，爱没有了阻碍，得到了充分的抒发。终被解放了的横膈膜让我们重新感受到了心中的灼热，情感的热流在我们身上汩汩流淌。

爱是什么？语言是贫乏的，我们用同一个词表达对果酱、对丈夫和对孩子的爱，但这些是完全不同的爱。克莱尔爱她的孩子多于爱果酱，但这种对孩子的爱只是一种深深的依恋。她心中从来没有出现过这种非常特殊的东西——爱的情感。爱产生于亲密，它是一种微妙的情感，需要有安全感才能释放出来。情感是生理的，而感觉则是情感和精神的产物，爱的情感培养出了爱的感觉。

爱自己的孩子似乎是自然的、正常的、显而易见的，然而爱并不总是这么简单，许多因素都会对它产生影响。如果父母在面对宝宝时没有预想中的爱的感觉，他们就会感到不安、产生负罪感，却不敢说出来。然而，假如爱并没有如期而至，一方面，这不是父母的过错，另一方面，只要他们能把这一切讲出来，爱是很容易回来的。即便父母能够意识到这个问题，他们也很难有勇气承认他们不爱自己的孩子，因为这是违反伦理的、被禁止的、不可想象的。一位母亲的话深深地印证了这一点。

当我在一次讲座中提到这个话题时，大厅中的一位母亲对我的话表示了强烈的质疑："您不能说一位母亲不爱她的孩子。她可能不是特别爱他，但她肯定爱他，她在以自己的方式爱他。"

一位母亲不爱自己的孩子在我们看来是如此让人难以忍受，我们甚至否认了这种现象存在的可能性。但是，真实情况正是如此的妈妈们会有何感受呢？她们能去哪儿表达自己、找人倾听呢？

在那次讲座之后的鸡尾酒酒会上，一位女士向我走来，并说道：“谢谢您刚才所说的话！我不敢对别人说，但我想告诉您，我从未爱过自己的女儿。她已经11岁了，当她问我爱不爱她时，我说了谎。我不能对她说我不爱她，可我确实无法去爱她。讲座中的那个人说我们是用自己的方式在爱，我觉得这话没有道理，因为我从来都无法去爱我的女儿，这让我痛苦不堪。您是我的第一个倾诉对象，谢谢您说一个母亲可以不爱她自己的孩子。您让我明白了是什么东西阻止了我去爱我自己的女儿，我现在已经重新看到了希望。我替她，也替我自己，感谢您！”

说某位母亲不爱她的孩子听起来就像是在无理取闹。为了不去指责这位母亲，我们拒绝倾听她的经历，不允许她说出来，甚至不允许她真正地思考她身上发生的事情。她孤独一人，坚信自己是不正常的。如果她能够被倾听、被理解、被陪伴直到她能感受到这种爱，她的愧疚感不是会更少吗？爱从怀孕时期开始就可能被阻碍，同样也可以在任何时候重新产生。有多少孩子起初父母不想要，最后却被父母接纳并得到了父母真心的疼爱呢？太多了！

娜丁没有做好当母亲的准备，当她得知自己怀孕时，她就打定主意要堕胎。如果不是碰上阿兰医生，她就真的那样做了。阿兰说服了她：“你有一个你爱的丈夫，你还有工作……”娜丁从未后悔生下了阿波莉，这个小女孩是她生命中的太阳，她太爱她的女儿了！她不想让女儿知道她曾想要堕胎，她害怕会给女儿带来痛苦，她为自己曾经不想要她的女儿而感到愧疚。如果不是正好碰上这位医生，后果不堪设想。

这就是生活！怀孕的消息使娜丁手足无措，阿波莉不被期待地来到了世上，这些都是事实。然而，最重要的不是孩子的出生，也不是腹中的胎儿，而是做出生下她的决定之后去爱她。

还有一些母亲不爱孩子的时间更长，这对孩子来说当然是痛苦的，但这些母亲最好选择直面事实以便解决问题，而不是自欺欺人。

当着我的面，索朗鼓起勇气对她10岁大的女儿阿德琳说出了她不爱她的事实。索朗当然不是直接对她说“我不爱你”，而是这么对女儿坦言的：“你经常对我说我不爱你，说我爱你比爱你的哥哥少。你这样对我说的时候，我很难过，所以我回答说这不是真的。”她看着女儿的眼睛，做了一个深呼吸，接着说：“但你说得没错，我不爱你，我做不到。通过和伊莎贝尔交流，我开始明白了其中的原因，现在我要把它告诉你。当我还是小女孩的时候，我的母亲不爱我，她忽视我。每次她想起我，都是为了发号施令、惩罚我或是打我。我讨厌自己！我讨厌那个不能得到母爱的小女孩！当你出生的时候，我在你身上看到了自己小时候的影子，我一看到你，就看到了曾经的自己。你哥哥是男孩子，不会让我有这种感受。我知道这对你来说不公平，我多么想爱你！我和自己较劲，想治愈自己以前的伤口来真正地爱你。但是现在，我还做不到爱我曾经是的那个小女孩。我并不是不爱你，我不爱的其实是我曾有过的童年。而你，你有被爱的权利，只是我在这方面有些困难。当你以后看到我不公正地对待你，或给予你的没有给予哥哥多的时候，我希望你能告诉我。我不会再像从前那样训斥你了，我想学着去爱你。”

母亲和女儿的眼中都含着泪水，这不是绝望的泪水，而是感激的泪水。借助这些话，索朗打破了挡在她们母女之间的冰层。“妈妈，谢谢你把这一切都告诉我。这听起来让人很伤心，但这是有好处的。”

她们长久地注视着对方，然后索朗做了她之前一直做不到的事情：把女儿抱在怀里，紧紧搂住。她的真诚创造了这一亲密时刻。当我们倾心交谈时，爱的情感就出现了。而我们为了“避免痛苦”把一切费尽心机地隐藏起来的做法，将会使我们彼此远离。

至此，并不是一切问题都解决了。接下来，索朗并不是始终都能做到不冷落女儿，有时候改变是需要一定时间的，但她们的关系发生了变化。从那以后，索朗知道了如何在感到困难的时刻努力找回对女儿的爱。阿德琳体验过了妈妈的爱，因此当妈妈冷落她的时候，她能够透过表面的行为，回想起曾经在那个亲密的时刻妈妈给予她的爱。

需要注意的是，在这种类型的会谈中，第三个人在场是非常重要的。第三个人确保了没有审判气氛，促进双方对话、交流，并帮助双方相互理解。第三人的参与也提供了使每个人都能感到安全的一个空间。

爱是很简单的，只要安全、真实和亲密的前提能够得到满足，爱的情感就会释放出来。

但是，如果这些前提不能全部到位，那么爱就真的不是这么简单了！不要再认为爱是理所当然的，这么多的孩子感到自己不被爱，或者比兄弟姐妹得到的爱少，这难道不值得我们深思吗？不要再把爱的感觉、爱的情感和依恋相混淆，我们可以非常依恋我们的孩子，对他们产生强烈的爱的感觉，却可能体会不到爱的情感，这就像性高潮[1]一样，没有也可以生活，但自始至终都是一种遗憾。我们的孩子是受害者，爱的情感能够使他们感到充实，并且给予他们内心需要的安全感；如果缺少了这种情感，安全感是很难建立的。

学着去爱或者找回爱的能力，在任何年龄都是有可能的。

1. 很多女性以及很多男性感受不到性高潮，都是因为感情受到了压抑、控制和身体紧张等原因。

第二章

我们失控的原因

我们发怒、吼叫、辱骂孩子……有时并非因为孩子做了什么错事。事实上，多数情况下责任完全不在孩子身上。他们的行为最多充当了导火索，而我们生气的真正原因却被我们掩盖了起来。如果我们诚实地对待自己、分析自己的反应，就会发现我们的这些反应是多么不合适，它们对孩子的成长显然没有益处，甚至是有害的。

有些时候，一切都很美好，我们注视着我们的小宝贝们，眼中充满了爱和柔情；还有些时候，某个孩子的笨拙导致了全家性的灾难，另一个孩子的哭诉引发了我们无限的愤怒，甚至连婴儿都不再有“无理由”哭泣的权利。我们把自己的吼叫合理化，为自己寻找理论依据，其实是我们释放了自己身上的压力。对于这一点，我们或多或少都能感觉到，但为了避免产生负罪感，我们通常不愿真正面对问题。

我们的许多反应都给孩子带来了伤害，破坏了我们与孩子之间的关系。为了不让自己产生负罪感，我们会为自己的行为辩解，标榜其教育意义，并指责孩子是“自找的”。其实这并不能帮助我们改变什么，反而有可能把孩子围困在自身的不当行为中。

而且，产生负罪感是没有用的。一方面，我们的反应是有特定原因的；另一方面，我们也看到了，负罪感会影响和妨碍自我改善。我们应该敢于直面自己的过失，敢于正视导致过失的真实原因，而不是试图逃避。这是我们做出改变的第一步。“我有责任，但我没罪”这种说法已经被滥用了，但用在这里是非常准确的。承担自己的责任，就是切实地衡量自己的过失。“这是我的错，我犯了大错”，这种过度的负罪感既是企图逃避责任的一种表现，也是一种逃避责任的手段。每个人都明白，夸大我们的责任会很快获得受害者的“原谅”。面对我们的自我批评，孩子们通常会说：“不，妈妈，没关系，别这样……”于是我们就觉得不需要去理解孩子的愤怒，不需要去改变自己的行为，也不需要去弥补我们的过失。但这样勉强的原谅并不能消除孩子受到的伤害，伤口丝毫未变，在孩子身上，也在我们身上，即便孩子和我们一样都在努力忘却这段记忆。

要想重新控制我们的行为，我们首先应该找到行为的动机，明确究竟是什么原因引发了我们强烈的怒火以及让我们很快就会后悔的不时出现的暴力冲动。在那些我们从不敢对其他人却对我们的孩子说出的那些尖刻的话语中，到底隐藏着一些什么呢？

反省有时是痛苦的，但它会让我们避免将孩子的教育交到我们的潜意识手中。因为正是潜意识操纵着我们与孩子之间的大部分冲突，破坏了亲子关系的和谐，甚至有时候还阻碍了亲密的举动。潜意识迫使我们说出了令我们追悔莫及的话，迫使我们做出了我们并不为之自豪的事，我们却还在为自己辩解。

我们的孩子为此痛苦，我们自己为此痛苦，甚至我们的另一半也为此痛苦。就算我们掩盖了自己的真实意图，但迟早我们还是会用负罪感为此买单。

勇敢地正视我们失控时身上所发生的事情吧！当我们学会通过观察云和风来预测天气时，我们就不会在暴风雨突然降临时毫无准备，而任其破坏自己的生活。

我们的失控有着各种各样的原因。有时是我们不敢对当事人表达某些情感，却将其发泄在比我们弱小的人身上；有时是为了极力避免提及我们的自身经历。此外，还有一些社会原因和身体原因，包括疲惫、激素问题、疾病等。

1

母亲的疲惫

高速列车上，在我前三排有一位母亲在对她的两个孩子发脾气，火气越来越大，她提高了声调威胁道：

“你想挨耳光吧？！”

其他乘客面面相觑，窘迫不安，却没有人插手。我不知道她的孩子做了什么，但很明显，这位母亲的怒火更甚了：

“你又欠揍了！哼，这可是你罪有应得！”

我决定放下书本，反正也看不进去了。我走向他们三人：

“您看起来非常生气，请问您需要帮助吗？”

“不用，谢谢！”

“您肯定需要！”

我温和地坚持着。

“是的，我太疲惫了，谢谢您！”

我在她旁边坐了下来，和她的孩子们玩起来。仅仅是我的出现就使他们安静了下来。第三方的介入总是能缓和局面，当然前提是不会火上浇油！

人在感到疲惫的时候会考虑不周全，这时我们就会挑最紧要的事情去做。这位母亲成功地把孩子们和行李带上了火车，还带了吃的、喝的，但忘记了带一些让孩子们玩的东西。面对孩子们的旺盛精力，她已经精疲力竭，没有力气陪他们玩了。

法国心理学家维奥莱纳·格里托[1]说过这样一件事："我一边往洗衣机里放衣服，一边听着我的两个孩子一早上都在进行的争吵。突然我听到'扑通'一声，紧接着是我女儿的嘶吼。然而，我动也没动，我琢磨着她肯定是从很低的地方摔下来的；还有，她既然喊叫着，就说明她还活得好好的。于是我理都没理她，继续像一个机器人那样把洗衣机装满。我麻木极了，我觉得自己已经不是一个母亲了。"

这是一次顿悟。格里托正精疲力竭地应付职业生涯中最大的一个挑战，于是她很快将刚刚的经历和她的工作联系了起来。在母亲这个职业中，她经历了过度疲劳综合征的其中一个阶段。对职业的疲惫感并非仅限于出现在公司里，同样也会出现在家里。

每一个刚成为父母的人都有可能成为受害者，所有母亲包括那些看上去非常有信心的母亲，都过着极度紧张的日常生活。许许多多的重复性劳动、极少的感谢、错乱的作息时间、完全无法控制的各种情形、不可能专心做一项事情而不被打扰10次以上的痛苦……所有这些，每天24小时、每年365天无限期地持续着，因为她们不可能从母亲这个职位上辞职。

1.Violaine Guéritault, *L'épuisement maternel et comment le surmonter*, Odile Jacob, 2004.

婴儿是多么美好！那么，是什么让母亲感到如此疲惫呢？正是因为她们面对如此“美好”的婴儿无法抱怨。

格里托列出了生活中给母亲造成压力的因素：

母亲的工作是每项任务的不断重复。不停地清洗、打扫，然而几分钟后一切又脏了。这剥夺了她的成就感，而正是成就感为工作带来意义和活力。

母亲经历的许多情况都是她完全无法控制的。她希望保护孩子免受一切痛苦，但通常都会发现自己无能为力，因为事情实在太多了：意外、住院以及日常生活中的琐事，比如孩子的腹痛、长牙或蜜蜂叮咬等防不胜防的事情。

小孩子的特点就是无法预料，母亲安排得再好，一切也会变得乱七八糟。例如你去看一位朋友，把婴儿放入汽车的时候，突然他需要换尿布了。即便你很有条理，你的宝宝还是会把你的时间表打乱。到了晚上，母亲往往会有这样可悲的感受：“我这一天什么事情也没做。”

任何工作都应当有报酬，但这似乎不包括照看孩子。在母亲节的时候，她被歌颂、被褒奖，但在日常生活中，她得到的感谢太少了，她所做的一切被认为是理所当然的。

除此之外，母亲还不能有出错的权利。她自己把标准定得很高，在看到她想要成为的样子和她每天的现实生活之间的差距时，她很多时候都会感到绝望。

谁在背后支持母亲呢？从心理层面来看，大部分时间里，她们都是独自面对孩子的。除了偶尔在亲子时间到学校里待上几个小时外，她们甚至连能够倾听她们诉说的地方都找不到。大部分母亲都想听到她们和小宝贝在一起是快乐幸福的，她们不想听到自己说“有时候真想把孩子掐死”。有人或许会问：“她们的丈夫呢？”当他们下班回到家，她们要么因为害怕丈夫重新外出而什么要求都不敢提，要么向他们使劲地倒出苦水，丈夫却不知该如何回应。他们有时候说她只需重新做一遍就好了，或者说谁家的孩子也很麻烦，他的母亲就应付得来……总之，来自丈夫方面的支持微乎其微。

全职妈妈通常负责全部的家务劳动。丈夫非但不为缓解妻子的疲劳提供切实的帮助，有时甚至还会期望他的妻子能够照顾他。雇个女佣？不可能，女人们多少会有意识地认为：“我的母亲做到了，我肯定也能做到。”除此之外，许多丈夫认为这笔花销是不必要的：“因为你整天就只忙这个。”

家务分配不均会影响母亲对孩子的爱吗？会的！

我胡扯？我夸张了？你认为母爱与洗碗或打扫没有关系？当然有！

有太多衣服要洗，太多地板要擦，太多饭要做，太多碗要刷……这一切都会降低爱的能力。

事实上，驱走爱的并不是家务本身，而是不公正的感觉，但这种不公正很少被如实承认。不过，它确实存在于日常的生活之中：如果“他”换了一块尿布，人们会觉得“他”好极了；如果“她”换了一块尿布，没有人称赞她，因为这是“正常的”。有一次，一个身为全职爸爸的男人对我吐露道：“我每天都会发现这对我的妻子是不公平的。我做一点点，别人就夸奖我、称赞我；她做了那么多，却没有人看到。”无论男人还是女人都很少有这样的认识；即便有人认识到了，不公正还是会持续，因为这已经成为一种固定的社会模式了。还有些不太敏感的丈夫甚至看不到这个问题，在妻子抱怨的时候或者没能达到目标的时候，还会对她们加以贬低、羞辱和指责。

家庭主妇压抑了许多愤怒：来自沮丧的愤怒、面对不公正的愤怒，有时还夹杂着无意识的或者说是迟钝的丈夫对她造成的伤害所引发的愤怒。

单身女人的困难并不比其他人少。阻碍爱发展的是一种难以言说的辛酸，而不是缺少男人。

在我们的社会中，人们认为女人天生就应该知道怎么抚养孩子，仿佛这是一种天赋。她们顶着职业化的光环，而冒险尝试的少数男性则被认为是业余的。然而，真实情况是她们并不比男人知道得多。诚然，她们分泌着母爱的激素，还可以哺乳，但她们的基因中没有任何一点可以使她们更加擅长换尿布、打疫苗或是处理与老师们的关系，何况这些情况还是不断地变化着的。养育孩子是不能一劳永逸的，孩子每天都在成长、在变化，而且每个孩子都与其他孩子不同。

一段时间过后，母亲们再也受不了了。

格里托将过度疲劳综合征的第一阶段描述得非常确切[1]：能量储备虚空。母亲们处在由持续的适应需要所引起的情感和身体的疲惫之中。

如果母亲没有得到帮助和支持，如果她无法缓解过多的压力，她就会很快到达第二阶段，即人格解体和疏离阶段。

母亲知道她应当继续“运转”，但她不知道如何去做，她唯一的方法就是无意识地从情感上切断压力的来源，从而使能量的泄露降到最低，并像机器人一样继续完成她无法逃脱的任务。疲惫的母亲漠然地照顾着她的孩子，因为她心不在焉。我们每个人都经历过这样精疲力竭的时刻，我们做着需要做的事情：准备饭菜、向浴缸中放水、清理桌子、

---

1. 希望读者能读一读《母亲的疲惫以及如何克服》（*L'epuisement maternel et comment le surmonter*）这本书，以便了解更多的细节。

哄孩子睡觉……但这一切都是机械地完成的。当疲惫成为常态，这种机械模式就会一直持续下去。母亲离她的孩子越来越远，她已经不带有感情了。

孤立无援的母亲陷入沮丧中，她的效率越来越低，做任何事情都需要付出极大的努力。于是，她开始对自己的能力产生怀疑，她曾经能胜任的一些任务：打电话，填写材料……现在都成了难以克服的困难。她逐渐过渡到了精疲力竭的第三阶段，也是最后一个阶段——吼叫、打、惩罚孩子，母亲对她的孩子做着她以前不愿意做的一切，事情显然在恶化，并逐渐形成恶性循环。她所看到的自己作为母亲的这个形象，她所认为的自己变成的样子，离她渴望成为的母亲的样子相去甚远，以至于她甚至想要放弃所有。动机的消失和自尊的丧失使她否认她所做的一切，否认过去、现在和将来的一切成就。

虽然并非所有母亲都会陷入沮丧之中，但绝大部分（为了避免说所有）都经历过一个短暂的、反复的或持久的疲惫阶段。

过度疲劳综合征并不是女性某方面的脆弱造成的，也并非由于她们比别的女人有着更痛苦的过去，而是她们与周边环境互动的结果。给她们开药是没用的，因为她们并不需要治疗，反而是她们周围的环境值得我们重新思考。这也不是一个仅限于女性的病征。瑞士的一名儿科医生证实：如果父亲留在家中照料孩子，他们会经历完全相同的状态。

在这些困难的条件下，我们明白我们会不堪重负，孩子可能会因此遭殃。一个过度疲劳的母亲会与她的孩子在情感上发生脱离。她的自我控制能力会越来越弱，她感到自己就像一个囚犯，被孩子禁锢了起来。她会对孩子的要求提出抗议，把他视作一个“暴君”……并因此怨恨他。这种感情有时如此强烈，以至于会抹去她的全部母爱。“他把我的爱耗尽了，”卡米耶说道，“我再也受不了了。这样说很可怕，但我对我的孩子一点儿感觉都没有了。我有时候就像一个机器人一样在照顾他。他很容易把我激怒，如果他没有立即按照我的要求去做，我就会发疯的。”

卡米耶是个坏母亲吗？“她没有母性。”她的婆婆评价道。在我的建议下，卡米耶重新开始学习如何成为母亲……她慢慢地找回了对孩子的爱。现在，她很乐意和孩子一起玩。她只是曾经处在过度疲劳综合征的最后阶段罢了！

压抑的情感、自我贬低、心理上的疏远、感情上的距离、无力感、沮丧……这些因素混合在一起是会爆炸的！当一位母亲崩溃并虐待她的孩子时，整个社会都应该承担责任，而不仅仅是她自己。

笑一笑

一天晚上，男人下班回家。他的孩子们正穿着睡衣在花园的淤泥里玩耍，环绕着房屋的草坪上满是速冻食品的空盒子和饮料盒。他走进屋子，情况更糟：整个厨房里都散布着脏碗碟，狗粮被打翻在地板上，一扇玻璃窗被打碎了，到处都是玻璃碎片。

客厅里，他发现了玩具、衣服、地毯上的一块污渍，以及打翻的台灯。男人非常害怕他的妻子遭遇了什么不测，赶忙来到楼上，却惊愕地看到她正穿着睡衣，坐在床上安静地看书。她微笑着转过身来，问他道：

“你今天过得怎么样？”

“今……今天家里到底出了什么事情？”

她微笑着说：“你知道吗？你每天回来的时候都会问我今天做了些什么，当我回答说我忙着整理房间、照顾孩子的时候，你就会对我说‘就这些？’好吧，今天我什么也没做。”

2

父亲的责任

露西再也照顾不了她1岁的儿子了，她感到无可奈何。简单了解一下她的日常生活，我们就会发现她得了过度疲劳综合征。她的丈夫弗雷德里克非常注重他们儿子的教育。露西肯定地告诉我，丈夫比她更知道儿子需要什么、和儿子在一起时应该怎样去做。她的丈夫给她提了建议，但显然她做不到，她觉得自己很没用。

我突然明白了点儿什么……她的丈夫给她提了建议？建议一定带有贬低的意味，因为他的言下之意就是妻子不知道该怎么做。我从中发觉了这对夫妻的不平衡状态。通过和这位丈夫谈话，我更好地理解了他们关系的原动力。爸爸弗雷德里克认为，妻子给予了儿子亚历山大过多的照顾：当孩子哭的时候，她太快地跑过去抱起他，她对他太宽容，母爱有点儿太多了！而他，赞成更加严格的教育。“必须设置一些界限，不然你就太累了！”他对妻子说。她对丈夫充满了感激：他显得多么体贴！他不想让我太累……但同时，她也感到越来越痛苦。尽管这些建议是为了减轻她的压力，但她越是遵循他的建议，她就越感到疲惫和难过，越难以忍受儿子的要求。这时，弗雷德里克又建议："那就让他哭，他会好起来的。你可以这样做，或者那样做……"每个建议其实都"贬低"了露西的劳动。露西是"感觉"，而弗雷德里克是"知道"。据露西所知，知道比感觉更高一等。在这种情况下，来自丈夫的指责和建议唤醒了她童年的"你真没用"的评语，这对她产生了很大的影响。因为问题出在她这里，除了妥协之外，还有着因疲倦产生的育儿期固有的脆弱、激素紊乱、产后抑郁症和习惯标准的丧失。何况她不再在外面工作了！她的日常生活没有规律，尤其是她对自己的能力和做事的效率失去了自信，待在家中带孩子很难获得这种感觉。于是，沮丧随之而来。

我向弗雷德里克询问了他自己的经历。他刚出生不久，他的母亲就又怀孕了。他"独享"母亲的时间仅仅只有两个月，他母亲那时开了个小商店，没有产假。他睡在商店的后厅里，在顾客不多的时候，妈妈就过来给他喂奶。当他看到妻子对他们儿子给予如此多的时间和关心时，他就觉得无法忍受。一个如此贴心的妈妈让他想起了自己从前没有的东西，更让他看到了他原本可以、原本应该享受到的温情。而意识到这种不公平让他感到非常痛苦！弗雷德里克没有反思幼时被母亲冷落的苦楚，而是批评他的妻子，说她是坏母亲，因为她既冷落了丈夫，同时也"过多"地照顾了儿子。他使她产生负罪感，她因此感到痛苦。露西无法倾诉丈夫强加给她的那些愤怒，于是她将这些愤怒投向了她的儿子。表面上看，弗雷德里克很正常，他所知丰富，所做的一切事情都是为了家庭，同时他还要忍受一个抑郁的妻子。事实上，他应该为家庭矛盾的产生承担更大的责任。在夫妻之间，在家庭之中，体现出病征的那个人并不总是情况最糟的人。她只是一根保险丝，是整个家庭关系中最敏感的环节，她的断开是为了保护其他人。家庭是一个系统，孩子的出生打破了和谐的二人世界，夫妻二人必须在情感生活上进行重新整理。这在有些夫妻之间进行得很顺利，而在另一些夫妻之间，却使得过去没有愈合的伤口再次显现了出来。

原本互相关心的父母把注意力都转向了他们的孩子。女人变成了母亲，在一定时期内，她把自己的需要搁置在一边去接纳她的孩子。如果她曾经得到过足够的爱，这就很容易做到；可如果她得到的爱不够，这就不是那么容易做到了。男人变成了爸爸，他对孩子付出父爱，同时也关心和爱护他的妻子，给予她哺乳所需要的力量。如果他曾经得到过足够的爱，这很容易做到；可如果他得到的爱不够，这就不是那么容易做到了。有的男人在看到自己的妻子变成母亲之后会产生疏离感，有的出于对巨大蜕变的恐惧想逃离这种环境，还有的因为孩子的期待感到惊恐，同时也为妻子的期待感到烦恼。因为他们自己的父亲曾经经常缺席，于是他们在接受父亲这个新角色的同时也像他们的父亲一样避免亲密接触："我是父亲，我的作用是为家里挣钱，保护家庭。"

母亲的态度——正如每个家庭成员一样——反映了复杂的家庭矛盾的原动力。经常能听到一个丈夫指责他的妻子给予孩子的太多……事实上，如果一个母亲给予孩子太多了，那往往是因为她缺少丈夫的支持。

当一个男人给予了他的妻子柔情、身体接触、情感上的尊重以及赞赏，同时担任丈夫和父亲的角色时，他就创造了有利的条件，使他的妻子能够与孩子建立更加和谐的关系[1]。

1. 当然，如果是父亲在家里看护孩子、母亲工作的话，她也需要向他提供这种温情、情感和后勤上的支持，以及他所需要的力量源泉。

3

无法言说的缺失

有时候，我们不太清楚自己为什么不顺心，因为所有人都说我们拥有了“获得幸福所需要的一切”。既然我们没有抱怨的权利，我们也就不去聆听自己内心的呼声了，我们让那个诉说着不满的微弱的声音住嘴。但这些被压抑的声音终会演变成一种缺失，迟早有一天，我们会无意识地将自己的沮丧情绪发泄在孩子身上。

爱云辞去了一份报酬丰厚并使她充满激情的工作，在家照顾她的孩子们。虽然一定程度上她的确是被家庭和丈夫迫使的，但这仍然是她自己做出的选择。尽管她不敢承认，她还是想念她的职业，她的孩子们远远不能为她提供她曾经获得的智力激励、个人满足和社会认同感。按时提交一份材料、成为最优秀的员工、开辟一个市场……她周围的人认为这样的压力对一个年轻的母亲来说太耗费精力了，但她喜欢这样的压力。正如她所预料的那样，孩子们不能让她的生活感到充实，这是无法否认的事实。她非常爱她的孩子们，但同时也为自己做出这个决定怨恨他们。她很清楚地知道这和孩子们一点儿关系都没有，但仍然觉得他们是这一切的起因……她动不动就发脾气，很容易就变得不耐烦，而且还发现自己变得很恶毒了。她当然不喜欢这个坏母亲的形象，因为这并不能解决问题。

所有压力、所有无法被满足的需要都会引发各种不良的情绪，它们都有可能被发泄在我们的孩子身上。工作上的问题、夫妻间的不满、发展前景的模糊、目标的缺少……都会导致我们与孩子之间的关系恶化。

但我们可以找到解决的方法，而要找到它，我们首先需要敢于正视我们所经历的事情。我们得承认自己不仅有精神需求，还有身体需求，有对食物、睡眠、阳光等等的需求。我们要明白，当这些需求得不到满足的时候，我们的一部分能量就会流失，我们对噪音、混乱和矛盾的忍耐限度都会极大地降低。

4

激素

我们谁也不能否认激素的影响。每个月，女人都会经历一场激素的风暴，有时候会让身边的人受不了。丈夫和孩子是这种愤怒的头号受害者。大部分女人在她们生命的某个特定时刻，通常在她们第一次生产之后，都会患上经前综合征。

综合征是一系列症状的总和。这些症状包括紧张、愤怒、消极以及批评和贬低他人的倾向。因为我们要与流入血液的大量雌激素抗争，所以我们要想保持冷静并不容易。

知识可以帮助我们认识这个周期，并且帮助我们不被激素强加给我们的愤怒所掌控。要知道，在这个周期，我们的客观评判能力是暂时缺失的。

没错，我们的孩子当然“应该”被我们训斥，但我们为什么恰恰在这个周期中吼叫得更多呢？

5

当厄运消耗了我们的精力

生活并非总是一帆风顺，生病、失业、亲近的人离世等突发情况，常常搞得我们措手不及。面对不幸的我们必然和处于平静生活中的自己不一样。我们有时无法选择发生在自己身上的事情。情感、压力和疲倦改变了我们的情绪，摧毁了我们的精神和活力，也影响了我们与孩子的关系。

多萝泰得了癌症，她把精力全都放在了自己身上。她感到自己需要重新找回正确的道路，而不是仅仅关心自己和她的病情。当我们生病时，我们怎样做到全心全意、淡然平和地对待我们的孩子呢？她无法忍受她儿子制造的噪声。从她刚生病的时候起，她就经常吼叫，她讨厌这样的自己！她很清楚这样会让她5岁的小迪莫泰没有安全感，他已经因为母亲的疾病感到非常不安了。她知道他接受了一切、逆来顺受，她不希望他变成这样。她也担心迪莫泰会为自己让母亲痛苦而感到内疚。她知道，这个年纪的孩子以自我为中心的意识非常强烈：他觉得自己是世界的中心，一切都源于自己，因此他会以为自己对母亲的不幸负有责任，觉得“母亲生病了”是他的错。她非常希望不要使事情恶化，希望自己能够保持平和，对儿子轻柔地说话。但她的思考并没有起作用，她被自己的压力吞噬了……她喊叫、恐吓和指责迪莫泰，她只能这样做。她恨自己，而她越是恨自己，她叫喊得就越大声，只有第三方的介入才能帮助她。我们不是超人，更不是女超人，当我们的大部分精力被同一件事情占据时，我们能够分给孩子的精力就变少了。

无论是因经济上的困难、失业的威胁、工作的烦忧、亲朋好友的生病或离世，还是因我们自己身患疾病，由此产生的忧虑都压迫着我们，妨碍我们像我们所希望的那样生活。事实上，消耗我们精力的并非困难本身，而是我们为了压抑自己的感情所付出的努力。困难当然会让我们忧心，但对我们产生影响的是焦虑。这里的焦虑也包括生理层面上让人感到压抑的感觉。焦虑不是单独的一种情绪，而是交织在一起的许多情感，是与我们的恐惧、愤怒、忧伤等情感相关的连带感受。它与消极的思想和负面的信念相互交融：“我做不到，我真没用，我毫无价值……”

焦虑是我们陷入情感混乱的表现。

为了不让孩子产生恐惧，为了保护他们，同时也为了不去正视我们的现实，我们通常宁愿绝口不提这些压迫着我们的焦虑，无视它在我们的胸中愈演愈烈的变化，并且选择对他人，尤其是对我们的孩子隐瞒焦虑。

然而，谈论我们遇到的问题以及因此产生的诸如恐惧之类的情绪会使我们从混乱中走出来，并帮助我们理顺我们的情感。即使这不能解决问题，也可以帮助我们认清自己，并尽力去寻找解决问题的方法。

当然，帮助我们理顺情感不是孩子的任务。我们可以向其他成年人——配偶、父母、朋友或心理医生吐露心声。我们没有任何理由对孩子隐藏我们的情感，他们有权利知道我们在担心什么。如果我们自己都不清楚的话，至少应当让孩子知道有些事情让我们感到焦虑，并告诉他们："现在我感到焦虑，但这和你完全没有关系。"

如果不这样的话，我们的孩子就会胡思乱想，甚至也陷入焦虑，却无法明确知道焦虑产生的根源。他们可能会出现以下症状：学习成绩下降、做的蠢事增多、紧张、出现睡眠问题、具有攻击性、沮丧……这些症状既是潜在的焦虑的结果，是孩子为了把注意力引到自己身上从而使父母从担忧中分散心思所做出的无意识的尝试，也是孩子试图让觉察到的父母内心的愤怒发泄出来的一种方式。这一切有时候是无意识的，有时候却不是。在治疗的时候，经常有孩子非常坦率，就像康坦说的："爸爸让我害怕，他体内有一个愤怒的圆球。每当我忍不住做蠢事时，他就生我的气，那个球就出来了。"又如玛丽说的："家是个带电体，我得时不时地切断保险丝，让压力释放出来。"

如果我们不说出来，孩子就会自己去寻找源头，并在头脑中构建出比真实情况更糟糕的幻象。他们不知不觉地在帮助我们。在问诊的时候，我听到过这样一些话：

"我母亲什么都没对我说，甚至没有在我面前哭泣过。当我看到她这样的时候，我就告诉自己以后再也不和她谈论我的烦恼了。"

"我看到她这么伤心，我告诉自己不能再加重她的伤心了，我就再也不抱怨我的生活了。"

"我父亲装作什么事也没有，但我发现他的心情很低落。我时刻留意着他，想尽办法让他开心。"

"为了帮母亲排遣心中的郁闷，我常常扮演小丑。她说我是她的太阳，所以我就尽最大努力闪耀光芒来让她开心，我真害怕她会自杀。”

与此矛盾的是，正是为了保护我们的孩子，我们才很少和他们甚至完全不和他们讨论我们所担忧的事情。

但避而不谈丝毫不能保护他们。和孩子一起哭泣、谈论痛苦和分享喜悦一样重要，因为这能让孩子感受到和父母的联结，感受到他们和父母是一体的。同时，这也能帮助我们不再害怕孩子的反应，减少对孩子的担心。对孩子来说，知道发生了什么事情，能让他们很容易找到理解父母的着力点。需要注意的是，“谈论和分享”并不意味着对孩子毫无保留地倾吐，把负担卸下来压在孩子身上，期待得到他们的安慰或期望他们多少能够负起一些责任。不要颠倒角色，他们不是我们的保护人，不是我们的父母，他们是我们的孩子，我们不能躲避在他们身旁寻求安慰。我们需要做的只是告诉他们真相，而不是保持缄默、隐瞒事实或把我们的情感埋在心中。压抑情感极大地耗费了我们的精力，而且当我们绞尽脑汁对孩子隐瞒痛苦时，不知不觉地就离他们越来越远了。这一方面是因为我们心中没有那么多空间，痛苦时我们经常顾不到孩子的感受；另一方面是因为我们不想让孩子看到我们内心的脆弱。

这时，只有两种情况可能发生：一是某件事情引起的忧虑正压迫着我们，而孩子却什么都没表现出来，没有任何明显的反应，这通常会让我们感到恼火，甚至导致我们指责他们没心没肺，即便是我们自己有意识地向他们隐瞒了我们的忧虑；二是他们无意识地为我们的负面情绪背负起了责任。

6

他偏偏是“我不喜欢的样子”！

拉希娅把她3岁的儿子亚历山大带到了我这里，因为亚历山大经常会突然发怒。3岁是一个易怒的年龄，但亚历山大的愤怒强烈得可怕，并且会持续几个小时。我询问了亚历山大之前几年的经历。通过拉希娅的诉说，我了解到拉希娅夫妻二人很尊重亚历山大的需要，他们非常留心，从来不对着自己的孩子喊叫。表面上看，似乎没有什么能解释亚历山大总是一触即发的怒火，但亚历山大如此强烈的愤怒很有可能并不是他自身的原因。我又回到了拉希娅所说的那句话上面：“我从不大喊大叫。”于是，我询问了她过去的经历。

拉希娅的父亲酗酒，非常专制，每次喝酒之后都会变得很暴力，会殴打他的妻子和孩子们。拉希娅的母亲很懦弱，每次只是默默地忍受，偷偷地哭泣。她常常不是忽略了这个孩子，就是忽略了那个孩子，并且还期待能够得到孩子们的帮助。现在，拉希娅和她父母的关系很疏远。她当然怨恨她的父母，因为他们就这样毁掉了她的童年。但她拒绝“翻动过去”，而是将愤怒埋藏起来，装作什么事也没有发生过。

等到亚历山大出生，面对这个小婴儿时，拉希娅儿时的记忆开始在脑海中浮现，但她把自己封闭起来，拒绝去感受。她曾经是如此恐惧，如此愤怒、痛苦和狂躁……但她选择了压抑这些情感。为了免受其苦，她不得不将这些不受欢迎的情感以另一种形式发泄出来，这是所谓的最古老的自我防御机制之一。于是，她无意识地将她的愤怒发泄在了儿子身上……事实上，她总是无意识地利用儿子来释放她不敢去感受的情感。亚历山大隐约地发现当他吼叫或者用头撞墙时，母亲的内心有什么东西在翻腾……他想要让母亲开心，于是他又开始了……他显然是无意识地这样做的，他被一些他无法抑制的情感吞没了，这情感的暴风雨席卷着他。拉希娅完全想象不到自己会是儿子的怒火产生的根源。她束手无策，无法理解这些怒火，也不知如何去理解这些怒火，因为这些怒火完全不是亚历山大对他现在所处环境做出的反应。

拉希娅感到无能为力，她试图让儿子冷静下来，停止喊叫。但孩子感受到母亲心中有一小部分似乎是喜欢他的这种行为的。母亲发出的无意识的信息战胜了有意识的信息，同时亚历山大也被自己挽救母亲的需要束缚着，于是他把母亲没说出口的狂怒发泄出来了。他对她发火，正如她一直想对自己的父母所做的那样。也有可能因为她不能靠一己之力从过去痛苦的阴影中走出来，所以她不得不借助孩子的力量。

当我们在治疗中谈起这些事情的时候，早熟的亚历山大专心地听着。拉希娅哭了，对亚历山大讲了她的过去，并对他说：“你不需要承担我的愤怒，不应该由你来照顾我，我才是母亲。我会和我的父母谈谈，把我从不敢对他们说的话告诉他们。这是我自己的问题。”

在这次谈话之后，亚历山大的过度愤怒消失了。在面对挫折和不公时，亚历山大仅仅表现出了正常的愤怒。

我们的伤痛无意识地引导着我们的态度，让我们发送出一些与我们的话语指令相悖的非话语信息。这些非话语信息是含糊的，它往往比我们的话语威力更大。

例如，一个蔑视男性的母亲很可能是家庭暴力的受害者，她很难尊重和信任一个以后将会成为男人的儿子。她爱他，又做不到爱他，她只能表现出一种双重性。而那个婴儿、小男孩、少年和青年则会对此做出反应，因为孩子是在父母的目光中塑造自己的。

学者们已经开始越来越多地关注导致家庭问题的综合原因，对父母的情感给孩子造成的映射影响做了研究。一项针对40名患有慢性疲劳的青少年和36名“控制对象”的交叉研究显示，孩子之所以会出现慢性疲劳，与母亲的心理压力相关。更值得注意的是，如果增加母亲不在家的时间，就能够减少孩子出现慢性疲劳的概率。由此看来，青少年的身体和心理状态与母亲的情感状态毫无疑问是有关系的。如果青少年总是被母亲和她的压力围绕着，慢性疲劳就会把他压垮，因为他必须克制自己对母亲的愤怒。与之相关的，父母试图使患有慢性疲劳的青少年振作起来，不管用什么办法都是没有效果的。对孩子来说，走出门去，享受生活的快乐才是摆脱疲劳状态的最有效的方法。

孩子会对各种情况做出反应。当一个孩子表现出了反常的举动时，稍稍观察一下他身边所发生的事情就可以发现蛛丝马迹。即便孩子不是很明确地知道会发生什么，他也会有预感，并会对没有明确表达出来的信息做出反应。家中的一次冲突、一次丧事、一个分离的消息、父母的一次争吵……他看似什么都不知道，但第二天他的情绪就会以前所未有的方式爆发出来。他会通过他穿的衣服、听的音乐、所进行的娱乐活动等等发泄不满。可从表面上看，他发怒的对象与无意识地刺激着他的隐情毫无关联。

任何年龄的孩子都会对父母试图闭口不谈的事情做出反应。我们的沉默往往会挑起孩子的过激行为，难道我们就不能学着与孩子倾心交谈，而不是去惩罚他们吗？

孩子总是努力按照父母对他的要求来调整自己，但我们可能不容易发现这一点。这首先是因为孩子往往会把我们对他的定义视作命令。“你很胆怯”在他听来很快变成了“要胆怯”，因为这话是父母说的，就应该是对的，他于是据此来调整。还有一个原因，也是最重要的，那就是孩子有时对无意识期待的声音比有意识要求的声音听起来会更加真切。

7

过去的重现

“马修跑着横穿马路。我打了他一耳光，这是下意识的、不由自主的。这很正常，不是吗？那样横穿马路很危险！我敢保证他以后再也不会这样了！”

不，当一个孩子做了危险的事情时打他也许是正常的，因为我们的社会还没有完全解决暴力的问题；但这并不是自然应该有的，也不是正确的教育方式。我们只不过是把孩子当作了一只需要驯养的动物，反复地对他加强巴甫洛夫条件反射[1]训练。是的，这有时候是可行的，但存在着一定的副作用。对一个在街上乱跑的小男孩打耳光不一定能让他注意车辆，反而会让他注意到监护他的成年人的出现，还有可能会引起他的叛逆行为。

卡特琳不由自主地打了儿子一记耳光。从她的倾诉中我了解到她小

1. 巴甫洛夫把意识和行为看作“反射”，即机体通过中枢神经系统对作用于感受器的外界刺激所发生的规律性反应，这种反射分为无条件反射和条件反射。条件反射是外在世界和有机体之间形成联系的机制。巴甫洛夫认为，人的心理和精神、一切智力行为和随意运动，都是对信号的反应，都是在无条件反射的基础上所形成的条件反射。——译者注

时候的确挨了许多耳光。“但从不过分。”她说。只有当她做了蠢事或危险的事情时，她才会挨耳光，她始终认为她挨耳光是合理的。我让她再好好回忆一下当初为什么挨耳光，她却想不起任何一个具体的情形，然而她却始终记得那些耳光。

“当你挨耳光的时候，你有什么感受？”

“我觉得脸颊火辣辣的，我讨厌我的母亲。我一边低声对她抱怨着，一边回到我的房间。我想对她搞点儿恶作剧……的确，我当时完全不想去想我做的蠢事了。我只有一个念头，就是偷偷地搞恶作剧，不被抓住，就这些。”

身体上的疼痛掩盖了犯错误的意识，把孩子的注意力吸引到了他与伤害他的人的关系上面。在我和卡特琳交谈之后，卡特琳重新认识了她所经历的一切，她承认那些耳光并没有教会她什么，而且打骂并不是一种好的教育手段。让我们回想一下，当马修跑着横穿过马路的时候，卡特琳是怎么了呢？她并不仅仅是为马修感到害怕，那个场景同时还唤醒了她对于过去经历中相似情形的无意识记忆。

面对特定的情形，大脑总是寻找着合适的反应。如果大脑反应不是有意识的，尤其是在紧急情况下，大脑就会在它的库存中寻找行动的方法，这时相似情形的记忆就会被激活。哪些我见过或经历过的事情能够引导我的态度呢？脑海里的影像是无意识的，却有着很大的影响力。大脑会自然而然地从浮现出的记忆中选出最不容易引发负面情感的行为。

当卡特琳的儿子横穿马路时，她的大脑正筛选着重要的信息。当孩子做了一件蠢事，把自己置于危险之中，大人应该做些什么？她的大脑把这个情形和她过去所经历的情形相比较。当她做了一件蠢事或者把自己置于危险之中时，她就会挨一记耳光。在她无意识的回忆中，有两个人的影像：一个是幼时挨打的她，另一个是打她耳光的母亲。就在那个时刻，她有两个选择：要么化身为那个挨耳光的孩子，要么成为打耳光的母亲。她的大脑自发地选择了相对不痛苦的行为。

只要我们童年时的痛苦未被发现和治愈，我们的大脑就不愿意冒险去唤醒它。面对突发事件，我们的大脑首先选择了再现我们的经历，紧接着选择了相对不痛苦的行为，以此来“保护”我们，避免我们儿时的愤怒、恐惧和绝望重新出现，因为这一行为很有可能被我们的父母认为是“又对又好”的。我们就这样重复了我们的父母的行为。我们可能觉得理所当然，也可能极为绝望。精神分析法很好地阐释了这种防御机制，并称其为“对攻击者的认同[1]”。

不要把我们作为父母的所有行为都归结为简单的重复。但需要了解的是，曾经作为受害者并常常处于绝望中的父母，这种防御机制在减轻父母的负罪感上起到了很大作用。

有时候，我们会意识到自己的痛苦，并多多少少有意识地选择与我们父母的做法完全相反的方式。他们什么都禁止？那我们就什么都允许；他们强制我们吃东西？那我们就从不给孩子不想吃的东西；他们从不设定界限？那我们就赞同严格的管教。但即便如此，我们的大脑还是在对我们的经历做出反应，而不是经过对孩子的需求的深思熟虑来支配我们的行动——我们的行为是下意识的。

仅仅意识到自己曾经受到过伤害是不够的。只要被压抑的情感没有被表达出来、没有被倾听，那么这些伤害就有可能影响我们的行为。采

1. 桑多尔·费伦齐（Sándor Ferenczi）首先发现了这种防御机制，安娜·弗洛伊德（Anna Freud）后来对此做了稍有不同的阐释，将这种防御机制称为“对攻击者的认同”。它是指对自己所恐惧的人或对象的行为进行模仿和学习，使人在心理上感到自己就是那个令人恐惧的人或对象，以此来消除自己的恐惧心理。——译者注

取与我们的父母相反的行为方式只能显示出我们心中对他们的愤怒，这不是一个理性的教育立场。我们往往会认为我们的教育行为是自主地抉择出来的，并且确信自己过去的伤口已经愈合。勇敢地观察和反省自身吧，警惕我们那些过分的和机械化的行为。

在每一种情境下，我们都可以选择：要么让自己化身为曾经的那个孩子，敢于回忆我们的经历、我们的情感，即使这些情感有时很强烈；要么拒绝前者，让自己化身为我们的父母，以他们的行为为榜样，或者做得完全与他们相反。如果我们拒绝深思熟虑，下意识的行动通常就会被施加在孩子身上。

谁会愿意把无人关心的陈年旧事再翻出来呢？我们的童年如此遥远。如果我们从来没有推开过心理医生的大门，重新对我们的过去加以审视，我们通常会对自己的经历感到陌生。我们有许多回忆，但在大多数情况下，这些回忆既无法从那些引发回忆的情感中脱离出来，也无法被组织和联结，从而无法让我们的心灵获得自由。我们在一定程度上了解自己，并“习惯”了自己的反应，但我们不能控制它。这是怎么回事？我们通常保留了正面的、愉快的记忆，而销毁了痛苦的那一部分。曾经的羞辱、被父亲训斥时感到的压力、面对惩罚时的怨恨、黑暗中的恐惧……都一一地被忘记了。我们记下了这样一个信条：即使我们在那一刻感到了难过，我们的父母也是“为了我们好”才那样做的；面对我们这些“小无赖”，父母做了对的事情。当然，我夸张了，但我想让大家思考一下真实的情况，它可以帮助我们理解自己身上发生的事情。由于我们认为父母对我们施加的惩罚是合理的，他们的态度是出于对我们的爱，所以当我们的孩子表现得像我们从前一样，做了“蠢事”“任性”时，我们就很容易做出和我们的父母同样的回应。

如果我们没有意识到我们孩提时代的经历在自己的心里产生的变化，我们在感受孩子身上发生的事情时就会缺少所需的参照物。我们试图按照“为他好”的方式来行动，做一些自认为“对他有好处”的事情。我们听从了我们的教育信条，而非我们的感觉，因为这种感觉多多少少被隐藏了起来。我们有时候会对自己的举动感到懊悔，但我们很少去聆听我们心中那个微弱的声音，尤其是当其他更“权威的”声音响起的时候。

暴力孕育了暴力。被父母打的孩子感到无力、愧疚，并压抑着怒火。而当当年被打的孩子成了父亲或者母亲，面对自己的孩子时，所有的无力感都会唤醒隐藏着的怒火。这些被引发的回忆仍是无意识的。于是，无法控制自己强烈情感的父母就将压抑了太久的愤怒都发泄在了孩子身上。

8

逃避痛苦

大部分父亲每天起早出门上班，直到晚上才回来，他们显然无法体会妻子的生活。他们通常把妻子在家中的情形理想化：“你真幸运，在这儿安安静静的。”事实上，在这些话背后，他们很可能对真实情况有那么一点儿了解，因为根据研究显示他们避免长时期待在家里。既然他们不想待在家里，肯定是因为他们害怕什么东西！没错，一旦一个男人成为父亲，他在办公室或者咖啡馆里待的时间就更长了，就是为了避免过早回家！

当然这只是统计结果，还是有一些“母鸡式”的爸爸的。只要他们的工作允许，他们就在家里忙活，而且会为了带孩子去看儿科医生毫不犹豫地请假。其余的大部分父亲在有了孩子之后回家就越来越晚了。我们可以认为他们为了挣更多的钱而去更加努力地工作，他们也许就是这样为自己的选择找理由的，但这并不是实情，不是的。他们只是不想过妻子所过的那种生活，尤其不愿唤醒他们童年时的噩梦。当然，重要的是他们可以选择！他们在社会中有权利躲避，而他们的妻子则没有。所有人都期望妻子能够承担起责任，并且面带微笑！

巴黎市郊工业区的一家公司考虑到男员工作为父亲有陪伴其家人的必要，决定在每天晚上七点的时候锁上办公室的门[1]。然而经理却惊讶地发现，由于公司附近没有咖啡馆，公司骨干们就待在大门口聊天直到晚上八点，哪怕是在冬天也一如往常！这显示出了孩子给他们带来的恐惧是多么强烈！

当父亲们下班回到家里的时候，他们可能非常疲惫，但这不一定是因为他们白天所完成的事情。疲惫常常是情感压抑的一种症状，是为了麻痹自己的一种尝试，他们借此躲避自己不愿意识到的痛苦。

每天晚上，埃利安都很晚回家。周日，他以一个已经付出了许多且筋疲力尽的男人的口吻要求他的妻子和孩子们："我只要求你们安静一小会儿，让我读读报纸。"然后他就躲进书房待了两个多小时。他对妻子和孩子们许诺，到了假期会有更多空闲时间，能更好地陪伴他们，"那时候工作能让我松一口气。"然而一放假，他就睡得很晚，起得更晚。在他看来，懒觉和午觉对于缓解一年到头的压力是非常有必要的。不管是法定节假日，还是带薪年假期间，他的劳累只有在晚上，当孩子们都睡了之后才会停歇。他那时才可以看看电视、上上网或者修修补补直到凌晨 点。

通过和我的交谈，埃利安意识到了他的疲惫之下隐藏着的那些情感。他或多或少地知道了他不想给予孩子更多的关注，尤其是对他几个月大的儿子。他很难和这个婴儿一起玩耍，在把婴儿逗笑一声之后，他的保留节目就完了，他觉得这样非常无聊。"他太小了，"他说道，"等他会说话了，就不会这样了。"

1. 这则消息原载于2005年的一份《国际邮报》（Courrier International）。

事实上，埃利安只是在体验亲密感上有困难。然而，和一个婴儿相处时，我们就不得不尝试做出许多亲密行为。埃利安真的以为自己是因为工作而疲惫，他没有想到自己与儿子之间存在着很大的问题。他觉得不和儿子玩耍是自然的、正常的，他的妻子几乎一直在陪儿子玩。“这是一项女人的工作，一个婴儿首先需要他的母亲。”他为自己辩解道。

我要求他花整整一个小时的时间和他的儿子玩耍，并要求他不能逃跑、不能厌烦，还要关注他的所思、所感和所想。

埃利安为自己隐约察觉到的强烈痛苦而震惊：“我又回到了婴儿时期，我深深地感觉到，我害怕发现我身边一个人都没有，这是我无法控制的。”

以前，埃利安的父母不懂得关心他，在他需要他们的时候，他们往往不在。他的父亲对工作比对婴儿更感兴趣；他的母亲既不愿意常常把他抱在怀里，也不愿意他一哭就跑过去，更不愿意半夜起身照顾他。小埃利安感到非常孤单、非常痛苦，于是他把他的难过隐藏在了他的潜意识里。

埃利安从来没有违背过他父母的意愿，在青少年时期哪怕一次小的冲突都没有发生过。他17岁就离开了家，并把过早离开家这件事归结为他对独立、自由的渴望以及大学位置的偏远。后来，他到国外居住了多年。“他们不关心我，我们离得远了，我就可以使自己相信我们之间的距离是空间上的，而非情感上的。”于是他一点点地远离了父母，也远离了自己。

他单身的时候可以不去理会这些；可是当他成了父亲，看到他的孩子们得到了他从未得到过的东西，相比之下他就感觉到痛苦了，尤其是当他的小儿子出生的时候。这个小男孩就是小时候的他，他不想看到小时候的自己，不想重温这种孤独的悲痛。为了不去冒险唤醒从前被“遗弃”的感受，他避免和他的孩子接触。他躲避的不是他的小儿子，而是幼时他曾经经历过的痛苦。

女人们同样也经历着因为潜意识的回忆再次被激活而产生的痛苦，但是与男人们相反，她们在实际生活中逃避的可能性更小，她们只能选择在抑郁中逃避。

9

当我们没有生存权利的时候

对这位母亲而言，生活太艰难了！她渐渐开始怨恨和讨厌她的孩子，因为是孩子使她不得不经受这些。她开始冷落孩子，再也受不了了！她没办法爱她的孩子。有一天，她的脑海中突然浮现出了结束自己生命的想法。

当一个母亲想到自杀的时候，她的朋友、家人通常都会试图劝导她："你有孩子，想想他们，你没有权利这样做。"这些话通常起不到任何安慰作用，而只是在否定她。她也许可以为了孩子继续活着，但她身边的人向她灌输的是：她对自己来说是没有任何价值的。她的父母不承认她的权利，哪怕是她自己的生存权；她只是为了其他人，为了她的孩子而活，她怎么能不恨她的孩子呢？她可能会陷入更深的抑郁，甚至变得有暴力倾向，或者两者兼有。

塞琳最终从长期的抑郁中走了出来。她以前生过病，既疲惫又绝望，她一度完全无法忍受她的两个孩子：一个4岁，一个8岁。她有时会打他们，但她讨厌自己这样做，这与她的形象不符。她坦言："我曾经想要自杀，我从前是出于对孩子的责任而活着，其实是苟延残喘，我无法真正地生活。后来，我意识到这对我的孩子们来说太沉重了，我不应该让他们艰难地支撑着我。不管是我的生活，还是我的幸福，都不应该依附于他们。我的生活与他们相关，但它是属于我的，我没必要为了他们活下来。当我告诉自己无须为他们负责、我有自杀的权利的时候，我其实是给了自己生存的权利。为了我自己而活，再不是为了我的孩子们而存在。这就是我走出‘隧道’的开始。我不再打他们了，我不再为他们给我的重压而怨恨他们了，我不再为了他们而生活，我决定活下来，为我自己而活。”

当然，在准备付诸行动的时候，想到自己的孩子往往能将自杀的想法克制住，这当然是一件非常好的事情。玛尔特坦言：“如果当时我的女儿不在那儿，我就已经自杀了。我想到了她，我不希望她成长的过程中没有母亲。”但是当依赖的原动力形成的时候，一些问题也会随之出现。“我对生命不再有眷恋了，我活下来只是为了我的孩子。”在玛尔特的情况中，她对女儿的这种想法终止了她的自杀行为，但她继续在心理治疗的路上前行，慢慢恢复对生命的热情。

10

修复受伤的关系

雷娜非常喜欢她的长女。当她的第二个孩子出生的时候，她觉得是这个刚刚出生的婴儿把她和女儿分开了……于是小女孩也非常讨厌她的小弟弟……这一切让雷娜烦恼不已。刚开始的时候，雷娜对自己说：“男孩子不一样，带给我的麻烦更多。”后来，她意识到了究竟是怎么一回事：“当我终于能够告诉2个月大的小宝宝，对我而言，爱他比爱他的姐姐要困难许多的时候，我体会到了一种真正的解放，一股爱的暖流在我身上流淌。我第一次感到自己与他那么贴近，我的眼睛湿润了。从那以后，一切都变得更好了！”

说出自己的情感，哪怕是最痛苦的情感，也能够修复曾经受损的关系。沉默比怨恨的伤害更大。怨恨是积攒在一起的各种情感，只要被表达出来它就会被自然而然地解开，因为作为怨恨依据的恐惧和痛苦都已经被承认和接受了。

11

对孩子的幻想从何而来？

“太可怕了！”奥利维娅叹了口气，对我吐露心声，“我曾幻想我在虐待我的女儿。我被自己幻想的画面吓坏了，我觉得自己很邪恶……”她哭了起来。值得庆幸的是，奥利维娅从未实践过她的幻想，但她一想到也许哪天她会控制不住自己就极为恐惧。

奥利维娅真的很邪恶吗？不。在我们每个人的潜意识里，这一类画面都是存在过的。当它们变得挥之不去时，就说明它们是我们心里隐藏着的一份伤痛。我们需要挖掘出它的根源。在奥利维娅的问题上，我有如下几个猜想：

（1）这些画面与她相关。她曾经遭到过性侵犯。她对此也许有记忆，也许没有。

（2）她目睹过某个无法说出口的强暴场面，这件事深深植根在她心里。她对此也许有记忆，也许没有。

（3）她把某个屈服的情形调换了。她曾经受到过非性方面的虐待，被人掌控和羞辱过，但那时她没有自我防御的能力。也许因为这种虐待是针对她这样一个女性的，所以她脑海中的图像就与性联系在一起了。

（4）她的某一位长辈——母亲、外婆或姨妈，曾经遭受过强暴，她有意识或无意识地进入了这位长辈的角色中。奥利维娅可能知道，也可能不知道。

我们分别从这几个不同的角度出发进行了探索。奥利维娅没有遭受过性侵犯，但通过对她的家族进行调查，我们很快发现了她的母亲在她出生的前几年曾遭遇了强暴。一个被强暴过的女人看到她女儿的身体的时候，会有强烈的反应。如果受害者没能彻底放下这段过去，释放她的恐惧、痛苦、厌恶、愤怒……她就会被这些情感一起攻击。把自己置于进攻者的角色中，就是防止这些强烈的情感入侵的一种防御机制。奥利维娅的母亲不能不去想象同样的事情可能会发生在她的女儿身上，强暴、侵犯、扑向女儿的画面很可能突然浮现在她的脑海中。她也承认：“我当时太为女儿操心了！”我没有记录下奥利维娅的母亲对她的幻想的直接表述，但我听另外一些遭受过骚扰和强暴的母亲讲过，她们提到当自己在给小女儿洗澡、看到她赤裸的时候，以及许多各种各样的其他时刻，尤其是当她们感到自己很无力的时候，那些虐待女儿的画面就会清晰地出现。情绪失控是危险的，可能会使恐怖的画面重现。而女儿屈服的这些画面会让她们避免沉浸在自己屈服的记忆中。

在父母和孩子之间，潜意识会相互交流，母亲幻想的图像会渗入女儿的潜意识中。困扰着奥利维娅的幻想反映了母亲未能治愈的过去。当奥利维娅终于能够开口谈论她自己的经历或她母亲的经历时，这些幻想就消失了。假如她没能这样做，她说她不知道会发生什么事情。

幻想是与伤害保持距离的一种试验。看到那些画面让人感觉芒刺在背。“我在脑中反反复复地回放着那些画面，我把它投射到别人身上以使它能够远离我。”同样，孩子们总是翻看同一本书，上面有着令他们极为害怕的图画：七头蛇、恶毒的狼、妖怪……父母有时会以为他们特别喜欢这些图画，实际上并非如此，那是因为这些画面在召唤他们。

幻想并不意味着会付诸行动。但是当幻想反复出现或变得复杂时，我们就应当寻求医生的帮助了。的确，未被说出口的幻想往往会逐渐增强，导致情况越来越复杂，最终可能会冲破道德的围栏。如果这围栏足够结实，父母就可能被禁锢住。父母暗自为这些画面所苦，常常故意拉开和孩子的距离，仿佛只是为了远离诱惑，但付诸行动的危险并未被解除。

如今，对青少年施加的性暴力与日俱增。2004年，巴黎司法机关处理了800多例相关案件，将近70%的受害者年龄小于15岁，这些侵犯行为中的60%都发生在家庭内部[1]。

法国的社会行为地方观察所（Observatoire Décentralisé de l’Action Sociale）研究了家庭的脆弱化现象。与我们的固有观念相反的是，研究表明经济的不稳定只是一个极微弱的危险因素，社会的孤立反而起着最主要的作用。

因此，不要保持沉默，而要敢于说出我们的伤痛、幻想、脑海中的画面和我们经受的诱惑。要使更多的人都能更加大胆地谈论这些事情，要使需要帮助和支持的人感到他们可以不被评判地表达自己的想法，这很重要！更具体地说：有性幻想并不一定表示有欲望，问题往往要复杂得多。幻想是精神的反应，是多种感觉、情感和潜意识浓缩的结果。当幻想反复出现时，我们要注意聆听、分析，因为它呈现出来的是我们潜

1. 根据法国的社会行为地方观察所（Observatoire Décentralisé de l’Action Sociale，简称 l’ODAS）的研究，我们可以认为 1/8 的女孩和 1/10 的男孩子在 15 岁之前遭受过性虐待，其中 22% 还不到 6 岁；在这些案例中，2/5 的孩子遭受过反复侵犯。

意识里的信息，我们需要透过表面去分析它背后的复杂根源。将其产生的原因仅仅归结为内心邪恶、堕落是将问题简单化了，反而不利于问题的解决。

当我们遭受强暴时，道德的壁垒坍塌了。它没有让我们得到应有的保护，它被毁坏了，当然也不能再约束我们了。父母的道德感暴露在外，没有防护墙，没有安全围栏，于是它溜了出去。失去了道德感的父母再也无所顾忌，有可能在孩子身上重复着别人在他们身上施加的暴力行为。这一行为对孩子来说是毁灭性的。过去被伤害过的、脆弱的父母需要他人帮助以避免沦陷。评判一个人，进而把他定义为恶人，会加重他的耻辱感，增加他犯罪的概率；而评判一个人的行为本身，则是在重建一个更有约束力的屏障。

幻想是精神的反应。它所表达的不一定是一种欲望，而是过去遭遇的伤痛、内心的痛苦以及被压抑的情感。

12

无力的旁观者的伤痛

索莱娜在给我的信中讲道："在我的经历中，有一段最令我痛苦：我的母亲在厨房里打我的妹妹玛蒂尔德，因为妹妹不愿意喝她做的汤。那个场景就发生在我背后，我和其他所有家庭成员都坐在餐桌旁，我就坐在我的位子上。玛蒂尔德坐在地上，母亲不停地打她。我在母亲的眼中看到的那种暴力让我感到恐惧。我那时大概五六岁，我理解不了母亲到底为什么要这样打妹妹。就因为不愿喝汤而打她？还是因为她胆敢闹脾气才打她呢？全身的无力感使我无法动弹。"

目睹一个暴力场景会对我们产生持续的影响。情感是非常复杂的，交织的情绪是如此强烈，以致我们不知道该如何面对：面对从父母眼中读出的那种濒临疯狂的恐惧，对结果、对可能再次发生同样事情的害怕，因受害者遭受痛苦而感到的痛苦，以及内心因无力而产生的狂躁。我们无法中止这一暴力行为和最终我们产生的负罪感。"我什么也没做，可我应该做点儿什么的！"即便所有这些都已成为过去，我们依然无法释怀。对于所有这一切，我们没有统一的标准去衡量谁对谁错，什么能做，什么不能做。我们会在心里反复地纠结：“既然我的父母打孩子，那是因为打是件好事……但它会带来痛苦，带来恐惧……那么它就是不好的，但既然他这么做……”

这一切都会在当事人内心形成症结，可能会引起严重而持久的后果：学业上的问题、社交上的困难、情感上的压抑和焦虑……这也是导致犯罪、酗酒或吸毒的一大原因，当然还有日后可能出现暴力倾向这样一个危险。

如果丈夫在小的时候曾经是暴力行为的受害者，或者目睹过他的母亲遭受暴力，那么他的妻子往往有可能被虐待。许多研究表明，在把暴力当作解决冲突问题的手段的家庭中长大的孩子，他们的行为会比别人更具有进攻性，被卷入斗殴的概率会比别人高出三倍——不管是作为受害者还是攻击者。

并不是所有在幼时直接经受过暴力或者亲眼目睹过暴力场面的成年人都会成为有暴力倾向的父母，他们也有可能一直是受害者。

桑德拉曾经常常被她的父母羞辱、捶打、扇耳光，但当她自己成为母亲以后，她连女儿的一根汗毛都未碰过，就再次成了暴力行为的受害者。她被她的丈夫打过好几次，直到最后一次她才清醒过来，并开始接受治疗。她的女儿埃莉诺目睹了这些可怕的场面，而且桑德拉还任由她的丈夫打过女儿一记耳光，不敢插手。她在丈夫面前说不出话来，就像从前在她父母面前那样，盲目地顺从。事后，她安慰了埃莉诺，但伤害已经造成了，她背叛了自己的女儿。埃莉诺如今也成了母亲，她对她的女儿很冷酷，常常打她耳光。桑德拉看到她的外孙女遭受和她同样的痛苦，她感到很绝望，不知道怎么做。埃莉诺不听她的，说她的女儿“不听话”，打耳光是应该的。桑德拉从未暴力地对待她的孩子，埃莉诺只在青少年时期被她的父亲打过一次，但那次的那记耳光聚集了全部的家庭暴力。她的父亲打了她，而她的母亲什么也没说。埃莉诺打她的女儿，像她自己挨打那样，或者说像她看到她的父亲打她的母亲那样。诚然，埃莉诺并非从她的母亲那里继承了暴力行为，做出暴力行为的是她的父亲。但是为了消除父亲对她造成的影响，埃莉诺需要改变她母亲作为一个受害者的形象。

旁观者通过沉默许可了暴力，他就是同谋。当孩子目睹了亲人遭受暴力时，他会像自己是受害者那样感到痛苦。他往往会重复这种暴力行为，作为攻击者或受害者。

当桑德拉通过心理治疗的帮助走出了受害者——相对于她的丈夫以及她的父母而言——的阴影时，当她最终敢于变得强大、敢于表达愤怒、敢于制止不正当的行为并保护自己时，她的女儿埃莉诺就能够敞开心怀和她谈论她的一些行为了。因为问题被说了出来，心理创伤得到了治疗，也就是说在情感上不存在问题了。埃莉诺不再打她的女儿了，外婆、母亲和外孙女之间的关系也就变得更加融洽和亲密了。

13

竞争

“你没有理由拥有我没有拥有过的东西。”与孩子竞争的心理在任何年龄都可能存在。“我小时候，父亲不会在晚上起来哄我，我也不会这样对我的孩子；我小时候很少有机会穿新衣服，我的孩子们也不会有；我小时候不能和男生出门，我的女儿也不行；我18岁的时候离开家独立生活，我的孩子也要在同样的年纪离开，我是不会帮他的……”

我听到过很多父母提到这样的竞争，不管是母亲还是父亲。看着孩子得到我们曾经没有的东西是一件不容易的事，因为那会映衬出我们曾经的缺失，突显我们原本可以、也应得到最终却没有得到的东西。有些人意识到了自己身上发生的事情，所以能够正确对待这种情绪，放弃对美好童年的执着幻想；有些人却做不到。通常引发悲伤情绪的第一个阶段就是对父母的愤怒，而这种愤怒通常又是无法说出口的。“我没得到多少母爱，我觉得自己没有能力当一个好母亲。我会非常嫉妒我的女儿，因为她得到了我曾经没有得到的东西。”这些态度的背后还有一些潜意识的根源，例如有位母亲为了避免在外貌上和女儿竞争，给女儿穿不好看的衣服，而且还常常让她们记得她们“不好看”。

许多父亲的竞争体现在他们混淆了妻子和妈妈的角色，因此他们的妻子往往会抱怨家里又多了一个“孩子”。马克明确地说，他不能忍受他的妻子照顾孩子。“你不照顾我。”他抱怨道。罗伯特则非常愿意承认这些事实，但总是不停地批评妻子：“你照顾托马太多了，他一哭你就跑过去，你可以让他哭一会儿。”处于婴儿期的托马没有吃过母乳，因为他的爸爸不希望这样。他用一些空洞的大道理维护自己的立场、为自己辩解，但他真实的想法是他妻子的乳房应该是他的独有财产。想到另一个人会独占它们，即使是他的儿子，他也觉得无法忍受。

有的父母不允许孩子有超越他们的权利。有的母亲可能会对女儿的女性特质难以忍受，不仅贬低她，还强迫她穿不合体的衣服……只是为了让女儿看起来没她漂亮；有的父亲可能会不允许孩子在学业水平上超越他，或者比他赚的钱多。当然这些都不是公开说出来的，但孩子确实能收到父母传递的这些信息，并且自暴自弃。责怪这些父母只会使问题变得更加严重，因为他们这样做是由于对竞争心理缺乏认识。

竞争有时候完全是无意识的。有的父母把孩子视作“暴君”，不能忍受他的要求、他的需要、他的依赖，因为这些都需要父母把自己的愿望甚至是需要暂时搁置一旁。

“我不想牺牲自己！我也有需要，我需要出门、去餐馆、去电影院……”然而实际上，这些都不是需要，而是欲望；这些都不是必需的，因此不能和孩子进食的需要、接受抚慰的需要相提并论。事实上，在父母表达他们认为是必不可少的需要背后，往往都隐藏着恐惧——对亲密行为的恐惧，对自己童年时的压抑情感再次出现的恐惧。

精疲力竭的母亲往往会有种被孩子束缚和剥削的感觉。她们往往没有选择，只能一边看着孩子，一边怨恨他们，因为她们觉得孩子就是束缚自己的围墙。

父亲们更愿意给自己一点儿自由，而不愿给自己施加作为家长所应尽的责任：“我工作了一整个星期了，周日我需要放松放松。”有时候，他们确信自己的这些话！而母亲和孩子也同样相信，甚至保护丈夫和父亲的“自由”空间。阿兰每周日都毫无愧疚感地拿着他的帆板出门；帕特里克睡到中午，然后花整个下午的时间打网球……这不是自由，这是逃避。他们以损害孩子的需求为代价，把自己的需求或者说他们所谓的需求放在优先的位置上。在这场竞争中，孩子们只能投降；即使这样，这些父亲们也并不感到快乐，他们童年的伤痛依然存在，并阻碍着父子之间健康关系的确立，面对亲密关系的恐惧也丝毫未减。

14

无意识的报复

我们对孩子的暴力行为其实也反映了另一种行为：对我们自己不幸童年的报复。当然，这也涉及一个完全无意识的机制，它的原动力与使我们和孩子对立起来的竞争心理是不同的。

如果我们小时候受到过某种伤害，并且压抑了我们的某些情感，我们就不仅会保留那些与我们遭受的挫败、羞辱和不公正待遇直接相关的情感痕迹，还会因为这些痛苦无法言说而产生恨意。这种恨意在日复一日的压抑下变得更加强烈，逐渐成为真正的愤怒和仇恨。这些愤怒和仇恨有时甚至是针对父母的，它们藏在我们的心里，强烈到随时可能爆发。在心理治疗的过程中，常常会有人说："如果我开始意识到对父母的愤怒，我害怕他们会因此感受到极大的痛苦。"或者"我永远都不能和他们讲，这会杀了他们的。"这些焦虑乃至幻觉，与被我们抑制的强烈的愤怒和仇恨相吻合：我们害怕这种愤怒和仇恨是毁灭性的。当然，在现实生活中，在心理诊所里释放出来的情感则不会带来任何破坏，而且当事人还可以将自己从会损害父母与自己的关系的重压下解救出来。

但不幸的是，当我们没有机会在一个合适的环境中释放这些愤怒和仇恨时，我们就有可能把它们发泄在无辜的人身上：他们并没有对我们造成过任何伤害，他们只是因为过于依赖我们无法进行自我防御，或者不像我们的父母那样强大……在这里，我所说的“他们”，指的就是我们的孩子！

15

忠诚

帕希娅来到我这里，因为她无法温柔地去对待她的孩子。她想对他们诉说她的爱，抚慰他们……但似乎有什么东西妨碍她这样做。“我做不到，我变得很冷酷，一点儿小事就能让我发火，甚至骂他们。我恨极了自己，但我没有办法不这样做。每天，当我回到家的时候，我都想象着自己对他们说我有多爱他们。我准备好，推开门……可是，我没办法对散乱的书包、没完成的作业、马桶圈上的小便等视而不见，于是我又开始吼叫起来。我恨自己，我似乎没有办法接近他们。”

帕希娅和我谈到了她的童年。她成长在一个“愤怒的家庭”里，所有人都是愤怒的，大声地讲话并互相辱骂，这是他们日常的关系模式。只要家中某个成员表现得温柔，其他人就嘲笑他。

提到这些过去的事情，帕希娅明白了为什么她哪怕表达出一点点温柔或爱意都是如此困难，因为她的经历足以说明一切。在此之前，她接受了她的家庭的本来样子。她当然为自己缺少柔情和无法跟孩子们建立起亲密关系而悲伤，但她从未质疑过这种相处模式，也从未意识到她还是小女孩时的痛苦。

在我的诊室中，她接触到了自己压抑了三十多年的情感，那些曾经淹没她的痛苦。是的，愤怒，她知道这种愤怒，她只知道这个。她学会了用愤怒来替代其他一切情感方式。在她的家庭里，爱是不能被表达的，是被禁止的、要遭受嘲笑的；只有愤怒才有表达的权利。

表达愤怒等于表达她对整个家庭的忠诚。而表达温柔，就成了其他人、笨蛋、矫揉造作的人、过于软弱的人、被他们嘲笑的那些人才会做的事情。

帕希娅没有学会如何温柔地说话，也不被允许这样说话，否则她就会被排斥在整个家庭之外。她属于一个愤怒的家庭，出于对家庭习惯的忠诚，她重复了这种相处模式。

潜意识的忠诚会促使我们做出种种通常具有破坏性的行为。事实上，我们对被隐藏的伤痛更加依赖，但是这些伤痛其实是应当被治愈的。

一个孩子可能会为了忠于家庭传统而让自己在学业上失败，之后也像他的爸爸那样经历职场或爱情的失败，甚至失业或者离婚……

第三章

在孩子的各个年龄阶段

每时每刻，家里都在发生着一些事情。我们的孩子在不同的年龄有着不同的需要；我们每个人的经历各不相同，因而回应这些不同的需要时所面临的心理困难程度各有不同。

人在生命中的一些特定阶段，比如出生时、2岁或青春期，非常容易出现情绪波动，并且很容易激活记忆中过去的经历。本章中，我们将快速地浏览这些阶段——从胚胎期到孩子长大离家。我们不研究其他方面，仅从我们在满足孩子需要时遇到的困难入手，来关注孩子的需要。

你不会在这里找到某个神奇的教育秘诀，但会发现一些能够帮助你更好地去认识身上发生的事情的方法。

不管孩子处在哪个年龄段，我们与其他孩子的父母进行讨论都是很有意义的。讨论的内容并不是比较我们的孩子和别人的孩子，以验证我们的孩子是不是更好或更差，而是确认并不是只有我们的宝贝让人难以忍受。让父母无法理解或感到束手无策且难以忍受的许多行为其实与孩子的年龄有关。不同的孩子千差万别，这是因为他们有着各自的生活节奏、经历和自己的需要。父母需要知道的是大部分青少年都睡懒觉，并且好像对什么都没有兴趣，还有并不是只有你家的13岁的女儿任由她的脏碗躺在客厅的地板上，许许多多20个月大的孩子都和你的孩子一样会突然发极大的脾气。与别的父母进行交谈还可以让我们了解到自己的教育方式并不是唯一正确的，从而引发我们的思考。

1

胎儿已经存在了！

胎儿已经是一个人了，科学技术揭开了胎儿的内心世界。我们惊奇地发现，胎儿绝不是简单的一小堆处于发育中的细胞，而是有着自己生命的个体，并且显示出了我们意想不到的能力。在母亲的肚子里，他吸吮拇指，摸鼻子，摆弄他的小鸡鸡，用他的手、胳膊、腿和脚进行探索……他能看到，也能听到；更奇特的是，他还有建立关系的能力。

到目前为止，怀孕的过程基本还是在一种沉默的关系中进行的。许多母亲怀孕的时候曾经或者现在仍然会本能地把手放在肚子上，这就是弗兰斯·韦尔德曼[1]创设的触觉科学的研究发现：触觉交流法。我们被自己的固有观点和所处环境所束缚，忘记了带有感情地抚摸肚子。韦尔德曼教我们带有感情地抚摸，其实是用心去抚摸，而不仅仅是用手；这种抚摸可以延伸到胎儿身上，并建立起一个真正的关系。父母把他们的手放在母亲的肚子上……继而父母和孩子建立起了关系。很快，孩子就

1. 弗兰斯·韦尔德曼（Frans Veldman）（1921-2010），荷兰生命科学家，著有《触觉交流法——感情的科学》（*Haptonomie: science de l'affectivité*）。——译者注

做出了回应。父母是多么激动啊！是的，宝宝听到了他们说话，感受到了他们的抚摸。于是他不停地移动、转身，一会儿到这边来，一会儿又到那边去，跟随着父母的指引。噢，他开始进行一个游戏了！是他在指引着他的父母，同时他也显示了他有能力表明自己不想再“说话”了。他已经会表达自己喜欢被摇晃或者更希望安静地待着这类意愿，已经有能力表达自己喜欢什么、不喜欢什么。怀孕4个月的时候，胎儿已经作为一个人而存在了。这一发现让人震惊，尤其是对那些很难感受到这个小家伙的存在的爸爸而言。

“我觉得他在听。”很多母亲都有这样的直觉，而科学向我们提供了证据。当一位母亲对她的胎儿讲话的时候，胎儿的心率发生了变化；当母亲与其他人说话的时候，这一变化却并不怎么明显。这说明胎儿能够觉察到有人在对他说话。弗朗索瓦丝·多尔托[1] 首次证实了对腹中的胎儿说话有多么好的效果。这种说话不仅包括对他讲述幸福和花朵，还包括对他诉说创伤、痛苦、恐惧、愤怒和绝望。

各种各样的事件都会打破怀孕的平静。父母中的一方可能会经历丧事、失业、分离、事故、创伤……为了使胎儿能够重新建立一种安全感，不被通过脐带接收到的化学信息所影响，和他谈论这些事情是有好处的。你曾不想要这个孩子？这是个意外？你害怕吗？你怕自己没有准备好？和他说说你的挫折、愤怒和恐惧吧！将这些情感隐藏起来是没有用的，他就在你的肚子里。虽然胎盘起着过滤的作用，但你因情感变化所释放出的激素存在于你输送给孩子的血液中，他能够感受到你的情绪变化。

1.弗朗索瓦丝·多尔托（Franoise Dolto）（1908-1988），法国精神病学家和精神分析学家。——译者注把自己的情感用言语表达出来看上去也许是徒劳的，因为貌似胎儿的大脑还没有理解情感的能力；但孩子可以感受你的意图、你的紧张和随后的放松。一旦孩子觉察到你毫不畏惧地接受了自己的情感，这些情感并没有令你崩溃，你知道了这些情感从何而来并能够将情感表达出来，他也就不再害怕了。他不再需要表现出一些症状来使别人感受到他的痛苦，他甚至还有可能表现得更加稳定、冷静和随和。

另外，你不仅是在和你的宝宝说话，你在向他诉说你担心的事情时，其实也是在和自己说话。压抑会引发自闭，并限制爱的自由活动。当你说出自己的情感时，你就阻止了这些情感拉大你和孩子之间的感情距离。

“我的宝宝，我很难过，因为我的父亲去世了。你对我的伤心没有任何责任。我很高兴能够感受到你在我的肚子里面，我对你的到来感到非常高兴！可是我的父亲没有能够见到你，我感到很失落。我哭是因为我很想把他介绍给你。”

会使胎儿不稳定的不是这些情感，而是情感无规律地压抑和爆发。我们往往难以准确地知道自己为什么难过，或者我们以为自己知道原因，并拒绝对我们的感受进行进一步的分析。我们也许害怕发现自己其实是因为其他事情而痛苦。

与自己腹中的胎儿（或者婴儿或者再大一点儿的孩子）聊天当然不能替代去看心理医生。我们不能完全把自己的苦水倒给这个还未出世的小生命。不，我们与他谈话只是为了分享，为了说出发生了什么事情，为了让自己不那么迷茫，从而把事情理清楚。谈话可以让我们表达自己的情绪、意见和矛盾。我们爱这个小家伙，但他同时也会扰乱我们的思绪，妨碍我们继续进行思考；我们会为他的存在感到高兴，但“有时候”我们希望他并不存在——当我们不敢说出自己的情感时，我们就会忘记这个“有时候”，然后它就会膨胀，挤占空间，逐渐变成一种习惯。当我们的情绪、矛盾得不到表达的时候，痛苦通常就会占据全部空间。

“他消耗着我，吞噬着我，我的肚子里有一个侵吞我的怪物。”每个母亲可能都会有这样的感觉，觉得自己被正在体内生长着的小家伙吞食。这甚至会导致出现一些可怕的幻觉：他在吞噬我！很显然，虽然胎儿通过母亲来获取营养，在缺少营养的情况下，他有着优先权，但他并没有吞噬他的母亲。然而，如果一个母亲的自我认同感不是很强，如果她内心的安全感并不固定，如果她曾经在自己母亲腹中的时候就是不被欢迎的，如果她在生活中很难被大家认可，难以表现出自己的潜力，那么她就可能会将她的进攻性幻想投射到自己的内心世界。胎儿被她看作一个异物。从某种程度上来说的确如此，胎儿是不能被母体吸收的，他有着自己的基因编码……在母亲体内生长的“异物”就像一个肿瘤，而且确实有些母亲觉得胎儿就是一个肿瘤，她们不希望看到他的成长。即便母亲很想要这个孩子，这种情况也可能发生。有的母亲很难接受怀孕的事实：一方面，她们很高兴有了一个孩子；另一方面，她们也因自己身体内无法控制的这种成长感到恐惧。导致恐惧的原因可能是多方面的。这种感觉在很多年前更加普遍，在那个时候，孩子的出生通常意味着母亲要被关在家里，失去自由，有时甚至意味着要放弃爱人的身份，过渡到母亲的角色上……对于被羞辱、被贬低和不能实现自我的女人来说，这种情况尤为明显。不能表现自己的潜力，她的攻击性——如果取这个词的正面意义，那就是进取心——就会被压制。她没有把攻击性转向自己，而是投射在了胎儿身上。这个无意识的过程自然也随之发展：“我不想看到我的愤怒，我没有愤怒，愤怒的是我的孩子，他才是怪物……这个怪物每天都在吞噬我。”

在这些条件下，去爱一个孩子是很困难的。如果准妈妈能够意识到自己的情绪、矛盾和幻觉，她就能够收回自己的投射，从而也就可以爱她的孩子了。否则，在孩子出生之后，她会继续无意识地认为孩子有太多的要求，喜欢大惊小怪，耗费了她的精力，并妨碍了她按照自己原先期待的样子生活。她还可能会继续无意识地不断疏远孩子，固执地认为有必要约束他，并给他设定许多条条框框来限制他，却不注重倾听他的想法，不允许他表达自我或者不去关爱他。

2

分娩，一次极限体验

当女人们说起她们爱孩子的困难时，通常会提到自己的分娩。生产是一次让人难以置信的体验，父母即将与他们的宝宝第一次见面。一般情况下，这是人生中极为幸福的时刻，但这一刻有时也会被其他一些情感所干扰。这是诞生，也是分娩，伴随它而来的是一些创伤——疼痛、剖腹、产钳……生孩子不一定是准父母们想象中的那么轻松。

母亲在感受到幸福的同时，还会体会到她在这个微妙的时刻并不需要的各种情感：无法言说的压力、失落甚至恐惧和愤怒……这些情感混杂在一起向她袭来，使她不安。事实上，在这样一个特殊的时刻，她自己出生时的潜意识记忆似乎被激活了。尤其是她自己是难产出生时，则更是如此。另外，如果她遭受过强暴，即便是发生在很久以前，阴道中的血流和大量刺激也会唤醒她被强暴的那段回忆。画面可能是无意识的，但阴道的收缩使事情变得更加复杂。一个女人在幼时应该有理由喊叫、哭泣，能够说出生活的不公，诉说她的恐惧、痛苦和愤怒，还应该有人陪伴她释放随时爆发的情感；否则，她可能会被她无法控制的这些情感所占据，导致将来无法满怀欣喜地迎接她自己的孩子的到来。

玛丽经历了一次非常困难、痛苦并让人焦虑的分娩。她的丈夫不在场，助产士态度恶劣，言语中甚至带有羞辱的意味……玛丽什么都不敢说。当人们把她的小女儿抱给她看时，她当然很高兴，但是她觉得把女儿抱在怀里很不自然。这个孩子让她有一种陌生感和距离感，这距离其实是她与自己之间的距离。玛丽必须把涌上心头的情感克制住，不能崩溃，不能感觉，不能哭泣……她的精力几乎全部被用来克制情感了，以致没有多少空间可以让爱的情感真正发展。她不能也不敢在她的婴儿面前放声哭泣。她拥抱、爱抚她的女儿，但她的心没有打开，为此她假装了很多年。她当然依恋这个孩子，绝对不希望她的女儿出什么事，但她体会不到心中诉说着“我爱你”的略带苦涩的情感。玛丽不敢对自己承认这一点，但她惊讶地发现自己对待女儿的方式比她所希望的样子更加严厉和生硬。她什么也没有传给女儿，她找不到她们之间的联系，并因此隐隐地怨恨女儿……

这是她的错吗？我们应该把她看作坏母亲而攻击她吗？她仅仅是缺乏母爱吗？不，情感的压抑阻碍了她爱自己的孩子。当我们被其他的情感所笼罩，感到愤怒、失落和恐惧的时候，我们如何能体会到爱呢？当我们觉得自己受到配偶、医生或者护士不公正评价的时候，我们如何能让爱意变得更浓呢？

多米尼克生下了一个漂亮的小女孩。孩子的父亲极为愤怒，因为他想要一个男孩。他严厉地指责他的妻子，在一种无力的暴怒中离开了诊所。被羞辱了的多米尼克根本无法对她的丈夫生气，因为她是如此虚弱、如此需要他，并为自己生了一个女儿而感到内疚。她很难去爱这个孩子，因为这个孩子使丈夫疏远了她，而且这段经历还唤起了她过去的记忆。父母叫她多米尼克这个偏男性化的名字，并不是偶然的，她曾经也因为自己是个女孩而使父母失望。她爱抚、拥抱、喂养女儿，为她裹襁褓，将她抱在怀里……她做了一个好母亲该做的一切，但她身上存在的某个问题还是阻碍了她体验爱的情感。

当分娩的过程与母亲的预想有出入的时候，她就会无意识地与她的孩子敌对起来：“你剥夺了我自然生产的幸福，你令我疼痛，你使我的丈夫疏远我，你伤害了我……”当然，这一切都不是真的，母亲很清楚这不是婴儿的错，也不是他的责任。于是，她什么也不说，压抑住邪恶的想法……但是，一段微小的距离悄悄地潜到了她与孩子之间。愤怒是一种冲动，被压抑的情感能通过愤怒充分发泄出来，直到它们完全消失。如果愤怒的发泄被中断了，我们就会处在压力之下，长年带着它，并且给予它使我们远离爱的力量。

虽然平安、迅速、轻松地分娩并不是爱的保证，但在这种情况下，本能的依恋过程更容易发生。相反，艰难的分娩会使事情变得复杂，但并不是难产本身妨碍母亲去爱自己的孩子。当分娩异常艰难的时候，母亲需要有人陪伴和支撑，需要一定的空间和安全感来释放她的情感，需要可以毫无顾忌地哭泣和发怒，需要通过身体接触来重建自我。其实只需要用几分钟时间来释放情感的压力就足够了。如果没有这几分钟的时间，机体就会继续处在紧张状态，大脑会停滞，母亲与自己的关系以及与孩子的关系都会随着岁月的推移而越来越糟。所以，不要害怕情感得到释放时的那些泪水！

那么父亲们呢？他们同样也经历着一次神圣的历险。分娩的过程也影响着他们对孩子的依恋。除了他们个人的参与意愿，妻子的态度和其他一些事情也起着重要的作用。有些父亲被妻子赶走了："生育是我的事情，我分娩的时候不需要你，更别提让你垫尿布了……"这正是菲利普遇到的情况。在分娩的时候，以及分娩后的几周之内，他的妻子露西和她的母亲一起照顾着婴儿；他被排斥在了女人的世界之外。他告诉自己这是正常的，等到儿子大一点儿的时候再照顾他……

弗朗索瓦的妻子在剖宫产后得了败血症，但弗朗索瓦坦言自己很幸运。如果孩子的母亲有能力照顾婴儿的话，照顾婴儿的事情就会由她来做了，他绝不会参与这么多的事情。而现在，他的妻子甚至不能自己起身把摇篮里的新生儿抱起来。在这样的情况下，他不得不替代她。弗朗索瓦从女儿一出生就和她建立起了一种优先的关联。如果他不是必须要这样照顾女儿的话，他就不会与女儿拥有如此融洽的关系了。

我们总会有时间缩小自己与孩子之间的距离。不过，我们首先要与自己真诚地交流，然后与婴儿真诚地交流。只有这样，我们才能重建与孩子之间亲密的关系。

3

产生依恋的最初时刻

依恋首先是生理的，其次才是心理的。母亲从孩子出生第二天开始就能识别出孩子身体的气味，这就是产生依恋的表现。实验[1]证明，如果婴儿在出生之后放在母亲肚子上30分钟，让母亲与孩子接触，那么母亲识别孩子的喊叫声和气味的能力会明显提高；如果婴儿只在肚子上待了5分钟——这是经常发生的情况——这些能力在第三天的时候才会达到正常水平；如果婴儿根本没被放在母亲的肚子上，那么虽然母亲并非丧失了一切，但是她会需要5天时间来赶上其他母亲识别孩子的能力。许多母亲喜欢沉浸在她们的婴儿的气味中，等孩子大一些的时候还会时常闻一闻他们的头顶。

如果没有身体接触，建立依恋关系就会很困难。微弱的依恋关系与虐待孩子的高概率相关，迫使母亲和她们的婴儿分开是有害的。然而，在许多医院，母亲都需要强烈要求才能把婴儿留在自己身边，尤其是在

1. 塞尔日·西科迪（Serge Ciccotti）做的100个心理学小实验。作者曾就此出版了《100个心理学小实验：帮你更好地了解宝宝》（*100 petites expériences de psychologie pour mieux comprendre votre bébé*）一书。

分娩后的第一个晚上。医护人员通常坚持道："这是为了你能好好休息！"整晚担心着她刚出生的宝宝怎么样了能让母亲休息好吗？除非这位母亲没有意识，情感被阻断了，不然没有哪位母亲在想念着她的宝宝时可以好好休息。对母亲而言，这是多么漫长的一个夜晚啊，宝宝的第一个夜晚也是妈妈的第一个夜晚！虽然让妈妈再度过几个小时的非母亲时光貌似很舒适，但这并不一定是在帮助她，让母子互相陪伴建立依恋关系反而是更加合适的。

研究者[1] 发现：在生产后的第4～7天，3/4的女性发现她们对自己孩子的气味的识别能力下降了！这也是"产后忧郁症"[2]（baby blues）开始的时期。这之间有什么关联吗？母亲们再也不能辨别出她们的婴儿的气味或喊叫声。她们感到焦虑、害怕，不知道怎么办，从而产生无力感……然而，她们正是在这个时候离开医院回到家里的，她们独自和她们的小宝宝在一起，而她却对孩子有一种陌生的感觉。所有人都对她们说："不用担心，一切都会好起来的，你肯定会知道该怎么做的。"却从来没有人告诉她们，在这个时期，她们的知觉发生变化是正常的。如果一位妈妈内心有足够的安全感，并得到了正确的照顾，她就会安然无恙地度过这段时期。如果她缺乏安全感和信心，没有得到相应的支持，并且（或者）她背后还有一段痛苦的经历，那么她就可能会自我贬低，看到自己的无能就开始自我评判、自我指责……还有可能因为孩子"害"她经历这一切而去怨恨孩子。把自身痛苦的原因归咎于他人是一个普遍现象，这就是我们所说的投射心理。"不是我难以理解我的孩

1. 塞尔日·西科迪（Serge Ciccotti）。

2. 研究者估计 50% ~ 80% 的新母亲会感受到"产后忧郁症"的症状。一般来说，这种忧郁的状态会持续两三天，然后自动消失。主要症状是睡眠紊乱（失眠）、食欲不振（厌食）、突然哭泣、脾气变化（易怒）、失忆、注意力难以集中、产生无力感和犯罪感、疲惫。"产后抑郁症"（postpartum depression）比"产后忧郁症"更加严重，会影响 1/6 的母亲。

子，而是他‘太难相处’了。”有的母亲则会把全部责任都推给孩子，并为孩子塑造一个负面形象；而且，她们会不惜一切代价地维护着这个形象，以免自己的负罪感再次出现。另一些母亲则会在负罪感、自我贬低和把问题抛给他人之间来回摇摆。我们必须明白，一方面这些行为是无意识的，妈妈们显然并非有意将责任推在孩子身上；另一方面，她们也为自己无法去爱而痛苦，无意识的动机把她们禁锢在恶性循环中，她们找不到出路。

让年轻妈妈能够说出她们内心的障碍、担忧和焦虑，是一件刻不容缓的事。我们常常试图让她们对自己的能力放心：“不要太担心，你是一个好母亲。”这样不仅不能安慰她们，反而会使她们闭口不言，令她们的焦虑藏在心里，并对她们产生负面影响。我们的劝慰只会让她们的安全感更少，负罪感更多。而尊重她们、静静地倾听她们的情感诉求则会帮助她们找回与自己的联系，继而找回与孩子的联系。

4

影响母乳分泌的话语

特丽斯想用母乳喂养她的孩子，但她的丈夫打击她道：“你不会喂养婴儿，你照顾不了他。”此时，分娩后非常脆弱的特丽斯任由丈夫的这些话语渗透进大脑，从而丧失了作为一个母亲拥有相关能力的全部信心。她的乳汁下不来，而这恰好验证了她丈夫的话。如果我们知道下奶与母亲的情绪有着多么密切的关系，我们就会明白这句话的影响是致命的。从此，在特丽斯和她的孩子之间就横着这些话：“我不会喂养我的孩子。”“我照顾不了他。”

婴儿会有什么感受呢？强烈的不安全感。他会发觉母亲是“冰冷的”。然而，母亲并没有这样的感受，她想和她的婴儿更加亲近，但她的伤痛迫使她保持距离。可悲的是，没有人在这位母亲身边坐下来对她说：“好好哭一场，放松一下……然后把你的宝宝放在怀里，温柔地对他说话。你等着瞧吧，乳汁会出来的。”没有人为她做一次按摩，哪怕只是用手帮她揉揉，以使乳汁能够出来。

塞西尔回忆道：“我分娩的那天，孩子的哭声让我们方寸大乱，我的母亲对我说：‘你会像我一样，你不会有乳汁的。’在我出生的时候，别人一边给她裹胸阻止下奶，一边对她重复了这句话。1960年的时候，用奶瓶喂奶是潮流，而且得到了科学支持，这个误区造成了一些不良的后果。她本来想要哺乳，也是可以哺乳的[1]。”幸运的是，塞西尔得到了“母乳联盟（Leche League）”[2]的帮助。这个组织在她哺乳期间知道如何倾听她的诉说、支持她并为她提供相关信息。我们不应该忽略话语的分量，那句话也许会像一个诅咒那样一直在她脑中回响。她怎么敢质疑自己的母亲呢？

当一位年轻妈妈害怕自己能力不够时，当她不舒服、沮丧、被羞辱时，当她内心不能接受她的孩子时，婴儿是能够觉察这一切的。不管是由于她个人生活中的压力，还是由于某些使她操心的外界事件（社会动乱、战争……），婴儿都能真切地感受到：母亲不在他的身边，母亲内心的大门似乎已经关闭了。他没有办法让自己沉静下来，构建起内心的安全感。哭泣是上天赋予他的用来重建关系的工具，于是他哭泣，缠着妈妈并依赖她，他需要持续的安慰。已经非常疲惫的妈妈如果此时还需要付出更多，婴儿的每次啼哭就会再次唤起她的无力感，她会觉得自己越来越没有能力，是个坏妈妈。而她需要的仅仅是能够表达她对于那些使她痛苦的话语的愤怒，并且有权利反驳那些针对她的批评和贬低。

话语同样会伤害男士们。来自妻子的批评或贬低的话语（哪怕只是三言两语）所产生的影响，远比她们所愿意承认的要严重得多。

“当心，你抱得不对！”

“你永远不会正确地冲一瓶奶。”

---

1. 详细的内容请参阅《孩子与生活》（*L'enfant et la vie*）一书，也可登录www.lenfantetlavie.fr进行查询。

2. 一个鼓励母亲们用母乳喂养婴儿，并为她们提供相关信息和教育的国际性公益组织。——译者注

“不，不是这样的……”

当“她”总是对“他”做的事情和“他”做事情的方式发表负面评论时，男人就会觉得自己没有能力。他会牺牲自己与孩子的关系，让位给“专业人士”。而他的妻子还会指责他的逃避，却不愿承认自己在这件事情中的那部分责任。

5

婴儿的啼哭

“别哭了！”

哪个父母没说过这句话？然而，婴儿为什么没有哭的权利呢？小宝宝的哭声拨动了我们内心最深处的心弦。他令我们心神不宁，于是我们想尽办法使他们安静。不管我们将这哭声理解为任性，还是一种痛苦的表达，结果都是一样的：它让我们难以承受。

法国和意大利共同完成的一项科学研究表明：爱与鸦片有着同样的效用[1]。鸦片可以缓解疼痛，被去掉了对鸦片敏感的基因的幼鼠在建立与母亲之间的依恋关系时有着极大的困难。研究者还观察到了它们在离别时的“哭泣”显著减少了。对人类来说，这样的求助性哭泣对于母亲和孩子之间依恋关系的建立是至关重要的。

“哭泣对婴儿的成长而言至关重要！它所体现的依恋维系着母子之间的亲近关系。”位于罗马的意大利国家研究委员会（CNR）神经系统

1. 请参阅由法国驻意大利大使馆发起创办的《意大利电子公报》（Bulletin Electronique Italie），第25期（2004年9月25日）。

科学学院的女研究员弗兰切斯卡·阿马托解释道。她在她的研究中证实了：控制身体疼痛的化学成分同样也控制着遗失和分别引起的心理痛苦。

如果一个婴儿吃了奶，干干净净的，既不觉得热也不觉得冷，却还躺在摇篮里啼哭，有的父母就会把这种哭泣理解为他在试图控制和操纵别人。“他想被人抱着。”父母会这样认为，仿佛这是很不应该的。作为一个孩子，他当然希望被抱着，这是他的生理本能。从生物学上讲，这是他的基因决定的。孩子在分别的时候哭泣是为了呼喊母亲，为了不被抛弃，他哭泣是为了生存。

针对婴儿出生之后的45分钟内被放置的地方与婴儿哭泣之间的关系，科学家们也进行了研究[1]。研究对象分为三组：第一组婴儿始终放在母亲肚子上，第二组婴儿先放在摇篮里，之后再放在母亲肚子上，第三组整整45分钟都放在摇篮里。科学家们分别监测了每种情况下孩子啼哭了多久。结果显示：第一组婴儿没有哭泣；第二组婴儿在摇篮里一直都在哭泣，而在接触到母亲的肌肤之后立即就停止了哭泣；第三组婴儿在45分钟内哭了足足30分钟。

在许多地方，人们不会让孩子不停地哭泣。孩子总是被母亲、姨妈、哥哥或姐姐带着——不是抱，就是背。这些地方的妈妈们对欧洲母亲对待孩子的态度惊愕不已，因为她们的宝宝很少被抱在怀里、背在身上、坐在腿上。

“需要让他哭一哭，不要立刻回应他。”有的人这样说道。情况到底是怎样的呢？科学是怎么说的呢？结果很明显：如果母亲在婴儿开始哭后的90秒之内做出回应，婴儿在5秒之后就会安静下来。如果超过了3

1.Busnel, Marie-Claire, Herbinet, Étienne. *L'aube des sens*, France: Stock.

分钟母亲才做出回应，婴儿就会用至少50秒的时间才能变得安静。如果母亲的回应时间推迟为2倍，那么婴儿的哭泣时间就会延长10倍。

母亲做出回应之前等待的时间越久，帮助她的宝宝重新组织情感就愈发困难。因为孩子的啼哭会给母亲带来极大的痛苦，所以对孩子需求性的哭泣及时做出回应是很重要的。因此，让我们改变观念吧，鼓励母亲们在最短的时间内对她们的孩子做出回应。

与需求性的哭泣相对应的是另一种哭泣，它不需要我们去安慰，而是需要我们去倾听，这就是缓解性的哭泣。正如成年人一样，我们为了缓解痛苦而哭泣，随后感到舒服和解放；小宝宝的哭泣有时也是为了摆脱体内的某种紧张的情绪，他通过哭泣来缓解压力。

当婴儿为自己艰难的出生而哭泣时，爸爸妈妈们听得到他们的宝宝的哭声吗？当他为自己被留给保姆而哭泣时呢？当他为父母之间的争吵而哭泣时呢？当他为妈妈怀孕期间失去的孪生兄弟（姐妹）而哭泣时呢？

聆听哭声是很困难的，父母没有办法、也不可能听懂哭声。父母唯一能做的，也是极为重要的一点就是平静、坚决而充满爱意地待在孩子身边，给予孩子释放恐惧和愤怒的空间。

“哭吧，我的宝宝。哭吧，我在呢。告诉我那有多艰难。你可以向我吐露你的恐惧和愤怒。哭吧，宝宝。”

如果我们自己幼时的哭泣没有被倾听的话，我们就很难拥有这样平和的心态。孩子的哭声让我们想起了自己曾经的哭泣以及与此相关的绝望。于是我们把自己的伤痛投射在孩子身上，把他的喊叫理解为一种我们曾经历过的绝望。这哭声有时是如此令人难以忍受，以至于我们想让喊叫和泪水尽快停止。我们以为自己终止了孩子的痛苦，事实上，我们恰恰阻止了孩子将自己从痛苦中解救出来。我们拒绝听到的是我们自己的痛苦。

孩子难以平息的啼哭往往是暴力的导火索。“有本事你就一直哭！”父母最终会斥责孩子，甚至打孩子……他们并不是“坏父母”，也并非为了好玩才虐待孩子，他们是受一种难以控制的推动力的影响，去停止外界以及他们内心的喊叫。父母一旦做出这样的举动，就会产生负罪感。如果父母不敢把他们的悲痛哭出来，他们与孩子的关系就可能会因此被损害很长时间。

接受孩子的情感释放并非易事，所有父母都需要获得支持才能做到。另外，如果这太过痛苦的话，父母还需要对自己过去的经历进行回顾。

6

像婴儿一样睡觉

80%的儿科咨询都涉及0～3岁孩子的睡眠问题，然而许多儿科医生都坚持声称正常的婴儿在3个月的时候晚上就能睡整觉了。为何两者之间存在矛盾呢？

我在有了第一个孩子之后，很快就明白了他们的这番言论从何而来。每次我去咨询儿科医生，他们表现出来的指责态度令我感到震惊。于是，我与其他母亲谈论了这一点，发现大家都遇到了同样的问题。从孩子4个月大起，母亲们就会听到医生的各种意见。一段时间之后，去咨询儿科医生就变成了一件可怕的甚至让人难以忍受的事情，因为每次从诊室中出来，母亲们都会产生沉重的心理负担：自己是一个无能的、无力的妈妈，是一个无法和孩子相处或者什么也不了解的妈妈。于是，为了避免承认自己让孩子单独睡在床上，或者他晚上还会醒来两三次而使自己产生负罪感，母亲们选择了结束这个话题："他睡得像一个天使，大夫。"有一次，我竟然听从了一个所谓的儿童及青少年心理医生[1]的

1. 她徒有文凭。

馊主意，晚上任由我的女儿哭了40分钟而没有给她喂奶，因为这个我到现在还在怨恨自己。后来，面对医生，我像其他母亲一样再也没有什么可说的了。由于这些“专家”仍然让我心存疑虑，我找了一位心理分析专家，咨询了一下那位儿童及青少年心理医生提出的“睡眠问题”。我很幸运地遇到了埃蒂·比赞[1]，只有她注意到了我的女儿已经非常会说话并且表现出了很强的自主性、不依赖我。她从孩子的整体状况和当前的情况出发来观察孩子，而不是依照30年前的书本。“想让孩子睡个好觉？在你的床边放一张床垫，让他睡你身边试试吧。”她对我说道。我本来就是这样做的，于是我终于可以无所顾忌地谈论这件事了。

在儿科医生出身的作家中，只有特里·布拉泽尔顿在书中告诉父母小孩子只有到了3岁之后才能好好睡觉，除此之外没有几个儿科医生敢这样说。不过，在儿童教育专家让内特·布东看来，3岁之后正是孩子入睡困难和梦魇出现的时期。

婴儿每过两个小时就会经历一个较轻的睡眠阶段，这是生理性的，他们在半睡半醒之间探索着周围的环境。如果熟悉的气味消失了，如果他们找不到心爱的玩具，如果小熊掉下去了，如果他们因为移动了位置而感觉不到床的安全界限……他们就会惊醒，并开始哭泣。我们往往只需抚摸他们的脑袋，把手轻柔地放在他们的背上，把他们最喜爱的玩具放在他们手中，或者重新为他们盖上被踢掉的被单，使他们重新建立起“亲密与舒适”所需要的界限。在做这些事情的时候，我们无须讲话，也无须开灯。

睡眠问题似乎只存在于西方国家，因为在其他很多地方，母亲都和

1. 埃蒂·比赞（Etty Buzyn），精神治疗专家，弗朗索瓦丝·多尔托（Francoise Dolto）的好友，著有《爸爸、妈妈，请给我做梦的时间》（*Papa, maman, laissez-moi le temps de rêver*）及《我自己解决，没问题，但不要让我一个人》（*Me débrouiller, oui mais pas tout seul*）等书，曾由Albin Michel出版社出版。

自己的孩子睡在一起，并且用母乳喂养。当孩子移动的时候，她们在睡梦中把一只手放在孩子身上，孩子就会感到安心，继续睡觉。

和孩子睡在一起即便不能休息得很好也着实可以节省体力。而且天性使然，从怀孕初期起，母亲体内的生物钟就和孩子的生物钟保持着同步，母亲的睡眠逐渐趋同于孩子的睡眠。孩子出生的时候，母亲的睡眠节奏与孩子同步，她在八个小时的睡眠中会出现四个小时的快速眼动（REM[1]）。这种多梦的状态会持续整个哺乳期。如果母亲不用母乳喂养，她的睡眠在分娩三周后就会恢复正常的节奏。由于催乳素水平降低，她在生理上不再具备夜晚随着孩子的睡眠节奏而醒来的能力。这时父亲可以在晚上起身帮助母亲，但坏处是两个人很快就会都精疲力竭，因为父亲天生就不会产生催乳素。这样一来，疲惫的父母对宝宝的需要可能就会加以抵触、不再留心……而身体的疲惫自然会导致态度的冷淡。父母并不是不想爱他们的孩子，他们的冷淡只不过是为了更好地保护自己。婴儿的睡眠困难可能会让他的父母在情感上变得冷淡。如果父母没有得到任何开导，这种冷淡加上愤怒就会导致虐待孩子的可能性。在婴儿睡得不够或者睡得不好时，增加爱抚和按摩的次数、对他轻柔地说话、和他一起做游戏等行为是有帮助的，爱的情感会借此重新确立父母和孩子之间的联系。

1. Rapid Eye Mouvements：睡眠期间出现的快速眼球转动，是做梦的生理特征。

7

1岁

1岁时，孩子开始学习走路、说话。这一时刻对一些人来说是纯粹的幸福，对另一些人而言则是焦虑不安。当孩子走路的时候，他会自己挪动。当然，他之前会爬，已经有了一定的自主性，但他不会去很远的地方，尤其是户外。行走为他打开了一个全新的空间。父母对此会有什么感觉呢？有的父母为这种自主性感到欣慰；有的则感到恐慌："他会摔倒的。"他们设置围栏，以便孩子在这个过程中更安全；有的父母则过度地焦虑不安，并且无意识地要求他们的孩子不要长大。

一个1岁半的胖乎乎的小女孩在公园里放声大哭。她想要人抱，可是她的母亲拒绝抱她。她的母亲抱怨道："1岁半了还不会走路，真是个笨蛋！她就想让人抱，可我偏不让步。即便是保姆带她的时候，保姆的任务也绝不是抱她。孩子呀，绝不能让他们习惯被抱着。从她是婴儿的时候起，我就尽量不抱她了。"

我惊呆了！表面上看，这位母亲试图让她的女儿获得最大的自主性，无论如何都不想帮助她的女儿，不想让她变成一个被动的孩子。可是，她这么做恰恰事与愿违了。

被抱的孩子有更多的机会利用周遭的信息来增强他们的平衡感。在被父母抱着摇晃的时候，他们锻炼着他们的内耳。婴儿被抱得越多，走路就越早。这位母亲可能并不知道这一点，但她的期待与结果之间的差距如此之大，就必须引起她的注意了。她向她的女儿发送了两条信息，一条是言语上的：快长大，并且一个人解决问题；另一条是无意识的：我什么都不想给你，不要依赖我。

这位母亲没有给予女儿所需要的拥抱，也不回应女儿的呼唤。她一方面使女儿不依附于她，另一方面在批评、贬低，甚至怨恨她女儿。她的抱怨有非常好的理由，那就是她的女儿是她的一个重担。很多父母都像这位母亲一样坚信：如果她自己不努力去学走路，就不值得她的母亲关注。

当孩子开始走路的时候，我们可以看到父母对这一小步是如何反应的，这一小步对孩子而言是通往自主性的一大步。

8

1岁半～3岁

1岁半正是叛逆的年龄、拒绝的年龄、固执地说“不”的年龄，也是孩子表现出他们的“小性格”的年龄，至少那些难以忍受孩子表达自己思想的父母是这么形容的。如果我们自己在这个年龄的时候没有反对的权利，那么我们该如何去接受这种看似永无止境的叛逆呢?

在1岁半之前，孩子还处在依赖父母的阶段，几乎没有自主意识。当他不喜欢某种味道的时候，他会把食物吐出来；当他想要从童车里出来的时候，他会喊叫。但他很少关心自己衣服的颜色，不太清楚自己是想去喂鸭子还是回家，他让父母为他做出选择。在2岁大的时候，孩子就开始产生自主意识了：他希望自己做选择，成为一个独立的人。要做到这一点，他就需要和母亲唱反调；为了摆脱依赖的关系，他必须进行“反依赖”。否则，他永远不会知道，当他吃土豆泥的时候，到底是他自己想吃，还是仅仅因为母亲想让他吃。拒绝没有被尊重甚至招致惩罚的孩子——如父母说：“你现在想要？但我就是不给你，这将让你知道什么是拒绝！”——将很难建立起自信心，并且无法生出勇气去实现自己的愿望，他们往往会顺从父母的意愿。因为自己是孩子时没能坚持自己的选择，所以当他们成为父母之后，他们就很难接受自己的孩子坚持他们的选择。

当他们成为父母之后，当孩子说“不”并且推开他的盘子时，母亲可能会感到难过，甚至是非常难过，因为她会由此推断自己是一个坏母亲。她的逻辑是：如果孩子吃了我做的食物，那是因为我做的东西好吃，那么我就是一个好母亲；如果他不吃，那是因为我做得不好吃，那么我就不是一个好母亲。这些推理并不是有意进行的，但大多数母亲很容易进行这样的推理。他吃了意味着我是一个好母亲，他不吃意味着我是一个坏母亲，这一点对母亲来说非常明确。由于她们不希望自己成为坏母亲，因此孩子必须吃下去！但是有时候糟糕的是，仿佛为了突出母亲已然抱有的想法，孩子会故意把她当作“坏母亲”来对待。

另一些人无法忍受失去对孩子的掌控权，因为他们还是孩子的时候就没有掌控权。他们的父母不允许他们说“不”，并且用专断的方式替他们做出了选择。他们需要对孩子施加控制权以防止自己产生焦虑，即他们从幼时起就背负着的情感包袱、压抑着对自己父母的愤怒以及因没有权利作为一个独立的人而产生的羞辱感和绝望……于是，他们重复了自己父母的行为。

2岁，正是孩子学着明白自己想要什么并提出要求的年龄。

“如果你继续要这要那，我就什么也不给你。”一位母亲对她的女儿说道。这是她小时候曾听到过许多遍的话。但从女儿出生时起，她就非常关心女儿的需要。她做的一切都是为了赢得女儿的信任。小佐伊感觉到体内产生了某种渴望，于是她非常自然地将其表达了出来。她的母亲却说她应该提出要求，而不能强行索要。该如何区分要求和索要呢？

事实上，区别似乎只存在于母亲的心里。如果她愿意给予，她就认为这是一个要求；如果她不乐意给予，她就认定佐伊是在索要。

2岁，也是自私的年龄。设想一下，你知道小摩尔嘉不愿意在公园里把她的桶借给别人，所以你很有预见性地带了两只桶。你们在沙坑中把一切安置妥当之后，一个小男孩走了过来。你准备把另一只桶拿给他让他和摩尔嘉一起玩，这样就不用强迫她把自己的桶借给他。然而，你的心思白费了，摩尔嘉赶忙跑向那只桶，紧紧地把它抱在怀里。她拿着两只桶，于是不能玩耍了，但她还是不愿意放开其中的一只。“这是我的桶！”面对同样的情况，你的母亲以前是如何反应的呢？如果你曾经被骂、被迫把东西借给别人、被认为是自私的，那么你很有可能用同样的方式去对待摩尔嘉。可是，在这个年龄，所有孩子都会经历这样一个建立自我的阶段，绝不让任何一个人——哪怕是他的母亲——侵犯他的地盘。其实这里的关键是孩子在学习辨认自己身份的界限，也就是什么是我，什么是非我，什么是我的，什么是我的地盘，这是我的身份、这就是我……

如果父母不能理解某个行为的内因，他就会做出错误的评判。可如果我们将孩子的行为压制了的话，我们又如何能知道内因呢？

“我也想骑车！”

有两个孩子，却只有一辆自行车。孩子们同意采用“挑兵挑将”的方式选出谁来骑车。伊丽丝输了，结果可想而知。她只有3岁大，即便她刚开始的时候同意这样做，现在输了还是会很不高兴，她自然会表现出她的愤怒。我们希望什么事情都能顺利地进行，没有冲突，没有哭泣；我们希望她能表现得像个“大姑娘”一样，也就是像个大人一样。但事实不是这样的，她只有3岁，在输了的时候她会哭，而且会发火。

如果父母没有回顾过自己的过去，同时内心还隐藏着一些被压抑的愤怒，那么他们可能会很难忍受女儿的这些情绪，尤其是当这样的事情发生在公共场合的时候。

其实我们需要做的仅仅是把孩子搂在怀里，允许他哭出来，愿意理解他的沮丧："在得不到想要的东西的时候，我们会很想喊叫。我知道这对你来说有多痛苦。你有权利把愤怒喊出来，有权利哭泣。我有一次也是这样，我想要一个玩具，却被另一个人得到了。我觉得这不公平，我不希望这样，但它就是发生了。于是，我就想喊叫，所以我理解你……"

孩子觉得被理解了，在哭了几声之后就会逐渐平静下来。这看似难以置信，但事实就是如此。

3岁，是"独立"的年龄。孩子想要"独立地"做一切事情，哪怕是他知道自己没有能力做到的事情。如果不能如愿，他就会发很大的火。对此，母亲们通常不能理解，常常想要帮助他。这就导致孩子因为我们无法及时按他的要求去做而发火，因为以前父母总是很快满足他的需求。

当孩子要求自主的时候，有些母亲会感到自己被抛弃了，并产生了强烈的无用感。为了从这种无用感中恢复过来，她们选择替孩子做事情，因为在这些时候她们觉得自己是有用的。如果她们不能再为孩子做些事情，她们就会感到很痛苦。有时，她们会陷入抑郁，产生负罪感，怨恨自己；有时，她们与孩子产生冲突，因为她们试图让孩子"回归原位"，也就是让孩子重新回到小宝宝的位置，由她们来照顾。她们早上继续为孩子选衣服、穿衣服、削铅笔、剥鸡蛋壳……这样做最好的结果是激起孩子极大的愤怒，最坏的结果是孩子会选择顺从。由于母亲需要得到安慰，孩子确实可能会放弃他的自主性。

有时候，几年之后一切都会进入正常的轨道。在为保持自己的权威地位奋斗了之后，母亲逐渐会放松下来，允许她的孩子长大，并为她自己的生活重新定位。

但问题也有可能变得更为严重。生活中围绕着孩子转的女人很不愿意放弃母亲这个角色。她对孩子关怀备至，根本没有意识到他们已经不是婴儿了。对此，有的孩子加以嘲笑，有的孩子则会溜走，有的逃到远方，有的仍然选择牺牲自己，一辈子都待在母亲身边。

保护与自由之间的恰当的界限、合适的比例是不容易确定的，在孩子成长的过程中需要不断地调整。当父母自己的童年有着太多的伤痛和挫折时，完成这种调整就会很困难。

9

4～12岁

4～12岁时，孩子通常是在游戏、能力训练以及沟通中通过模仿来构建自己的。他玩玻璃球、大富翁、过家家；他学习阅读、写字、摆餐具、洗澡、交朋友；他探索世界、社交领域、学校和他人。他的智力和能力在锻炼中不断发展：在学校里锻炼了逻辑思维、数学思维和语言能力；在玩积木时锻炼了想象力；通过练习柔道和网球锻炼了运动能力；和小伙伴们在一起学习发展了音乐潜能和社交能力；与父母在一起开发了情商。每个孩子都是特别的，并且生活在一个或多或少地允许他和谐发展的环境中。他也可能会经历一些考验：失去祖父、搬家、在学校当替罪羊……当然，我们并不能一直陪伴着我们的孩子，我们自己的心智也不是非常强大，但我们自己度过那个时期的方式对我们作为父母的态度起着决定性作用。

我们对曾经伤害过我们的事情或者未能实现的事情显得极为敏感，而面对其他事情，我们通常能够秉持相对冷静的态度。打个比方，如果我们自己曾有学业上的难题，那么分数在家里极有可能成为一个敏感话题，但我们或许已经意识不到或者早已不记得自己曾经成绩糟糕这件事。一般而言，潜意识的记忆承载着我们的情感，而我们清楚记得的事情反而不容易影响现实生活。

另一方面，似乎还存在着某种重复的现象。例如，如果我们自己在6岁的时候遭受过创伤，那么很可能当我们的某个孩子6岁大的时候，就会有什么事情发生。这个创伤可能是一件丧事、一个让我们羞愧的举动、在家中或在学校经历的一次羞辱、父母不愉快的离婚、一次车祸……在同样的年纪，我们的孩子也会表现出某种变化。他的成绩可能开始下降或者他的行为发生改变，他也可能变得更具有攻击性……各种不稳定的情况不断出现。事实上，他是在潜意识中对我们看待他的目光做出某种反应。一旦我们修复了儿时经历带给我们的创伤，重新控制了我们的恐惧、愤怒、悲伤和痛苦，一切都会各归其位。

我们可能会对特定年龄的孩子感到不适，也可能会对孩子的某些行为感到头疼。许多父母对于陪孩子玩耍感到很为难，因为他们的父母以前从不和他们一起玩。当他们坐下来，面对着洋娃娃或者微型车库的时候，儿时无边无际的孤独感就很可能重新浮现。于是，他们会觉得没意思，变得很容易恼火，试图逃离……厌烦是过去的情感受到压抑的一个症状，并且反映了当事者在与人亲密的问题上存在障碍。

温柔的举动对有些父母而言是非常自然的，但对另一些父母而言则是复杂和艰难的。夸奖我们的孩子，对他们说我们爱他们，说他们很漂亮，为他们感到骄傲并且告诉他们这一点……这不是再自然不过的吗？可是，并不是所有人都这么觉得。如果我们觉得不自在，如果我们小时候未曾被关注过，如果我们小时候没有被欢迎过、倾听过、重视过，我们就很可能在给予自己的孩子这一切时遇到障碍。更糟糕的是，我们甚至有可能用批评和贬低来替代所有的赞美之词。

埃迪特常常忍不住对她的女儿说："你以为你是谁？"或者打击她："哎哟，你可不是公主！"你知道如何让孩子觉得他自己很重要吗？或者你也会像埃迪特那样，每当孩子表现出存在感的时候就贬低他？

我们所说的这些批评的话都是我们的父母或者其他对我们来说很重要的人，比如兄弟姐妹对我们说过的，或者是小时候我们自己加在自己身上的，因为我们周围的某些因素不允许我们感到骄傲和自己的重要。朱利安从没听到过别人说他没用，但他经常对自己的儿子这样说，还会配上这样的评价："你不是世界的中心！"朱利安童年时到底发生了什么事情？原来，他有一个弟弟，他的母亲在他小的时候因为精力有限优先照顾他的弟弟，他由此推断自己是不重要的，并常常厌恶那个替代了他成为母亲的"世界中心"的弟弟。

4～12岁，也是我们多少有意识地根据我们的形象塑造孩子，并且要求他们实现我们的梦想的年纪。我们为孩子报足球班、舞蹈班或者钢琴班，因为我们曾经喜爱这些活动，或者因为我们曾经被禁止去做这些事情，我们觉得孩子应该在我们曾经成功或者失败的方面获得成功。这种情感往往非常强烈，因为它是无意识的……我们应该省视自己的这种强烈反应。

10

青少年

对德尔芬来说，孩子是她的一切。她照顾她的孩子们，和他们一起玩耍并为他们制作各种美食。但自从孩子们进入了青春期，情况就变坏了。她常常为了一点儿小事就大喊大叫，她简直认不出自己了。她和15岁的大女儿在一起的时候尤其紧张。她惊讶地发现自己在未经允许的情况下闯入了女儿的房间，甚至窥探她的信箱。她们没完没了地争吵。

当我请德尔芬对我谈谈她的15岁时，她抽泣了起来。原来，她在那个年龄时遭受过他们家的一个朋友的猥亵。顿时，一切都得到了解释。德尔芬也发觉了这段记忆对她与女儿的关系有着非常明显的影响：她的女儿越大，她就越紧张；她还不知道是怎么回事，就已经开始用审问者的眼光看待她的女儿了。她罗列出青春期可能会发生的危险，从而认为自己的行为是正当的。但不管怎样，她的反应还是过度了，她侵犯了女儿的正常生活。侵犯？是的，她已经看不到母女相处的恰当的界限了。

德尔芬此时是用另一种眼光来看待她对女儿隐私的侵犯行为的，她完全无意识地重复了她曾经的遭遇。当她遭受侵犯时，她什么都没敢说，她背负着别人的过错，仿佛那是她的错误一样，她觉得自己肮脏且有罪。从那时起，她就不再穿裙子，也不再化妆，她不想引起男孩子的注意。当她看到自己的女儿开始做出展现魅力的举动时，她的抵触情绪就会变得非常强烈。为了不揭开回忆的盖子，她就必须制止女儿。她在某种程度上很想要求处在青春期的女儿只穿长裤出门，而且是不能隐约看到内裤的长裤!

有的父母有着同样的过去，结果却与此相反：他们表现得极为被动。他们的宽容远远不是保护者的态度，他们曾经不知道也不能够保护自己，如今也不会保护自己的孩子。他们表面的漠然并非坐视不管，而是为了避免被压抑的感情再次出现。

还有的父母表现得过于严厉。他们禁止一切，给孩子极少的自由。他们掌控着孩子，并在潜意识中绝望地想要重新掌控他们自身的经历。

约埃尔对他15岁的儿子异常冷酷。我们一同探讨了他复杂的内心世界，发现他对儿子有着极大的愤怒以及恐惧心理。如果他不掌控儿子，他就会害怕他，同时也害怕自己。约埃尔脑子里到底在想些什么呢？事实上，这位父亲并不害怕他的儿子，而是害怕他自己的情感。15岁的时候，约埃尔常常在白天躺在自己的床上，把音乐调到最大，他房间内墙上贴的海报表现了他心中所有的暴力。他没有朋友，与别人相处时觉得不安，于是终日忧心忡忡。后来，他长大了，一心扑在工作上，走出了这段艰难的时期。等到他结婚并有了一个孩子，他痛苦的过去才渐渐地被丢在身后。可是当他的儿子15岁时，他又在儿子身上看到了它。

这两个例子涉及的是青少年，但这种现象在各个年龄段都有可能出现。不管是因为某个事件在我们的生命中留下了印记（丧事、离婚、留级、搬家……），或是因为在孤独的时期里，我们没能与父母沟通，还是因为我们曾被一个同学或者老师骚扰，或者仅仅是因为我们非常不幸。我们曾经受到的伤害对我们有着深远的影响，各种心理防御机制会启动，并且可能会影响我们与孩子的关系。我们对待孩子的反应更多地被我们压抑的情感而非他们的真实行为所推动，并且我们还用一段与他们无关的经历束缚着他们。我们的脑海中留下了过去的印记，在与孩子进行交流时无意识地受到了过去的影响，于是我们经常发现我们的孩子再现了最令我们感到害怕的事情。

治愈我们曾经的创伤不仅可以帮助我们更爱我们的孩子，还可以还给他们自由，让他们走自己的路。当交流变得困难、争吵常常爆发的时候，问自己这样一个问题可能会有所帮助：我在这个年龄的时候发生了什么事情?

缺乏亲密感是一个明显的迹象。一旦我们感觉到自己与孩子疏远了，就意味着我们身上发生了什么事情而使我们远离了他们。

11

有一天，他们离开了家……

那时，我们是否能给予他们真正的自由——获得成功的自由，比我们更加幸福的自由，走得更远、更高的自由，或者在另一个地方、用另一种方式走上他们自己选择的道路的自由。付出，是为了看着孩子离去——这就是对父母的某种定义。如果孩子成了一个自主的成年人，父母就完成了他们的使命。根据进化论进行推演，我们的孩子似乎应该比我们走得更远。似乎？应该？不，不是的。进化论讲述的是人类的整体有所改善，但这并不表示每个个体都有责任比他的祖辈走得更远。然而，如果祖辈没有明确地将我们从这种责任中解脱出来，我们通常还会沿着这个方向前行。

总之，对父母而言，孩子的成熟过程并不是一个容易度过的阶段。让孩子离开，允许他们变得比自己更高、更强、更有钱、更聪明，或者与我们大不相同，并非对每个人来说都是一件很容易做到的事情。当孩子长大成人，做出了一些父母不赞同的选择时，我们总会听到“你再也不是我的儿子了”或者“我不再有你这个女儿了”这类话。没有安全感的成年人极为认同他自己所谓的价值，因而不能忍受他所听到的对自己地位的质疑。他认为他的儿子或者女儿自己做出的选择是让人无法接受的。事实上，他是被吓坏了，于是他宁愿跟子女决裂，从而避免面对自己的伤痛。允许孩子与我们不同，就是敢于承认我们的生活可以与现在的样子不同。如果我们从来不曾真正拥有选择自己生活的自由，这种想法就会令我们感到恐惧。

让我们的孩子离开（并不是跟孩子切断关系），我们需要足够坚强的内心、拥有其他的情感寄托方式以及除了孩子之外去实现自我价值的途径。因此，留在家中专职照顾孩子的母亲自然会比忙于工作的母亲遇到更多困难。有的夫妻之间感情淡漠，他们把孩子的存在作为情感疏远的借口，难以接受孩子某一天会离开他们，因为他们一想到要直接面对彼此就会感到恐慌。

允许下一代超越我们也有可能成为一个问题。如果我们没有到达自己曾经想要达到的位置，我们可能很难允许我们的孩子获得他们自己想要的成功，或者可能会迫使孩子替我们去完成梦想。我们曾经没有得到自由，如今也用同样的方式剥夺了孩子的自由。

“看看你的奇装异服，你真不像个女孩子……你不讨人喜欢，没有人会受得了你……”有些评语可能会更难听，不过它们都有着同样的目的，即贬低这个女孩，让她觉得自己没有魅力，尤其没有她的母亲漂亮。而这种贬低，很有可能是无意识的。

当罗贝尔的儿子向他提出要做一名工程师时，罗贝尔一本正经地斥责他道：“我们家祖祖辈辈都是工人。”

当然，父母很少会在口头上直接禁止孩子获得成功，但孩子会或多或少地感觉到他的成功并没有令他的父母高兴。

看到孩子在我们曾经失败的地方获得成功是件痛苦的事情，因为它强调了我们自己原本可以获得成功……而且，如果一个人认为他对自己的失败或者错误决定负有部分或者全部的责任，那么他会更加难以接受孩子的成功。承认自己做出了一个错误的人生决定是非常困难的，因此我们在某种程度上希望我们的孩子犯同样的错误，这样我们就可以对自己说“不这样做是不可能的”或者“我当时不得不这样做”。于是，父母就会要求（通常是无意识地，通过皱眉、叹气、表现出某种态度……）他们的孩子牺牲自己，正如他们为满足自己的父母所做的牺牲一样。

如何承认我们作为父母的这一阴暗面呢？我们往往有着矛盾的情感，在有意识的层面，对我们的孩子怀有最好的期待，希望他们成功、婚姻美满、有很好的职业发展……然而，如果我们敢于直面现实，我们就会发现我们的另一面，即无意识的那一面。有时候，对孩子不恰当的评语会脱口而出，说完后甚至把我们自己都吓一跳。对此，我们应当追本溯源，因为这些话语是与我们自己相关的，我们越是去探索其反映出的“阴暗面”，阴暗面的影响力就越小。

如何弥补我们的过失？这些过往的经历告诉了我们一个事实：为了更好地倾听和陪伴我们的孩子，我们首先需要走入自己的内心。

第四章

指导书

日常练习和应对技巧

练习目录

我们已经看到，改变原有的行为方式并不容易。即便我们确信改变自身的某些行为是应该的、合理的，可我们还是不容易做到。一方面，我们的习惯根深蒂固；另一方面，我们有时候会害怕周围人的反应：他们每天都见证着我们的行为和反应，会不会因为我们的改变而感到不安呢？

当然，我们还有可能会受到我们的父母或配偶的父母的一些负面评价，但孩子的目光会为我们提供我们所需的支撑。一些孩子已经比较大了的父母有时会害怕自己的改变令孩子感到不安，这反映了他们对自己的孩子并不够了解。事实上，孩子们通常会非常高兴地接受我们好的改变，即便是一百八十度的大转变。因为这种变化能够让他们感觉更好，并且能够改善他们与我们之间的关系。对父母来说，孩子的信任是非常重要的，因此有的父母认为自己应该表现得“坚定”，也就是坚持自己的立场、忠于自己的信念，以便孩子能够相信他们。其实，孩子们更相信那些坚信自己会用最好的方式来陪伴他们的父母，因为这样的父母会根据自己的行为对孩子以及对亲子关系的影响来改变和调整自己。

在接下来的部分中，我首先请父母们做一个小结。这当然不是为了让你们修正所有做“错”了的事，而是为了让你们进行反省。我们以为自己对自己非常了解，然而事实证明并非如此。在我们的态度中存在着我们之前从未注意过的许多细节，而孩子恰恰能够用自己准确无误的直觉发现这些细节。我们应当承认，虽然我们做出的有些微小的举动是完全无意识的，但有些举动的确是有意识的，可我们并不愿意面对它们。

为了行之有效，反省时我们需要找到某个切入点以弄清楚我们应该将自己的目光投向哪里，以及如何去引导自己进行反省。我有一个女儿，后来又有了一个儿子，我在与他们两个人的关系中进行自我省视来寻找其中的差别。我曾读过一本书，书中写到母亲倾向于先用右边的乳房给她的女儿哺乳，用左边的乳房给她的儿子哺乳。如果不是读到这本书，我永远也不会注意到一个这么重要的细节！我承认，当时我对此深感怀疑，并且认为我是根据自己觉得哪个乳房更丰满就用哪个乳房喂养儿子的，对左右从来不曾加以区分。可是，当我发现自己确实并且完全无意识地把儿子通常放在左胸前，而大多数女人左胸的乳汁更加充足的时候，我极为震惊！无意识中，一个女人会让她的儿子比她的女儿喝到更多的乳汁，也就是说，她的女儿得到的爱比她的儿子少，虽然只有一臂之遥！哺乳和爱是紧密相连的。这是生物学范畴的，还是社会学范畴的？现在还没有人确切地明白其中的原理，据我所知，只有欧洲和美国正在进行相关的研究。

其次，我想说的是，把发生或所想的事记录下来虽然不是必需的，却是非常有效的。即便你并不喜欢写日记，我还是要请你试一试。写日记提供了一个与自己交流的机会。当然，你的日记是私密的，你写的东西只是写给自己的。不管是你的孩子用了一半的旧作业本[1]，还是一个漂亮的、全新的记事本，抑或是你匆忙从超市买来的一沓便笺纸，把它和一支笔一同放在手边，如实地简要地记录下一些句子。晚些时候，你在上面再写下你的反思、你的评判以及你所得到的结果。它会成为你的伙伴以及在困难时刻的避风港，在你被某个强烈的外因刺激的时候帮助你，同时也会成为你和自己童年交流的一个空间。

1. 很多人家里都存放着一堆大小各异的作业本，其中很多都是只有几页写有作业。新学年开始，学校的老师们要求购买或者分发的作业本通常是另外一种尺寸的。孩子为了有一个好的开端通常也想要新的作业本……总之，作业本越积越多，等待回收。

1

不带负罪感地审视自己

要不加评判地审视自己。如果负罪感突然产生，请温和地看待自己，使它平息下去。认识并敢于承认我们的举动会伤害我们的孩子，并不是一件容易做到的事情，因为我们有权利对自己怀有极大的尊重。但是**不要忘了，与负罪感和悔恨相比，尊重和温柔的爱才是成长更好的伙伴。**

在接下来的几天当中，观察你和孩子相处时的状态：

——我花了多少有效时间来陪伴我的孩子？也就是说以他为中心、陪他玩耍、和他说话、爱抚他等所花费的时间有多少。当然，一边做饭一边随意地瞟一眼他的作业的时间是不能算在内的。

——我是如何让他参与我的活动的？比如做饭、做家务、记账……

——我是如何喂养他的？太多、正常，还是偏少？绿色食品还是快餐？在他想吃的时候，固定时间，还是毫不注意？……

——我是如何亲吻他的？亲脸颊、嘴巴，还是其他地方？充满深情地还是蜻蜓点水式地？在任何时候，还是从不？……

——我是如何碰触他的？为他洗澡、按摩，还是抚摸他？把他放在膝上摇晃还是打他？……

——碰触他的时候我有何感受？冰冷、温热、满怀爱意……

——我是如何回应他的情感表达的？完全不回应？只回应欢笑、不回应哭泣？或者只回应哭泣、不回应愤怒？还是回应所有情感？……

——我是如何处理他的违规行为的？

——我是如何拒绝他的？从不、笨拙地？还是经常，同时担心失去他的爱？……

——我是如何鼓励他独立的？

——我是如何帮助他成长的？太多还是不够？为他做一切（为他洗澡、帮他切肉、喂他吃饭、帮他铺床、整理他的衣服……），还是试图确认“他有能力独自做这些事情”？

——当孩子讲述他的生活、他的游戏和他的伙伴时，我是如何聆听的？心不在焉还是兴致勃勃？抑或是一边听一边匆匆忙忙地做着别的事情？

——我是如何对他讲述我以及我的生活的？

——我是如何接受他在成长、逐渐远离我、与我不同这些事实的？

在我与孩子的关系中，

我的强项，我喜欢自己的地方：

我的弱项，我不喜欢自己的地方：

让我感到无力和束手无策的一些情况：

我的教育理念：

我父母的教育理念：

我感到最困难的事情：

在面对孩子做的一些“蠢事”和违反我规定的行为时，我会有哪些反应？

面对他的喊叫时：

面对他与兄弟姐妹间的争执时：

面对他的拒绝和反抗时：

面对他的渴望时：

面对他的愤怒时：

面对他的哭泣时：

面对他在学习上的困难或者与他人相处方面的困难时：

当我气恼的时候，我会：

列出孩子会把我激怒的三种情形或他的三个行为：

——

——

——

我面对孩子的这些行为时的反应：

我想要：

这让我想起：

我希望会有的反应：

我最需要改变的是：

我决定：

2

为了不再有负罪感[1]

我们已经看到，负罪感会使我们把注意力集中在自己身上，甚至会妨碍我们解决问题。它是我们和孩子产生亲密关系的障碍，也是我们肩上没有任何积极作用的重担。对于一件产生了负面影响的事情，只存在两种可能：一是我们确实有错，在这种情况下，我们应当面对自己的问题，承担自己的责任，尽力去解决问题或者弥补过失；二是我们没有错，在这种情况下，我们不应该产生负罪感。

我们可能会为我们的某个举动或者某个态度对别人产生的影响而产生负罪感。然而，如果这种负罪感导致我们从根本上对自己进行否定，让我们觉得自己是一个坏母亲，全都做错了，那么它就可能并非由我们与孩子的关系导致，而很可能来自我们童年时的自我评价。此时，与其苦苦分析我们的教育方式，不如去做做“治愈心中的孩子”这个练习（第214页）。

1. 我在与我的母亲安妮-玛丽·费利奥沙（Anne-Marie Filliozat）合写的《母亲的挑战》（*Le défi des mères*）一书中对负罪感这个问题进行了深入讨论。这本书是Dervy出版社出版的，有兴趣的读者可以参考。

让我们坦诚地面对自己对于某个行为或某个后果产生的负罪感吧。的确，大多数时候，我们很容易在自己完全无力的情形下产生负罪感。事实上，通常正是能力的缺乏引发了过度的负罪感。受害者常常会感到有罪，而真正有罪的人反倒不会这样想。

负罪感可以阻止我们伤害别人，是有积极意义的，因此不能把它完全消除。在这里，我们试图消除的是会对我们的自我形象和亲子关系产生毁灭性影响的负罪感。

A.我确实负有全部责任。

B.我负有部分责任。

C.我完全没有责任。

根据我列出的选项，相应的调整是：

A.鼓励孩子表达愤怒，接受并聆听，继而对亲子关系进行修复。

B.认识到自己的责任，并承担起自己的责任，但它仅限于该承担的那部分责任。不能有保护配偶或者其他任何人的念头。要知道，产生负罪感有时候是替另一个人承担责任的一种方式。

C.认清自己的缺失和伤痛，以及自己的合理需求遭受的羞辱或打击。此时，自己不是主体，也不是决定者。负罪感其实是对自己的失落感进行的回击，这是为了让自己感到拥有掌控权所做出的无意识的尝试。在这种情况下，接受自己的无力感，并勇于去体会之前被压抑的情感。

感受到过度的负罪感是心中依然存在被压抑的恐惧、愤怒、厌恶等等情感的明显反映。随着自我探索的进行和自我意识的逐步增强，负罪感会逐渐降低，而责任感和对生活的掌控感会逐渐增强。

3

他人的目光

当你的小宝贝穿着凉鞋出门到泥地里去玩，或者大晴天穿着雨鞋出门的时候，你觉得别人会笑话自己吗？

当老师告诉你，你的孩子净做傻事或者学习不够努力的时候，你觉得丢脸吗？

在公园里，当平时非常可爱的小宝宝咬了“什么都没对他做”的小女孩时，或者在超市里，当他为了想要某袋糖果而大喊大叫的时候，你有什么感受？

当别人看着我的时候，我觉得很丢脸……

面对别人的目光，我们要做的是调转他们目光的方向，不让他们看着你，不再做他们注视的对象。看着他们，然后对他们说话，让自己变成注视的主体。如果你主动去注视他们，你就不再是他们注视的对象了。

有人在看我？那我就看着他，并和他详细地说一说……

我的孩子很特别？那太好了！每个孩子都有权利拥有自己的个性和自己的特点。不管它们是什么——尿床、孤独症、哮喘、牛皮癣、语言障碍、肥胖症，或者躁狂症……为了不让羞耻感和负罪恶乘虚而入，我们不能停留在别人的注视下。除了调转目光的方向，我们还可以：

（1）与有着同样困扰的父母进行交流。

（2）了解孩子的病症，从而知道自己该如何回应，尤其是要让自己产生信心。

（3）走向他人，让他们了解自己和自己的孩子。

（4）参与一个组织，和其他有着同样困难的人一起活动。

通常，父母并不想与经历着同样困难的人见面。他们觉得自己是特殊的，不愿承认他们有这样的需要，更不愿把自己当作“一个患有遗尿症孩子的母亲”。然而，在交流的过程中，孩子的“标签”和父母的“标签”都会被取下来。

人们可以对孩子做出评判吗？

当然可以，不过我会通过话语的技巧进行应对。每当别人对孩子进行某种评判时，我会这样做：

有人说：“他胆子小。”

我反驳道：“他在跟你说话之前花了点儿时间来搞明白他遇到了什么事情。”

有人说：“她很任性。”

我回应道：“她只是想要一个玩具。”

4

我很紧张，压力很大

选出与自己的情况相符的选项：

——为一点儿小事就大发脾气。

——惯于指责。

——常常弄丢钥匙。

——常常忘了锅里还烧着菜。

——总是很着急。

——“你快点”是我最常说的话。

——任何事情都必须是完美的。

——孩子必须听我的指令，看我的眼色。

选出了不止一项？说明你的压力很大。

分析使自己压力大的原因：

——我所做的事情，以及我这个人是否得到了足够的认可？

——如果我的房子（或者别的方面）不是无可挑剔的，我是否会担心别人的评价？

——我所做的一切是否都是必需的？或者，我有时候是不是听从了他人或者自己过去发出的指令？

——如果从更宏观的角度来观察我的生活，在以下几个方面我的状况如何？

●保障：经济保障，人身保障（没有疾病，没有危险）

●领地：公寓或者宅院的状况，他人的侵犯……

●爱、温情：我的夫妻关系如何？

●个人发展：我的目标是什么？我该如何实现自我？

为了减轻压力，我可以做些什么？

可以从满足以下几个方面的需要入手：

——身体上的（吃、喝、睡觉、做爱、走路、运动……）

——情感方面的（被承认、哭、笑、表达愤怒……）

——智力上的（阅读、交流、获取信息、思考……）

——社交活动（见面、出门、获得地位、产生作用……）

——精神上的（找到各种事情的意义……）

为了做得更好，我有三个决定：

1.

2.

3.

列一张单子，写下自己觉得合适的十个小要求和十个小的注意事项。

把它交给自己的配偶。在一个月之内，让他（她）根据个人意愿一点点反馈这些内容。

和别人谈论自己，讲述自己的生活，每天至少与一个成年人进行十分钟的交谈。

5

我发火了?

当我因为孩子的某个行为发火时，我的吼叫从何而来？到底是冲着谁去的？

在接下来的十来天内，每当自己发火的时候，就质问一下自己是何原因，然后在相关的选项后画下一道竖杠。注意：一些因素可能会相互影响。

疲惫

激素周期

工作问题

夫妻间的冲突

独自承受的家务重担

经济困难

亲朋患病

挫败感

不公正

不安

其他担忧

……

计算一下，每行有多少道竖杠？

做好总结之后，找一个你信任的人，与他交谈，这个人可以是你的朋友，也可以是你的心理医生或者其他人，告诉他你的发现。首先，你需要抱怨（太……，太……），接着哭泣、发怒、捶打气垫、击打网球或者劈木块……你也可以寻找一些自己的方式去发泄，要相信你的创造性。

接下来，看看你最迫切的需要：帮助和支持。让第三方介入可以在一定程度上（甚至极大地）减轻你的压力。不要再认为你应当独自承担一切，寻找帮助不仅不需要感到羞愧，反而正是真正有勇气的表现。不要再裹足不前了，大胆地提出要求吧！

6

他哭了

你的宝宝既不饿也不渴，既不缺觉也不需要爱抚，却号啕大哭……他到底怎么了？

在这种情况下，你的反应是：

A. 手忙脚乱，不知所措。

B. 有负罪感。

C. 呵斥宝宝。

D. 捂住耳朵或者走到隔壁房间。

E. 仔细辨别宝宝的哭声所传达的信息，想办法让他放松下来，倾听并陪伴他。

如果没有选E，那么很有可能你自己也会像个孩子一样哭了。你会觉得宝宝的哭声使人心神不安，你无法仔细地辨别出他的哭声想传达的信息。

当你发现听到宝宝的哭声让自己很为难甚至难以忍受时：

（1）深呼吸，慢慢找回自己内心的宁静。如果宝宝已经大到可以自己待一会儿了，你可以到洗手间去（如果有需要的话）。否则，请到宝宝身边，堵住自己的耳朵几分钟，镇定下来，不要表现出紧张的情绪。如果宝宝的哭声太大，可以考虑戴耳塞，以便轻松地陪在他身边，应对突发情况。

（2）你哭了吗？为什么会哭？是在感受心中的情绪吗？哭完之后的轻松感是否让你觉得舒服一些？

（3）你是否想起了对宝宝的爱意、和宝宝在一起的幸福时刻，并沉浸在这种无条件的爱意中？

（4）你的眼前应该出现这样的画面：眼泪是宝宝心中的毒素，他正在努力排除这些毒素。这些毒素从他的身体里流出来，流到你眼前一个虚拟的瓶子里。鼓励他把所有痛苦都释放出来，他的这些痛苦并不能刺透你的心，因为它们都被倒进瓶子里了，宝宝是在用泪水缓解痛苦。

（5）如果宝宝在你的怀里，就用身体去接近他，拥抱他，好像是用双臂去“倾听”宝宝的身体。用怀抱接纳你的宝贝，一方面可以给他足够的安全感，能够让他心满意足地放松；另一方面可以让你和宝宝保持亲密接触，避免你离开时他出现激烈反应。你平时也可以在心里默默地温习这个动作。

（6）用温柔和尊重的眼光注视宝宝。

（7）继续鼓励宝宝：“哭吧，我就在这儿陪着你，倾听你的痛苦。尽情地哭吧！”

（8）待在那儿，看着他把痛苦哭出来。不要把这种痛苦放在心上，只是看着它流入那只虚拟的瓶子里。

（9）宝宝一般不会哭很久，否则就是你没有理解宝宝的真实想法。倾听他的哭声，并试着去理解他的真正意思。

7

倾听

倾听并不像看起来那么简单，我们总是迅速地回答、寻找解决办法、给出建议、急于结束别人的话语、打断别人甚至评论别人……于是，我们只能听个大概，捕捉到只言片语而非真正的意义。我们能做到一直倾听对方的心声吗？

倾听一个孩子并不是要你面对孩子坐下，郑重其事地宣布："说吧！"当孩子和我们面朝同一个方向时，他自然而然会说得更多一些。在车里聊天，或者一起做一些事情如剥豌豆、择菜时，还有一起做手工、整理餐具时都是不错的时机。如果他需要倾诉，他就会打开话匣子。

和孩子一起做一件事其实就是一种远胜于倾听的倾听，这是在"倾听"孩子的生活。

静静地感受我对他的爱，享受他在我眼前的分分秒秒，品味他的活力、他的气味。

他在对我说话吗？我听到的不是话语，而是他身上涌动的生命力。

他在给我讲述什么事情吗？还是在跟我争论？我不表态，坚持不做任何评论，只是静静地体会他的感受：“太难了！”“他应该觉得很累。”“他觉得……很痛苦。”注意说话的方式，既不能高声地给他的行为下定义，也不能对其做出任何诠释。要用内心和他的情感发生联系，只对他的情感做出回应。

当我不回应的时候，当我不直接给宝宝提出解决办法的时候，当我不主导谈话的时候……仔细观察自己身上发生的变化。

父母试图用这样或那样的方式打断与宝宝的对话，或者试图重新夺回控制权以避免过去的情绪再次浮现。

我难以忍受他的害怕、生气、伤心和高兴……当这些情况出现的时候，我会感到很不安。

因为这让我想起了：

或者因为我心里想着：

当我无法应对他的情绪时：

（1）这可能因为他感受到的真实情绪与他表现出来的并不相符（比如说，受到不公平的待遇时，他没有感到愤怒、伤心而是感到了害怕），或者他的情绪表达有些夸张。他这些异于寻常的反应，很有可能是由一种寄生感觉[1]引起的，所以我感到无法应对也是正常的。

（2）如果他的情绪表达是合理的，就要审视自己，看自己面对他的这种情绪时是否感觉舒服。

1.是指我们被动接受的一种习惯性感觉，是与天然感觉相对应的感觉，和事件发生当时的实际情况并不相符。它通常在我们童年开始形成，并被我们的家长或周遭环境所灌输和鼓励。如，家长认为男孩是勇敢的，不应该哭，而可爱的小女孩不应该任性等。在这种情境下成长的男孩子通常会用生气代替悲伤，而女孩子则会用悲伤代替生气。

（3）如果我处于他那个年龄，我也会感受到同样的情绪却无法表达吗？或者我表达过了却没有人倾听？

在我成长的家庭里，某些情绪是禁止表达的吗？

我的父母最常表现的情绪是哪些？

如果我发现自己面对孩子的反应是一种对我成长时的家庭的忠诚（有意或者无意识激发出来的），那就必须结束这种忠诚。因为即便我表达了我的愤怒或我的爱，我仍然是属于我的家庭的。

忠诚在某些场合并不是一种被欣赏的品质。在这些时候，恐惧和不适反而会增强一个人的可信度。坚持父母教给我们的美好的品质是无可厚非的，但固守某些会影响自己与他人关系的原则却有百害而无一利。

我找到了平复自己情绪的方式。

我回忆起了孩提时代，那些愤怒、害怕、幸福、悲伤等情绪一一再现。我梳理我的情感，坦然面对那个幼时的我，给予我的孩子所需要的关怀。

8

充满温情的话语

有的父母每天对孩子说四次“我爱你”，有的家长一次也做不到。有的家长认为不对孩子说“不”就是一种表达爱的方式，也有的家长宣称宁愿以行动来证明，还有的家长用礼物来代替……总之，他们就是不对孩子说“我爱你”。如果我们小的时候没有听过“我爱你”，那么为人父母后就很难说出这种充满温情的话语。可是，即使能说出，有时我们又会觉得说得过多或者说得不好，有时觉得说得不够多，却确实不知道如何再多说几次。这三个字可以代替一些我们不知如何表达的话。但如果“我爱你”意味着“我对你这样说是为了让你对此深信不疑，因为别人从未对我说过”时，孩子可能就会觉得有负担，而且这也会让说这话的人想起年幼时的缺失。此时，这不再是表达亲子关系的“我爱你”，而是对自己说的“我爱你”。也有的家长滥用一些赞美的话，如你很漂亮、你看起来光彩照人、你棒极了、你很聪明、你很机灵等等。这些话语可能会让孩子的注意力仅限于成为漂亮、聪明或者机灵的人，因为他们害怕一旦不再漂亮、聪明或者机灵，父母就不会再喜欢自己了，尤其是当这些话语取代了那些更有内涵的句子，如“我喜欢和你一起生活，当我注视着你的时候，我能感觉到我的心跳……”或者简单的一句“我爱你”时，这种现象就会更加严重。

每天我都要对每个孩子说一次“我爱你”，并注视着他们的眼睛。同时，我注意着我的呼吸以及内心情绪的变化。

很难吗？开始时，可以在爱抚孩子时在他耳边悄悄地说一句，或者在脑海里温习这句话……最重要的是，要让爱的情感在你的心中自然地涌现。

我的父母是怎样表达爱意的？他们是怎样用语言来表达爱意和温柔的？我意识到了我成长过程中缺乏的东西，我要尽我最大的努力给予我的孩子我自己不曾得到而他所需要的东西。为此，我可能需要进行第 214 页所说的治愈练习。

9

学会说“不”，学会说“可以”

从孩子出生之日起，父母就要对他全权负责。随着孩子不断成长，父母要允许其独立并远离自己，要逐渐将孩子的成长空间打开。

在适当保护和完全放手之间找到合适的尺度并非易事。

我设置了一条关于安全和自由的横轴，并根据自己作为父母的表现，在二者之间移动游标。

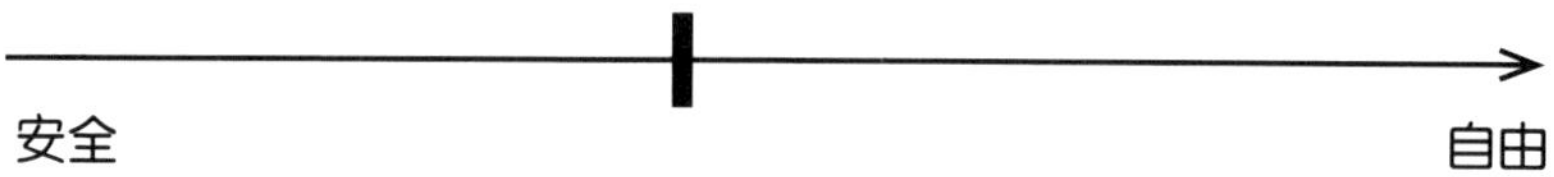

孩子越小，游标应该越靠近“安全”。随着孩子不断成熟，游标应逐渐靠近“自由”。当孩子长大成人、开始离家闯荡，那么游标应该确切地指在“自由”处，你是这样做的吗？

我留给孩子的自主权是足够的？不足的？还是太多了？

尽管他能独立完成自己的事情，我仍习惯替他做好一切吗？

需要的话，我会和他确认。

我教会他切菜、吃饭、穿衣、洗漱、铺床、剥蛋壳、做作业……

通常家长会在“保护孩子”这个理由的掩护下变得很有侵略性。特别是孩子正处于青少年时期的父母，往往会有入侵者的心态，难以承受孩子萌发的自主性。父母可能不敲门就直接进入孩子的房间，偷看孩子的日记，瞥一眼孩子的博客，借着“打扫房间”的名义检查孩子的个人物品……

如果我任凭他自己长大，我身上会发生什么变化？我如何接受自己逐渐变得毫无用处这一事实？

对孩子说“不可以”、缩小孩子的交际空间来保护他在一段时间内是必需的，但随着孩子的成长，“不可以”终要让位于“可以”。

孩子13岁时，你对他说：“不可以，你晚上不能一个人出去。”

孩子15岁时，你既要对他说“不可以”，也要对他说“可以”。同时，还要对孩子提出相应的要求。

孩子越大，要求就越要宽松。18岁时，孩子成年了，这是无条件“可以”开始的标志。

你说“不可以”的时候，也可能是想保护一件物品：

孩子1岁时，你会对他说：“不可以，你不能碰这个水晶杯子。”（或者“喏，这个才是你的……”）

孩子2岁时，你会对他说：“当我在你旁边的时候，你可以拿起它。”

孩子3岁时，行动比较灵巧了，你会对他说：“瞧，这个应该这么拿，你可以握住它。”

我能去爬那高高的滑梯吗？我能去瞧瞧那个小女孩吗？我能去邻居家吗？我能自己去买面包吗？我能一个人去学校吗？我能离开饭桌了吗？我能画画吗？我能烤一块蛋糕吗？我能……

很多时候，你就是很难说出“可以”这两个字。

很有可能你对孩子的拒绝来自你小时候没有得到允许的经历。

如果我们自己想做某件事却没有得到允许，那么在为人父母之后我们是很难鼓励孩子做同样的事的。没有得到过允许的我们，体内就没有留存相应的体验，心里就会感到害怕。因此在面对孩子的请求时，我们犹豫着，难以说出“可以”两个字。

如果你现在试着允许自己做几件事呢？

——允许自己去“打扰”四邻，借一点儿盐、面粉或一头蒜。

——允许自己开始一项自己认为不可能完成的活动。

——允许自己……

有时候，我们既不会说“可以”，也不会说“不可以”，我们让孩子自己做决定。这可不是出于对他们自主权的尊重，而是出于我们无法判断的困窘。

我们既需要适时说“不可以”，也需要真正地放手，有能力说“可以”。

如果父母缺乏个人能力，他就很有可能会借助于权力游戏和某些手段来获得他想要的东西，也有可能就干脆放手不管。

力量、许可、保护是家长所需的三种最基本也是最重要的能力。

力量事实上反映的是我们内心的安全感和对自己的信心。对自己和生活的爱赋予了我们坚强的内心。没有了力量，许可会变成没有原则的宽容，保护也往往杯水车薪。

在这些时候，我是有力量的：

——我能感受到自己真实的情感。

——我内心有安全感。

——无论孩子说什么、做什么，都无法摧毁我。

——我不惧怕别人的目光，因为我知道他们的评价是对自己伤口的掩饰。

——我爱我自己。

10

竞争

反观一下自己，看看自己是否有过这种经历？在广场上、在朋友家里、在火车上或者在其他地方，当你看到一位母亲或者父亲在照顾自己的孩子，给他你从未拥有过的东西时，你的心里会有刺痛感吗？

这种刺痛感是一个信息，你可以认为它是嫉妒，也可以认为是对自己过去的一种治愈。

如果你曾经和自己的孩子暗中比较过，那比较的东西可能是些什么呢？

——感受到的温情

——玩具的数量或质量

——衣服

——食品

——自由度

——兴趣爱好

——男（女）朋友

——其他事情

你给孩子的最不好的是什么？

不带任何感情色彩地观察自己的反应，如果你处于和孩子的竞争中，这并不是因为你不是一个好家长，而是因为你自己的童年有着某些缺憾。就此下结论批评自己不仅无益，而且还会抑制对过去的遗憾的治愈过程。为自己敢于承认这个事实而高兴吧！

为了结束这种竞争，注意关注你内心里的那个“孩子”吧……

每一次我感受到一点儿嫉妒，就要去看一看我曾经是的那个“小孩”。我听他“诉说”，对他“倾诉”，我“看着”他在我的想象中接受了当时他无法拥有的一切：温情、自主权、许可、游戏、朋友……

我接受所有涌上心头的情感，让它们顺其自然地流露出来。同时，我尽可能温柔地对待我心中的那个“孩子”。

这样做可以帮助我，让我更加珍惜我的孩子现在所享有的东西，并因此感到欣慰。

11

我爱我自己吗？

我喜欢我身上的这些特点（列出二十几个如外貌、情感、人际关系、智力、精神等方面的优点）：

1.

2.

3.

4.

5.

……

喜欢自己的不同方面只是爱自己的一种表现，爱自己的涵义更广：那是一种对自己无条件的接纳，对自己温柔，和自己产生默契、亲密感……这些都来自和自己的亲密交流。由此，我们可以渐渐发现自己的真实情感。

首先，每天都要省视镜子里的那个“我”，把注意力集中在自己喜爱的面部细节上。

看着镜子里的“我”，四目相对，对“我”说：“我爱你！”同时，细心地捕捉自己的感受。刚开始可能什么感觉也没有，但渐渐地，日复一日，愤怒、反感、不屑的感觉开始如同波浪拍打着自己的心。不管出现什么感觉，都要坚持对着镜子里的“我”说“我爱你”，从而平复这些情绪的暗潮。很快默契和温柔会逐渐生根，爱最终真正降临……

以一位普通母亲的眼光注视自己，带着无限的温柔，就能感觉到当自己成功地接收这一温柔和爱意的时候内心的变化：心中充满了爱，并能轻松地把爱传递给周围的人。

爱自己就是感受活着的喜悦，感受生命在血管中的涌动。

为了更好地照顾孩子们，首先需要照料存在于自己心中的那个“孩子”。以下是几种唤醒心中的孩子、逐渐治愈过去的伤痛的方法，你可以选择最适合自己的方法，也可以全部采纳。

照片

选出一张小时候的照片，看着它，任凭各种情绪、感觉、思绪涌上心头……如果感受到的是爱，那一切都好；如果不是，就把自己的感受都记录下来。

有时候，我们的童年让我们反感、厌恶或者感到羞愧……我们只有一个念头，就是拒绝想起童年。实际上，我们想要逃避的是我们曾经在其中挣扎过的痛苦。可是，难道我们就这样把这个“孩子”独自留在痛苦之中吗？

观察自己身上的这些问题并加以分析是非常有效的。

谁这样说过我或这样想过我？

谁迫使我或任凭我独自承担困难的重负而袖手旁观？

为了能够全身心地移情于曾经的自己，我们需要了解自己过去的情感。对自己进行评判其实是为了远离真实情感，比如，说出“我当年是个胖女孩”要比“我被周围的人吓坏了”简单得多；说出“我当年很无知”比“我害怕极了，不敢说话”简单多了。

但是，这些评价只会让我们更加远离自我，甚至远离我们的孩子。

看着照片，让回忆的片段浮现，体会自己还是孩子时的情感。

两个人会更加强大

想象自己带着童年时的自己出门，“看见”他就在自己身边。如果他害怕了，就安慰他，跟他说话，听他倾诉。

整整一天时间，他陪着你参加活动。你牵着他的手，在心里默默地和他说话，向他展示你自己现在的生活。

治愈心中的孩子

以下是一种放松疗法的文字内容，你可以朗读并录音。如果需要，你可以录制多次：

我闭上眼睛，深呼吸。

我仿佛看见两眼之间有一个蓝色光点。

这点蓝光慢慢在我的身躯上移动，放松我的每一块肌肉。

它扫过额头，轻拂过双眼，沿着鼻梁下移，直至下颌。接着，它游至脖颈，沿着右肩、右臂到达手指末端。这时，它又逆行而上，经过胸膛，沿着左肩、左臂到达手指末端。

再一次，它返回胸膛，抚摸着胸部、腹部、骨盆，退到右腿，滑至脚趾。它轻揉脚底，沿着右腿上行，环绕住腰部，然后沿着左腿下移直至脚尖，返回，围绕着腰部。此时，它又沿着脊柱慢慢地往上游走，让每一根骨头都得以放松、舒展。它抚过整个背部再向上，最终照亮了整个头部。

我平静地深呼吸，感觉自己被一圈蓝色光晕轻轻地包围着。

让身体继续放松，想象自己置身于一片宁静的树林中。

一棵大树耸立在我面前，挺拔坚固，树枝雄伟地四散到空中。我慢慢靠近它，用双臂抱住树干，面颊贴在树皮上。我能感受到大树的能量。

现在，我坐下了，背靠着大树。我想起自己目前遇到的困难，让不同的情绪涌上心头。

我心里的孩子受伤了。

离大树不远处，能够隐约地看见一处洞穴，黑黝黝的不见底。我清楚地知道它把我领进去的那个场景，一个属于童年时的痛苦场面。

我现在已经是成年人了，我要走进我的过去，鼓励、帮助过去的我。

我继续坐在大树下冥想，我的灵魂脱离了我的肉体，起身走向那个洞穴。台阶逐一显现，我拾级而下。

我走到一扇门前，很清楚打开门就会看到童年时的痛苦场景。我知道我只是一个像电影观众一样的旁观者，于是我打开了门。

我注视着曾经的我——那个孩子。我凝视着他的脸，然后仔细观察发生在他周围的事情。

我介入了他正在经历的生活，我是目击者，是他从未有过的保护者。我看着我的父母，那个正在伤害这个孩子的男人或女人，我对他们说了一些我从未有勇气说过的话。我告诉他们如此对待一个孩子是不公平的，他们的所作所为很过分。

伤害、嘲笑或操纵孩子的情感从来都是不正确的事情。

我父母的形象模糊了、消失了，我转过身看着曾经的我。

我给他我的爱，因为他真的需要。

也许曾经的我并不习惯接受无条件的爱，起初他可能会怀疑……于是，我假装不认识这个小孩，小心翼翼地靠近他，给他时间慢慢习惯我的存在，慢慢建立起对我的信任。

根据他的年龄，我可以把他扛在肩膀上、抱在膝上或者抱在怀里。我温柔地抚摸他的头发，我爱他，而且我告诉了他我的爱，他需要这份无条件的爱。

我倾听他对我说的、他心里想的以及他的所有情感，我让他在我怀里哭泣、叫喊……他和我交流，释放自己的情感。这很重要。

我是他未来的样子，我比任何人都要了解他。

现在由我来告诉他，告诉他需要听到的话。我向他解释他还不能理解的，我教给他他还不知道的东西。时不时地，他的眼泪会流下来，这是放松的眼泪。我接受这些情感的释放，我的爱意已经打动了我心中的这个孩子。

当儿时的我接受了这份温柔的时候，我感受到了他身上发生的变化以及我自己发生的变化。

现在，我要帮助他重拾信心，教他做他自己、肯定自己。

我陪他度过生命里的每一次困难。

我教他如何受到别人的尊重，教他和别人一起玩耍以及其他一切他需要学习的东西。

我看到了如果我当年得到了这种陪伴、这种帮助以及这些应得的爱意和关注，我会变成的样子。

是时候和他说再见了。我告诉他我会回来的，当他需要我、呼唤我的时候，我就会出现在他面前。

我渐渐回到现实。我看到了我本来应该走的成长轨迹，看到了我本来应该经历的生命阶段。

我仿佛看到了我本应该长成的少年模样，以及自己20岁、25岁、35岁……现在本应该长成的模样。我本应该长成的模样，那个假如被正确地对待、被尊重的小孩会长成的模样，就是我现实中的模样。

我已经意识到了这一点，意识到了我的现状。我的心底涌上一股浓浓的信任和感激之情，我感受到了生命的力量。

继续感受着内心的情感变化，我又回到了那棵大树下。我环顾四周，我闻到了花朵的芬芳，听到了大自然的声音。

我回到我的蓝色光圈里，深呼吸。我意识到如果我睁开双眼会看到什么。我动动我的脚趾、手指、双脚和双手，感觉到了我的整个身体的存在。我呼吸、打哈欠、舒展身体……于是，我睁开了眼睛。

写信

给童年的自己写一封信，也可以是一首诗……告诉他我爱他，还有两三件我想要他明白的关于他自己、别人和这个世界的事情。

12

面对一个问题、一个坏结果、一次过错……

面对一个问题、一个坏结果、一次过错时，在有所行动之前先问自己几个问题：

——问题是什么？

——这个问题来自我还是我的孩子？

——我的目的是什么？

——我对此事的态度有意义吗？能教会孩子什么呢？

有时候，我们会不自觉地惩罚孩子。

惩罚其实是一种侮辱，因此惩罚是有悖教育理念的。惩罚把大人的权力施加在孩子身上，而不是让孩子意识到自己的错误。惩罚总体上是与“错误”无关的，它让孩子产生负罪感，却起不到弥补过错的作用。父母惩罚孩子多数是一种条件反射，是不假思索的，因为他们小的时候也受过这样的惩罚。尽管他们清楚地知道这些惩罚并没有教会他们任何道理，但当他们成为父母时还是会对孩子施加惩罚。

惩罚孩子是对无力感的反抗。惩罚的过程给了我们一种进行干预或者“做点儿什么”之后事情就会朝好的方向发展的幻觉。如果有人提出父母惩罚无益这一说法，作为回应，父母往往会道出心声：“但是我总不能让他继续这样下去吧？我总得做些什么。”

如果我们自己不是儿时权力游戏的受害者，那么我们就要学会更多地应用处罚而非惩罚。

处罚是让违背规则的孩子承担需要承担的后果，且只有违背明确规定的规则时处罚措施才能被施行。我们不能责骂一个不知道剪窗帘不对的孩子，但是下不为例。处罚让孩子学会承担责任，明白自己行为的后果。最好的处罚是让其进行补救，比如清洗地毯上的污渍、重新粉刷墙壁等等。与过失或违规相关的适度处罚并不针对错误本身以及犯错误的人，它的目的在于避免让孩子感到羞愧，同时能让孩子产生一定程度的负罪感。

我从不惩罚孩子：

（1）因为我害怕孩子不再喜欢我。

（2）因为我实施了负责任的和有补救作用的处罚措施。

我会惩罚孩子：

（1）因为我没区分过惩罚和处罚。

（2）因为这是我学会的唯一方式。

（3）因为这是我小时候承受过的，我认为这对我是有过好处的。

你曾经让孩子承受自己曾经遭受过的惩罚吗？如果有，都有哪些？拿出一点儿时间观察一下自己遇到问题时的举动，然后思考这些问题。

不过最终你会发现，答案并不是那么明显。

回忆一下最近你的孩子犯下的三次过错，想一想你本来可以采取的一些补救措施。

仔细思考一下处罚和惩罚的区别。

13

我受够他了

“他简直要气死我了！”

“他很懒、倔强、无精打采、自私、沉默寡言、胆小怕事……”

“他一会儿这样，一会儿那样……”

描述关于你的孩子的十个形容词：

__________ __________

__________ __________

__________ __________

__________ __________

__________ __________

反观自己，其中的哪些词也可以用来形容你自己？

哪些词会刚好与你的价值观发生冲突？比如“懒惰”与你遵循的勤奋工作的原则。

如果你不能忍受孩子的性格，要先想想这种性格在自己身上有没有体现。

性格是一个人的性情、社交和行为习惯的总和，孩子正是通过与父母的接触开始形成同样的习惯的。

难道你的恼怒不正反映了你因为他变成这样而产生的负罪感吗？

他像你小时候吗？或者和你的某个兄弟姐妹的性格相仿？或者与你们的性格迥异？他做过一些你不会做的举动吗？

你问自己：是不是我先把他想象成这副样子，然后无意识地给他施加了这样的影响？

你是否能在自己身上发现某种无意识的期待，而这恰好是孩子一系列举动的始作俑者呢？

你是否把自己没有成为理想父母的责任归咎于孩子了呢？

一个评价会掩盖某种情绪或需要。一个形容词起初只是浓缩了一种想法，但它很快就会变成一个评价甚至一个标签。

不对孩子品头论足，开始注意他的情感和需要。

把清单上的每一个形容词变成一句话。

“害羞”可能变成“他害怕别人”或者“他不喜欢我强迫他和不认识的人打招呼”。

“懒惰”可能变成“他不想变得和我一样，他在反抗我，他在生我的气，他在寻找自己的存在方式……”或者“他和老师们相处得不好，他因为糟糕的分数讨厌学习，老师的教学方式并不适合他”“他被学校的其他男孩骚扰，成绩差可以使他融入他们的圈子”等等。

那些形容词不仅会给孩子贴上将来难以揭下的标签，而且会让他们远离我们。我们难以喜欢一个“懒惰”的孩子，而如果我们能仔细查找孩子之所以懒惰的原因，明白懒惰也许只是他的借口，或许他内心苦闷，那么我们就能改善和孩子的关系，纠正孩子的行为。

我观察到，对孩子的情绪和需要的关注给了我更多的办法来帮助孩子纠正不良行为，这比形容词、评价和标签有效得多。

14

控制愤怒

我想把他扔到窗户外面去……

我们有胡思乱想的权利，但不能将其付诸实践。

“上一次，我把他推在墙上，我不想那么做的，我真的不想再打他了。”

“当女儿跟我顶嘴的时候，我忍不住打了她一巴掌，我恨我自己这么做。”

“我朝儿子吼起来，并跟他说了一些恶毒的话，我恨死我自己了！”

这种情况你也碰到过吗?

我最近有过向……施加暴力的冲动。

我的暴力行为是指：

——大声吼叫

——使用拳头

——说刺耳的话

——冷战

——鄙视

——支配、控制的需要

——性冲动

——其他

导火线是什么？我给自己的解释是什么？

我偶尔会辱骂孩子，动手打孩子……

辱骂、批评是我们自身情感的投射，是为了在孩子身上获得权力，借此消解我们自身隐藏的痛苦。

通过贬低别人来减轻自我渺小的感觉，让自己以为自己很强大，通过控制别人来补偿内心的无力感……这些就是暴力行为的原动力。因此，需要治疗的其实是我们自己的无力感。

我曾经听到过可能会伤害我的字眼吗？

在成年人的世界里，这些伤害性的话语可能来自：

——我的另一半

——岳父母/公婆

——父母

——某个朋友

——某位医生

——其他人

那在我的童年时期呢？

童年时期的我听到过什么样的轻蔑的话？哪些话是我周围的人时常挂在嘴边的？我能够想起那些所谓的昵称：“胖墩儿”“小矮个”……我当时的感受如何？我是怎样被保护的？其中有哪些话是我偶尔也会说的？

小的时候，我受过体罚吗？什么程度的？轻轻地拍打？打耳光？打屁股？用脚踹？打手心？用短鞭抽，用皮带抽，还是用马鞭抽？或是用短杖打？

那时我几岁？

父母是如何解释打我的理由的？

无论何种理由，打孩子都是不对的。回忆一下这曾经给你留下的痛苦。你现在是否明白，自己有权对父母生气，这不仅不会摧毁他们，而且能帮助你从对屈辱和暴力的盲目恐惧中解脱出来……

仔细想一想，激发我实施暴力的始作俑者是谁？

我当时的感觉是：

——无能为力

——无法控制局面

——占下风

——惊慌失措

——受到质疑

——受到攻击

——受到伤害

——被羞辱

——不自在

——受到束缚

我曾在何时体验过这些情感？

暴力行为通常是无意识地爆发出来的，人们会感到自己的手不受控制了，这大都源于一种试图掌控全局、重掌大权的冲动。外在的表现方式有拳打脚踢、恶语相向、拒绝和蔑视。这时暴怒的真正原因往往被掩盖了起来。愤怒无法被控制，其实是父母感到或者不如说父母极力避免感到无能为力、无法控制局面、占下风、惊慌失措、受到质疑、受到攻击、受到伤害、被羞辱、不自在、受到束缚等等。

如果你烦躁不安、筋疲力尽、怒火中烧，请及时意识到你很可能会出现的暴力举动以及你说话的语气……尽可能地把孩子托付给第三方照看。

当我们被逼到极限时，真正勇敢的表现是向别人求助。任凭局面恶化直至我们无法控制是毫无益处的。如果父亲和母亲刚好都在，两个人可以使用一个暗号。比如，当一个人喊出“接力”的时候，另一个人就要马上接手。把孩子交给第三方几个小时或者只是几分钟，就可以避免我们做出让自己后悔的举动。如果你是单独一个人，你可以寻求邻居、朋友或者孩子的祖父母的帮助。引入第三个人或者给某个好友打一通电话，不必非得倾诉眼下的混乱，只要给自己一段可以使自己镇静的时间即可。当我们觉得自己的坏脾气要爆发，却无人接手孩子时，最好的办法是走出家门，看看新面孔，和别人聊几句，比如谈谈蔬菜的颜色什么的……总之，尽可能快地推出儿童车，带着你的孩子出门，让其他人和孩子产生互动。如果你不想听“他好可爱啊”之类的恭维话，那你就大胆地告诉他们：“我不能和他单独在一起了，我出门就是想和别人聊聊天。“咦，你是从哪儿买的胡萝卜啊？”对，就这样。最好的办法就是马上切入另一个话题。现代社会里，很少有人懂得如何应对别人的困难。倘若不马上将他们的注意力转移到他们驾轻就熟的事情上，气氛就会变得很尴尬，他们甚至可能将矛头指向孩子：“淘气鬼，看你把妈妈给累的！”除此以外，他们还可能说出其他你根本不想也不需要听到的话。不过，如果你有幸遇到了某个有同感的人，他会心有戚戚焉地说：“和孩子单独待在一起有时候确实很难。”

在紧急情况下：

以下建议并不需要一一付诸实践，采用与具体场景相符合的即可。这是你随时都可以使用的方法。

——深呼吸三次，想象着将身体里的“气”缓缓送至脊椎下端。

——快去浴室，往脸上洒点儿水，保持呼吸畅通，脚踩在地上，想象着“气”逐渐抵达骶骨。

——打一通电话给朋友。

——感觉自己的脚和地面的接触。

——如果不是太愤怒，还能控制自己的肢体动作，那就触摸孩子的身体。根据他的年龄，把他抱在怀里、放在膝头，或者把手放在他的肩膀上，等等。当你触碰他时，要十分注意这种身体接触带给自己的感觉。触摸孩子，并不是为了安慰孩子——即使这个举动真的起到了这一作用——而是为了使自己的心绪平静下来。你也可以抚摸小狗、触碰某件物品（但不包括香烟）……只要专注于指尖的感受即可。

——回忆和孩子一起的爱意浓浓的点点滴滴——可以是他出生时的激动，可以是最近一次母亲节他送的礼物，可以是一句温柔万分的“我爱你”。如果孩子还小，就把他抱在怀里；如果他已经是青少年了，就在心里默默地做这件事（但要知道，即便是青少年，甚至成年人，也有被爱抚的需要）。

——闭上双眼，找回对孩子的爱意……泪水会情不自禁地流下，爱的大门将会打开。并不需要长时间地拥抱着孩子，一旦自己和孩子都冷静下来，就把他的注意力引向外界，比如玩一个游戏，做一件有趣的事情，等等。如果是在心中默默地“拥抱”他，一定要想象出他可能出现的样子以及他会做的事情。

在马路上崩溃了怎么办?

可以和任意一个人攀谈，比如一个路人或者一个商贩，和他漫无边际地谈天说地，因为这样可以有效地消除心中的烦躁。当然，不需要谈到自己正经历的情况，可以谈论天气等不相干的事情。

把闹个不停的孩子放在身边，花时间让自己镇定下来。如果这确实很困难的话，就毫不犹豫地向他人求助吧。

一般来说，路人不敢贸然插手，但这并不意味着他们不想。一句简单的“请帮我个忙”就足以让路人停下脚步，蹲下来和孩子交谈。第三方的介入效果非常神奇。为什么不向别人求助呢？你害怕被人评判吗？只有帮不了忙的路人才会对别人说三道四。向别人求助，把他引入你与孩子的关系之中，会让他觉得自己有用武之地，这时根本不会有任何评判出现。

当我们平复自己情绪的时候，向自己提一个问题：

“我感觉怎么样？”在确保真实地面对自己的情况下，明确地写下答案，并时刻不忘“我”是主体。所以，每个句子都用“**我**”开始，例如：我很生气、我感到自己占了下风、我很害怕……

然后，再问自己一个问题：“我到底需要什么？”不过，这个问题的答案可能要花一点儿时间才能找到。我们的第一反应大都是：“我需要的是他闭上嘴巴、改变态度！我需要他去做作业……”或者我们的需要只和我们自己有关系。

要这样分析：

（1）我的愤怒是适度的吗？

（2）我的愤怒是合理的吗？

（3）我的情绪表达是有效的吗？

如果以上三个问题的答案都是肯定的话，那么就可以把愤怒发泄出来；否则，还要进行深入分析。

为了判断情绪表达是否适度，可以参考以下几个要点：

——如果孩子能够听我们发泄并不害怕我们的话，那么它就是适度的。然而，很显然，有一些孩子已经对父母的大声斥责习以为常了，他们并不会感到害怕；但这并不代表我们的愤怒就是适度的。

如果我们的愤怒有正当的理由并和引发愤怒的问题有直接联系，那么它就是适度的。可是，我们总是认为自己的愤怒是正当的，但是如果深入分析的话……

——一旦我们的愤怒开始带有暴力倾向或者控诉的成分，一旦它试图伤害别人，那它就是过度的。

我的愤怒是合理的：

——如果我受了伤、遭遇了挫折、被不公正地对待，我的家被盗了，我生气就是合理的。如果我的儿子弄脏了我的衣服，我生气也是合理的。但如果我生气是因为他不吃自己的那份四季豆，那就是不合理的，除非他把我的那份也吃了。

——如果涉及我的问题，比如我的女儿穿着我刚洗好的鞋子走到泥地里去了，那我生气就是恰当的，因为这是**我的**问题。但如果是因为她数学考了2分，我生气就是不恰当的，因为这是**她的**问题，而我在处理这个问题中的角色是帮助她。

如果我的愤怒是过度的，那么它可能是：

——积累的结果。“我已经重复20遍了……”重复并不是一个好办法。如果孩子没有改变，说明有什么东西正在妨碍他的改变，他的行为可能并不受他的控制，例如坐在椅子上摇晃、表现得极为活跃、分数很差……他需要的是帮助，而愤怒只会伤害他。

——对另一个人的愤怒在孩子身上的投射。我可能在对谁生气呢？我是不是在工作、夫妻关系或者别的方面遇到了挫折和不公正？我的形象是否受到了损害？我到底在对谁生气？我可以去向当事人表达我的愤怒，如果这不太合适或者不可能实现的话，我可以找一个值得信任的人谈谈我的愤怒。当我向他人倾诉了我对挫折和不公正的感受时，我就放松了许多，不会再把愤怒投射在孩子身上了。

——从前压抑的情感的发泄。从前发生过什么事情？尽量把这种压抑的情感释放出来，或者至少要意识到它，并且和一个自己信任的人谈论它。

——由与孩子有关或无关的忧虑衍生。它可能完全不是孩子的问题。我预想到了什么？认清自己的忧虑，负起责任，与一个自己信任的人谈论它。不要再陷入这种忧虑，以免再次不合理地发怒。

——在身体上和（或）精神上的精疲力竭的结果。认清自己所处的精疲力竭的状态，并在紧急情况下寻求实质性的、具体的帮助，越快越好！如果疲惫主要是身体上的，就接受他人的帮助；如果疲惫是精神上的，就向一个自己信任的人讲述正忍受着的使自己精疲力竭的事情。认清自己的全部需要，确定它们的轻重缓急，确认过程中可以请求配偶帮助。如果对方不在，就找其他的家人或者朋友。

——与经前综合征的表现相关。喝一杯鼠尾草[1]茶，然后任由“暴风雨”过去；同时明白其根源是激素，而不是孩子。

——过去的某种情感的苏醒。在同样的年龄，我是否做了和他同样的事情？或者这件事是我一直想做却从未敢做的？如果我在小时候做出了现在让我如此恼怒的行为，我的父母会说些什么？为了克服无意识地爆发的愤怒，我们有必要找到其根源。

1. 多年生草本植物，有活血调经的功效。——译者注

15

克服一个无意识行为

A.尽量准确地记录下自己当时的反应，例如：我大喊着“白痴”。

B.写下自己的感受以及因此想说出的话语……在纸上写字时，逐渐放松下来，把不敢对孩子说的话倾诉出来。倾诉是为了同自己的过去建立联系。例如：我觉得自己被出卖了，我觉得自己束手无策，我觉得自己很没用，我想把她捏扁……

C.寻找原因：到底是什么事情，什么时候，哪个行为或哪种理解引发了我的愤怒？例如：他直视我了，他低下了眼睛，她背转过去，她从我面前走过，我感到无力。

分析这个原因。它让我想起了什么？它唤起了我身上的什么东西？用“有人”替代原来的主语，再把这个原因对着自己多重复几遍。例如不说“我的孩子对我说我很坏”，而说“有人说我很坏”。下一个问题就是“是谁说了或者是谁让人以为我很坏的？”

现在又回到A点上了。我的反应是否与我父母中的一方的某个反应相似？抑或与某个哥哥、姐姐、（外）祖父母或者其他对我的童年有着重要影响的人的某个反应相似？或者，这只是自己小时候很熟悉的一个反应？

看看自己在B中写下了什么，它们是否是自己很熟悉的一些感受和想法？

在什么时候自己有过这样的感受？

一旦找到了愤怒的真正原因，针对孩子的过度的怒气就消失了。对孩子说几句抱歉的话，和他谈论发生的事情和各自的感受，可以重建父母和孩子之间的关系。

16

你犯了不可弥补的错误?

暴力行为的后果并不是不可弥补的。认为自己犯了不可弥补的错误会阻碍我们修复自己与他人的关系。为了弥补错误，第一步是要意识到自己的举动有错误。的确，承认自己很粗暴是件困难的事情，我们往往会把事情最小化，并指责孩子……

然后，我们需要找出导致我们做出暴力行为的直接原因之外的真正动机。这样做是为了将我们的受害者从负罪感的重压下解救出来。

最后，我们需要了解我们的受害者会有什么样的感受。他需要的不是道歉，而是感同身受后的解释。他有权利对我们生气，而且他需要时间来抚平自己的情绪，并勇敢地表达出他有多害怕、多伤心、多生气。给他所需要的时间，然后再向他解释我们身上到底发生了什么。

我们的解释可以帮助他不再认为他自己对我们的过度愤怒负有责任。通常，只要我们认真了解孩子的伤痛和情绪，不忽视存在的问题，不寻找借口或自我辩解，那么我们和孩子之间的这种真正的交流就足以弥补我们的错误。

选择你最常有的态度：

A. 我会花时间去倾听孩子的感受和估计我对他造成的伤害到了何种程度，我会注意修复我们的关系。

B. 我会道歉，然后就去做别的事情。

C. 我承认我有做得不恰当的地方，但我拒绝向他道歉。

D. 我不知道如何道歉。

E. 让我道歉？门儿都没有！应该道歉的是他！

你圈出的选项有如下解释：

A：你与孩子的情感是相通的，你的孩子知道他可以信任你。

B：你试图躲避什么？

C：你还陷在权力游戏之中。你大概还没有发现你的愤怒源于你自己的经历，你想要掌控你的孩子，就像你的父亲曾掌控你一样。此外，你还感到非常无力，这就像对你的愤怒的报复。想一想，你的愤怒到底在多大程度上是冲着你的父母去的。要知道，你的孩子可能已经知道真相了。当他小的时候，你的愤怒可能是有效的，因为他害怕你；于是，你可能会将其视作一个有效的手段。事实上，他只是屈服了，等他大一些的时候，他就会感受到你内心安全感的缺失。不管怎样，他都知道自己无法信任你。

D：道歉越简单越好。把重心放在孩子身上以及他在遭受你的过度愤怒时的感受上，向他解释你身上发生的事情："对不起，我知道刚才我冲你喊叫的时候你非常难受，你可能怕我……我的反应过度了。事实上，我在对你喊叫之前就已经在生气了。我今天一整天的工作都非常棘手（如果情况真是如此的话，就不要编造），回来时我还气恼不已。

当我看到你把外套放在椅子上的时候，我的愤怒就爆发了。虽然你的确应该把你的外套放在门口，但我的反应显然是不合适的。”这解释很长吧？是的，这需要时间，但你会因此有很大的收获。

E：你还在生气。如果你的愤怒还很强烈，并且投射在了孩子身上，那就说明：要么是你的心里还存在着一些阴影，要么是你低估了某种情绪的影响力。试想如果一个孩子处在你过去经历过的情形中，他会有什么感受？悲伤、愤怒、恐惧、绝望、厌恶……是的，就是你感受过的这一切。你小时候可能没有权利或者没有机会把它们表达出来，于是这些情绪铭刻在了你的心中。

每当我们任由自己做出暴力行为时，我们不仅伤害了我们的孩子，还把我们心中的那个“孩子”禁闭得更深了。

当我们伤害我们的孩子时，我们其实也是在伤害自己；当我们向他们发出一条爱的信息时，我们感觉自己也被爱填满了。虽然我们每个人都有可能在某个时刻成为仇恨的俘虏，但我们依然有力量在爱和伤害之间进行选择。当仇恨的力量太强时，当我们不能控制自己的愤怒时，当我们觉得自己无法选择面对孩子的态度时，我们就应该尽快去寻求帮助，比如咨询心理医生。

对我们行为的根源进行探寻是心理医生的工作，他们知道如何帮助我们[1]。遇到问题后，我们很容易对自己说：“这不过是一个阶段，当他长大之后，一切就会好起来的。这并没有那么严重……”然而，这是很严重的！对我们的孩子、我们自己、我们的夫妻关系、我们的现状、

1. 如今，心理医生的数量众多，每种类型的治疗都有着相应的适应症。一些成功的专家接受过良好的培训，有一些却没有。如果想对其进行辨别，文凭并不是可靠的参考，最好找三个心理医生分别进行咨询，跟着自己的感觉走。一个好的心理医生知道如何听你诉说，当然还能够使你信任他，同时也是一个意志坚定的人。

我们以及孩子们的未来来说，这的确很严重。

我们可以不去咨询，但如果我们本可以更幸福却最终没有获得应有的幸福，身为父母却没能树立起一个良好的形象，那就非常让人遗憾了。况且，治愈我们的过去并没有那么困难。不要让它再伤害我们与孩子之间的关系了。

17

我无法爱自己的孩子

曾经有或是现在依然有某种东西阻碍你全心全意地爱自己的孩子。为了消除阻碍，我们不妨进行如下探究：

辨识阻碍：

是什么或者谁阻碍了我爱自己的孩子？

以下六种可能性中哪一种说的是我？

（1）过去我没有被父母爱过。

（2）我觉得这不是我的孩子，而是我公婆 / 父母的孩子。

（3）怀孕或生产时的情况很糟。

（4）孩子父亲的态度与我不一致。

（5）因为孩子的个性或某些特点，很难去爱。

（6）我也不知道原因。

针对不同的情况可参考以下方法来消除阻碍。

根据你打钩的选项，找到对应的解决办法。

（1）需要进行“治愈心中的孩子”的练习。详见第214页。

（2）在脑中设想自己与父母及配偶的父母面对面的画面。可以拿着他们的照片，训练自己对他们说“不”。即使当初是出于让他们开心的考虑或是屈从于他们的意愿生的孩子，但如今自己已经扮演了父母的角色，这是我的孩子，不是他的或他们的。面对他们，能够很好地建立我与孩子的关系。对孩子说话，不管他是2天大的婴儿还是3岁大的宝宝，告诉他我是在什么情况下赋予他生命的，现在希望自己和他建立什么样的关系。这是建立一段新关系的起点。

（3）要辨识自己在怀孕、生产或其他时段曾使自己和孩子的关系产生问题的情感、情绪和矛盾。可能有某个人令我不快，我却不敢承认。这个人是谁呢？写下自己想说的话：我恨你……在纸上将自己的情绪发泄出来。等到我准备好的那天，我会给他写出或对他讲述自己的经历，那么自己最初写下的那些话将会烟消云散。我看着自己的愤怒在火苗中消散。我愿意平息心中曾经激荡的情绪，然后再来看看自己与孩子的关系有何变化。

（4）要辨识自己对配偶的怒气，我要负起责任。不管他与我的态度一致还是相左，都不应该让这种态度影响我与孩子的关系。

（5）孩子的与众不同或者说他的个性反映出了我的什么特质吗？这种特点是生理上的还是心理上的？它涉及的是不是我自身形象的问题？我得到了有力的支持吗？

（6）继续自省：什么是我特别不愿意看到的？

18

给孩子写信

给孩子写一封不必寄出的信很有用。在纸上书写有助于我们理清头绪。清除一切毒素再去体会爱是至关重要的，否则，毒素会侵害我们的感情，并导致我们不能去爱。负罪感和羞愧都是无用的，让我们一起面对现实。

有权利向他说出我的愤怒（写在纸上）。对他“倾诉”，当然必须是他不在场的情况下。

例如：我恨自己生下了你！因为你的出生，你的爸爸离开了我……

将第一封信烧掉，然后写第二封、第三封，直到不再有控诉的欲望出现。重读这些信时读出的是自己内心深处真正的情感。

在了解了自己真正的情感之后，首先告诉孩子一切：是什么障碍让我疏远了他，我是多么渴望学会爱他，并和他重新建立起亲密关系。

然后，站在孩子的角度，谈谈他的感受：“你一定被吓坏了，觉得自己被抛弃了，很孤单……现在回想起来，我当时太忽视你的感受了。我能理解你的愤怒。”

我接受他的愤怒

不管我会不会直接与孩子交流，从我当母亲那天起，我就允许孩子向我表达他的愤怒。他会这么做的，不一定是用直接的方式，尤其当他还小的时候，但是他会经常表露愤怒的情绪。我接受他的愤怒："我明白你应该是生气了，你有这个权利，我太忽略你的感受了……"

这个步骤非常关键，却由于令人窘迫而常常被跳过。

我和他重新开始温馨的肢体交流

我抓住一切机会和孩子进行肢体交流。当我将幼小的他抱在臂弯里，当我抱着他一起看电视，我能感觉到他的肩膀温柔地靠在我身上。如果我的宝宝长大了，我会感到欣慰，我愿意走入他的内心，同时也让他进入我的内心。

我修复，我弥补

有时我们需要重新建立自己与孩子之间的关系，我们总会有这样的需求的。例如，在我不知道该如何面对孩子说"不"的阶段，不妨扩大孩子的选择范围，提出一些我知道孩子会拒绝的询问，比如："你要跟我一起去超市买东西吗？"通过提出他不喜欢的事情，训练他学会说"不"，也让自己学会接受孩子的拒绝。

修复过去永远为时不晚。也许你会发现自己的孩子缺乏自信心，或者退一步想的时候，你意识到自己在孩子成长的某一阶段过于严苛、不够耐心或不能不求回报地付出，不过你还是能够弥补的。通过交谈、倾听他的抱怨和失落，重新认识并修补你们之间的裂痕。给予他你曾经不知道要给予的东西，比如身体的接触、爱抚、温柔的话语、鼓励、许可、保护、选择和表达反对意见的机会……

19

孩子的责备

他非常气恼，突然就冒出这句话：“不管怎样，你就是从来都没爱过我！”

对父母而言，这简直就像一盆冷水浇在了头上！青春期不仅是激素容易紊乱的时期，也是孩子进行心理重塑的时期。过去遭受的创伤和埋藏在心底的情感通通重新涌上心头。我们要选择正确的处理方式并非易事，尤其是在没有他人帮助，我们自己也无法帮助自己时。情况比较糟糕的青少年通常会试图通过一些不合适的手段消除内心涌动的情感，比如说划伤自己——以身体的伤痛掩盖心里的痛苦，以及厌食、暴食等等，这些都是为了逃避心中痛苦常用的手段[1]。

有时候，孩子什么都不说，只是逃避、远离父母。刚刚成年，他就住得离我们远远的，过着与我们截然不同的生活。他能够对我们说些什么呢？事实上，他们有很多方式可以远离我们，包括身体上、情感上、精神上、经济上、道德上的远离。

1. 简单地说，我们在这里需要关注的不是孩子，而是作为父母的我们发生了什么。

当孩子成年以后，我们可能会觉得不用管他们了，然而事实并非如此。我们对孩子仍然能够产生很大的影响，这些影响可以是有意识的，也可以是无意识的。

有时候，孩子会切断和父母的联系。当他们自己也成了父母，他们拒绝与他们的父母有任何联系……这不是无来由的，总有些难言之隐在破坏孩子和父母之间的关系。

不要急于自我辩解，试着去探求孩子的真实想法，并反省自己：我现在的情况是什么样的？我和孩子之间曾经是什么样的？我是怎样爱他的？是不是有某些时刻我被一时的情绪（如哀伤、害怕、抑郁……）所扰而忽略了他，导致他将其理解为我不爱他？

我愿意从他所叙述的角度思考当时的情况：他是怎样以及在什么时候产生我不爱他的感觉的？在什么时候我没能给他足够的保护？是什么缺失导致了他无法自信地成长？谁伤害了他？

有时候我是否将我的意志强行凌驾在了他的需要之上？

我是否死守自己的教育理念而忽视了他的情感需求？

我是否不倾听他的想法，让他压抑了自己的情感？

我的行为应该遵循什么？是自己的经历，还是婆婆、儿科医生、丈夫/妻子或某本书中的理念，抑或是孩子和我内心的需求？

20

和胎儿说话

你做不到，也不知道如何和你腹中的胎儿说话？不管你的小家伙现在是4周还是40周，对他说话都不会是无用功。当然，你无法立即跟他直接交流，但是可以用毛绒玩具、靠垫来代替他（注意，千万不要拿你发泄坏脾气时用的靠垫）。将这个象征他的物体放在膝盖上或对面（你也可以找一张你的怀孕照或是超声波检查照片，画画他的样子），不管什么位置，只要感觉舒服就行。首先向你曾经是的那个年轻女人或年轻男人倾诉，表达出你的同情，对她/他的经历表示感同身受。然后让自己以这个年轻女人/年轻男人的身份，对胎儿说话。有可能说着说着你的眼泪就抑制不住地流出来了，那就让眼泪流下来吧，不用克制，它们是受欢迎的。之所以会流泪，是因为它们本来就在那里，在你的身体里。如果你压抑内心的情感，这种委屈就会伤害你的内心。对胎儿说话时，你不一定要跟他说你是如何让自己妥协的，以及面对还是胎儿的他时你的心里有多矛盾，尽量多说积极的东西。只要坚持和胎儿对话，你就会察觉到你们之间的关系发生了某些变化。不是大的变化，只是多了一些自由、柔情和亲密感。不要害怕他的反应，你净化自己心灵的同时也理解了你们之间的关系。

可能当你在你母亲的腹中时，你母亲从来没有对你说过话。你可以想象自己是子宫里的那个小孩，然后以你今天这个成年人的身份，在意念上和他说话，给予他当时没有获得的温柔。你可以随心所欲地安抚你内心的小孩。这样做了之后，你对自己腹中的孩子说话时便会容易得多。

科学家指出，孩子会听到母亲对他说的话，尽管那些只是意念上的话而已。当然，如果大声地对他说话，他也能听到。胎儿喜欢感受自己父母的声音造成的震动。不仅如此，和胎儿说话也能帮助父母理清自己的想法。只要将词语按一定的顺序排列，说话便能够起到整理思绪的作用。因此，和胎儿说话不仅对胎儿有益，对父母自身也大有裨益，它可以让父母从头审视某些事情，表达出难以言说的想法。否则，这些事情或者想法将可能成为父母与孩子之间建立良好关系的绊脚石，并一直伴随着孩子的整个成长过程。

对自己身体里不断长大的小生命说话，跟他讲述生活中的琐事，有关我以及有关他的事情，抑或我的故事和他的故事。

这很困难吗？可能我们害怕在自己身上发现的某些东西，这些东西我们宁可不知道。我们觉得心里很矛盾，可是体会到互相矛盾的情感是很自然的事情。就因为我们从来没有自由地描述过自己的经历，也缺少在愤怒和害怕中正视和接受自己的经验，我们才往往会不自觉地对自己进行价值判断：“如果我对宝宝生气，就说明我是个坏母亲。”

我们恨不得自己只感受到爱意、柔情……但这是不现实的，因为我们都是人，都有过去。我们的过去既丰富多彩也伤痕累累，正如我们的夫妻关系、家庭和工作状况不一定都尽如人意一样。总而言之，我们有种种理由体会到爱以外的情感：恐惧、生气、抑郁……所有情感都需要得到正视，否则，它们就会伤害爱。

和胎儿说话能够让我们审视这一切，并接受它、克服它，确保它不会殃及我们与孩子的关系。

21

给孩子讲述他的出生

在给孩子讲述他出生的经历之前，要先用文字来分析或治愈自己内心的伤痛。这不是要我们倾诉内心的酸楚、怨恨，而是要说出我们的故事中与孩子有关的那一部分。此外，你所描述的必须是完整的（也就是说没有遗漏任何重要事情和感受的）、易于接受的。在心理学上，我们称之为“追忆疗法”，即我们通过辨识和控制自己的情绪，赋予情绪一些意义。我们的痛苦不是无来由的，下面的步骤可以让我们对它略做梳理。

写

从哪儿开始写？你可以写下发生的所有事情，零零散散地，稍后再加以整理。写下缘由、过程和后续。

在阅读关于分娩的内容时，某些画面、感觉、气味、情感、思绪会出现。此时你大概已经能够辨识出让自己痛苦的东西了。如果是这种情况，直接跳到后面的治疗步骤。

若情况并非如此，问自己以下几个问题：

——你是母亲：

我当时感觉如何？

我当时专注于（真正地专注于）：

A. 自己

B. 孩子的父亲

C. 宝宝

D. 发生的事情

我喜欢什么？不太喜欢什么？

我是如何经历痛苦的？

我觉得身边有人陪伴吗？

我有什么感受？害怕？生气？伤心？还是充满爱意？抑或是反感？我当时表达出了这些情绪吗？我意识到了自己的这些情绪吗？

我有害怕、伤心或生气的心理动机吗？

分娩过程是我想象中的样子吗？

我是如何看待自己的小宝宝的？

我是如何将这一刻与孩子的父亲分享的？

我觉得缺少了什么？

——你是父亲：

我当时感觉如何？

我当时专注于（真正地专注于）：

A. 自己

B. 孩子的母亲

C. 宝宝

D. 发生的事情

我有什么感受？害怕？生气？伤心？还是充满爱意？抑或是反感？我当时表达出了这些情绪吗？我意识到了自己的这些情绪吗？

我有害怕、伤心或生气的心理动机吗？

我有分娩时自己是陪伴在妻子身边的感觉吗？

我是如何支持她的？我倾听过她的感受吗？

面对妻子分娩时的痛苦，我有什么感受？

我是如何与妻子分享这一刻的？我有参与感吗？

分娩过程是我想象中的样子吗？

我喜欢什么？不太喜欢什么？

面对我的小宝宝，我有什么感受？

我觉得缺少了什么？

三个步骤治疗过去

（1）治愈内心的伤痛。

一旦意识到自己感到了恐惧、伤心或生气，就写下来，然后说给某位值得信任的人听，这个人可以是丈夫、女性友人……如果眼泪涌出来了，那就再好不过了。让它们尽情地流吧，你的内心不需要这些情绪，将它们排出体外吧。如果这种情绪实在太强烈，内心的伤痛仍然很明显，就向你的心理医生倾诉一下，他会帮助你治愈的。

（2）重建双方的夫妻关系（如果可能）。

一旦在生活中做出了某个决定，你会和另一半分享吗？如果尽早提议他也做出相同的努力，一切就会事半功倍。在新生命出生时你压抑的情感和内心的伤痛不仅仅会损害你与孩子之间的关系，也会造成夫妻关系的不和谐，性生活也会因此受到影响。敢于向对方倾诉并不总是容易的，负罪感夹杂着怨恨就会形成死结。这也是为什么最好先抛开对对方和自己的评判，将自己的心声在纸上释放出来或说给心理医生听的原因。

当感受变成了怨恨，当情感负担太重的时候，夫妻双方同时去心理医生那里接受治疗是很有帮助的。第三方的介入会使事情变得简单些，何乐不为呢？

（3）跟孩子进行交流。

不可操之过急。一旦你理清了自己的情感并治愈了内心的伤痛，接下来就该开始修复与孩子的关系了。可以利用孩子提问的时间和孩子交流，也可以借助于一次孩子表露强烈情感的时机，或是一起温馨地看照片、看书、看电视等时刻。一切都要取决于孩子是否方便和是否有意愿交流，而不是父母自己是否有想谈话的意愿。

如果情绪负担太过沉重，第三方在场会好一些。我们一般可能认为第三方的加入会使事情显得尤为重大。事实上，第三方在场（尤其是能够和你们产生共鸣，不会对事情加以评判的第三方）能够让双方安心，降低情感交流时的恐惧，从而促进情感的表达和接受。

22

改正错误永不嫌晚

优秀的父母需要鼓起勇气正视自己的问题，就像萨米拉所说的那样："作为母亲，我必须接受自己不是个完美母亲的现实。我的孩子们变成这样，我是有责任的。他们对我不满意，而在我看来，他们也不是我所期望的样子。我们彼此承受着同样的苦恼。"

萨米拉之前对三个孩子都表现得极为专制，她认识到了自己的错误，后悔自己在孩子们小的时候没有更温柔地对待他们，而是采取了极为强硬的态度。如今，她失去了他们。其实也不能完全这样说，经过一段时间的疏远之后，他们重新亲近了。

事实上，是她主动亲近的他们。她和他们谈了很多话，关于他们还有她自己。她凝视着他们的眼睛，坦然地承认了自己的责任，向他们表达了自己的悔意，后悔没有采取另一种方式对待他们。更重要的是，她努力倾听孩子们的话，鼓起勇气在心里感受孩子们面对她的专横时所感受到的痛苦。她不否认事实，也不否认对他们造成的伤害，还讲述了她自己的一些经历。

如今，她与孩子们的关系变得很好。女儿以前既不愿意跟她说话，也不愿意来看望她，现在却很乐意和她在一起。

23

做个总结

你之前完成了第187～190页的“问卷”，也就是说，在这趟心灵旅程的一开始你就已经思考过那些问题了。现在本书接近尾声了，再用相同的问题来审视一下自己，你会发现很有趣的结果。再次记下你的答案，并与第一次做的答案进行对比，看一看你有什么改变（始终保持温柔的内心和尊重的态度）。

在接下来的几天当中，观察你和孩子相处时的状态：

——我花了多少有效时间来陪伴我的孩子？也就是说以他为中心、陪他玩耍、和他说话、爱抚他等所花费的时间有多少。当然，一边做饭一边随意地瞟一眼他的作业的时间是不能算在内的。

——我是如何让他参与我的活动的？比如做饭、做家务、记账……

——我是如何喂养他的？太多、正常，还是偏少？绿色食品还是快餐？在他想吃的时候，固定时间，还是毫不注意？……

——我是如何亲吻他的？亲脸颊、嘴巴，还是其他地方？充满深情地还是蜻蜓点水式地？在任何时候，还是从不？……

——我是如何碰触他的？为他洗澡、按摩，还是抚摸他？把他放在膝上摇晃还是打他？……

——碰触他的时候我有何感受？冰冷、温热、满怀爱意……

——我是如何回应他的情感表达的？完全不回应？只回应欢笑、不回应哭泣？或者只回应哭泣、不回应愤怒？还是回应所有情感？……

——我是如何处理他的违规行为的？

——我是如何拒绝他的？从不、笨拙地？还是经常，同时担心失去他的爱？……

——我是如何鼓励他独立的？

——我是如何帮助他成长的？太多还是不够？为他做一切（为他洗澡、帮他切肉、喂他吃饭、帮他铺床、整理他的衣服……），还是试图确认“他有能力独自做这些事情”？

——当孩子讲述他的生活、他的游戏和他的伙伴时，我是如何聆听的？心不在焉还是兴致勃勃？抑或是一边听一边匆匆忙忙地做着别的事情？

——我是如何对他讲述我以及我的生活的？

——我是如何接受他在成长、逐渐远离我、与我不同这些事实的？

在我与孩子的关系中，

我的强项，我喜欢自己的地方：

我的弱项，我不喜欢自己的地方：

让我感到无力和束手无策的一些情况：

我的教育理念：

我父母的教育理念：

我感到最困难的事情：

在面对孩子做的一些“蠢事”和违反我规定的行为时，我会有哪些反应？

面对他的喊叫时：

面对他与兄弟姐妹间的争执时：

面对他的拒绝和反抗时：

面对他的渴望时：

面对他的愤怒时：

面对他的哭泣时：

面对他在学习上的困难或者与他人相处方面的困难时：

当我气恼的时候，我会：

列出孩子会把我激怒的三种情形或他的三个行为：

——

——

——

我面对孩子的这些行为时的反应。

我感到：

我想要：

这让我想起：

我希望有的反应：

我最需要改变的是：

我决定：

结 语

向自己提出这么多问题到底有什么用呢？父母往往是自发地去干预所发生的事情的，这种对于事件的自发性干预其实是一种不由自主的行为。对我而言，每当我找到一种不需要用喊叫或者指责（因为我有时还是会这样做）来教育孩子的方式，我就会很快发现它既有效又有很大的益处！当我们能够避免重复二十遍同样的内容时，我们会节省多少口水！关注孩子真正的需要，理解在孩子身上和在我们自己身上发生的事，用心和孩子进行交流……这些都比惩罚和斥责有效得多。然而，恰恰是我们固有的教育理念使我们做出我们本想避免的行为。

我们为什么还要继续伤害我们在这个世界上最爱的人呢？尤其是在将来的某一天，我们可能会为此谴责自己。当然，他们可能不会为此直接批评我们。孩子们往往会“原谅”我们，但他们会和我们拉开距离。

向自己提出问题，回顾自己的经历，分析自己的所作所为，这一切似乎都需要我们付出很大的努力。但事实上，这比不假思索地行动能节省更多力气。我们的无意识行为不会引起特别的关注，但它们最终会让我们付出代价。与孩子们发生冲突在时间和精力上都损耗巨大。发布命令、吼叫、呵斥、拒绝任性……所有这些权力游戏中的内容都会习惯性地引发双方之间的对战，让人精疲力竭。同时，它们还会损害我们的形象。而且，即便所有父母都会在某个时刻惩罚、打骂、羞辱、斥责和贬低孩子，这些方式也并不因此就是有效的教育手段。

不加评判地观察我们的过激行为，是打开我们记忆之门的钥匙。在转瞬即逝的耳光背后，隐藏着一个伤痛；在冷言冷语背后，隐藏着一段悲剧；在我们的盛怒之下，隐藏着一股被压抑的怒火，或者是我们在工作和社会中遭遇的挫折的反映。

“当他得了重病的时候，我后悔从前对他的每次训斥，后悔没有花足够的时间陪他，后悔曾经对他太过苛求、不够温柔。”每当我想要对我的孩子吼叫时，我就会想起安德烈的这些话。我的孩子们都很健康，我太幸运了！

不要等到疾病、意外来临时才意识到真正唯一重要的是我们与孩子之间的关系，是我们与孩子之间的爱。孩子们很快就长大了，他们永远不会再回到5岁、6岁、10岁、14岁……在我们的一生中或许只有短短二十年的时光是与他们一起度过的。因此，每一个幸福的时刻都是值得争取的。

这本书还远远没有把问题讨论透彻，我希望它能够帮父母们找到一些思路，为父母与孩子之间的对立和冲突提供一个不同的反思角度。剩下的最困难的也是最有意思的事情是：走入自己的潜意识，去和你自己以及你的孩子相遇。

致谢

感谢洛朗·拉丰。几年前，在一次午餐时间，他向我提出了一些问题。此后，这些问题在我脑中逐渐成熟，并最终形成了这本书。

感谢伊莎贝尔·拉丰及安妮-索菲·斯特凡尼尼，她们多次要求我重写，直到你最终拿到手里的这一版。

感谢我的父亲雷米·费利奥沙，他不厌其烦地阅读和修改了本书不同的版本。

感谢卢德米拉，感谢她的妙语连珠以及为修改本书付出的大量时间。

感谢阿努克·迪布瓦，感谢她绝妙的插图和她的热情。

感谢奥利维耶·莫雷尔，感谢他在研究暴力教育方面付出的努力。

感谢所有向我吐露他们在与孩子相处时遇到困难的人。